研究阐释党的"十九大"精神国家社科基金专项项目资助：新时代我国区域协调发展战略的理论深化与实践创新研究（18VSJ022）
河北省社科基金项目资助：河北省小微企业"融资难、融资贵"现状及对策研究（HB18YJ028）
河北金融学院重点科研基金招标项目资助：地方政府投融资平台转型发展报告（JY201805）
河北省科技金融协同创新中心项目资助
河北省金融学重点学科研究项目资助

中国地方政府投融资平台转型发展研究 2018

胡恒松　王宪明　付海洋　费　超◎著

RESEARCH ON THE TRANSFORMATION AND DEVELOPMENT OF CHINA'S LOCAL GOVERNMENT INVESTMENT AND FINANCING PLATFORM 2018

经济管理出版社
ECONOMY & MANAGEMENT PUBLISHING HOUSE

图书在版编目（CIP）数据

中国地方政府投融资平台转型发展研究2018/胡恒松等著．—北京：经济管理出版社，2018.11

ISBN 978 – 7 – 5096 – 6129 – 1

Ⅰ．①中… Ⅱ．①胡… Ⅲ．①地方政府—投融资体制—研究—中国—2018 Ⅳ．①F832.7

中国版本图书馆 CIP 数据核字（2018）第 253056 号

组稿编辑：申桂萍
责任编辑：高　娅　梁植睿　赵亚荣　申桂萍　杨国强
责任印制：黄章平
责任校对：王纪慧

出版发行：经济管理出版社
（北京市海淀区北蜂窝8号中雅大厦A座11层　100038）
网　　址：www.E – mp.com.cn
电　　话：（010）51915602
印　　刷：三河市延风印装有限公司
经　　销：新华书店
开　　本：720mm×1000mm/16
印　　张：22.75
字　　数：434千字
版　　次：2018年11月第1版　2018年11月第1次印刷
书　　号：ISBN 978 – 7 – 5096 – 6129 – 1
定　　价：88.00元

·版权所有　翻印必究·

凡购本社图书，如有印装错误，由本社读者服务部负责调换。
联系地址：北京阜外月坛北小街2号
电　话：（010）68022974　邮编：100836

专家寄语

在新时代背景和地方投融资模式重构的大趋势下，虽然地方政府将加快构建以地方政府债券和合规 PPP 模式为主的新投融资模式，但是地方投融资平台对促进地方经济社会发展仍具有十分重要的作用。胡恒松博士跟随我做博士后期间就专注于地方政府投融资研究，也长期从事该领域的实践工作，能够基于理论、评价、转型三个视角研究，对地方政府构建高质量投融资平台，充分发挥投融资平台的作用，并助力区域经济高质量发展具有指导意义。

孙久文
教授，博士生导师
中国人民大学区域与城市经济研究所所长

地方政府投融资平台是在分税制改革及原有预算法背景下，为弥补地方财政资金缺口、促进社会融资的产物。在国发〔2014〕43 号文、新《预算法》框架以及加强监管系列文件要求下，带有鲜明时代特点的地方政府投融资平台，急需剥离政府性融资职能、与政府信用脱钩，以实现市场化转型发展。自国发〔2014〕43 号文下发以来，地方政府投融资平台转型改革一直在路上，实际效果大却很难评说。该书通过设计省、地级市、区县三级评价指标体系，旨在对全国地方政府投融资平台的运营情况进行客观综合评价，提炼转型发展经验，剖析存在问题，提出转型路径，以引导地方政府投融资平台转型，并为公司法人市场化运作，为新时代我国经济高质量发展提供科学支撑。值得有兴趣的管理者和相关人员一读。

周宏春
国务院特殊津贴获得者
国务院发展研究中心研究员

近两年，对于遏制地方政府违规举债，防范债务风险，党中央、国务院及各部委一直保持高度重视。2018 年，防范化解重大风险更是被列为三大攻坚战之首。防范化解重大风险，地方政府债务风险化解和防范首当其冲，缓解地方债务压力，地方政府投融资平台转型、市场化运作是重要环节。该书以地方政府投融资平台转型为核心问题，将理论与实践相结合，思考未来转型方向及策略，期望该书对于引导地方政府投融资平台转型、市场化经营运作，做出有益贡献。

乔宝云

教授，博士生导师

中国政府债务研究中心主任

中央财经大学中国公共财政与政策研究院院长

地方政府融资平台作为我国地方政府投融资体制改革的产物，在我国城市化快速发展的进程中发挥着积极的作用。但近几年，随着系列监管文件的不断出台，新时代去杠杆、促转型大背景下，依赖政府信用、利用地方政府投融资平台融资是当前政策所不允许的，地方政府投融资平台亟需市场化转型，摆脱对政府的高度依赖，加强自身创新、创收能力，寻找生存发展新路径。针对地方政府融资平台如何转型和可持续发展，该书从理论、评价、转型方面进行了积极的探索与研究，仔细地阅读本书将会对地方政府投融资平台未来转型有所启示。

李克强

教授，博士生导师

中央民族大学经济学院副院长

近年来，各级地方政府通过地方政府投融资平台举债融资，在加强地方基础设施建设，推动地方经济稳步发展方面提供了有力支持，但同时也产生了许多违规举债问题，造成大量地方政府隐性债务。解决地方政府投融资平台问题已然成为防范化解重大风险的重要任务，地方政府投融资平台亟需以市场化方式运作。评价地方政府投融资平台转型运营发展情况关键因素有哪些？不同因素的影响程度有多大？如何通过对这些关键因素的优化提升地方政府投融资平台的市场化运营？如何推动地方政府投融资平台转型更好地发挥其在基础设施建设和公共服务领域的效用？该书对上述问题进行了积极的探索与研究，仔细地阅读这本书将会对各级政府、相关机构和专业人士有所启发，有所收获。

翟建强

财达证券股份有限公司董事长

近年来，在中央"稳增长、防风险、促转型"的背景下，党中央、国务院及各部委出台了系列文件，剥离投融资平台政府性融资功能，面对新时代发展的政策和环境变化，投融资平台转型迫在眉睫。该书作者基于深厚理论功底和多年实践积累，构建了地方政府投融资平台转型发展评价指标体系，分析投融资平台转型效果，以促进投融资平台转型健康发展。

鲍静海

教授，博士生导师

河北金融学院金融系主任

序 一

1994年的分税制改革导致地方政府财权和事权的不匹配，地方政府融资缺口不断扩大，为了解决融资问题，地方政府投融资平台应运而生。2008年，为应对金融危机的影响，政府出台了"4万亿元投资"计划，在这一契机下，地方政府投融资平台蓬勃发展。地方政府投融资平台的快速发展，虽然补充了基础设施建设资金的不足，但是也带来了地方政府债务规模的快速增长，埋下了风险隐患。2010年和2013年，国家审计署分别对地方债务摸底审查。随后国务院下发《关于加强地方政府性债务管理的意见》下发，明确剥离融资平台政府性融资职能。之后，各部委陆续下发"88号文""50号文""87号文""23号文"等监管文件，规范地方政府投融资平台发展，积极推动地方政府投融资平台转型。对于地方政府投融资平台转型，虽然没有全国性的指导文件出台，但是部分省市，如重庆、山东、杭州等出台相关文件，对转型要求和转型方向给予指导。地方政府投融资平台转型，一方面是响应相关政策的要求，另一方面也有利于公司做大做强。

虽然我国正多措并举推动地方政府投融资平台转型，但是从实际情况来看，地方政府投融资平台的转型效果并不明显，追溯原因，还在于政府和地方政府投融资平台的相互依赖。推动地方政府投融资平台转型，一方面，地方政府要加快自身投融资机制转型，降低对地方政府投融资平台的依赖；另一方面，地方政府投融资平台也需要强化投融资能力，做实业务，向市场化方向发展。

《中国地方政府投融资平台转型发展研究（2018）》是胡恒松等人继《中国地方政府投融资平台转型发展评价报告（2017）》和《地方政府投融资平台转型发展研究（2017）》之后，针对地方政府投融资平台转型发展的另一著作。本书相对于以往的创新，主要表现在：第一，本书从理论、评价、案例三个视角展开研究，内容更加完整，逻辑也更为清晰。第二，本书紧跟时代热点，将地方政府债务风险的化解作为当下监管层工作的重心，增加地方政府债务管理内容，从"开好前门，堵住后门"的思路，提出地方政府债务管理的途径。第三，地方政府投融资平台转型发展评价是一个综合的指标体系。主要目的不仅是做出转型发展效果的判断，更主要的是为未来地方政府投融资平台的转型方向和途径提供思路，对于评价体系中存在不足的指标，本书通过对其他关键因素的加强来提高转型发展评价的科学性、合理性。

在"外有政策限制、内有发展要求"的严峻现实前，地方政府投融资平台转型不可能一蹴而就。《中国地方政府投融资平台转型发展研究（2018）》一书，数据统计翔实、文笔简练、资料丰富、论述严谨，对促进地方政府投融资平台转型发展、提高金融服务实体经济效率、守住不发生系统性金融风险底线有着深刻的理论意义和现实作用。

孙晓霞

中国国债协会会长

财政部金融司原司长

序 二

　　分税制改革和旧《预算法》双重政策催生了地方政府投融资平台。地方政府投融资平台自产生之日起，为地方经济和社会发展筹集资金，在加强基础设施建设和促进城镇化发展方面发挥了积极作用，但其快速发展也带来了潜在的地方政府债务风险。2010年"国发19号文"拉开了地方政府投融资平台转型的序幕。2014年"国发43号文"和新《预算法》以及2016年"中发18号文"的相继出台，构建了新型的地方政府投融资体制机制，一方面要求剥离地方政府投融资平台的政府融资功能，另一方面又允许地方政府发债融资和运用PPP模式。2014年以来，国务院及有关部委持续发文，要求规范地方政府举债融资机制以及政府购买服务和PPP项目运作，防范政府债务风险。过去三年，相关规范性文件出台以及十多万亿元地方债置换，重塑了地方政府、投融资平台与金融机构的责权利关系，也重塑了投融资平台发展的生态环境。投融资平台长期以来高度依赖政府信用的融资模式渐行渐远，转型发展已迫在眉睫。投融资平台要实现转型发展、高质量发展和可持续融资，必须充分借助资本市场的力量，加强与资本市场对接，充分利用资本市场整合资源、资产和资本，解决发展中存在的问题和困难，从而发挥投融资平台在地方经济建设中的重要作用。

　　由于地区经济发展水平、行政层级、行业领域、政策支持等因素的差异，我国地方政府投融资平台的发展状况相差很大，为了促进投融资平台转型发展和可持续发展，对投融资平台的发展状况进行全面、系统的分析评价是十分必要的。胡恒松博士及其团队在相关课题研究成果的基础上，基于理论分析和实践经验总结，构建了地方政府投融资平台转型发展评价指标体系，分级别、分区域对投融资平台转型发展情况进行了分析评价。

　　《中国地方政府投融资平台转型发展研究（2018）》这本专著，以理论篇、评价篇、案例篇三种形式呈现。理论篇基于对地方政府投融资平台的发展及发展中存在的问题的把握，提出了投融资平台转型发展的建议。同时贯彻国家有关防范化解地方政府债务风险的相关要求，通过分析投融资平台与地方政府的关系，从地方政府视角出发，提出了地方政府债务管控的途径和措施。评价篇以投融资平台评价结果为统领，随之辅以 15 个地区，以地区为单位，分省、市、县三级对投融资平台的评价结果进行深入分析，并结合区域特点提出了投融资平台转型发展的建议。案例篇选取了十多个典型的投融资平台转型案例，分析转型过程，总结转型经验，对其他转型中的投融资平台具有重要的借鉴意义。

  本书论述逻辑思路清晰，内容系统全面，见解独到，不失为一部投融资平台改革发展研究的佳作，本人读完稿件后受益匪浅。投融资平台改革永远在路上，希望胡恒松博士及其团队不断跟踪研究，再创佳作，为地方政府债务管控和投融资平台可持续发展献计献策，助力新时代的城镇化建设和高质量发展。

吴亚平

国家发展改革委投资研究所体制政策室主任、研究员

中国社科院博士生导师

序 三

2018年6月，习近平主席在全国国有企业改革座谈会上指出："要坚定不移深化国有企业改革，着力创新体制机制，加快建立现代企业制度，发挥国有企业各类人才积极性、主动性、创造性，激发各类要素活力。"地方政府投融资平台，作为地方政府国有企业的主要组成部分，承担着大量各自行政区划的城市建设和运营责任，是诸多城市运营商及基础设施服务的提供者。积极推动地方政府投融资平台转型发展，符合深化国有企业改革的要求和未来趋势，同时也符合当前整体经济形势。

在原有经济发展趋势及周期内，地方政府投融资平台的资产及债务规模随着大量基础设施的投入而迅速增长，融资渠道却较为单一，负债增长迅速，公司治理能力偏弱，与政府之间的依赖关系较为突出。在高层积极防范化解重大债务风险，推动经济稳定增长态势下，上述问题的存在，关系着地方政府投融资平台的未来。

因此，在当前经济转型发展阶段，尤其是进入经济增速放缓的"L形"经济周期后，地方政府投融资平台的转型发展就尤为重要，其转型成功与否，直接关系着能否提升地方政府防范债务风险及金融风险的能力，以及能否激发拉动区域经济发展的新活力等关键问题。地方政府投融资平台应该及时在融资模式、公司治理结构、人员结构优化和理顺政府关系等方面进行有效的调整，提升自身综合竞争力，补齐短板，保障持续运营能力和创收能力，在新的经济生态下，地方政府投融资平台应逐步厘清与政府的关系，逐步做实自身多元化业务板块，构建现代企业制度，转型为实体企业进行市场化运作。

胡恒松博士等人一直致力于地方政府投融资平台转型发展的相关研究，其锲而不舍的精神及持续不断的努力令我深感钦佩，本书能够有效切中地方政府投融资平台转型发展的痛点，找到影响地方投融资平台及国有企业进一步高效发展的原因，同时对地方政府投融资平台在新时期、新阶段的转型发展提出了新的针对性建议。本书内容化繁为简，有充分的数据支撑，指标体系的评价模式及转型案例的细化分析能够有效地帮助读者深入了解地方政府投融资平台转型发展的成功案例及有效途径，值得深入阅读研究。

杨兆廷

河北金融学院校长

雄安新区建设发展研究中心主任

中国技术经济学会常务理事长

前　言

地方政府投融资平台的出现和发展具有其特殊的时代背景和发展需要。20世纪90年代以来，旧《预算法》《担保法》和《贷款通则》等法律法规极大地限制了地方政府的融资渠道和资金规模，影响了区域经济增长和地方基础设施建设。基于此背景，各地方政府投融资平台应运而生并在此后有效地推动了地方城镇化水平的提升，对区域发展建设起到重要的支撑作用。

但是，随着地方现代化进程的不断推进，地方政府投融资平台发展中所存在的问题也逐渐暴露出来。一方面，地方政府投融资平台作为支持区域经济发展和基础设施建设的重要融资渠道，融资规模急速扩张，导致地方政府偿债压力不断增大，严重影响了地方政府投融资平台与地方政府的正常运转；另一方面，治理结构不健全、担保行为不规范、项目投资效率低、发展方向不清晰等问题日益凸显，地方政府投融资平台对地方经济贡献的作用程度及可持续性受到社会各方的质疑。事实上，地方政府投融资平台的发展困局，根本原因在于我国财政分权改革所导致的中央与地方政府财权和事权的不匹配，使地方政府长期面临基建资金不足、融资渠道受限的窘境。所以，如何处理地方政府的债务问题和地方政府投融资平台的发展问题成为促进区域经济发展和保障人民生活福水平的迫切要求。

在此背景下，2014年10月2日，国务院发布了《关于加强地方政府性债务管理的意见》（国发〔2014〕43号），提出加快建立规范的地方政府举债融资机制，对地方政府债务实行规模控制和预算管理，剥离地方政府投融资平台的政府融资职能。以此为起点，我国各级政府及监管部门相继出台了一系列政策措施，严格规范地方政府债务并力促地方政府投融资平台转型发展，政策涉及地方债券发行管理、PPP模式推广及规范、国企制度化改革、地方政府债务限额管理机制、严格排查政府融资担保行为和政府购买服务信息公开等多个方面。改革转型的号角已吹响，但是因各政府投融资平台在发展水平、服务领域、组织结构等方面存在较大的差异，其转型发展效果也大有不同。

为合理、科学地对我国地方政府投融资平台展开综合评价，本书选取公司业绩、市场化转型、社会责任作为三个一级指标，每个一级指标下设若干个二级指标共同构建评价体系。基于数据的可得性、公开性等因素，本书将分析的样本范围界定为30个省、自治区、直辖市进行过公开发债行为的地方政府投融资平台。

　　本书聚焦地方政府投融资平台转型及地方政府债务管控，通过构建测度指标体系，展开对地方政府平台公司发展评价及问题方面的研究，形成我国地方政府投融资平台发展评价的综合报告，全面反映我国地方政府投融资平台的整体发展，并有针对性地提出未来发展建议。核心内容由理论篇、评价篇、转型篇组成：理论篇从理论出发，在对地方政府投融资平台及地方债务管理全面认识的基础上，提出转型和债务管理途径。评价篇采取总分结构，以总报告统领全篇，随后几章采取分报告的形式，对中国三大区划的14个重点省（直辖市、自治区）进行系统分析，因地制宜地提出了适合当地融资平台转型的相关建议，对地方政府、平台公司领导具有极大的参考价值。转型篇探讨了13个具有典型参考意义的地方政府投融资平台转型案例，并针对不同平台的不同转型方式进行总结。

　　相对于2017年的著作，本书的创新之处体现在以下三个方面：第一，本书从理论、评价、转型三个视角展开研究，内容更加完整，逻辑更为清晰。第二，本书紧跟时代热点，增加地方政府债务管理内容，以"开好前门，堵住后门"的思路，提出地方政府债务管理的途径。第三，地方政府投融资平台转型发展评价是一个综合的指标体系。我们的主要目的不仅是做出转型发展效果的判断，更主要的是关注未来地方政府投融资平台的转型方向和途径，对于评价体系中存在不足的指标，本书通过对其他关键因素的加强来提高转型发展评价的科学性。

目 录

【理论篇】

第一章 地方政府投融资平台概述 ⋯⋯⋯⋯⋯⋯⋯⋯⋯⋯⋯⋯⋯⋯⋯ 3
 第一节 地方政府投融资平台简介 ⋯⋯⋯⋯⋯⋯⋯⋯⋯⋯⋯⋯⋯⋯ 3
 第二节 中国地方政府投融资平台转型必要性 ⋯⋯⋯⋯⋯⋯⋯⋯⋯ 5
 第三节 地方政府投融资平台转型发展方向思考 ⋯⋯⋯⋯⋯⋯⋯⋯ 8

第二章 地方政府投融资平台转型发展存在的问题 ⋯⋯⋯⋯⋯⋯⋯⋯ 10
 第一节 平台数量多且债务规模大 ⋯⋯⋯⋯⋯⋯⋯⋯⋯⋯⋯⋯⋯ 10
 第二节 融资平台造血及偿债能力差 ⋯⋯⋯⋯⋯⋯⋯⋯⋯⋯⋯⋯ 12
 第三节 融资平台内部治理机制不健全 ⋯⋯⋯⋯⋯⋯⋯⋯⋯⋯⋯ 15
 第四节 紧监管政策促使融资成本上升 ⋯⋯⋯⋯⋯⋯⋯⋯⋯⋯⋯ 17
 第五节 融资平台权利责任不对称 ⋯⋯⋯⋯⋯⋯⋯⋯⋯⋯⋯⋯⋯ 19
 第六节 市场化运作意识不强 ⋯⋯⋯⋯⋯⋯⋯⋯⋯⋯⋯⋯⋯⋯⋯ 21

第三章 地方政府投融资平台转型发展政策建议 ⋯⋯⋯⋯⋯⋯⋯⋯⋯ 23
 第一节 妥善处理平台债务，为转型打下基础 ⋯⋯⋯⋯⋯⋯⋯⋯⋯ 23
 第二节 发展经营性业务，公司市场化运营 ⋯⋯⋯⋯⋯⋯⋯⋯⋯⋯ 25
 第三节 分门别类，推进平台市场化运作 ⋯⋯⋯⋯⋯⋯⋯⋯⋯⋯⋯ 26
 第四节 整合平台资源，做强做大平台 ⋯⋯⋯⋯⋯⋯⋯⋯⋯⋯⋯⋯ 29
 第五节 创新投融资模式，增强造血功能 ⋯⋯⋯⋯⋯⋯⋯⋯⋯⋯⋯ 30
 第六节 完善公司治理结构，增强竞争力 ⋯⋯⋯⋯⋯⋯⋯⋯⋯⋯⋯ 35

第七节　理顺政企关系，确定转型方向 ……………………………… 37

第八节　加强地方债务管理，拓宽"前门"渠道 …………………… 38

【评价篇】

第四章　地方政府投融资平台转型发展评价结果 ……………………… 49
第一节　地方政府投融资平台转型发展评价指标说明 ……………… 49
第二节　地方政府投融资平台转型发展排名情况分析 ……………… 60

第五章　北京市政府投融资平台转型发展研究 ………………………… 75
第一节　北京市经济财政发展情况 …………………………………… 75
第二节　北京市政府投融资平台发展情况 …………………………… 78
第三节　北京市政府投融资平台转型发展策略 ……………………… 81

第六章　福建省政府投融资平台转型发展研究 ………………………… 82
第一节　福建省经济财政发展情况 …………………………………… 82
第二节　福建省政府投融资平台发展情况 …………………………… 85
第三节　福建省政府投融资平台转型发展策略 ……………………… 91

第七章　贵州省政府投融资平台转型发展研究 ………………………… 93
第一节　贵州省经济财政发展情况 …………………………………… 93
第二节　贵州省政府投融资平台发展情况 …………………………… 95
第三节　贵州省政府投融资平台转型发展策略 ……………………… 103

第八章　湖南省政府投融资平台转型发展研究 ………………………… 105
第一节　湖南省经济财政发展情况 …………………………………… 105
第二节　湖南省政府投融资平台发展情况 …………………………… 108
第三节　湖南省政府投融资平台转型发展策略 ……………………… 113

第九章　辽宁省政府投融资平台转型发展研究 ………………………… 115
第一节　辽宁省经济财政发展情况 …………………………………… 115
第二节　辽宁省政府投融资平台发展情况 …………………………… 117

第三节　辽宁省政府投融资平台转型发展策略 …………………………… 123

第十章　宁夏回族自治区政府投融资平台转型发展研究 ……………… 126
第一节　宁夏回族自治区经济财政发展情况 …………………………… 126
第二节　宁夏回族自治区政府投融资平台发展情况 …………………… 129
第三节　宁夏回族自治区政府投融资平台转型发展策略 ……………… 132

第十一章　江苏省政府投融资平台转型发展研究 ………………………… 134
第一节　江苏省经济财政发展情况 ……………………………………… 134
第二节　江苏省政府投融资平台发展情况 ……………………………… 137
第三节　江苏省政府投融资平台转型发展策略 ………………………… 141

第十二章　山西省政府投融资平台转型发展研究 ………………………… 143
第一节　山西省经济财政发展情况 ……………………………………… 143
第二节　山西省政府投融资平台发展情况 ……………………………… 147
第三节　山西省政府投融资平台转型发展策略 ………………………… 153

第十三章　天津市政府投融资平台转型发展研究 ………………………… 155
第一节　天津市经济财政发展情况 ……………………………………… 155
第二节　天津市政府投融资平台发展情况 ……………………………… 158
第三节　天津市政府投融资平台转型发展策略 ………………………… 165

第十四章　上海市政府投融资平台转型发展研究 ………………………… 168
第一节　上海市经济财政发展情况 ……………………………………… 168
第二节　上海市政府投融资平台发展情况 ……………………………… 171
第三节　上海市政府投融资平台转型发展策略 ………………………… 175

第十五章　吉林省政府投融资平台转型发展研究 ………………………… 177
第一节　吉林省经济财政发展情况 ……………………………………… 177
第二节　吉林省政府投融资平台发展情况 ……………………………… 180
第三节　吉林省政府投融资平台转型发展策略 ………………………… 185

第十六章　内蒙古自治区政府投融资平台转型发展研究 ………………… 187
第一节　内蒙古自治区经济财政发展情况 ……………………………… 187

第二节　内蒙古自治区政府投融资平台发展情况 …………………… 190
　　第三节　内蒙古自治区政府投融资平台转型发展策略 ………………… 194

第十七章　云南省政府投融资平台转型发展研究 ……………………………… 196
　　第一节　云南省经济财政发展情况 …………………………………… 196
　　第二节　云南省政府投融资平台发展情况 …………………………… 199
　　第三节　云南省政府投融资平台转型发展策略 ……………………… 210

第十八章　湖北省政府投融资平台转型发展研究 ……………………………… 212
　　第一节　湖北省经济财政发展情况 …………………………………… 212
　　第二节　湖北省政府投融资平台发展情况 …………………………… 215
　　第三节　湖北省政府投融资平台转型发展策略 ……………………… 222

【转型篇】

第十九章　杭州市城市建设投资集团有限公司 ………………………………… 227
　　第一节　发展历史 ……………………………………………………… 227
　　第二节　杭州城投融资历程 …………………………………………… 229
　　第三节　政府对杭州城投的支持 ……………………………………… 232
　　第四节　杭州城投转型分析 …………………………………………… 233

第二十章　青岛城市建设投资（集团）有限责任公司 ………………………… 235
　　第一节　发展历史 ……………………………………………………… 235
　　第二节　青岛城投转型及资产重组过程 ……………………………… 238
　　第三节　政府对青岛城投转型的支持 ………………………………… 239
　　第四节　青岛城投转型分析 …………………………………………… 240

第二十一章　苏州城市建设投资发展有限责任公司 …………………………… 242
　　第一节　发展历史 ……………………………………………………… 242
　　第二节　苏州城投转型发展及资产重组过程 ………………………… 244
　　第三节　政府对苏州城投转型的支持 ………………………………… 248
　　第四节　苏州城投转型分析 …………………………………………… 249

第二十二章　天津泰达投资控股有限公司 ········ 250

第一节　发展历史 ········ 250
第二节　泰达控股转型及重组过程 ········ 252
第三节　政府对泰达控股转型的支持 ········ 254
第四节　泰达控股转型分析 ········ 255

第二十三章　芜湖市建设投资有限公司 ········ 257

第一节　发展历史 ········ 257
第二节　芜湖建投转型及资产重组过程 ········ 262
第三节　政府对芜湖建投转型的支持 ········ 265
第四节　芜湖建投转型分析 ········ 267

第二十四章　镇江新区经济开发总公司 ········ 269

第一节　发展历史 ········ 269
第二节　镇江新开转型及资产重组过程 ········ 272
第三节　政府对镇江新开转型的支持 ········ 274
第四节　镇江新开转型分析 ········ 276

第二十五章　湖南省高速公路建设开发总公司 ········ 279

第一节　发展历史 ········ 279
第二节　湖南高开转型及资产重组过程 ········ 281
第三节　政府对湖南高开转型的支持 ········ 282
第四节　湖南高开转型分析 ········ 283

第二十六章　滁州市城市建设投资有限公司 ········ 285

第一节　发展历史 ········ 285
第二节　滁州城投转型及资产重组过程 ········ 288
第三节　政府对滁州城投转型的支持 ········ 290
第四节　滁州城投转型分析 ········ 291

第二十七章　广西投资集团有限公司 ········ 293

第一节　发展历史 ········ 293
第二节　广投集团转型过程 ········ 296

  第三节 政府对广投集团转型的支持 298
  第四节 广投集团转型分析 299

第二十八章 盐城市国有资产投资集团有限公司 301

  第一节 发展历史 301
  第二节 盐投集团转型及资产重组过程 305
  第三节 政府对盐投集团转型的支持 306
  第四节 盐城集团转型分析 307

第二十九章 重庆市合川城市建设投资集团有限公司 308

  第一节 发展历史 308
  第二节 合川城建转型及资产重组过程 311
  第三节 政府对合川城建转型的支持 313
  第四节 合川城建转型分析 315

第三十章 株洲市城市建设发展集团有限公司 317

  第一节 发展历史 317
  第二节 株洲城建转型及资产重组过程 322
  第三节 政府对株洲城建转型的支持 324
  第四节 株洲城建转型分析 325

第三十一章 淄博市城市资产运营有限公司 328

  第一节 发展历史 328
  第二节 淄博城运转型及资产重组过程 331
  第三节 政府对淄博城运转型的支持 335
  第四节 淄博城运的转型分析 338

后 记 341

【理论篇】

第一章 地方政府投融资平台概述

第一节 地方政府投融资平台简介

一、地方政府投融资平台概念

2010年6月10日，国务院印发的《关于加强地方政府投融资平台管理有关问题的通知》（国发〔2010〕号文）中，对地方政府投融资平台的定义进行了规定：地方政府及其部门和机构等通过财政拨款或注入土地、股权等资产设立，承担政府投资项目融资功能，并拥有独立法人资格的经济实体。

进一步细化说明则是地方政府对城市的基础设施进行开发和建设时，随之产生的城市建设投资公司（以下简称城投公司）、城建开发公司等经济实体。这些公司通过地方政府所划拨的土地等资源形成的资产组建一个资产与现金流等指标大致能满足融资标准的公司，在必要的时候，再通过财政补贴等条件作为还款的承诺，并且将融入的资金主要用于投入市政建设、公用事业等项目之中。

从类型上看，中国人民银行把地方政府融资平台划分为园区投融资平台、各类开发区、财政部门设立的税费中心、国有资产管理公司、土地储备中心类公司、城市投资建设公司、交通运输类政府投融资平台等类型。从功能上看，地方政府融资平台能够有效地配置资源、拉动民间投资，从而促进民生改善、加快城镇化进程。

二、地方政府投融资平台发展历程

在我国地方政府的融资体系中，地方政府融资平台扮演着极其重要的角色，与此同时，也在过去很长一段时间内在资金供给方面为我国城市的高速建设与发展发挥基础性功能和作用。下面我们将详细地介绍地方融资平台的发展历程。

（一）初步发展阶段

20世纪90年代，我国开始实行分税制改革，城镇化进程迎来了关键时期。在这段关键时期中，地方政府一方面面临着财政收入有限、任务重、融资需求巨大等情况；另一方面受到原《预算法》的限制与约束而不允许发行地方政府债券。与此同时，《担保法》和《贷款通则》两个相关法律文件，分别在地方政府为贷款提供担保的能力和直接向银行贷款的能力两方面进一步进行了限制。在这样的情况下，融资平台随之诞生，为地方政府进行融资和筹资提供了解决办法和新的出路。

城投公司在创立的最初时期，主要是由地方的财政部门和住建委进行共同组建的，并通过财政拨款的方式筹集公司的资本金与项目的资本金，其余资金则以财政担保由公司向银行贷款。因此，在当时，城投公司的主要融资运作方式是通过商业银行信贷体系融资。然而随着国家1995年《担保法》的出台，直接导致了此类财政担保机制失效，进而造成城投公司变为"空壳"的情况产生，并进一步演变为生存危机。

（二）繁荣发展阶段

尽管各地方政府融资平台络绎不绝地出现，但依靠财政拨款、通过银行信贷系统融资一直是各平台公司的主要融资方式，通过发行债券融资的途径发展较缓。但是，也不乏一些地方融资平台希望通过转型、创新，寻找更好的发展方式。

2008年，经济危机爆发并迅速波及全球，为应对此危机，我国政府于2009年出台了金额达到4万亿元的投资刺激政策。随后，支持相应基础设施建设与支持国家重点项目的呼声得到了各大商业银行的积极支持。地方政府投融资平台则积极响应了我国政府的号召，得以迅速通过银行贷款和发行城投债的方式获得了大量融资。2009年3月，中国人民银行和中国银行保险监督管理委员会联合提出："支持有条件的地方政府组建融资平台，发行企业债、中期票据等融资工具，拓宽中央政府投资项目的配套资金融资渠道。"2011年，国家发展和改革委员会（国发〔2881〕号文）指出，城投公司的自营业务需要占主要营业收入中的70%以上，而政府补贴的部分则不得超出30%。这项规定具有重大意义，它有助于避免中央财政赤字，并且对减少地方政府债务起着重要作用。

这一系列政策的出台，极大地推动了地方政府投融资平台的发展和进一步扩大，同时也促使其进入了高速而又繁荣发展的新阶段。2013～2015年，全国范围内的所有地方城投公司共发行城投债（企业债）25171.4亿元，为地方政府进行城市基础设施建设和发展经济提供了大量的资金支持，极大地推动了我国经济

（三）转型发展阶段

在地方融资平台公司经历几年的迅速发展后，地方政府债台高筑，防范控制风险、降低社会融资成本迫在眉睫。截至 2013 年 6 月末，根据地方政府债务的经审计署审计的审计结果，全国各级政府债务中，要承担偿还责任的债务余额总计约为 20.7 万亿元，要承担担保责任的债务余额总计约为 2.9 万亿元，需要负有一定救助责任的债务余额总计约为 6.7 万亿元。

2014 年 9 月 21 日，国务院发布的《关于加强地方政府性债务管理的意见》（国发〔2014〕43 号）（简称"43 号文"）中明确规定："剥离融资平台公司政府融资职能，融资平台公司不得新增政府债务。地方政府新发生或有债务，要严格限定在依法担保的范围内，并根据担保合同，依法承担相关责任。"国务院出台的"43 号文"明确了国家要坚持守住不发生区域性风险底线、防范系统性风险的魄力以及降低社会融资成本的决心。

出台"43 号文"，意味着地方政府融资平台公司开始走入转型发展的新阶段。在面临政府预算受到约束的情况以及城投公司政府信用被剥离的严峻情形下，地方政府和城投公司及时做出调整。尽管严格限制了通过银行信贷体系进行融资的途径，但是其他融资方式的发展如城投债、信托，都大大将城投公司融资渠道进行了扩展，最终使融资平台对外融资规模整体增长的趋势得以继续保持。

第二节　中国地方政府投融资平台转型必要性

一、地方政府投融资平台发展现状

（一）监管不断加强，转型迫在眉睫

"43 号文"明确规定："融资平台公司不得新增政府债务，剥离融资平台公司政府融资职能。"同年，全国人大常委会对《预算法》进行了修改，这两个文件的出台标志着地方政府投融资平台黄金期的结束，开始步入转型发展的新阶段。

2017 年发布《关于进一步规范地方政府举债融资行为的通知》（财预〔2017〕50 号）（以下简称"50 号文"）以来，地方政府投融资平台即将面临新一轮的严监管。

截至 2018 年上半年，全国地方政府债务余额 16.80 亿元，2018 年全国地方政府债务限额为 21.00 亿元。面对数量如此巨大的全国地方政府债务总量，国家出台了相关政策，对地方政府的融资行为进行限制、约束，对地方政府的隐性债务风险进行防范和化解，这是出于无奈，但也在计划之中。但面临新规的出台，对于地方政府投融资平台公司来说则是不变则亡。

（二）国家政策扶持，助力平稳转型

2015 年，国家统计局发布的国民经济运行情况显示，我国城镇化比例为 56.1%。在现有的经济运行体制下，想要进一步推动城镇化进程、提高城镇化率，地方政府投融资平台仍然要继续发挥、扩大其为基础设施建设融资的功能性作用。

因而，在监管政策不断出台、监管力度逐步加强、规范地方政府投融资行为的同时，国家也相继出台了一系列扶持地方政府投融资平台转型、过渡的政策。例如，计划用 3 年时间，即 2015~2018 年，运用低息政府债券置换存量的政府债务，为地方政府投融资平台争取过渡和转型的时间；与此同时，要求银行等金融机构不得对正在建设中的和续建的政府公益项目停贷，要保持继续支持；要求国开行等政策性银行对地方棚改、旧改项目设立利率低、期限长、申请方便的专项资金。

（三）平台发展需要，亟须转型升级

一轮又一轮的监管新规出台，逐渐剥离了地方政府投融资平台的政府性融资职能，地方政府投融资平台难以延续本身的传统融资模式进行发展。为谋求自身持续发展，诸多平台公司需要从多个方面探索转型发展方向，并进行有益的实践。

二、地方政府投融资平台发展中存在的问题

（一）政府属性较强，经营管理效率低

总体而言，由于地方政府投融资平台的政府属性，因此在发展中首先会将政治效益放在首位，在项目运作和经营管理的过程中，可能最先满足的是政府要求，而不是将市场要求摆在首位，而这样做往往会造成运作的低效率。具体的表现是：新项目在运作前，没有认真地进行策划和研究以及投入产出平衡测算，因此往往会造成产出远远小于预期，甚至可能没有产出；一些项目由于时间紧迫且任务繁重，在项目的建设初期并没有考虑项目的整体功能定位以及后期的招商运营，导致许多不必要的投入，而有的项目甚至还需要二次投入；一些项目可能随意变更设计内容，增加施工量，并且出现超概算、超预算、超造价等情形，导致工程开发的建设成本偏高；所属子公司对母公司过度依赖，没有很强的市场竞争意识，经营考核指标体系也不完善，存在吃"大锅饭"的情况等。

(二) 政企边界模糊，治理结构不完善

地方政府投融资平台自产生以来，一直都是政企不分的典型代表。平台骨干人员一般被纳入当地政府组织体系进行管理，由政府直接任命，部分地区甚至由当地财政、建设部门负责人兼任，虽然名义上是董事长、总经理，但普遍按当地政府干部管理。另外，公司名义上是自负盈亏的法人实体，但在实际运作中，基本上都是依照政府指令办事，唯政治效益和社会效益优先，大都不考虑经济效益的多少。因此，受制于各自身份和运作模式，公司内部的董事会、监事会等治理体系无法实际发挥作用，大都成了摆设。

(三) 政府信用突出，资本运作不规范

由于地方政府和其投融资平台特殊的亲密关系，在偿债能力和信用方面表现突出，其融资业务在资本市场一向深受追捧。在这个过程中，地方政府投融资平台也充分释放其过度融资的冲动。为完成融资业务，地方政府、平台与金融机构三方默契一致，因而屡屡发生重复抵押、平台互保、违规放款等各种不规范的情况。

同时，通过平台融得的资金，并没有被纳入财政预算，支出也不受约束，融资被挪用的事情也时有发生，一旦发生重大投资风险，将会引起连锁反应，直接危及地方金融生态稳定。

(四) 招聘流程行政化，人才储备不足

通常来看，地方政府投融资平台工作面普遍涉及得比较广泛，大都涵盖规划、拆迁、工程建设、经营管理等方面，满足现有投融资业务和开发建设需要已经捉襟见肘，现在要适应新的转型要求，人才储备不足的问题更加凸显。

平台的组成人员大都由当地城建、财税等部门抽调组成，多年的政府工作经历和习惯，往往满足于完成领导交办的任务。因而从政府管理主体转向市场经营主体，大都比较困难，并且此类人员大都占据公司执行层的关键岗位，在一定程度上可能会影响平台公司决策的执行。平台市场化招聘专业人才，还面临薪资待遇、岗位匹配等诸多问题。

(五) 新政策限制，刚性还款压力大

由于有地方政府的大力支持，在"43号文"出台之前，地方政府投融资平台的融资绝大部分都被纳入当地政府性债务范围内，所以几乎不存在刚性还款压力。因此，地方政府投融资平台在承接公益性项目建设、支撑民生保障等没有收益的工作时，能够顾全大局，勇挑重担。

但在新的经济形势和投融资环境背景下，平台新增债务不能再囊括在政府性债务中，而要平台自身承担偿还责任。因此，平台转而关注资金的使用效益，首先是要保障投入产出的平衡。在这种背景下，平台对一些资金来源不明确、项目

收益前景不明的项目，受制于自身债务压力，大都会向政府申请支持措施，与政府相关单位的协调难度可能就会增大。例如，对于大多地方政府投融资平台，土地资产是其核心资产，要想实现土地顺利"招拍挂"，地方政府部门的拆迁支持必不可少。但在新形势下，平台的融资规模不断收缩，支出越来越严谨，在一定程度上可能会影响协调效果。

第三节 地方政府投融资平台转型发展方向思考

一、分门别类推动转型发展

现在国家经济发展重点放在两个方面：城镇化发展和土地资源经济调整。这就要求地方政府投融资平台在后续的时间里继续为城市基础设施建设等发挥融资功能。

因此，在经济体制改革的过程中，需要将完全意义上的地方政府投融资平台转化为普通性质的公司和企业，将地方政府投融资平台转为市场化的现代化企业。但是在推动平台分类转型的过程中，需要特别注意的是，转型既要结合地方经济发展的现状，还要进行合理的规划，以前瞻性的眼光，实现地方政府投融资平台的转型、市场化运作。

二、防控地方政府债务风险

进入2018年以来，防范控制地方债务风险成为平台转型的重点工作之一。平台转型不仅是经济新常态的大趋势，也是地方债务高企的防范之路。这个时期是最好的时期，也是要求最严格的时期，机遇与风险并存。平台与地方政府要对内部人员的专业素养不断进行培训与审核，使他们能够长久保持较高的专业技能及思维，避免无谓的损失和不可控的危机，从而让资产回归良性运作。

三、整合平台和政府资源

地方政府投融资平台的本职工作是对当地金融服务，并且进行资源的积累。对现有资源的重新整合与调整，可以使我们对平台现状有更清晰的了解，并对转型方向也有更明确的认识，除此之外，对于解决地方债务方面的问题产生重要的促进作用。

因此，地方政府要努力做到将区域资源与区域经济数据相整合，从而能够充分调动相关工作人员的工作积极性和动力。在内容方面要进行更加规范科学的制度建设，构建成熟高效的平台架构。资源的整合可以对自身的资源与优势有更加清晰的认识，吸引外来资本也有更为明确的方向与选择，从而可以提高资本的使用效率。最后，通过混合所有制的发展来促进地方政府现有投融资平台的优化，也能把城市化进程与产业发展形势作为基础来推动平台整合和优化。

四、做好中长期发展规划

就目前来看，在市场环境与经济环境下的地方政府要推动地方政府投融资平台更快地改革发展，把可能会遇到的市场和经营的风险降至最低，做好长期的准备和专业人员的培养的重要性就显得十分突出。

因此，从长远角度考虑，地方政府融资平台公司应该把基调定为市场发展，不断改革和完善基础性结构与框架，确立和培养长远发展的眼光，将整体的布局与规划做好做精，不断协作调整公司的经营管理能力，采用现代化的信息和技术，拓宽融资渠道和规划水平，从而将地方政府投融资平台调整进入发展的新轨道。在相关人员的培养方面，地方政府投融资平台的领导层面要深刻意识到人才建设对投融资平台转型发展的重要作用，通过自身知识水平的提升来达到以身作则的效果。

第二章 地方政府投融资平台转型发展存在的问题

第一节 平台数量多且债务规模大

根据银监会发布的《地方政府融资平台全口径融资统计表》，截至 2017 年末，全国共有 9185 家政府融资平台。此外，2549 家曾经的政府融资平台已经被调出平台管理名单，不再承担政府融资功能。

一、区域分布情况

从全国 9185 家地方政府融资平台的分布情况看，浙江省、四川省、广东省分别是政府融资平台数量排名前三的省份。其中，浙江省现存平台数量最多，为 919 家，其次是四川省，为 648 家，最后是广东省，为 637 家（见图 2-1）。

从东、中、西部分布来看，东部地区政府融资平台数量最多，为 4356 家，占比 48%，中部地区、西部地区政府融资平台数量分别为 2413 家和 2416 家，占比均为 26%（见图 2-2）。

二、融资行为分析

投融资平台是地方政府的融资工具，具有准政府的性质，因而通过融资平台获取融资数量的多少成为管理人员的业绩指标之一。因此，在行政考核机制的推动下，忽略成本与收益的权衡以及未来偿还问题，"能融尽量多融"的心理导致融资平台的债务形成了盲目扩张的机制。

一方面，对政府和平台公司没有偿债能力的指标约束，平台公司几乎不考虑自身负债能力，大量举借债务；另一方面，银行自认为有政府财政显性或隐性担

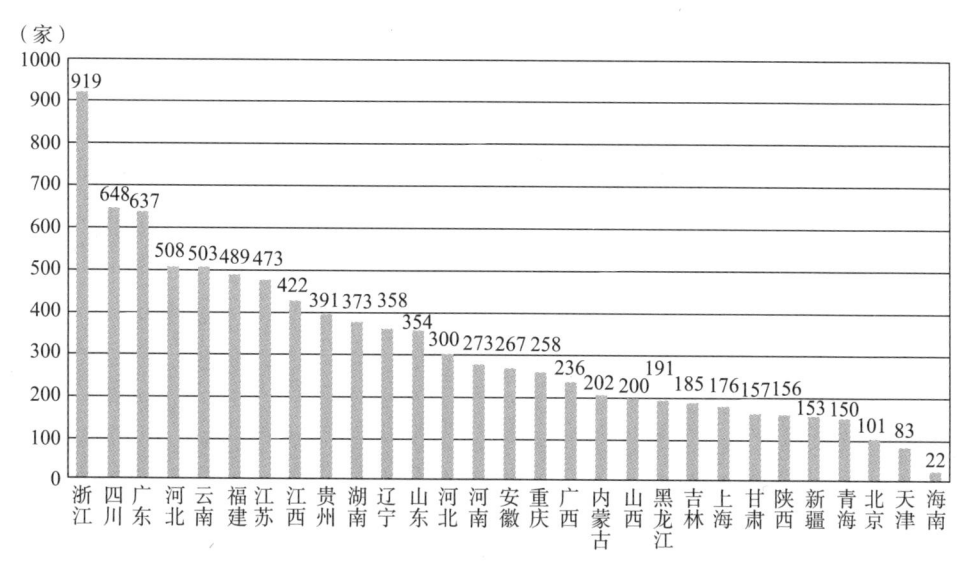

图 2-1 各省（区、市）融资平台分布情况

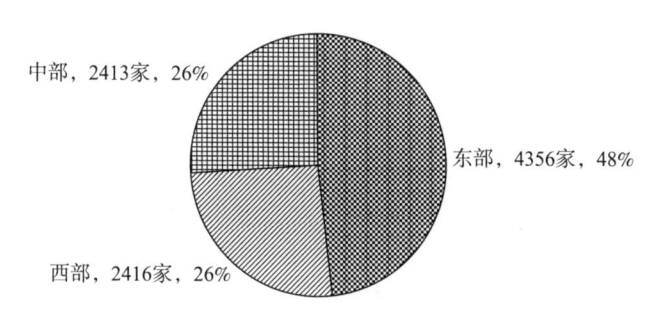

省份	数量（家）
浙江	919
四川	648
广东	637
河北	508
云南	503
福建	489
江苏	473
江西	422
贵州	391
湖南	373
辽宁	358
山东	354
河北	300
河南	273
安徽	267
重庆	258
广西	236
内蒙古	202
山西	200
黑龙江	191
吉林	185
上海	176
甘肃	157
陕西	156
新疆	153
青海	150
北京	101
天津	83
海南	22

图 2-2 东、中、西部融资平台分布情况

- 东部，4356家，48%
- 中部，2413家，26%
- 西部，2416家，26%

保，还款来源有保障，积极主动为平台公司贷款，造成平台公司较高的存量债务，成为市场化转型的沉重负担。

目前，银行贷款仍是地方政府投融资平台的主要融资渠道，一旦货币政策发生变动，资金稳定性将受到影响。同时，由于地方政府投融资平台项目的建设周期一般较长，受地方政府换届、长期负债的不断累积等因素影响，未来的债务风险可能会集中显现。

地方政府融资平台凭借着背后地方政府的信用担保，以土地等资产作为抵押，从银行取得了源源不断的贷款，据统计，目前在地方政府融资平台的资产负债表中，大多数地方政府融资平台的资产负债率都高达70%以上，资产来源过度依赖负债，导致风险较为集中。地方政府融资平台经营的项目大多是基础设施建设以及公益性项目，本来收益率就低，回收期长，过度依赖银行贷款不仅会因高昂的财务费用给地方政府融资平台带来沉重的负担，还款能力受到制约，还可能导致循环借贷，"拆东墙补西墙"，一旦商业银行贷款政策有变，很容易导致地方政府融资平台的资金链断裂，给社会造成严重的影响。在目前的形势下，经济下行压力增大，房地产行业萎靡不振，土地出让价格也受其影响出现下滑趋势。再加上我国人多地少，土地资源有限，导致地方政府融资平台抵押资产的数量和质量都出现下降，地方政府融资平台的还款能力和融资能力也逐步下降，这对地方政府融资平台的可持续发展造成很大影响。

三、债务规模情况

通过持续规范管理，截至2017年末，我国政府债务余额为29.95万亿元，负债率为36.2%；地方政府债务余额为16.47万亿元，债务率为70.58%，无论是负债率还是债务率都低于国际通行警戒线（负债率60%，债务率100%~120%）。总体来看，目前地方政府债务风险总体可控，但这是针对显性债务而言的，而更大的风险在于地方政府隐性债务。隐性债务很难进行精确统计，根据不同中介机构的预测结果，隐性债务的规模大体是显性债务的1.2~2倍。

照目前来看，地方政府债券能解决20%左右的资金需求，PPP能落实的资金量为10%左右，也就是说，现在真正的合法程序只能解决地方政府融资需求的30%左右，其他70%左右的资金需求如何满足，都是定性的违法违规举债，所以国内地方政府违法违规举债是普遍现象。或有债务与隐性债务的存在是一个非常突出的问题。现在没有任何部门能跟党中央、地方政府说清楚地方政府债务的具体数目是多少，所以高层在做决策时心里是没底的，2008年以来出现的三次放松和三次收紧都和这个问题有关，因为不知道底数是多少，所以想稳增长的时候就放，一过热就收，并且力度很大，切割的节奏很快。

2008年以来，针对地方政府融资，政策层面放了三次、收了三次，造成地方政府融资成本推高。基建投资回收期很长，成本高低就显得非常重要，如果成本提高0.5%，投资回收期是30年、60年，则产生的偿债负担可想而知。地方政府债务主要有两种：一是地方政府日常开支债务，这是应该靠转移支付解决的；二是地方城镇化的债务，在城镇化的起步期和快速发展期是必须负债的，并且这个债务履行也是必需的，但要避免地方政府招商引资引发的债务。

第二节 融资平台造血及偿债能力差

地方政府投融资平台本质上是地方政府的融资工具，其承建项目大多数是回收期较长的基础设施和公共服务设施建设项目，这些项目具有公益性和准公益性特征，缺乏持续的现金流。因此，融资平台债务的偿还主要依靠土地出让金、财政预算安排或借新还旧，而受宏观经济政策的影响，土地出让金具有很大的不确定性和波动性，因此自身偿债能力较差。

一、资产管理能力落后

城投公司普遍存在自有资本较少、资产负债率高的情况。平台公司大多数存在注册资本实缴比例不高的情况，很多城投公司的股本是通过举债形成的，包括地方政府或财政部门借钱注资、共管账户、税收返还、重复使用资本等，有些政府专项债、置换债、特别债等也堂而皇之地充当了资本。另外，地方政府往往也会通过城投公司举债，造成城投公司资产负债率较高。

（一）资产质量不高，变现能力差

为了使融资平台公司正常运转，地方政府向融资平台公司注入相应土地、特许经营权或其他可变现的资产，以满足其项目建设和偿债的资金需要，其中有些是根本没有变现能力的资产，比如道路、桥梁、公园等公益性资产。融资平台公司为了让财务报表"好看"，以间接或直接地获得融资，进而包装注入资产。因此，部分公司的财务报表中虽然净资产量较高，但其中大部分资产流动性较差，对公司发展意义不大。

（二）债务负担沉重，偿债风险大

对于城投公司，资产质量较低、可变现能力差只是影响偿债能力的一个方面，更主要的原因是城投公司承担着为地方政府融资、参与地方基础设施建设的任务，其中城投公司大部分债务也是之前积累下来的承担基础设施项目建设产生的债务。政府融资平台公司代表的是地方政府的信用，如果出现债务违约情况间接等于地方政府违约，所以融资平台公司大都会尽全力保证债务按时还本付息。城投公司借新还旧的压力越来越大，因此挪用项目资金、"拆东墙补西墙"的现象比较普遍。

（三）资金结构不合理，融资难度大

目前，大多数融资平台公司均面临着较大的债务偿还压力，在此基础上融资问题就显得尤为重要。融资不仅关系到公司本身的经营活动，还影响到当地地方政府信用及基础设施建设的资金保障。当前，多数地方政府对融资平台公司的支持主要给予平台公司一定的政策优惠和划拨一定的资产，如土地、特许经营权等，而其中最重要的是土地。随着近年来受征地拆迁、房地产调控等因素的影响，平台公司名下的土地一般不能及时出让，甚至土地流拍的现象早已司空见惯。政府融资平台公司缺乏政府资金注入又未开启新的融资渠道，资金来源问题

逐渐开始显现。很多融资平台公司主要依靠银行借贷、信托基金等融资，导致政府融资平台公司融资方式老化、渠道陈旧、成本高、效率低下等问题。

二、负债缺乏合理规划

（一）项目质量不高，收益难以保证

一些地方政府投融资平台在项目投资时未考虑收入因素，有的政府官员在不了解本地项目建设现状的情况下就进行新项目的开发，扩大投资规模，盲目投资一些没有经过价值评估的项目。项目投资不可避免地出现过于超前的基础设施投资或者不符合经济效益的投资，这些都造成了政府资金的明显浪费和投融资平台的效益低下。

（二）短借匹配长投，债务累积迅速

由于投融资平台融得的资金大都是用来进行基础设施建设或其他公共性项目建设的，这类项目的建设周期较长，一般在几年左右，并不能及时取得资本的回收，也就无法及时还款，况且政府支持建设的项目大都是为人们提供服务的，就算能盈利，盈利能力也不强。随着政府职能的扩张，所需建设的项目逐渐增加，这就需要投融资平台不断融资，旧债未还，新债增加，致使风险增加。

（三）用还主体不一，贷后管控存漏洞

地方政府投融资平台是政府投融资的一个平台，它仅负责成功融取资金，投资基建项目，而还款并不是投融资平台所关注的，也就是说，用款人和还款人是不同的个体，政府对投融资平台的整体效益缺乏有效筹划。有些政府对其所控平台的负债情况是一知半解甚至全然不知，也就无法对它进行适当调控，这在无形中增加了地方政府在投融平台上的债务风险。

三、市场化运营能力不足

地方政府投融资平台本质上是地方政府的融资工具，资产都是政府以各种形式注入，大多为非经营性资产，或多或少与土地相关。承建项目大部分是回收期较长的基础设施和公共服务设施建设项目，如铁路、公路、机场、水、电、路等，具有公益性和准公益性特征，财务回报率普遍较低，在无实际产出或者产出效益低下的情况下，变相扩大了金融杠杆，加大了金融风险。加上地方政府投融资平台融资行为多，缺乏投资意识，市场经营能力不强，缺乏竞争力，盈利能力弱，债务的偿还主要依靠政府的土地出让金、财政预算安排或借新还旧，抗风险能力不强。

受地域、地方经济、产业结构等因素影响，多数地方政府投融资平台公司开展投融资的渠道比较单一，投资主要是期限较长的基础设施建设，优质项目较少，举债基本局限于银行信贷和财政拨款两种，导致各平台公司长期高负债运行，一旦到期债务还本付息集中涌现，资金链就会异常紧张。而一些金融机构认为地方政府不会破产也不敢破产，存在财政兜底幻觉，加上政府背景项目融资规模大、利率弹性小，容易快速提升单位营业业绩和个人绩效奖励，导致金融机构对这种项目趋之若鹜，没有按照市场化原则严格评估政府背景项目风险，放松风险管控要求，大量违规提供融资，债务雪球越滚越大。

地方政府融资平台的其中一个特点就是过度依赖银行贷款。因为银行贷款能方便取得，程序比较简单，贷期较长，这就成了地方政府融资平台考虑到的首要渠道。而商业银行又具有特殊的癖好，对待国有或国有控股企业特别青睐，再加上有地方政府的担保，会把资金不断贷给地方政府融资平台。商业银行认为即便出现问题，也会有地方政府用财政进行兜底，从而过分夸大了地方政府融资平台的还款能力，低估了地方政府融资平台本身的风险。一旦地方政府融资平台还款能力急速减弱，而地方政府财力有限，财务风险就转移到了商业银行身上，导致商业银行财务状况恶化，带来局部甚至系统金融风险，给实体经济带来严重冲击。

目前，大多地方政府融资平台公司都存在一个共同的特征，那就是账面资产价值较大、周转率低，造成这种状况的原因主要还是与其资产的构成与性质分不开。从资产的构成来分析，一般平台公司的非流动资产占资产总额的比重较大，而非流动资产中以长期股权投资与土地使用权为主。从资产的性质来分析，长期股权投资主要是由平台公司代政府出资投资工程项目形成，就目前来看，这些被投资主体多数为在建项目，或者刚刚竣工验收，再加上项目实质更多注重公益性职能的发挥，经营效益有待进一步投资开发；而土地使用权由于存在资产真实性问题等原因，多数很难作为经营性资产来创造经济效益。这样，最终导致非流动资产营运效率低下，是转型中的平台公司必须解决的一个重要问题。

从平台公司的运营过程来分析，因为有政府对其债务进行兜底，在其所投资项目处于建设期时财务风险相对较低，但是随着工程项目的竣工，财务风险开始凸显。究其主要原因，是多数地方政府只对其债务本金和建设期利息承担偿还责任，对于其进入运营期以后的利息约定由项目运营收益来偿还，而进入运营期以后的项目收益与可研报告预测又相差甚远，再加上项目融资一般金额大、还款期长，这样使得平台公司的财务风险逐渐提升。

第三节　融资平台内部治理机制不健全

一、地方政府重视自身利益考量

平台设立不合规，管理制度落后，有些地方政府财力吃紧，资金没有充裕到可肆意建立平台公司的程度。所以这些地方政府会利用信息优势，进行逆向选择、"投机倒把"，不按正常合规的程序办事。它们或是用同一笔资金在多个融资平台中流转，将已成立的融资公司的注册资金和项目资本金抽出，继续注资成立其他平台公司或投建其他项目，造成严重的资金不实的问题；或是将某一子公司的银行借款直接挪用注资于新的平台企业；或是将法律明确规定不能用于投资、抵押、质押的公益物品用于这些用途，将政府的土地、办公楼、公园注资平台公司；或是将一定量资金注入平台公司，为了"蒙混过关"、顺利筹到所需资金，这些资金经银行和监管部门验资后，立即就抽逃出去。这样的做法被多地效仿，形成"多头融资、多头授信"的混乱局面，导致一些地方的政府融资平台越建数量越多，越建质量越差。资本金不足这一先天跛脚在根本上阻碍了平台的顺利成长，再加上制度落后这一后天缺陷，使平台发展进入混沌期。这些平台公司在设立时利用信息不对称这一优势弄虚作假，不遵守制度规范。建成后的经营管理过程更是杂乱无章。需要有制约信息不对称的制度，平台内部采用委托代理的组织结构。综合性平台大都采用当代的公司制度作为其基本制度，设立了股东大会、董事会、监事会和总经理，但是往往只是徒有虚名。政府内部人员占据平台公司的多个重要岗位，政府控制现象泛滥：公司董事长的职位大都由行政官员担任，更有甚者，直接由相关主管部门的最大领导担任；公司监事会大多由地方政府各部门分别派出相关人员"堆砌而成"，总经理由地方政府职员直接到岗上任，而且多数平台存在董事长与总经理是同一在位者的现象，这样致使管理层有无限大的权力，股东会、监事会在其位却不行其责，没有发挥真正的监管作用。虽然平台公司采用委托代理方式，但是委托人和代理人不分家，都是地方政府，由此造成该模式的应用失效。

二、融资平台市场化管理缺位

我国地方政府融资平台主要是由地方政府设立的。首先，从形式上看，虽然其是一个独立的法人，但是并不具备一般企业应具备的管理结构，如董事会、股东大会等，所以存在着管理结构不健全的现象。其次，地方政府融资平台的管理人员大多数是由政府直接任命的政府官员，他们缺乏一定的管理经验，风险防范意识薄弱，所以在重大项目的决策上很容易出现失误。最后，地方政府融资平台是为地方政府服务的，所以其投资的资金以及投资方向并没有根据融资平台的实际情况来制定，而是由政府决定的，这就在一定程度上不利于融资平台的独立经营。

融资平台名义上是独立公司，并建立了完备的内部治理机制，但实际上融资平台公司从属于地方政府，管理者主要从政府部门选调或组织部门任命担任。虽然符合《公司法》的基本要求，但在人事任免、经营管理等决策方面受政府干预较多，缺乏经营自主权和决策权。部分经营管理者缺乏忧患意识和创新意识，没有一般市场主体的独立性和前瞻性，同时受地域、薪酬等因素影响，很难引进并留住高水平专业人才。

一些平台公司产权不明晰、管理不规范，高层管理人员一般都是政府或主管部门任命或调任的，有些还是政府公务员身份，政企难分。

第四节 紧监管政策促使融资成本上升

如前文提到的，2014年10月，国务院下发了《关于加强地方政府性债务管理的意见》（国发〔2014〕43号），同年，全国人大常委会对《预算法》进行了修改，这两个文件的出台标志着属于投融资平台黄金时代终结了，投融资平台开始踏入政策紧缩期。一方面，"43号文"明确提出了新的地方政府性债务管理机制，即要建立"借、用、还"相统一的机制，地方政府投融资平台的政府融资职能被剥离了。2015年开始实行的新《预算法》以及2017年发改委发布的《关于在企业债券领域进一步防范风险加强监管和服务实体经济有关工作的通知》，标志着今后地方政府债务管理有了明确的法律规定，也就是有法可循，地方政府发展需要的资金想要募集的话只能通过发行债券来进行，地方政府举债不能再通过地方政府融资平台公司，此种手段被制止，还明确规定以后地方政府融资平台公司不管是盈利或者亏损，均由其自己负责，政府不再负有为其偿还负债的责任，政府也不能用土地资源和政府信用做抵押或为平台公司提供担保，向银行借款时不得以财政预算兜底的形式进行。另一方面，由于土地资产运作被很多地方政府投融资平台当作核心，针对此现象，国土资源部2014年发文对地方土地储备机构进行核减，规定一个县（区）只能有一个土地储备机构，并且要求土地储备资金专款专用。2016年财政部、国土资源部、人民银行、银监会四部委共同出台政策，表明再用土地储备作为获得银行信贷资金的基础已不可能。面对国家监管的持续升级，各地政府投融资平台的融资和生存压力明显加大，转型发展势在必行。

监管政策的收紧也导致了平台融资成本的上升，很多投融资平台不能通过正规方式筹集资金，如银行贷款和公开发债等，因为其信用程度不够，达不到标准，融资难融资贵是其面临的难题。特别是2012年至2015年上半年，金融监管政策收紧，地方政府融资平台通过非正规渠道融资的借款成本迅速提高，并且其获得的都是短期资金。地方自发自还债券的利率与国债收益率基本不相上下,平台模式与地方债券模式的共同点就是都对政府信用有依赖性,财政收入是最后的还款来源,有时融资利率之间会存在6%以上的差距,有的差异甚至在15%以上,因此财政资金的系统性风险是非常高的。

地方政府对地方政府投融资平台的监管也比较严格,因为绝大部分地方政府融资平台的组建成立都由地方财政、国资部门直接出资,公司股本100%为国有资金,决定其属性为国有独资。所以,从人员委派到业务开展,投融资平台都被地方政府严格监控着。政府过多的干预和管控导致平台在进行市场化转型时变得更加艰难,主要是因为平台自身没有做决定的权利,能自主决策的事项少,日常的事务都要进行请示,并且政府流程完全被作为审批程序,非常烦琐,可能会错过好的市场机会,使平台失去好的发展机会;从人事上来说,政府将平台的管理层纳入人事管理体系,虽然对工作的便利性有好处,但同时也使平台失去了自由,高管人员根据自身意愿做出决策,没有站在平台的角度做决定,其出发点不是使平台经营得更好,因此在政府的严格监管下,平台转型发展受限。

新《预算法》规定一出,表明如果地方政府想要借钱、举债,只能通过一种渠道——发行债券,并且要实行限额管理,然而举债的规模如果在限额内,公共物品的投资需求根本无法被这些资金满足,更加无法与从前融资平台公司的借款规模相提并论。融资平台公司被剥离政府负债职能之后,其对公共物品的建设职能依然不变,但是公共物品的收益非常低,如公园、公路等,有时甚至不能获得收入,因此融资平台公司没有足够的盈利能力做支撑,内源融资能力弱,一旦所有债务集中到期要求偿还,会使平台公司资金链异常紧张。新《预算法》又规定融资平台公司要自负盈亏,其债务不能被政府代替偿还,导致投融资平台公司缺乏偿债能力,成本很高收益却极低,风险收益不相匹配,致使银行给融资平台公司提供贷款的意愿降低,融资平台公司的融资渠道出现问题,没有资金,就相当于没有了血液,这对平台公司来说是致命的。

一般来说,地方政府融资平台所承建的都是投资期限较长的项目,其外部融资渠道还是主要依靠银行贷款,这样才能获得期限较长的资金,但依然还是有每年要偿付本息的压力,逾期现象也时有发生。后来投融资平台为了满足资金周转的需求也开始进行短期银行借款,公司的资产负债率短时间内迅速提升,相应地,公司要承担的利息也开始大幅上升,融资成本高居不下,融资效率低下,使公司的资金状况雪上加霜,公司转型面临压力。

第五节　融资平台权利责任不对称

一、融资平台担负政府职责

融资平台受自身业务职能的约束，尽管其作为企业进行运作，但诸多方面受到地方政府的影响，许多决策权都没有真正落实到企业，政企关系定位模糊不清，背靠政府，以完成政府指定任务为己任，以实现社会效益为己任，而并不是以利润最大化为经营目标，令很多融资平台公司成为典型的预算软约束主体，靠着政府信用的隐性支持，对利率成本把控不严、融资成本高。

地方政府融资平台的出现就是地方政府进行投融资的权宜之计，名义上为独立公司，实际上远没有公司化，反而具有准政府性质，很多地方政府融资平台的董事长及其他管理层都由地方官员担任，所谓"一套人马，两块牌子"。并且地方政府融资平台债务以地方政府的财政收入作为还款保障，使得地方政府融资平台一开始就沦为地方政府的"傀儡"。由于政府在背后的作用，导致地方政府融资平台的内部机制相当不完善。首先，地方政府融资平台缺乏其应有的独立性，无论是投资决策、融资决策及项目建设都缺乏约束力，地方政府既充当运动员，又充当裁判员，审批如同走过场甚至没有。有的地方政府融资平台为筹措建设资金，在地方政府的默许下套取多家银行贷款，平台的资本金也是来源于地方政府掌控的土地出让金。总之，地方政府融资平台被地方政府"绑架"，缺乏其独立性。其次，由于相关法律法规的不完善，导致监管缺位和问责制缺失。地方政府融资平台可以无限制地借贷，而没有有关部门出台相关指标进行监管衡量，如果出了问题，地方政府处在幕后不会被问责，而融资平台只是地方政府的"傀儡"，就其本身没有主要责任，那么就会出现无人负责的情况。

二、平台权利主体划定模糊

一是政企不分，地方政府与融资平台相互依赖，关系错综复杂。二是权责不明，缺乏明确的职能界定，资金"借用还"主体不清。三是管理不规范，高管人员直接由原政府官员担任，人员配置仍是事业和行政编制，缺乏企业经营管理及风险防范常识，导致整体投资能力和运行效率不高，无法适应转型要求。

（一）缺乏约束机制

由于对地方政府融资平台可融资的金额没有明确的约束，一些地方政府出于各种目的，极力扩大融资量，甚至不考虑自身还款能力，由此引发的无法及时还款的情况将会导致恶劣的影响。巨大的还款压力对一些财力相对较弱的地方政府而言是一个很大的负担。

（二）信息披露不充分

目前银行是地方政府融资平台融资来源的主力，而相对于政府而言，银行或其他投资者均为弱势。银行等获得的财政信息非常有限，政府通常不向银行提供详细的财政收支变化、政府融资平台总贷款金额等情况，并且数据的精准性尚存疑虑。这样，银行就无法控制风险，就会出现融资风险失控的情况。

（三）机制架构行政化

一是地方政府融资平台机构是事业单位，只是政府融资的一个平台，没有自主权。地方政府融资平台发展之初，是地方政府发起设立，通过划拨土地、股权、规费、国债等资产，迅速包装出的一个资产和现金流均可达融资标准的公司。很多地方政府融资平台是事业单位，"一套人马，多块牌子"，财政全额预算经费。为方便融到更多的资金，融资平台下挂多个子公司。融资平台是当地政府向社会融资的平台，其资金的使用由政府管理，融资平台没有自主权。造成政府只管了资金怎么使用，没有全面地管理融资资金的使用效益、使用风险。二是融资平台高管与财务人员都是委派制，人员变动频繁。融资平台每一笔融资，从项目建设的筹资到具体建设资金的使用，往往因具体负责人的变动得不到很好的结算与正确核算。三是因融资平台是事业单位，融资资金的使用没有真正按企业会计制度来核算资产负债和损益，投资类应有的收益归地方政府财政管理，其成本支出又作为融资平台的投资处理，造成融资平台利润永远是亏损状态。又因项目投资由政府指定相关单位承担，相关单位迟迟不将完工项目与融资平台结算，造成融资平台往来资金过大。

（四）政府风险意识弱

平台公司大多没有建立良性循环发展的投融资模式，投资项目的管理运营缺乏明确的财务目标，大多按地方政府的指令行事，仅按要求完成融资任务即可，项目建设中的筹款、用款、还款没有做到全方位的统筹规划和通盘考虑，对投资项目缺乏监督管理和跟踪，没有统一的权、责、利激励机制，短期行为严重。

一是政府融资管理制度缺失。融资平台公司自成立以来一直承担当地政府融资与公益性项目建设的工作，但地方政府没有建立包括人员管理、财务管理、融资资金投向使用与归还的预算管理、人大监督管理等各项管理制度。对政府融资平台的资金来源运用、经营状况、本息偿还、发展规划、偿债资金渠道、偿债能力与风险等方面专项统计报表及情况分析报告等基础工作没有一个专门机构负责实施。地方政府很难全面、及时、准确地掌握政府融资平台的现状、问题和风险隐患。二是预警机制和风险管理制度缺失。没有建立政府融资平台风险预警机制及偿债准备金制度等较为系统全面的风险救助措施;财政部门没有定期对政府融资平台的债务规模、结构和安全性进行动态监测和评估,更未针对潜在的风险制定防范债务风险的措施及应急预案。

(五)权责机制不匹配

按照当前公益性项目的运营机制,项目投资决策主体与投资主体脱节,投资主体与受益主体脱节,严重背离了"谁投资谁决策、谁受益谁管理"的权责匹配机制。在这一项目运营模式下,项目建成后其产权、经营权、收益权并不归融资平台公司拥有,而是被划归为其他的政府职能部门。因此,融资平台公司几乎不具备盈利能力,难以通过发展获利形成公司积累,增强公司实力。融资平台公司报表中反映的利润指标很大程度上是政府通过财政补贴的方式包装出来的,以使其表面上保持融资所需要的指标要求。

第六节 市场化运作意识不强

由于地方政府投融资平台运作不规范并且没有相应的约束机制,导致其市场化运行水平、运作效率低下,市场意识淡薄。虽然一些地方政府投融资平台是以企业的形式存在的,但是从经营特点以及盈利性质上来说其与普通企业还是有较大差距的。在平台的运作过程中政府参与程度比较高,平台的投融资决策一般是:政府规划—项目分解—投融资平台建设、管理。没有实现"政企分家",这大大削弱了平台自身的决策能力,平台只是政府的代言人,反而是政府说了算,包括选择什么样的项目、如何进行投资、项目建设完成后如何进行管理。这样一来,平台公司的政府导向明显,市场导向不足。另外,从管理人员上来看,在地方政府投融资平台开始组建时,管理人员没有进行外部聘任,而是直接由政府指任,虽然身在平台公司,却执行着政府的命令,平台公司没有话语权、决策力,其向政府一方倾斜也就不足为奇了,这也是使平台无法进行顺畅的市场化经营的一个非常重要原因。由于政府的干预使平台无法直接对项目进行经营管理,也就无法直接获得稳定的收益及现金流。平台公司投入资本却得不到回报,可能导致平台资金循环产生问题,迫使平台公司只能去借债度日,如此反复,债务越来越多,使平台公司的身躯越来越沉重,这直接影响了平台公司的运行效率状况。从资金的融资渠道来看,通过市场融资方式筹集资金的平台所占比例还是比较小的,虽然有时地方政府会发行企业债并将平台作为主体,但在平台的融资总额中只占很小的比例，以地方财政收入为担保的银行贷款仍然是地方政府融资平台的主要贷款资金来源，融资渠道的单一也是其市场化水平不高的表现之一。

同时，平台自身的机制不够健全，治理结构也不够完善，例如，一些股份制形式的地方政府投融资平台，其监察理事会、董事会、股东大会的机制都还处于欠缺状态。人员的专业水平不够，整体素质不高，无法对项目前中后期的状况进行合理预测，对于项目的评估不够全面，不成熟的项目也无法识别，可能导致项目运行出现问题，监管机制缺乏，信息不透明，无法对资金流向、项目进度、人员行为等进行有效监控，所以平台出现亏损现象也是时有发生的，导致企业运行效益低下。出现问题时，政府和平台公司互相推卸责任，双方都不愿承担，问题不能得到及时的解决以及有效的制止，出台预防措施，容易恶性循环。

中国的政治制度决定了地方政府官员对 GDP 的热衷度非常高，GDP 高、政绩好，晋升机会大，而拉动 GDP 升高的一个有效办法便是增加对地方基础设施的投入。因此，在进行项目审批时，地方政府带有严重的"私心"，对其有利的项目容易过审，只顾眼前利益，缺乏长远的规划考虑，盲目下达指令，平台公司跟着盲目投资建设，也就会有审批出来的项目定位不准确、运营及管理主体不明确、建设周期混乱、项目内容重叠等一系列问题的出现，这会导致管理费用的增加、资金的浪费、重复建设带来的时间损失等。地方领导换届可能会接连出台政策，平台公司只得跟随脚步，随机调整，如果政策出现变化，投融资平台的项目可能会出现衔接问题。

种种问题都使平台公司项目运行效率低下，公司整体运营效率不高。项目实施效率低还有一方面原因，即地方政府的项目建设普遍采取一种组织形式，就是按任务进行分割，不同的政府下属机构负责不同的阶段，包括融资、投资、建设、运营等阶段。地方融资平台按照政府指令去找金融机构借款，一般行业主管部门组建临时指挥部来负责投资与建设，没有同类项目作为参照经验，这是项目实施过程中普遍存在的硬伤，设计与施工招投标不符合标准的现象也是屡见不鲜。项目建成后不管质量能不能达标，都会被直接移交给某事业单位或国有企业，由它们负责日常运营，这些运营单位没有相应的运营经验，也缺乏专业的运营人员，最后大都成为安排各方官员关系户的安乐窝。

投融资平台现有的市场意识弱、市场导向不足、运行效率低下的问题必须引起政府以及平台的重视，这是阻碍平台不断发展、转型的巨大绊脚石，只有真正融入市场，切忌盲目，投融资平台转型发展速度才会突飞猛进。

第三章 地方政府投融资平台转型发展政策建议

第一节 妥善处理平台债务，为转型打下基础

地方政府投融资模式被重构、政府违法违规举债行为被约束、相关人员被问责，种种因素迫使地方政府投融资平台不得不转型。存量债务的妥善处理及化解对平台转型具有重要的意义，甩掉债务包袱，使平台公司轻装上阵，减小债务风险，顺利实现转型目标，同时还能做到低成本转型，否则资金链中某一环断裂带来的"多米诺骨牌"效应可能给平台带来致命一击。

地方政府投融资平台存量债务主要分为三类，包括经清理甄别认定的截至2014年末的存量地方政府性债务（确定由财政资金偿还的债务、政府间接或直接提供担保的债务、当债务人出现危机时政府需要承担救助责任的债务）、地方政府隐性债务（政府出于规则或道义要求需承担的债务）以及投融资平台自身债务（因承担公益性或者非公益性项目的建设运行而产生的债务）。针对不同性质的债务应采取不同的处理措施，具体路径如图3-1所示。

《地方政府性债务风险分类处置指南》（财预〔2016〕152号）明确了地方政府对该类债务承担的偿还责任范围。如果存量地方政府债是以非政府债券的形式存在的，通过发行政府债券进行置换是被允许的。债务置换的优势在于：以前城投公司政府债务中期限短、利息成本较高的债务被转化成期限较长的中长期债券，并且利息有所降低，这种方式下，债务一般不会集中到期需要偿还，到期偿还风险被有效地缓解了，投融资平台也不会因为短期内拿不出大量资金而发生资金链断裂的情况。财预〔2018〕34号文要求加快推进存量地方政府债务置换工作，2018年是最后一年地方政府债务能进行置换的时间，融资平台应抓紧时间，紧握机会，与各类金融机构积极合作，减轻自身债务，加快转型。

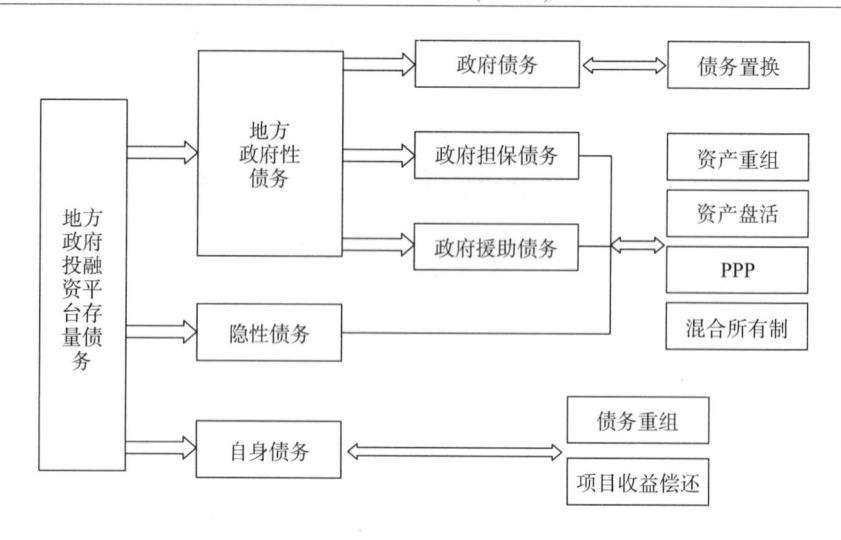

图 3-1 地方政府投融资平台存量债务化解思路

隐性债务是风险最大的一类债务，而隐性债务的主要承载者就是地方政府投融资平台，化解这类债务主要通过资产重组盘活、PPP 模式、混合所有制的方式。盘活重组资产，一方面融资平台应加强自身的资产运营能力，把一些公益性资产变成有稳定经营现金流的资产，然后通过资产证券化的方式将资产盘活，除此之外，盘活资产还可以进行资产出售、转让、租赁等；另一方面政府可将一些国有资产资源进行整合，将能够产生收入的资产，如闲置的土地、能产生效益的公共设施等，注入到融资平台中，发挥资产规模效应。财金〔2014〕112 号文的出台表明：地方融资平台公司以 TOT 等方式建设的存量项目转型为 PPP 项目是被鼓励的，并且各级财政部门要鼓励和引导平台，在存量项目的改造和运营过程中积极引入社会资本，保证地方政府融资平台债务风险切实有效地被化解。财建〔2015〕29 号文的出台也再次强调为使地方债务风险得到缓解，当前工作的重点为把符合条件的存量项目改造为 PPP 模式。投融资平台应紧随政策要求，对项目进行有效筛选，对符合的项目进行 PPP 模式转换，减小自身的债务压力。对于混合所有制改革，短期来说可通过债转股方式减少债务，增加资本金，长期来看，可以引入非国有资本，利用其优秀的管理能力、专业技术等增强自身的竞争力以及再融资能力。城投公司自身债务是明确的非地方政府性债务，由城投公司自身承担偿还责任。对于该类债务，首先要建立明确的业务模式、回报机制和盈利模式，比如对于棚户区改造项目的政府购买服务模式、一般政府投资项目的代建模式、PPP 模式等，同时地方政府还要依法依规将原合作协议各项条件都落实，包括一些补贴、政策优惠等条款。如果依靠项目收益能将债务完全还本付息，就通过项目收益偿还，对于有的债务，有期限错配风险并且融资成本也高的，化解债务风险的方式可以考虑通过债务重组方式进行，比如贷款展期、借新还旧等，但这需要与金融机构等债权人进行充分的协调和沟通。

总的来说，地方政府投融资平台规模大且增长速度较快，大量债务还存在一定的偿还风险，城投公司有效处置和化解债务风险，对自身转型发展、财政可持续性、金融安全、社会稳定都具有重大意义。

第二节　发展经营性业务，公司市场化运营

"43号文"作为地方政府投融资平台转型发展的指导性文件，对地方政府与融资平台的权利和责任在法律法规的层面上进行了界定，将融资平台从政府范围内划出，促使其为地方政府融资功能的平台进行业务改革和创新，谋求新的生存空间和发展动力。在这种背景下，融资平台进一步发展经营性业务，不断培育经营性业务新模式，探索经营性业务新增长点具有重要意义。

首先，发展经营性业务要对地方融资平台的性质进行充分分析。作为地方融资平台，城投公司普遍业务模式单一、业务收入结构失调，从而导致需要政府不断补血才能生存下去。其主要是为了满足地方政府在提供公共管理和服务中的融资需要，因此，在对待地方融资平台转型方面，也需要从融资平台从事的业务入手。要推动融资平台转型，就必须解决好融资平台的业务发展问题，为融资平台找到一个稳定可靠的业务来源。在对融资平台进行整合的过程中，需要突出主营业务，强化现金流和利润支撑，按照业务性质，区分经营性、准经营性资产，突出业务协同性，逐步构建以自身经营业务为基础的核心竞争力，从而实现可持续、多元化发展的发展模式。

其次，发展经营性业务要构建核心竞争力。事实上，大量融资平台在以往为政府承担城市基础设施建设、投资融资等方面责任时积累了较大优势，发展经营性业务可以依靠其具有的优势不断创新拓展。比如在城投公司参与度最强的城市基础设施建设管理领域，一般来说，城投公司参与项目的价值链有规划前期、项目评估、融资、方案设计、项目招标、工程代建及监理、运营管理。上述价值链环节中，对于城投公司来说，最重要的：一是前期规划。城投公司作为项目出资人，应努力参与规划条件和方案的制定，研究项目投融资方案及盈利模式。二是项目测评。在已经确定好了规划方案的情况下，城投公司对工程造价和财务分析等可行性方面深入研究，既要满足功能性，也要重视设施的经营效益。因此，在

替代政府承担基础设施建设管理责任的过程中，城投公司在这些方面的能力也得到不断加强，逐渐成为各类城投公司的核心竞争力，这也是今后作为城投公司转型成为项目建设运营主体、发展经营性业务的重要考虑因素。具有良好市场竞争优势的主营业务，是企业获取利润的主要渠道，也是企业维持经营的必要条件。转型后的城投公司可以凭借具有竞争优势的运营能力，并将主营业务继续经营下去，在原有基础上不断创新，紧跟时代步伐，加速掠夺市场份额，以保持规模经济的高利润回报率，实现公司的可持续发展。

最后，对于公司经营性业务，不能仅仅设置单一的发展模式，应当帮助其实现多样化的发展。对于这些转型的公司而言，采取一系列措施促使自身向着综合型运营实体的方向发展是十分必要的。而在这一过程中，公司必须时刻认识到自身所处的劣势地位，并通过改变组织形式以及运营核心，逐渐强化自身投资经营的能力，实现由地方性融资平台向综合型控股公司的转变。除此以外，平台在转型的过程中，还需要有效利用企业在之前的经营活动中所积累的技术经验以及资产成果，并结合城市发展所需，积极拓展城市市政管理服务、城市配套管理服务等方面的业务，打造成为具有品牌的城市运营商，具体做法主要有三点，即原有平台重组、引入非公共资本、改造公益性事业。首先来看原有平台重组，在这一过程中，需要借助政府的力量，即政府注入类似燃气、公交等能够产生稳定现金流，并且运作更加稳定的可经营性公共资产。其次来看引入非公共资本，即与政府融资平台进行合作，实现商业化经营。最后来看改造公益性事业，想要完成改造计划，必须要依靠带有市场性质的辅助方式，如政府购买服务等，而最终的改造目的是实现非营利性公益事业向商业性现金流项目的转化，从而经营康复中心、养老院等。

第三节　分门别类，推进平台市场化运作

对地方政府融资平台类别进行科学划分的手段并不是唯一的，其不仅涉及的内容众多，而且对于平台的转型发展起着至关重要的作用。以下就是依据不同的划分标准所得出的结果：

以平台的经营性质为划分依据，可将其分为三大类：第一类是纯经营性平台。应将同一政府所属所有从事经营性质的融资平台进行整合重组，与政府进行剥离，按照市场化要求开展业务。第二类是准公益性质的融资平台。具有一定收益权，可以引进社会资本，进行混合所有制改革，推动融资平台逐步转型。第三

类是纯公益性质的融资平台。在初期允许其保留，但是需要制定专门的法规，并明确其债务就是地方政府的债务，将其债务纳入地方财政预算。在经营的同时等待时机，即一步步解除地方政府的控制，并最终实现独立，换句话说，就是分别将纯经营性平台、准公益性平台转化为商业性主体以及公营性机构，另外再对纯公益性平台实施废除或者并入政府机构。

以平台的经营内容为划分依据，也可将其分为三大类，即业务不实类平台、投融资类平台以及产业发展类平台。首先来看第一种，此类融资平台的设立就是为了满足融资需要，其虽然受到了法律的承认，但是却没有实质性的经营内容。所以在处理债务亏损严重的该类企业时，地方政府最终都会采取撤除的方式，将其从市场上消灭掉。其次来看第二种，此类平台最开始的主营业务就与土地收储机构有关，这也方便了日后其活动于政府与市场二者之间，不仅能够垄断政府负债业务，还可以专门对公益性项目建设实施管理，并以此获得相关的政府债券。当然，该平台也要不断改革创新，保障相关土地制度能够迎合时代发展的趋势，促进土地储备与城市规划相结合，在不断吸引社会资产的基础上，加速城市土地的综合利用，并且结合相关的科学核算手段，确定相对应的成本以及收入。除此以外，此类平台还需要重视对城市资源的合理利用，利用开发规划资源、地面上下空间资源、旅游资源等来实现资源性融资，在此基础上，能够大大扩展融资渠道，促进平台转型。而转型前后的平台也存在着巨大的差距，转型前其内部债务责任追究过程十分复杂，并且偿债来源也不够明确，而转型过后，这些问题就得到了化解，且其与政府之间的权责关系也更加合理化。最后来看第三种，此类平台又叫集团—子公司类融资平台，其内部经营业务的性质已经得到了很明确的划分，并且形成了几大核心业务，即港口、燃气、自来水、金融等。由此可以看出，此类融资平台的主营业务皆为城市产业，并且设立了专门的子公司对核心业务实施专业化经营管理。如此一来，其不仅在资本市场上站稳了脚跟，而且还得到了政府部门的青睐，有机会接触一些公益性的业务。除此以外，此类平台还由于自身具备产业发展的优势，最终将脱离政府融资这一性质的限制，开始市场化经营。而在这一过程中，政府部门可以利用购买公共服务等方式支持该类平台的发展，并积极鼓励其进行跨区域整合发展，逐步向着城市运营商、服务商的方向转型，帮助城市实现合理规划，为城市居民营造良好的居住环境，并进一步提升城市的竞争优势。

从融资平台承担的主要职能来看，可以分为四类：一是基础设施建设职能（建筑施工类平台）；二是融资职能（公益类、土地等重资产平台）；三是国有资产管理职能（金控或控股管理类平台）；四是投资职能（政府产业投资类平台）。从以上梳理四项职能来看，主要面临转型需求的是基建类、融资职能类平台。转型路径既可以参考向国有资产管理职能、投资职能类平台转型，也可以向实体产业转型。转型方向主要包括：一是通过 PPP 业务转向公益事业投资与运营实体。PPP 模式有利于促进政府与社会资本之间的有机结合，并进一步由此类资本承担起公益性城建项目的融资、建设与运营。平台通过对存量债务清理后，转型为非监管名单的实体企业，从事市政道路、轨道交通、河道治理、污水垃圾处理、医疗、文化旅游等基础设施和公用事业领域项目的建设和运营，此类公用事业一部分通过使用者付费与可行性缺口补助的综合付费方式，另一部分通过特许经营权方式向社会收费，一定程度上赋予平台公司自身造血功能，平台公司完全可以发挥原有基建品牌的社会效应以及当地品牌的影响力，通过高质量专业工程取得自身传统业务的转型提升，另外，可引入专业服务管理机构对专业领域服务提供专业精细化服务，尤其是同民生问题有关的项目，通过在本地区有资源唯一性和一定壁垒的产业，全面提高当地居民的生活质量和品质。二是通过兼并重组成为控股平台管理企业。对于当地政府辖区内平台企业较多的情况，可以由政府牵头组织由大平台并小平台、强平台并弱平台的方式，将业务相同或者互补的平台公司合并，组建新的综合性城投集团，该城投集团成为综合性控股平台，对下属各合并平台采取整合资源最大化效应，互补短板，做大做强。这有助于发挥规模效应，降低成本。尤其是对于供水、供热等固定成本高的公益性行业，把具有相同业务的企业合并，能降低总的供应成本，从而减耗增效；有助于主管部门的管理，对口监管能提高监管效率。在平台间整合的同时可以考虑引入社会资本方进行国企混改，但需要注意的是，平台企业间的股权并购涉及国有股权划拨等国有资产处置，应按照相关法律，实现国有资产评估、转让、信息披露的相关合规要求。三是通过股权投资转为政府产业孵化投资平台。目前，政府产业转型与发展成为地方政府改变传统基建发展道路、帮助地方经济产业引导升级的主要方向，部分东部沿海省份地方政府已经将部分平台公司转型为扶持创业、产业引导、投资管理企业，如某平台公司通过政府注资完成存量债务清理，转为市级综合性国有金融投资平台，与地方政府、银行、企业共同成立地方产业投资基金，一方面，重点孵化区域内新三板（拟）挂牌公司、高校产学研一体化项目建设；另一方面，采用泛市值管理方式，投资区域内上市公司并购基金，重点投向集成电路、生命健康、环保能源等国家重点发展领域，通过股权投资扶持方式来优化产业发展与创新，由融资平台转为政府投资平台，充分发挥政府资金的影响作用，利用好市场与资源配置之间的关系，加速投资机构与社会资本入驻产业投资领域，推动区域型经济的发展，加速地区产业优化，助力微小企业在市场中站稳脚跟。

通过细分融资平台种类促进平台分类转型的过程中，不仅要根据我国经济发展的现状、本地区财政实力以及城市发展阶段，结合融资平台现行业务特征和财务状况，而且要进行合理的规划和预测，以前瞻性的眼光为条件，加速平台转型。

第四节 整合平台资源，做强做大平台

对于地方政府投融资平台而言，促进地方政府投融资平台转型的前提和基本保障是对已有的资源进行更好的整合，与此同时，整合已有的平台资源，对债务问题切实有效地被解决也有着非常现实的意义。地方政府投融资平台发展现状不仅散而且乱，要改变这种现状就要进行转型，同时通过各类投融资平台的转型能有效提高平台的运作效率，降低资金和管理成本，并做好风险防范工作，通过推动投融资平台公司以及国有资产整合，使当前投融资平台和国有资产的布局有所改善。将政府持有的各类经营性资产及可转性的非经营性资产资源注入平台公司，能有效提升资产规模、资信评级和投融资能力，有效降低负债率和融资成本，逐步转型升级形成若干家定位明确、主业突出、规模较大、负债合理、持续发展能力较强的企业集团，主要功能从投融资平台过渡为国有资本投资管理和城市运营，发挥资本集聚的整合力，放大投资需求对区域经济增长的乘数拉动效应，进一步发挥其在城市转型发展、提供公共服务、引导产业升级中的作用。根据主业定位，平台公司应着重发挥"工匠精神"，将主业做得既强又优、既精又细，将主要资源和精力集中到主业发展上，加快对非主营业务的退出，使平台公司自身变得更加精简，具体有以下几条建议：

一是整合现有资源。针对市属国企规模较小、相对分散、监管缺失的现状，不断推进经营性国有资产集中统一监管。对于地市级国有资本投资运营公司加快组建脚步。参与经营竞争性行业并能够稳定盈利的投融资平台可以积极推动资源整合，谨遵投融资平台发展的规划和设计，最后形成大的国有企业，通过不断推进平台间整合，为进行资源整合，推动跨地区和跨行业的整合也是被鼓励的。对于转型后的地方国营机构遵守"产业合营、区域合作"的思想，通过整合，使国资布局能够适应城市现代化发展要求，并为城市群协同发展和市区县协同发展做出贡献。

二是重构平台。遵循的思想为"政企分开、管理分类"，对平台及产业生命周期进行分析，并在此基础上，对环境适应性的跨分类公司重构，使平台公司虽然体系庞大却依然能翩翩起舞。不断对投融资平台的经营管理机制进行探索创

新，提升平台运作效率，提高其能力，使其快速适应市场。对于区域内资源整合已基本完成，并且资产总量达到一定标准的平台，提升企业价值的重要转型点将是组织的重构，如果组织架构以及经营板块能成功实现重组，企业管理运作水平将会被大大提高，这对企业提升在发展中面对内外部环境变化时的快速反应也有很大益处。

三是加强资产优化重组。各平台公司将分散在各个板块的资产进行集中管理和优化重组，并且确定专职单位，提升整体运营效益。例如，济南西城集团成立了企业管理部和资产运营公司，企业管理部对资产监管、完善确权手续负责，资产运营公司对集团所有物业资产的运营管理负责。

四是提升资产经营收益。对资产经营管理的先进经验进行广泛借鉴，不断发现新的经营思路，在使收益稳定提升的基础上，不断挖掘相关领域的主力公司，培育新兴产业，打造综合性资产管理运营集团公司，具有经营专业、效益突出、模式多样的特点，努力将各自优势行业打造成自主性品牌。

对于地方政府财政而言，在其发展过程中需要有效整合自身已存在的数据和资源，将工作人员对待工作的热情和积极性彻底地调动起来，有效地化解已经存在的财务纠纷，将地方政府投融资平台的各项内容进行重新建设，使其合理化及科学化得到保障，搭建平台的工作也要确保做得充分。

除此之外，可以试着引进民间资本，保证地方政府已有投融资平台得到优化，在此基础上，可以通过混合所有制发展的手段，以达到优化投融资平台的目的。同时，当前城市化进程的实际发展形势可被当作基石，以便使地方政府的投融资平台得到更好的整合和优化，将现有平台做大做强。

第五节　创新投融资模式，增强造血功能

众所周知，融资平台是地方政府在财权事权不匹配情况下的产物。它的出现与中国特色的投融资体制和财税体制密不可分。融资平台转型发展需要从顶层设计入手，建立一套适应新时代发展需要、适应地方政府性债务管理要求、适应融资平台长期健康发展的创新型投融资模式。

一、提升地方政府财政支撑能力

（一）深化地方财税制度改革

地方政府融资平台面临最大的问题是长期以来超负荷的基础设施建设和融资

任务导致的债务压力。债务问题的根源在于现行分税制导致地方政府的财权小于事权,地方财政存在天然的资金缺口,使外部融资成为解决该缺口的重要途径。因此,实现融资平台转型发展需要完善财税体制,应重审中央政府与地方政府的权责,科学划分财权与事权,建立起财权与事权相统一的财税体制,提高地方财政收支的平衡度。

一是深入了解各级政府有关财政方面的权责制度。目前,中央与地方财政事权与支出责任划分方面依然存在诸多问题,主要表现为责任划分不合理、责任主体不清晰、支出管理不规范等,省级以下事权与责任划分问题尤为突出。未来应尽快出台中央与地方政府,以及地方各级政府之间的事权与支出责任的划分细则,理顺各级政府之间的事权关系。具体而言,区分全国范围性公共服务和地区性公共服务,并确立相关的责任主体;逐步减少并规范中央与地方共同财政事权;对于各级政府与上级政府之间的交叉事权,应该结合其财权大小予以匹配;加快相关立法,使财政事权和支出责任范围以法律、行政法规、地方性法规或政府规章等形式确定下来。

二是提高地方政府的财政自给度。提高地方财政的自给度是税收改革的关键。地方政府收入增长缓慢,不能满足快速扩大的投资需求。因此,在各级政府事权范围基本确定的前提下,着力提高省级政府、县级政府的税收分配比例。通过立法适度扩大地方政府征收管理权限,将地方税法在地方适用的解释权授权给省级立法部门,由地方根据本地情况在法律框架下制定实施细则或进行法律解释。在条件成熟的情况下,立法开征新的地方税种,如房产税、资源税等。增加下划给省级以下政府的专项收入种类,增加地方非税收入。同时,应当调整地方财政收入的结构问题,减少地方政府对土地收入的过度依赖。

三健全财政转移支付体系。首先,由于各地区的财政收入情况存在较大的差异,中央政府和省级政府应该对经济落后的贫困市县加大财政转移支付的力度。省级政府在选择转移支付的过程中,应结合下级政府的财政支出和收入结构制定不同的转移支付方案,重点扶持欠发达市县。在进行转移支付的过程中,尽量采取一般转移支付形式,降低专项转移规模,不断提升一般转移支出所占比重,如果需要通过专项转移方式进行支付,应做到重点突出。其次,需要明确转移支付标准,公开标准的计算方法,使各地区转移支付金额公开透明。在标准的制定过程中,充分考虑地区经济发展、城市发展规划和城市流动人口等因素。最后,建立健全财政转移支付模式,注意主次结合,实现政府与区域之间的有机结合,对现存的转移支付项目进行甄别,解决好中央与地方之间转移支付的相关问题,实现资金利用效率最大化。

(二)完善地方政府融资体系

一是完善省级政府代为举债制度。明确省级代为举债后通过转贷方式给市县政府，既可以降低下级政府的融资成本，又可以控制下级地方政府的过度融资。省级政府应根据不同市县政府的信用水平状况，除了在代发规模给予限制以外，还应该在转贷时通过融资成本进行区别对待。

二是逐步扩大地方政府债券自主发行的城市范围。通过立法等方式适当下放自主发行债券的地方政府级别。为防止滥用自主发行权，应在中央或省级政府的统筹安排下，给予省级以下政府一定的自主发行额度，使省级以下政府在额度范围内量力而行地制定自主发债计划，增强政府发债的自主性、灵活性。

（三）债务管理坚持法治、市场、绩效理念

一是法治理念在债务管理中的应用。从世界各国长期兴旺、衰落的历史发展过程来看，法治极其重要。法治是一个政府乃至一个国家可持续发展的必要条件，不是一个可选择的条件，可持续发展离开法治肯定是不行的。为什么说法治是必要条件呢？因为只有法治才有可能阻止上一代人把下一代的资源用光。地方债其实就是未来的税收。从各国地方政府偿债情况来看，最好的情况是举借了地方债，然后用于基础设施建设，基础设施建设有利于后人，后人也应当付钱，我们今天举债以后通过税收来还，做到了代际的利益平衡。还有一个情况是，如果没有法治这个框架，这一代的地方政府多借钱，那么下一代的地方政府可能就要面临破产。而且每一个新生儿在出生时就要面临不少的债务，严重时可能会导致人口的迁移。这种情况还不是最坏的，因为它不涉及系统性风险。系统性风险的案例并不少见。当地方政府债务累积到非常庞大的规模时，不能放任经济萧条或者国家垮掉，中央政府就会出面发行国债，将地方债全部拿回来，这也就导致通货膨胀的发生，这是一个非常重要的教训。许多拉丁美洲国家都经历过这样一个过程，例如，1950年的阿根廷人均GDP远远超过法国、意大利以及其他很多国家，很不幸的是，迄今为止阿根廷依然很穷。虽然不能说地方债是唯一的原因，但确实是一个非常重要的原因，所以法治观念是非常重要的。如果我们行动时没有严格的法治概念，世界上其他国家的惨痛经历就是给我们的警示。

在积极的财政政策环境下，要想让地方政府债券市场有更好的发展，最基本的要求就是坚持法治的理念。在地方政府有举债需求的时候，在法治理念的指导下，一种方式是按照地方预算发债，另一种方式就是发行专项债券。如果现有的地方举债不能满足，我们就把"前门"开得更大来满足，但一定要放在法治的框架里。从近几年的专项债下发额度可以看到，2015年专项债限额是2000亿元，2016年是4000亿元，2017年是8000亿元，2018年是13500亿元，额度在不断地扩大。

未来，地方政府经济社会建设的资金需求还很大，还是需要领域专家为地方政府出谋划策，积极融资，解决地方政府融资困难，真正高明的出谋划策就是在法治的环境中、在法治的框架中解决困难。如果不在法治的框架中就不可行,不仅对金融机构不合适,对地方政府也不合适。这里所谓的法治是法律治理的法治,不仅公众要遵纪守法,而且法律还要公平合理,法治约束的是政府和社会公众双方的行为。在法治的框架下,我国地方政府债券的基本框架应当说是非常合理的,是比较符合我国国情的一个制度框架,而这个制度框架如何与我们经济不同的周期、不同的时机相结合,还需要进一步研究探讨。而且由于我国地域辽阔,区域间的经济、财政的差距明显,对于地方政府债券限额的制定需要做出更多的努力。

二是市场理念在债务管理中的应用。为什么要提市场理念?市场理念就是有买有卖、有借有贷。地方政府存在基础设施建设的需要,政府可以举债融资去发展,但要有序地盘活存量资产和资金,将其用好,这一点是非常重要的。政府或金融机构在作为时,不能只想着外延的扩大再生产,更要想到内涵的扩大再生产,形成资源的有效配置。

推进供给侧结构性改革的同时,不仅需要更好地厘清政府与市场的关系,科学地发挥好政府的作用,更应当恪守"发挥市场在资源配置中的决定性作用"的红线。市场理念发挥作用的基础是要了解积极的财政政策,地方政府债券的推出要解决什么问题、目的是什么。通常,我们会把手段和目的混淆。比如说我们通常讲的宏观经济学,我们的财政政策或者金融政策,其目的是抑制经济波动,稳定经济运行,即在经济活动中,市场可能会产生一些波动,当波动很大时,对经济会产生很大的危害,这时政府可通过货币、财政手段来平抑经济活动。《中共中央关于全面深化改革若干重大问题的决定》规定,"经济体制改革核心问题是处理好政府和市场的关系,使市场在资源配置中起决定性作用和更好发挥政府作用"。虽然我们一直说要发挥市场在资源配置中的决定性作用,但由于市场是不完美的,政府的作用不能忽视,在保证市场发挥决定性作用的前提下,管好市场管不了或管不好的事情。但是需要注意的是,政府不是代替市场,其目的是修复市场,让市场更有效,继续让市场在资源配置中发挥更好的作用。在这方面我们是有深刻经验教训的,我国长期的计划经济,包括苏联的计划经济,得出来的教训就是,市场在资源配置中的基础配置作用是最有效的,政府可以发挥作用,但是政府发挥作用的范围是有限的,特别是在经济波动比较严重的情况下,这个时候更多的是要修复市场,让市场发挥更大的作用。

我国的现实情况怎样呢?我国最近的经济波动,一方面是市场造成的,当然,这是所有市场都有的通病;另一方面是我们政府造成的,高杠杆、产能过剩等都和政府脱不了关系。我国实施更积极的财政政策,目的是保障市场在资源配置中决定作用的发挥,当然也是在纠正政府自身行为。比如地方政府债务,整个社会资源是有限的,当地方政府把作用发挥得很大时,由于挤占效应,自然而然市场的作用将相应变小。特别是政府那些不合规、不合法的债务,由于其不透明,而且没有一个责任主体或者责任主体在法律上不明确,就会造成市场的不经济,2018年8月2日,财政部部长刘昆在《求是》杂志的一篇文章中写道:"督促地方树立过紧日子的思想,通过盘活各类资金资产化解存量隐性债务。"这对政府实施财政政策和金融政策有一定的启发作用。

三是绩效理念在债务管理中的应用。党的十九大报告提出,要全面实施绩效管理。财政部发布的《关于做好2018年地方政府债务管理工作的通知》强调,要落实全面实施绩效管理要求,建立健全"举债必问效、无效必问责"的政府债务资金绩效管理机制,推进实施地方政府债务项目滚动管理和绩效管理。未来,要围绕提高政府资源配置效率,将绩效理念深度融入地方政府债务管理过程中,增强"花钱必问效、无效必问责"的意识。

更加积极的财政政策强调要做到精准,精准的评价标准是什么,这就要考虑我们的目的。精准不是每一个人说的精准,而是要从整个国家或者整个地区总体的社会经济发展角度来看,对其绩效进行评价来判断是否做到了精准。比如,我们通过地方政府发债参与竞争性行业或项目,并产生不少的利润,但很遗憾,这不能成为精准,因为政府的这种做法破坏了市场有效配置资源的功能。财政部有专门的关于绩效的说法,既有投入的概念、产出的概念,也有效果的概念、影响的概念。即政府债务不仅产出要高,满足社会公众的需要而且是既满足现在的需要又满足未来的需要,这样政府举债融资就变得积极有意义。

在绩效理念的指导下,地方政府应基于财政资金缺口情况和其财政承受能力确定政府债务规模,结合产出水平进行风险识别并实施有效防控措施,保障政府的可持续发展。

二、增强投融资平台投融资能力

地方政府投融资平台大都从事基础设施建设,所以,一般情况下其资金需求量大,又由于项目回报并不及时,无法维持企业内部的资金周转,对企业运营造成了较大的压力,平台公司可以创新融资模式,推动公司转型。

(一)拓宽融资渠道

地方政府融资平台需要意识到单纯依靠传统的融资渠道已经不能满足时代发展的需求,利用土地抵押、银行贷款进行融资只会导致平台内部资金周转无法稳定,给企业造成一定的财务风险。如此一来,对商业银行以及社会资本都产生了不利的影响。而要实现平台多层次融资转型,要从以下两个方面进行努力:一是向着直接融资靠拢,主要方法有:发行理财产品、参与民间项目投资、实施债券融资。二是推行多层次、多方位的股权融资。例如，加强与金融机构之间的合作，开展信贷以及股权融资，保证融资的可持续性，从而减轻对财政资金或者传统融资渠道的依赖性。

(二) 创新融资方式

一是吸引社会资金参与。推动各种项目以 BOT（企业建设、经营等）、BT（企业创建等）、PPP 以及 PFI（利用非公有资金、人员等进行公共项目的投资建设等）的融资方式利用外部资金。在此基础上，推动企业向股份制运营方向发展，并通过与社会资本达成合作关系，加速市政基础设施项目的建设。

二是充分利用资产证券化，为公共资源注入活力。所谓的资产证券化，指的是把流动性差但预期未来能产生收益的资产组进行打包，通过一系列资产重组和信用增级，最终将其转换成金融市场流通的证券，并以此来获取融资的方式。所以，对于落后地区的融资平台来说，一方面可以充分利用资产证券化来提升公共资源的有效利用率，并进一步增加融资渠道；另一方面可以通过对内部资产结构实施优化重组，增强自身的造血功能，逐步形成稳定的现金收入，以期更大限度地利用资产证券化方式获取资金。

第六节 完善公司治理结构，增强竞争力

一、完善公司法人治理结构

虽然在形式上，现有地方政府融资平台都已经建立了法人治理结构，但实质上，公司并未完全按照治理结构框架运行，治理效率低下。

建立健全的现代企业制度，首先，应严格按照法律法规的要求，完善公司章程，建立健全具有独立性、相互制约制衡、决策高效的董事会、监事会、股东大会、职工大会等制度，明确各自职能范围。其次，要确保企业本部、各职能层都能够充分发挥自身的职能效应，尤其要注重董事会、监事会以及职工大会在平台发展过程中所起到的积极作用，具体做法有：推动董事会决策更加民主化，将公司管理交由董事长以及执行董事全权打理，避免平台管理力度弱化。董事会更要想办法提升自身决策的有效性，可以通过引入外部人员作为独立董事，解决自我管理模式下给企业发展所造成的阻力。除此以外，还需要增加独立监事的人员数量，加大内部监管力度。广泛听取员工意见、专家意见，避免"一家之言"，如此一来，还可以防止企业决策管理层出现形式主义。对于旗下子公司的管理，首

先要明确股权结构,其次要利用人力资源统管、财务委派、按时审计、重要情况反馈等制度,增强对子公司的监管力度,促使对出资人合法权益的有效维护。

二、改革用人、激励和约束机制

制定融资平台领导选聘、人员进退政策,按企业法人治理结构建立健全领导班子,国企领导人员分为本级政府直管和本级政府组织部与国资委联管两类。改变对融资平台经营管理者和员工机关干部式的管理方式。同时,规定政府公务人员不可插手融资平台事务,以此来降低行政因素对于平台管理决策的影响,而此种做法主要是针对平台董事会。至于平台经理层,其工作人员皆要通过正规的聘用渠道进入公司内部,如此一来,企业职能部门的工作人员要想晋升为公司高管,将不再有捷径可循,其与原有单位将再无关联。企业也将按照市场标准对他们进行管理,并设置相关的奖惩制度激发经理层的工作热情。

建立完善激励约束和考核评价机制。实现向强激励、硬约束的转变。强化监督和责任追究,建立责任终身追究机制,加大对融资平台的监管力度,发挥财务监督、审计监督等的积极作用,使相关人的权利、义务得到明确的确定与约束,从而避免决策者重视短期利益而忽视长期规划,确保融资平台的安全运行。

三、吸收先进的企业管理经验

政府融资平台需要构建一个长期并且有效的管理机制,来增强自身管理能力,在做好内部管理工作的同时,促进公共性投资建设的发展,提高收益,缩小负债规模。现在,经济增长已不再是考核政府和领导人业绩的唯一标准,在经济增长之外,地方文化、科技、医疗和教育水平的综合进步,才是政府管理能力最真实的体现。共同发展、共同提高是大势所趋。鉴于此,政府可以根据自身情况,构建一个符合当地发展的平台融资管理系统,对融资渠道、投资方向、资金流情况进行整体的管理和把控,将政府投资变得更加科学、合理并且高效。例如,可以从实际情况出发,科学合理地增加政府债券的发放量,将地方基础设施建设得更加完善,并且致力于自我创新,尝试干预国家项目债务,通过科学的手段逐渐解决。

四、建立融资平台信息披露制度

由于地方融资平台信息披露制度不够完善,甚至很多融资平台根本就没有建立信息披露制度,导致信息不透明,信息披露质量不高,监管机构与市场难以判断其真实的经营状况,加大了外部对其监管与约束的难度。监管机构可以通过出台专门的法规要求地方政府融资平台定期披露及扩大信息披露范围,并且保证披露质量，规范其信息披露制度，提高信息透明度；各监管部门要发挥自身的职能效应，督促相应的融资平台及时进行信息披露，构建信息共享平台，增强监管部门、银行间的信息沟通，以对融资平台的债务和经营状况形成较为全面的了解。如由地方人民银行和银监局联合牵头各家商业银行组建融资平台信息共享平台，及时发布融资平台的债务规模、融资渠道、资金使用情况、项目进展等，使监管部门和银行可以随时查到相关信息。

五、强化风险监控和风险预警

一套完善的风险监控和预警制度包括以下几个方面：第一，利用相关的控制手段以及预警手段，提升平台财务管理的能力以及水平，降低平台因财务风险而造成的损失。第二，根据平台自身的发展现状，制定好行之有效的风险管理方案，要培养预测风险、防范风险的主动性。第三，建立健全相关的应急机制，保障经历重大风险后，企业仍旧能够有应对之法。

第七节　理顺政企关系，确定转型方向

一、明确政府和平台定位

一方面，明确平台公司不再是地方政府的举债工具，而是作为市场主体独自运营，其不再服务于政府融资；另一方面，政府将只做好决策、监督以及风险管控工作，不再给平台公司提供担保，逐步剥离地方政府市场化项目运营管理职能。明确政府与企业各自的责任，强化预算管理，真正做到"谁借款—谁使用—谁还钱"责任一体。地方政府完全退出具有收入性质的经营性平台，则应将项目决策、融资、建设、管理及运营责任完全交还给平台公司，按照市场化的标准进行管理。至于公益性项目，则应当全部由地方政府承担责任。对于一些收入水平不高、投资周期长的"准公益性项目"，则应根据项目的特点来明确由平台公司完全负责或者由政府完全负责，绝不能由平台与政府共同分担。

二、落实平台法人地位

去除地方政府对融资平台运营中的行政干预，推进市场化管理。一方面，按照《公司法》，落实地方融资平台的独立法人地位，依据市场化运营标准，独立经营，独自享受收益，承担损失。而地方政府作为出资人依旧可以行使相关的权

利,并承担相应的责任,实现从"管理职能"向"监督职能"的转变,利用市场手段而非行政手段引导融资平台的发展。另一方面,逐步推动融资平台去行政化,禁止具有公务员身份的人员在平台内兼职。尤其是平台的高管人员应通过公开招聘,对企业负责,而不能依靠政府任命,从而使融资平台的运营受到行政因素的影响。

三、紧抓各类发展机遇

一是紧抓新型城镇化机遇。当前,我国政府及有关部门积极推进新型城镇化建设,而这一做法也对城市的开发建设起到了积极的影响作用。而新型城镇化不再遵循原有的建设原则,也不再追求所谓的规模效应,其要求平台打造出有品质、有功能的综合型城市区域。

二是紧抓国企改革机遇。目前,我国正在开展如火如荼的国企改革运动,在国家的大力推动下,国企改革在短时间内也取得了一定的成果。而在此基础上,投融资平台应当抓住此次机遇,创新合作,争取更加有效的自主经营,引入社会资本,并努力与合适的房地产企业、大型商管运营公司等进行合作,增强自身的发展优势。

三是紧抓推进 PPP 运作模式机遇。当下国家正大力推进政府与社会资本之间的合作,而投融资平台也应当顺应时代潮流,把积极参与新的运作模式同自身转型发展相结合,努力实现自身由原本的政府附属融资平台向社会资本方转变。

第八节 加强地方债务管理,拓宽"前门"渠道

一、深化体制改革,夯实债务管理基础

(一) 加快地方政府职能转变

地方政府非理性、非规范融资在很大程度上与政府干预过多和政绩考核导向有关。目前,我国地方政府不但承担着日益繁重的公共服务职责,而且还需要力保辖区经济发展,财政压力较大。因此,转变政府职能,将政府投资进行科学合理的界定是减控地方政府性债务的必由之路。具体来说,可从如下方面着手:第一,正确处理政府和市场的关系。在社会主义市场经济中,国家作为宏观经济的调节者,有必要通过政府投资的方式来提供基础性、公益性设施,以及掌握关系国民经济命脉的重要行业与关键领域。但是,凡事总有一个限度。政府投资过

度，不仅会积累债务风险，也会降低投资效率。因此，对于一般性的投资项目应该完全放权给企业投资主体；对于基础设施、公益性建设项目，政府也应该创造条件，利用公私合作、特许经营、投资补助等多种方式，吸引社会资本参与。通过深化改革，把政府由"全能型"转为"服务型"，由"无限型"转为"有限型"，进一步"简政放权于市场"。从政府层级分工来看，基层政府可以考虑侧重辖区公共服务的保障，而上级政府可以肩负更多的投资和调控管理职责等。第二，约束政府投资行为，破除利益刚性。少数官员为扩大自己的权力，提高自己的薪金、福利津贴和公共声誉，追求预算规模最大化。在政府投资领域也是如此。一些重复建设、盲目建设项目，就是在缺乏科学论证、民主决策的情况下上马的。除投资决策体制本身的缺陷外，更主要的动因恐怕是一些部门、机构追求预算规模最大化的倾向使然。因此，需要通过提高投资决策的透明度、强化公共投资绩效考核、严肃财经纪律、加强社会监督等方式约束政府投资行为，破除利益刚性。

改革政绩考核体系。单纯追求经济增长速度和财政收入规模的政绩考核体系是政府投融资规模失控、风险加大的重要原因。党的十八届三中全会要求纠正发展成果考核评价体系，加大资源消耗、环境损害、生态效益、科技创新、安全生产、新增债务等指标的权重，逐步形成多元化、综合性的考核体系。这同样有助于政府投融资体制改革的深化和财政风险的控制，理应加快落实。在此基础上，在官员政绩考核机制方面要明确其在职期间的"社会经济成效—政绩运作成本—债务风险水平"的联动考核标准，强化其离任审计，增强其预算约束感。

（二）深化地方财政体制改革

我国政府间财政体制改革有待进一步深化，其主要着眼点在于提高基层政府的公共服务保障能力，而这是以地方政府事权与支出责任相适应为基础的。就现实情况来看，地方政府财政保障能力弱的主要原因：一是事权过多、支出责任大，一些应由中央负责的事权（如涉及国家安全的国际界河保护与跨流域大江大河治理、跨区域司法管理等）却由地方政府承担，一些交叉重叠的共同事权也主要由地方承担大部分支出责任。二是地方财政收入体系不健全，财源有限，在既定的事权和支出责任格局下，不得不靠负债融资。因此，深化政府间财政体制改革要从两方面着手：一是在加快地方税收体系建设的基础上，适当提高地方政府财政收入能力。二是适度加强中央事权，将关系国家政令统一、市场统一、区域协调等事权集中到中央政府，减少委托事权，并且在厘清事权的基础上明确支出责任，减轻地方政府财政支出压力。改革的最终目标是要确保地方政府提供基本公共服务保障能力（包括为此而进行的公益性基础设施的标准化建设），避免出现在基本公共服务方面的"保障性债务"。

二、创新地方政府合法合规融资方式

目前,地方政府融资主要面临经济下行和税收改革致使地方政府本级财政收入明显放缓、土地出让收入大幅下滑、地方政府举债融资能力严重受限、稳增长下的基础设施投资融资缺口进一步扩大等问题,创新地方政府融资、统筹推进基础设施建设迫在眉睫。

(一)拓宽地方政府财政资金来源

一是适度扩大发行地方债券规模。面对地方政府巨大的融资需求和债务压力,目前的发债规模远远不能满足现实需求,应积极申请拓展地方政府债券适度新增发行规模,以满足地方政府正常合理的融资需求。

二是充分利用主权外债资金。积极争取引进和使用利率较低、条件较优惠的国际金融组织和外国政府贷款,既可补充基础设施建设的资金缺口,管理得当还可充分利用人民币升值效应,降低融资、经济建设和经济发展的成本。

三是探索增强地方财政能力。"营改增"后,地方主体税种缺失,应借鉴国际经验,按照"多专享税,少共享税"的思路,把握国家全面推开"营改增"改革的时机,调整税制结构,考虑完善以直接税为主(不动产税等)的地方主体税种设置,使地方政府在治理辖区、推动地方发展方面有足够的可持续的收入来源,也可缓解地方债务压力。

四是统筹盘活财政存量资金。将部门单位长期不用的财政资金,集中调整用于支持PPP、融资担保、政府投资基金等工作的开展,发挥政府投资的引导作用。

(二)做大做强地方政府融资平台

从实际看,融资平台目前仍是国内地方政府融资的主流渠道。做大做强地方政府融资平台对欠发达地区有着很强的现实意义,有利于融资平台成为地方政府在基础设施领域的人才积聚高地、经验积累载体和对接各方资源的枢纽;有利于作为地方政府城镇化项目融资以及以土地资源为主的各类公共资源的积聚、培育、转化和实现主体;有利于担任PPP等市场化项目的政府方实施主体、项目现金流不足的风险缓释主体、代表地方政府进行监管的执行机构,当PPP项目失败时,融资平台还可以作为代表地方政府接盘处理遗留问题的公共机构。

一是通过注入矿产、森林、湖泊、河流、水库、风能、太阳能等自然资源,收费公路、土地房产、客运场站、项目的土地收益、机关事业单位经营性资产等基础设施类资产,以及特许经营权、收费权等无形资产,壮大融资平台的资产规模,提高其资信等级。

二是通过将各类建设资金、补贴资金注入融资平台作为项目资本金,发行企业债券、资产证券化以及收费权益转让等多种方式，拓宽投融资渠道，提升投融资能力。

三是通过兼并、改制重组等方式完善地方融资平台法人治理结构，提升其市场化运营能力及资产质量和偿债能力。

四是通过债务股权化等金融创新，引入民间资本或筹划上市，实现融资平台从单纯的"土地运作模式"转型至"产业经营与资本经营两翼齐飞模式"。

（三）推进政府和社会资本合作模式

一是严格规划约束。目前，各地滥用PPP模式现象严重，普遍存在适用范围不当、重投资建设轻运营管理等问题，在推进PPP模式过程中"眉毛胡子一把抓"，没有有效改变政府失灵和市场失灵的局面。推动PPP模式应突出重点、抓住关键，科学制定PPP项目规划，合理确定PPP项目总体规模，统筹安排PPP项目实施类型、建设时序，充分发挥规划的刚性约束作用，不该上的项目坚决不上。应重点支持以使用者付费为主的特许经营项目，科学论证涉及政府补贴的项目，审慎开展完全依赖财政支出的政府付费项目，降低PPP项目对政府付费的依赖。

二是规范操作流程。在遵循有关投资管理和财政管理法律法规的前提下，探索建立发展改革部门、财政部门分别牵头，行业主管部门、规划、国土、环保等共同参与、各尽其责、密切配合的协调推进机制，共同做好PPP工作。发展改革部门负责制定PPP项目规划、建设管理PPP项目库、管理PPP引导资金、完善价格调整机制，按规定权限审批、核准、备案项目。财政部门负责项目涉及的物有所值评价、财政承受能力论证、财政资金预算安排，控制防范财政风险。行业主管部门和地方政府负责遴选、发起项目，组织实施方案联审，进行监督检查和绩效评价。

三是盘活存量资产。按照国家发展改革委《关于加快运用PPP模式盘活基础设施存量资产有关工作的通知》（发改投资〔2017〕1266号）要求，通过向社会资本出售优质基础设施项目的股权、经营权、收益权等权利，运用PPP模式盘活基础设施存量资产，盘活基础设施存量资产回收的资金，除按规定用于必要的职工安置、债权债务处置等支出外，应主要用于新的基础设施和公用事业建设，重点支持补短板项目，形成新的优质资产，通过再投资形成新优质资产的良性循环。

四是鼓励民间资本参与。从民间资本行业准入、优惠政策、项目推介、社会资本方选择、PPP合同、政府诚信体系建设等方面予以鼓励和支持。加大基础设施和公用事业领域开放力度，除国家法律法规明确禁止准入的行业和领域外，一律向民间资本开放。在制定PPP政策、编制PPP规划、确定PPP实施方案时，充分吸收采纳民间资本的合理建议。

（四）构建政府资本性支出的基金模式

加强基金的规范化管理，通过产业投资基金、股权引导基金等方式构建政府资本性支出的基金化模式，发挥政策性基金的带动作用。

一是设立基础设施投资基金。当前部分地方政府经济基础薄弱，维护稳定保障和改善民生等刚性支出需求大，各地财政自给能力普遍不足。既要积极应对经济运行中的不确定因素，又要全面落实减税政策、确保应享尽享的严峻考验，在支持基础设施建设方面，可探索在支持创新创业、支持中小企业发展、支持产业转型升级和发展、支持基础设施和公共服务四个领域设立投资基金，投向投资经济社会发展的重点领域和薄弱环节。

二是发挥政府资金的引导作用。根据不同项目情况，可采取投资补助、基金注资、担保补贴、贷款贴息等方式，放大政府资金撬动社会资本的效用。

（五）规范运用政府购买服务方式

充分利用《国务院办公厅关于政府向社会力量购买服务的指导意见》（国办发〔2013〕96号），做好基础设施领域的政府购买服务工作，平滑财政支出，减轻当期财政支出压力。

一是城镇棚户区改造项目。国务院《关于进一步做好城镇棚户区和城乡危房改造及配套基础设施建设有关工作的意见》（国发〔2015〕37号）明确规定：推动政府购买棚改服务，市、县人民政府要公开择优选择棚改实施主体，并与实施主体签订购买棚改服务协议。承接棚改任务及纳入各地区配套建设计划的项目实施主体，可依据政府购买棚改服务协议、特许经营协议等政府与社会资本合作合同进行市场化融资，开发银行等银行业金融机构据此对符合条件的实施主体发放贷款。

二是易地扶贫搬迁项目。国家发改委、国务院扶贫开发领导小组办公室、财政部、国土部、人民银行《关于印发"十三五"时期易地扶贫搬迁工作方案的通知》（发改地区〔2015〕2769号）提出，各省需结合本地实际，采取政府购买市场服务的形式，确定市场化运作的省级投融资主体作为承贷主体，依据政府购买服务协议进行融资。由市场化运作的省级投融资主体还贷，不纳入地方政府债务。

三是农村公路项目。国务院《关于创新农村基础设施投融资体制机制的指导意见》（国办发〔2017〕17号）明确规定：将农村公路建设、养护、管理机构运行经费及人员基本支出纳入一般公共预算。推广"建养一体化"模式，通过政府购买服务等方式，引入专业企业、社会资本建设和养护农村公路。

（六）构建市场化的融资担保体系

一是做大做强融资担保机构。采取政府直接出资，或鼓励引导大型国有企业、社会机构向融资担保机构投资入股等方式，做大融资担保机构的资本金规模，拓展投融资担保范围，增强融资担保机构的实力，为政府基础设施建设项目提供融资担保服务。

二是充分发挥再担保公司的作用。完善政府主导的再担保机制，推动建立自治区级再担保机构，为地县级融资担保机构提供再担保业务，分散地县融资担保机构的业务风险，增强地县级融资担保机构的担保放大倍数和银行授信额度，提高地县级融资担保机构为融资平台、PPP项目公司等企业的融资担保能力。

三是建立风险补偿持续补充机制。通过建立融资担保风险补偿持续机制，由地方政府安排风险补偿金，补偿再担保机构、融资担保机构担保业务损失，保证再担保及融资担保机构始终保持持续健康发展的态势，增强再担保及融资担保机构的经营实力。

（七）借助资本市场提高资产流动性

一是资产证券化。资产证券化是基础设施领域的重要融资方式之一，对盘活存量资产、加快社会投资者的资金回收、吸引更多社会资本参与基础设施项目建设具有重要意义。中国经济进入新常态，在经济发展持续下行压力加大的背景下，"存量资产证券化"的发展路径是一个可行的选择，将政府的一部分存量资产变现会极大地促进各级政府的改革进程，缓解地方政府巨大的支出压力和债务压力。

二是融资租赁。地方政府应建立融资租赁业促进政策和监管服务体系，为引进、设立融资租赁公司及其开展业务提供政策支持与服务保障。支持有条件的地方政府优先设立融资租赁公司，鼓励民间资本设立融资租赁公司，促进投资主体多元化。

（八）综合利用好各类改革发展工具

一是深化价格机制改革。创新投融资机制，发挥价格杠杆作用，增强基础设施和公用事业领域建设吸引社会投资能力，激发社会和民间投资活力，着力扩大有效投资，发挥投资对稳增长、促改革、调结构、强基础、惠民生的关键作用。充分发挥价格杠杆的引导作用，促进能源、交通运输、水利、环境保护、市政工程等基础设施和公用事业领域的特许经营项目建设，不断增强公共服务供给能力和水平。

二是充分发挥综合开发效能。树立基础设施（主要是交通基础设施）建设引导的TOD和社会服务设施建设引导的SOD开发理念，发挥公路、铁路、机场等交通基础设施和老城区改造、棚户区改造、地下综合管廊、城市轨道交通等社会服务设施对新型城镇化的支撑服务作用，集约利用资源，拓展区域综合服务功能，提高城市综合承载能力。支持盘活利用好既有铁路、公路、机场、轨道交通、老城区改造等周边土地资源，支持新建项目周边实施土地利用综合开发。鼓励相关企业参与土地综合开发，构建综合开发溢价回收机制，支持基础设施项目建设。

三是继续深化"放管服"改革，激发民间投资活力。持续深化"简政放权、放管结合、优化服务"改革，对于企业不使用政府投资的建设项目，实行备案制，推进核准范围最小化。凡是企业能够自主决定、市场竞争机制能够有效调节，以及可以采用事后监管和间接管理方式的投资项目，一律取消核准。进一步放开基础设施领域投资限制，对民营资本在市场准入等方面同等对待，激发民间投资活力。

三、推动债务公开和审计制度的建立

尽管"开前门、堵后门"工作的制度基础已经较为完备，但由于显性债务受限额约束，部分地方政府通过融资平台公司、PPP、政府投资基金、政府购买服务等方式违法违规或变相举债的问题仍然突出，隐性债务规模不断增大，风险隐患逐步累积。2017年底，财政部发布《关于坚决制止地方政府违法违规举债、遏制隐性债务增量情况的报告》，指出财政部将会同各地区、各有关部门坚决遏制隐性债务增量；积极稳妥化解存量隐性债务；开好地方政府规范举债融资的"前门"；稳步推动融资平台公司市场化转型；健全监督问责机制，加强重点督查和审计；建立健全长效管理机制，全面推进地方政府债务公开。

首先是我国地方审计机关受国家审计署和地方政府共同领导，地方审计机关在审计地方债务时很难保持独立性，大大降低了地方审计机关的监督作用；官员和地方政府存在隐匿和瞒报动机。因此，隐性债务阳光化和法制化的首要工作是健全地方审计制度，推动建立审计人员轮岗制度，防范审计机关与地方政府合谋，提高审计机关的独立性。其次是加快健全政府预算会计制度，落实以权责发生制为基础的政府综合财务报告制度，以完整反映政府债务情况，将地方政府隐性债务规模向全社会披露。再次是完善中央对地方官员的晋升激励机制，通过划分债务偿还责任和公共事权的责任范围，明确各个主体的风险责任，消除地方隐匿和瞒报隐性债务规模的动机。最后是建立地方债务规模披露的奖惩机制，统一地方债务规模披露标准，将隐性债务作为其中一项重要指标予以披露，对披露情况完整的地方政府给予适当财政返还奖励，同时将债务规模连同披露制度作为一项官员政绩标准，推动地方债务规模的主动披露。

在机构改革及大数据等技术革命新形势下，建立实施地方政府债务公开和审计制度，一要健全地方政府财务报告制度，以权责发生制代替收付实现制，更科学系统地反映地方政府财务及债务信息，同时要将隐性债务纳入报告范围，拓宽

预算管理口径,全面反映地方政府债务信息。二要提升审计机关的独立性。审计机关在国家治理过程中发挥"免疫系统"的职能,维护审计机关的独立性,能够确保审计工作有效开展,同时加强审计人员队伍素质建设,打开地方审计人才不足的局面。三要推进地方政府债务审计工作常态化。目前我国仅开展了三次全国性审计工作,并且审计质量难以保证,仅停留在对地方债务的事后审计,无法发挥审计的事前预警功能、事中评价功能,地方债务审计常态化机制能够有效弥补突击性审计的不足,及时防范潜在地方债务风险隐患。四要推进地方政府债务审计与经济责任、绩效责任、预算执行审计形成审计合力,将政府债务的举借、管理、使用和还款各个环节进行权责统一,增强领导干部防范地方政府性债务风险的意识,优化债务资金使用效率,提高地方政府债务管理水平。五要建立政府部门信息共享平台,加快审计机关数据平台与其余政府部门整合,破除信息"灰色地带",不断提高审计机关审计效率。六要加快推动"金审工程"建设,依托大数据和人工智能等技术,通过编程模拟实验,结合我国经济运行实际情况,合理确定我国地方政府债务风险等级的临界值,建立健全完善的审计预警、审计评价和审计修复机制。

有必要在新时代大背景下,创新债务管理方式方法,提高债务管理水平。通过大数据技术,将政府各类资产与负债有机结合起来,全盘掌控资产与负债的整体规模和分类信息,编制各级政府财政综合债务报告,加强各类债务的分类管理和系统管理。运用大数据技术进行债务风险的预测、监控和分析,构建模型,建立债务管理的预警技术和机制,建立债务风险评估模型,将大数据技术渗透到债务管理的各个细节,实现监管创新。

从时间维度来看,短期内要通过审计机关的严格外部审计,建立对地方人民代表大会履行前置审批的制度和对地方政府主要领导实施全面绩效考核,对有违法违规行为的坚决追究到底,从而制止盲目追求政绩而过度举债的行政行为,达到有效防范金融风险和道德风险的目的。中长期内要推行政府综合财务报告制度,积极编制地方政府流动资产负债表和债务收支计划,及时反映融资项目的投资规模、资金使用和本息偿还情况,形成完善的债务动态管理机制。地方政府债券的偿还是由纳税人最终负担的。因此,除现有的地方政府和人大监管之外,地方政府债券融资的使用管理还应接受社会公众的监督,引入有效的社会监督机制。要设计公开透明的债券信息披露机制,帮助公众及时了解地方政府债券的融资及资金使用情况,防范违规使用风险。同时,还应建立接受公众监督的有效渠道,如建立专门的公共财政监督网站或机构,受理质询事件。

【评价篇】

第四章 地方政府投融资平台转型发展评价结果

第一节 地方政府投融资平台转型发展评价指标说明

本书借鉴国内外指标体系构建的研究经验，综合国内承担政府投资项目融资功能投融资主体——地方政府投融资平台自身的实际情况，在2017年发布的中国地方政府投融资平台转型发展评价报告指标构建的基础上进行了改进，构建了省、地级市、区县三级评价指标体系，旨在对全国地方政府投融资平台的运营发展情况进行客观及综合的评价，引导地方政府投融资平台逐步转型和发展。

一、指标体系构建的原则

为了准确、直观地反映国内地方政府投融资平台自身经营及发展情况，本书坚持"公司业绩、市场转型、社会责任"三个板块的体系构建，通过这三个板块的全面分析，对国内地方政府投融资平台的运营及未来发展提供一个较为全面的视角。同时，在构建中国地方政府投融资平台发展评价指标体系的过程中，本书坚持以下六项基本原则。

（一）全面性原则

充分发挥指标对全国范围内的地方政府投融资平台评价作用，在指标及方法选取时，注重指标的全面性，尽量使所选取的指标能够较为全面地反映地方政府投融资平台在经营过程中的实际情况。

在以往的报告中，企业的经营业绩往往作为最主要或唯一的指标评价企业发展水平及价值，本评价指标在重视经营业绩重要作用的同时，充分考虑地方政府投融资平台自身所处行业的特殊属性，更为全面地反映地方政府投融资平台的发展情况。

（二）典型性原则

确保本评价指标具有一定的典型代表性，主要表现在两个方面：一是在评价省、市、县三级地方政府投融资平台时，选择不同的侧重点，尽可能准确地反映出相同行政级别地方政府投融资平台的发展情况，使本评价指标具有一定的客观性；二是尽可能准确地反映不同区域——中部、东部、西部地方政府投融资平台社会、经济发展情况的差异。

本评价指标在指标的设置、权重在各指标间的分配及评价标准的划分与地方政府投融资平台的行政级别相适应。

（三）系统性原则

本评价指标体系各指标之间需存在合理的逻辑关系，它们将从不同的侧面反映出地方政府投融资平台发展情况，每一个一级指标由一组指标构成，各一级指标之间相互独立，又彼此联系，具有一定的层次性，共同构成一个有机统一体。

（四）问题导向性原则

本评价指标综合考虑了目前平台行业发展存在的问题，对平台企业未来的市场化转型等核心问题综合选取靶向性指标，旨在一定程度上梳理未来地方政府投融资平台发展路径。

（五）可比性、可操作、可量化原则

本评价指标在选择指标时，特别注意在总体范围内的一致性，指标选取的计算量度和计算方法必须统一，各指标尽量简单明了、微观性强、便于收集，各指标要具有很强的现实可操作性和可比性。而且，选择指标时也要考虑能否进行定量处理，以便于进行数学计算和分析。

（六）动态性原则

地方政府投融资平台自身的发展情况需要通过一定时间尺度的指标才能反映出来。因此，本评价指标的选择要充分考虑到相关指标的动态变化，应该收集若干年度的变化数值。

二、指标体系的研究设计

中国地方政府投融资平台发展评价指标的构建主要包括：确定体系包含范围、设计指标体系，以及确定指标权重和选择测算方法等环节。

本指标体系旨在对全国地方政府投融资平台的运营发展情况进行客观及综合评价，因此本指标所包含的地方政府投融资平台范围包含在中华人民共和国境内注册的，由地方政府（包含省、市、县三级）或地方政府相关部门控股的，承担政府投资项目融资功能的企事业单位（即地方政府融资平台）。

在指标体系的设计过程中,本书将尽可能包含所有目前运营的地方政府投融资平台,对地方政府投融资平台自身业绩、社会责任、市场化转型三个方面分别进行评价,并汇总形成中国地方政府投融资平台发展评价指标。同时,由于不同行政级别的地方政府投融资平台存在较大的差异,本书将按照省、市、县三级政府控股的地方政府投融资平台进行分类,并分别进行评价,形成省、市、县三级地方政府投融资平台发展评价指标。

在中国地方政府投融资平台发展评价指标体系的构建过程中,本书将始终坚持公司业绩、社会责任、市场化转型三个板块进行综合评价。上述三个指标将作为一级指标,在每个一级指标下设二级指标。由于不同一级指标侧重点有较大不同,每一个一级指标的二级指标数可能有较大不同。

笔者在2017年指标体系的基础上进行了微调,在保证一、二级指标不变的情况下,对三级指标进行增删。删除了不良资产比率、政府补贴占比、市场化收入占比等边界确认较难且会产生一定误差的数据,增添了资本保值增值率等二级指标,使整体指标的构建更为完整(见表4-1)。

(一)公司业绩指标

现代企业实行经营权与所有权分离,企业信息具有一定的不对称性,所以财务层面的评价指标在企业评价体系中往往占有较大的比重,其所具有的综合性和数据可收集性强等特点,使其成为企业经营分析的重要组成部分。此外,企业财务业绩指标是企业生存与发展的基础和原动力,也是构成本评价体系的主要内容。

在公司业绩这个一级指标下,共设计基础指标、财务效益指标、资产运营指标、偿债能力指标和发展能力指标五个二级指标,旨在较为客观地量化公司实际经营情况。

1. 基础指标

本评价体系在基础指标项下仅选取了总资产及净资产作为评价指标,可以在一定程度上客观地反映企业的经营规模。

(1)总资产。总资产是指某一经济实体拥有或控制的、能够带来经济利益的全部资产。一般可以认为,某一会计主体的总资产金额等于其资产负债表的"资产总计"金额。与联合国SNA中的核算口径相同,我国资产负债核算中的"资产"指经济资产。所谓经济资产,是指资产的所有权已经界定,其所有者由于在一定时期内对它们的有效使用、持有或者处置,可以从中获得经济利益的那部分资产。

(2)净资产。净资产是属企业所有,并可以自由支配的资产,即所有者权益或者权益资本。企业的净资产(Net Asset Value),是指企业的资产总额减去负

表4-1 地方政府投融资平台转型发展评价指标体系

总指标	一级指标	二级指标	三级指标
地方政府投融资平台转型发展评价	公司业绩	基础指标	总资产
			净资产
		财务效益指标	资产收益率
			总资产报酬率
			主营业务利润率
			盈余现金保障倍数
			成本费用利润率
		资产运营指标	总资产周转率
			流动资产周转率
			存货周转率
			应收账款周转率
		偿债能力指标	资产负债率
			EBITDA利息倍数
			现金流动负债比率
			速动比率
			流动比率
		发展能力指标	总资产增长率
			销售增长率
			三年资本平均增长率
			三年销售平均增长率
			固定资产成新率
	社会责任	国资运营指标	资本金利润率
			资本保值增值率
			综合社会贡献
		企业责任指标	纳税管理
			企业社会责任报告制度
			失信被执行人
			监管函、处罚决定
	市场化转型	市场化转型指标	是否控股（参股）金融企业
			公司在所属区域市场占有度
			主营业务集中度
			融资渠道单一程度

债以后的净额,它由两大部分组成:一部分是企业开办当初投入的资本,包括溢价部分;另一部分是企业在经营之中创造的,也包括接受捐赠的资产,属于所有者权益。

净资产 = 资产 - 负债(受每年的盈亏影响而增减) = 所有者权益(包括实收资本或者股本、资本公积、盈余公积和未分配利润等) (4-1)

净资产就是所有者权益,是指所有者在企业资产中享有的经济利益,其金额为资产减去负债后的余额。所有者权益包括实收资本(或者股本)、资本公积、盈余公积和未分配利润等。

2. 财务效益指标

本评价体系在财务效益指标项下选取了资产收益率、总资产报酬率、主营业务利润率、盈余现金保障倍数及成本费用利润率五个指标来衡量企业的经营及盈利能力。

(1) 资产收益率。又称资产回报率,是用来衡量每单位资产创造多少净利润的指标。计算公式为:

资产收益率 = 净利润/平均资产总额 × 100% (4-2)

(2) 总资产报酬率。又称资产所得率,是指企业一定时期内获得的报酬总额与资产平均总额的比率。它表示企业包括净资产和负债在内的全部资产的总体获利能力,用以评价企业运用全部资产的总体获利能力,是评价企业资产运营效益的重要指标。

总资产报酬率 = (利润总额 + 利息支出)/平均资产总额 × 100% (4-3)

总资产报酬率表示企业全部资产获取收益的水平,全面反映了企业的获利能力和投入产出状况,该指标越高,表明企业投入产出的水平越好,企业的资产运营越有效。

(3) 主营业务利润率。主营业务利润率是指企业一定时期主营业务利润同主营业务收入净额的比率。它表明企业每单位主营业务收入能带来多少主营业务利润,反映了企业主营业务的获利能力,是评价企业经营效益的主要指标。

主营业务利润率 = (主营业务收入 - 主营业务成本 - 主营业务税金及附加)/主营业务收入 × 100% (4-4)

(4) 盈余现金保障倍数。又称利润现金保障倍数,是指企业一定时期经营现金净流量同净利润的比值,反映了企业当期净利润中现金收益的保障程度,真实地反映了企业盈余的质量。盈余现金保障倍数从现金流入和流出的动态角度对企业收益的质量进行评价,对企业的实际收益能力再一次进行修正。

盈余现金保障倍数 = 经营现金净流量/净利润 × 100% (4-5)

(5) 成本费用利润率。成本费用利润率是企业一定期间的利润总额与成本费用总额的比率。

成本费用利润率 = 利润总额/成本费用总额 ×100% (4-6)

3. 资产运营指标

本评价体系在资产运营指标项下选取了总资产周转率、流动资产周转率、存货周转率、应收账款周转率四个指标来衡量企业的资产运营能力，考核企业对其资产的利用效率。

(1) 总资产周转率。总资产周转率（Total Assets Turnover）是指企业在一定时期营业收入净额同平均资产总额的比率。

总资产周转率(次) = 营业收入净额/平均资产总额 (4-7)

总资产周转率 = 销售收入/总资产 (4-8)

(2) 流动资产周转率。流动资产周转率指企业一定时期内主营业务收入净额同平均流动资产总额的比率，流动资产周转率是评价企业资产利用率的一个重要指标。

流动资产周转率(次) = 主营业务收入净额/平均流动资产总额 (4-9)

(3) 存货周转率。存货周转率是企业一定时期销售成本与平均存货余额的比率。用于反映存货的周转速度，即存货的流动性及存货资金占用量是否合理，促使企业在保证生产经营连续性的同时，提高资金的使用效率，增强企业的短期偿债能力。

存货周转率(次) = 销售成本/平均存货余额 (4-10)

(4) 应收账款周转率。应收账款周转率就是反映公司应收账款周转速度的比率。它说明一定期间内公司应收账款转为现金的平均次数。用时间表示的应收账款周转速度为应收账款周转天数，也称平均应收账款回收期或平均收现期，它表示公司从获得应收账款的权利到收回款项、变成现金所需要的时间。

应收账款周转率 = 销售收入/平均应收账款余额 (4-11)

4. 偿债能力指标

本评价体系在偿债能力指标项下选取了资产负债率、EBITDA 利息倍数、现金流动负债比率、速动比率及流动比率五个指标来衡量企业偿还到期债务的能力。

(1) 资产负债率。是期末负债总额除以资产总额的百分比，也就是负债总额与资产总额的比例关系。资产负债率反映在总资产中有多大比例是通过借债来筹资的，也可以衡量企业在清算时保护债权人利益的程度。指标反映债权人所提供的资本占全部资本的比例，表示公司总资产中有多少是通过负债筹集的，该指标是评价公司负债水平的综合指标。同时也是一项衡量公司利用债权人资金进行经营活动能力的指标，反映债权人发放贷款的安全程度。

资产负债率=负债总额/资产总额×100% (4-12)

它包含以下几层含义：①资产负债率能够揭示出企业的全部资金数据来源中有多少是由债权人提供；②从债权人的角度看，资产负债率越低越好；③对投资人或股东来说，负债比率较高可能带来一定的好处[财务杠杆、利息税前扣除、以较少的资本（或股本）投入获得企业的控制权]；④从经营者的角度看，他们最关心的是在充分利用借入资金给企业带来好处的同时，尽可能降低财务风险；⑤企业的负债比率应在不发生偿债危机的情况下，尽可能择高。

（2）EBITDA利息倍数。又称已获利息倍数（或者叫作企业利息支付能力比较容易理解），是指企业生产经营所获得的息税前利润与利息费用的比率（企业息税前利润与利息费用之比）。它是衡量企业支付负债利息能力的指标（用以衡量偿付借款利息的能力）。企业生产经营所获得的息税前利润与利息费用相比，倍数越大，说明企业支付利息费用的能力越强。因此，债权人要分析利息保障倍数指标，以此来衡量债权的安全程度。

利息保障倍数=EBITDA/利息费用 (4-13)
息税前利润=净销售额-营业费用 (4-14)

利息保障倍数指标反映企业经营收益为所需支付的债务利息的多少倍。利息保障倍数不仅反映了企业获利能力的大小，而且反映了获利能力对偿还到期债务的保证程度，它既是企业举债经营的前提依据，也是衡量企业长期偿债能力大小的重要标志。要维持正常偿债能力，利息保障倍数至少应大于1，且比值越高，企业长期偿债能力越强。如果利息保障倍数过低，企业将面临亏损、偿债的安全性与稳定性下降的风险。

（3）现金流动负债比率。现金流动负债比率（Cash Coverage Ratio）是企业一定时期的经营现金净流量同流动负债的比率，它可以从现金流量角度来反映企业当期偿付短期负债的能力。

现金流动负债比率=年经营现金净流量/年末流动负债×100% (4-15)

（4）速动比率。速动比率是指速动资产对流动负债的比率。它是衡量企业流动资产中可以立即变现用于偿还流动负债的能力。

速动比率=速动资产/流动负债 (4-16)

其中：

速动资产=流动资产-存货 (4-17)

（5）流动比率。流动比率是流动资产对流动负债的比率，用来衡量企业流动资产在短期债务到期以前，可以变为现金用于偿还负债的能力。

流动比率=流动资产合计/流动负债合计×100% (4-18)

5. 发展能力指标

本评价体系在发展能力指标项下选取了总资产增长率、销售增长率、三年资本平均增长率、三年销售平均增长率及固定资产成新率五个指标来衡量企业在一段时间内的发展能力。

(1) 总资产增长率。总资产增长率（Total Assets Growth Rate），又名总资产扩张率，是企业本年总资产增长额同年初资产总额的比率，反映企业本期资产规模的增长情况。

$$总资产增长率 = 本年总资产增长额/年初资产总额 \times 100\% \quad (4-19)$$

其中：

$$本年总资产增长额 = 年末资产总额 - 年初资产总额 \quad (4-20)$$

总资产增长率越高，表明企业一定时期内资产经营规模扩张的速度越快。但在分析时，需要关注资产规模扩张的质和量的关系，以及企业的后续发展能力，避免盲目扩张。

(2) 销售增长率。销售增长率是衡量企业经营状况和市场占有能力、预测企业经营业务拓展趋势的重要指标，也是企业扩张增量资本和存量资本的重要前提，是评价企业成长状况和发展能力的重要指标。该指标越大，表明其增长速度越快，企业市场前景越好。

$$销售增长率 = 本年销售增长额/上年销售总额 = (本年销售额 - 上年销售额)/上年销售总额 \quad (4-21)$$

(3) 三年资本平均增长率。三年资本平均增长率表示企业资本连续三年的积累情况，在一定程度上反映了企业的持续发展水平和发展趋势。

$$三年资本平均增长率 = [(当年净资产总额/三年前净资产总额)^{1/3} - 1] \times 100\% \quad (4-22)$$

(4) 三年销售平均增长率。表明企业主营业务连续三年的增长情况，体现企业的持续发展态势和市场扩张能力，尤其能够衡量上市公司持续性盈利能力。

$$三年销售平均增长率 = [(当年主营业务收入总额/三年前主营业务收入总额)^{1/3} - 1] \times 100\% \quad (4-23)$$

(5) 固定资产成新率。固定资产成新率又称"固定资产净值率"或"有用系数"，是企业当期平均固定资产净值同平均固定资产原值的比率，反映了企业所拥有的固定资产的新旧程度，体现了企业固定资产更新的快慢和持续发展的能力。

$$固定资产成新率 = (平均固定资产净值/平均固定资产原值) \times 100\% \quad (4-24)$$

(二) 社会责任指标

1. 国资运营指标

(1) 资本金利润率。这项指标反映了资本的净利润水平，是企业经营效益的中心指标，它能揭示企业的自我发展和竞争能力。企业资本金是所有者投入的主权资金,资本金利润率的高低直接关系到投资者的权益,是投资者最关心的问题。

资本金利润率 = 利润总额/资本金总额 × 100% (4-25)

另外,会计期间内若资本金发生变动,则公式中的"资本金总额"要用平均数,其计算公式为:

资本金平均余额 = (期初资本金余额 + 期末资本金余额)/2 (4-26)

这一比率越高,说明企业资本金的利用效果越好,企业资本金盈利能力越强;反之,则说明资本金的利用效果不佳,企业资本金盈利能力越弱。

(2) 资本保值增值率。这项指标反映了资本的运营效益与安全状况,是企业资本运营情况的核心指标。

资本保值增值率 = 期末所有者权益/期初所有者权益 × 100% (4-27)

其中期末所有者权益需扣除企业接受捐赠、资本金增加等客观增减因素。

(3) 综合社会贡献。社会贡献率是企业对社会的贡献总额与企业资产的比值,其中,企业对社会的贡献总额是指企业在一定期间通过生产经营活动,为社会创造的价值,包括支付给职工的工资、奖金、津贴、劳保退休统筹及其他社会公益性支出、利息支出、各种税款及附加、净利润等。

2. 企业责任指标

(1) 纳税管理。加强企业税务管理有助于降低税收成本,有助于企业内部产品结构调整和资源合理配置。在履行纳税义务中,要充分利用税法对纳税期限的规定、预缴与结算的时间差,合理处理税款,从而减少企业流动资金利息的支出。在选择不同的纳税方案时,应全面衡量该方案对企业整体税负的影响,避免由于选择某种方案减轻了一种税负而引起另一些税负增加,造成整体税负加重。

(2) 企业社会责任报告制度。企业社会责任报告(简称CSR报告)指的是企业将其履行社会责任的理念、战略、方式方法,其经营活动对经济、环境、社会等领域造成的直接和间接影响、取得的成绩及不足等信息进行系统的梳理和总结,并向利益相关方进行披露的方式。企业社会责任报告是企业非财务信息披露的重要载体,是企业与利益相关方沟通的重要桥梁。

(3) 失信被执行人。失信被执行人具有履行能力而不履行生效法律文书确定的义务,并具有下列情形之一的,人民法院应当将其纳入失信被执行人名单,依法对其进行信用惩戒:①以伪造证据、暴力、威胁等方法妨碍、抗拒执行的;②以虚假诉讼、虚假仲裁或者以隐匿、转移财产等方法规避执行的;③违反财产报告制度的;④违反限制高消费令的;⑤被执行人无正当理由拒不履行执行和解协议的;⑥其他有履行能力而拒不履行生效法律文书确定义务的。

(4) 监管函、处罚决定。收到证监会、上交所、深交所处罚、重点监管决定。

（三）市场化转型指标

(1) 是否控股（参股）金融企业。

(2) 公司在所属区域市场占有度。市场占有率是判断企业竞争水平的重要因素。在市场大小不变的情况下，市场占有率越高的公司其产品销售量越大。同时由于规模经济的作用，提高市场占有率也可能降低单位产品的成本、增加利润率。

(3) 主营业务集中度。主营业务集中度越高，代表公司越高的经营风险，为逆向指标。

(4) 融资渠道单一程度。融资渠道越单一，代表公司较高的资金流动性风险，为逆向指标。

三、指标体系的测算方法

本评价指标体系以 2014~2016 年地方政府融资平台经营数据，通过时序变化跟踪近三年地方政府投融资平台在公司业绩、社会责任、市场化转型三个板块指标的数值，进而对全国地方政府投融资平台的发展情况进行打分评价。

（一）权重确定

本评价体系考虑到各一级指标下的二级指标数及三级指标数有所不同，而且在评价地方政府投融资平台发展时对公司自身财务经营情况有所侧重，调整了公司业绩、社会责任、市场化转型三个一级指标的权重，按照 70%、20%、10% 设置权重，经调整后的二级指标权重更加平滑。

对于一级指标公司业绩项下的二级指标如基础指标、财务效益指标、资产运营指标、偿债能力指标和发展能力指标亦分别设置了权重。其中，除基础指标包含两个三级指标外，其他四个二级指标分别包含 5 个、4 个、5 个和 4 个三级指标。因此，在为了突出公司资产水平的同时客观反映公司经营情况，除基础指标外的三级指标均设定均等权重，而基础指标中的总资产及净资产权重略高。

对于一级指标社会责任、市场化转型项下的三级指标亦均设定了均等权重。

最终评价得分通过加总经过标准化的三级指标值取得，各指标权重情况如表 4-2 所示。

表 4-2　各指标权重设置

一级指标	权重	二级指标	权重	三级指标	权重
公司业绩	70%	基础指标	8%	总资产	4%
				净资产	4%
		财务效益指标	15.5%	资产收益率	3.1%
				总资产报酬率	3.1%
				主营业务利润率	3.1%
				盈余现金保障倍数	3.1%
				成本费用利润率	3.1%
		资产运营指标	15.5%	总资产周转率	3.875%
				流动资产周转率	3.875%
				存货周转率	3.875%
				应收账款周转率	3.875%
		偿债能力指标	15.5%	资产负债率	3.1%
				EBITDA 利息倍数	3.1%
				现金流动负债比率	3.1%
				速动比率	3.1%
				流动比率	3.1%
		发展能力指标	15.5%	总资产增长率	3.875%
				销售增长率	3.875%
				三年资本平均增长率	3.875%
				三年销售平均增长率	3.875%
社会责任	20%	国资运营指标	10%	资本金利润率	3.33%
				资本保值增值率	3.33%
				综合社会贡献	3.33%
		企业责任指标	10%	纳税管理	2.5%
				企业社会责任报告制度	2.5%
				失信被执行人	2.5%
				监管函、处罚决定	2.5%
市场化转型	10%	市场化转型指标	10%	是否控股（参股）金融企业	2.5%
				公司在所属区域市场占有度	2.5%
				主营业务集中度	2.5%
				融资渠道单一程度	2.5%
合计	100%		100%		100%

(二) 标准化处理

由于各三级指标的最终测算结果包含不同单位和范围，为了保证各个三级指标的可加性，我们选择了 0~1 标准化（0-1normalization）的方式对本指标内的正向及逆向指标进行标准化处理，使其结果均落到 [0, 1] 区间。

处理方法如下：X 为某指标的测算值，X_{min} 为某指标出现的最小值，X_{max} 为某指标出现的最大值，X' 为标准化后的标准值，这样标准化处理的优势在于，所有结果均落在相同区间内，便于数据进行处理及权重赋值。

正向指标标准化处理：

$$X' = \frac{X - X_{min}}{X_{max} - X_{min}} \tag{4-28}$$

逆向指标标准化处理：

$$X' = \frac{\frac{1}{X} - \frac{1}{X_{max}}}{\frac{1}{X_{min}} - \frac{1}{X_{max}}} \tag{4-29}$$

四、指标体系的数据来源

本评价指标测算所使用数据均为市场披露的公开数据，数据涵盖 2014~2016 年，主要数据来源如表 4-3 所示。在数据的具体使用过程中，根据整体指标安排对数据进行了处理。

表 4-3 数据来源

数据来源	Wind
	中国债券信息网
	中国外汇交易中心网
	上海证券交易所——公司债券项目信息平台
	深圳证券交易所——固定收益信息平台
	各省、市、自治区政府工作报告

在具体数据使用中，根据不同指标对数据进行计算；此外，在出现个别年份指标缺失的情况时，根据年平均增长率或相邻年份指标的算术平均值进行补齐。

第二节 地方政府投融资平台转型发展排名情况分析

一、省级80强

中国地方政府投融资平台省级排名如表 4-4 所示。

表4-4 中国地方政府投融资平台省级排名一览表

排名	公司名称	得分	评级	所属省（直辖市、自治区）
1	北京国有资本经营管理中心	40.45	AAA	北京市
2	甘肃省公路航空旅游投资集团有限公司	39.74	AAA	甘肃省
3	安徽省投资集团控股有限公司	39.36	AAA	安徽省
4	浙江省国有资本运营有限公司	38.60	AAA	浙江省
5	上海城投控股股份有限公司	38.59	AAA	上海市
6	云南省能源投资集团有限公司	38.53	AAA	云南省
7	天津泰达投资控股有限公司	38.42	AAA	天津市
8	云南省城市建设投资集团有限公司	37.92	AAA	云南省
9	青海交通投资有限公司	37.91	AA+	青海省
10	浙江省建设投资集团股份有限公司	37.86	AA+	浙江省
11	山东省国有资产投资控股有限公司	37.79	AAA	山东省
12	上海城投（集团）有限公司	37.77	AAA	上海市
13	湖南省高速公路建设开发总公司	37.29	AAA	湖南省
14	河北建设投资集团有限责任公司	37.18	AAA	河北省
15	甘肃省电力投资集团有限责任公司	37.01	AA+	甘肃省
16	上海世博发展（集团）有限公司	36.97	AAA	上海市
17	广东电力发展股份有限公司	36.73	AAA	广东省
18	四川川投能源股份有限公司	36.72	AAA	四川省
19	广西北部湾国际港务集团有限公司	36.68	AA+	广西壮族自治区
20	湖南建工集团有限公司	36.64	AA+	湖南省
21	山东省鲁信投资控股集团有限公司	36.58	AAA	山东省
22	甘肃省国有资产投资集团有限公司	36.57	AAA	甘肃省
23	绿地控股集团有限公司	36.40	AA+	上海市
24	北京京能电力股份有限公司	36.35	AAA	北京市
25	江苏宁沪高速公路股份有限公司	36.22	AAA	江苏省
26	广西西江开发投资集团有限公司	36.10	AA+	广西壮族自治区
27	广西交通投资集团有限公司	36.09	AAA	广西壮族自治区
28	福建省投资开发集团有限责任公司	36.04	AAA	福建省
29	陕西省产业投资有限公司	35.96	AA	陕西省
30	内蒙古高等级公路建设开发有限责任公司	35.87	AA+	内蒙古自治区
31	广州智能装备产业集团有限公司	35.84	AAA	广东省

续表

排名	公司名称	得分	评级	所属省（直辖市、自治区）
32	上海国盛（集团）有限公司	35.77	AAA	上海市
33	北京控股集团有限公司	35.73	AAA	北京市
34	浙江省交通投资集团有限公司	35.70	AAA	浙江省
35	上海同盛投资（集团）有限公司	35.70	AAA	上海市
36	新疆投资发展（集团）有限责任公司	35.63	AA+	新疆维吾尔自治区
37	申能（集团）有限公司	35.51	AAA	上海市
38	天津滨海新区建设投资集团有限公司	35.42	AAA	天津市
39	北京城建集团有限责任公司	35.38	AAA	北京市
40	湖北省文化旅游投资集团有限公司	35.30	AA+	湖北省
41	山东海洋集团有限公司	35.25	AA+	山东省
42	北京首都旅游集团有限责任公司	35.20	AAA	北京市
43	山东高速集团有限公司	35.16	AAA	山东省
44	郑州公共住宅建设投资有限公司	35.02	AA+	河南省
45	广东省广业集团有限公司	34.96	AAA	广东省
46	山东高速轨道交通集团有限公司	34.94	AA	山东省
47	上海临港经济发展（集团）有限公司	34.93	AAA	上海市
48	百联集团有限公司	34.93	AAA	上海市
49	鲁信创业投资集团股份有限公司	34.90	AA	山东省
50	天津港（集团）有限公司	34.60	AAA	天津市
51	陕西省水务集团有限公司	34.56	AA	陕西省
52	北控水务（中国）投资有限公司	34.56	AAA	北京市
53	北京能源集团有限责任公司	34.47	AAA	北京市
54	陕西省天然气股份有限公司	34.47	AA+	陕西省
55	上海国际港务（集团）股份有限公司	34.46	AAA	上海市
56	内蒙古水务投资集团有限公司	34.43	AA+	内蒙古自治区
57	云南省投资控股集团有限公司	34.41	AAA	云南省
58	青海省国有资产投资管理有限公司	34.41	AAA	青海省
59	贵州高速公路集团有限公司	34.41	AAA	贵州省
60	四川成渝高速公路股份有限公司	34.39	AAA	四川省
61	湖南兴湘投资控股集团有限公司	34.25	AA	湖南省
62	广东恒健投资控股有限公司	34.22	AAA	广东省

续表

排名	公司名称	得分	评级	所属省（直辖市、自治区）
63	北京水务投资中心	34.17	AA+	北京市
64	云南省交通投资建设集团有限公司	34.14	AAA	云南省
65	天津生态城投资开发有限公司	34.12	AA+	天津市
66	四川高速公路建设开发集团有限公司	34.04	AAA	四川省
67	福建省交通运输集团有限责任公司	34.03	AA+	福建省
68	重庆市城市建设投资（集团）有限公司	34.01	AAA	重庆市
69	黑龙江省建设集团有限公司	34.01	AA	黑龙江省
70	北京市国有资产经营有限责任公司	33.98	AAA	北京市
71	河南省农业综合开发有限公司	33.98	AA	河南省
72	安徽省国有资本运营控股集团有限公司	33.95	AA	安徽省
73	云南省水利水电投资有限公司	33.94	AA	云南省
74	江西省投资集团有限公司	33.93	AAA	江西省
75	重庆市地产集团有限公司	33.90	AA+	重庆市
76	广西铁路投资集团有限公司	33.82	AAA	广西壮族自治区
77	重庆市水利投资（集团）有限公司	33.79	AA+	重庆市
78	云南省建设投资控股集团有限公司	33.72	AAA	云南省
79	辽宁省国有资产经营有限公司	33.71	AA+	辽宁省
80	贵州铁路投资有限责任公司	33.71	AA+	贵州省

资料来源：笔者根据整理计算所得。

全国前80位省级政府平台公司排名情况如上，分值处于33.71~40.45分。其中上海入选10家平台，北京入选9家平台，其他各省份入选平台分布较为平均。在排名中位于前列的如北京国有资本经营管理中心、甘肃省公路航空旅游投资集团有限公司具有较大的资产规模，北京国有资本经营管理中心的总资产规模更是达到了2.5万亿元，位列全国之冠，这反映出了这些公司在行业内举足轻重的地位以及对促进区域经济发展具有的重要作用，并且该公司的各项指标均处于合理区间之内，因此整体得分较高，排名靠前。

值得注意的是，总资产规模为3198亿元的甘肃省公路航空旅游投资集团有限公司，虽然总资产规模仅为北京国有资本经营管理中心的1/8，紧随其后位居第二，但分析其财务指标可以发现，甘肃省公路航空旅游投资集团有限公司在资产运营指标方面表现良好，资产周转率较高；在发展能力方面，资产增长率和销售增长率均表现良好，反映出该公司有比较强的负债管理能力及盈利能力，公司的现金流在短期内有较强的偿债能力,在长期有助于促进公司的资本增长。近几年,该公司积极布局业务板块,多元化发展,并形成"举债—发展—偿债"循环投融资模式。

在省级排名中,陕西省产业投资有限公司、山东高速轨道交通集团有限公司、鲁信创业投资集团股份有限公司等几家公司虽然被评级为AA级,但由于评级对资产的关注度较高,而在我们的排名体系中,资产指标所占权重仅为8%,所以评级的影响很微弱,但这些公司在某些指标方面表现良好。例如,陕西省产业投资有限公司控股了金融企业,同时销售增长率极高,在区域市场的地位也极高。

二、市级150强

中国地方政府投融资平台市级排名如表4-5所示。

表4-5 中国地方政府投融资平台市级排名一览表

排名	公司名称	得分	评级	所属省（直辖市、自治区）
1	厦门象屿集团有限公司	46.78	AAA	福建省
2	厦门建发集团有限公司	45.99	AAA	福建省
3	厦门港务控股集团有限公司	43.17	AAA	福建省
4	深圳市投资控股有限公司	43.15	AAA	广东省
5	广州金融控股集团有限公司	43.06	AAA	广东省
6	厦门国贸控股集团有限公司	42.24	AAA	福建省
7	大连港集团有限公司	41.83	AAA	辽宁省
8	无锡产业发展集团有限公司	41.46	AAA	江苏省
9	汉江国有资本投资集团有限公司	41.33	AA+	湖北省
10	合肥市建设投资控股（集团）有限公司	41.05	AAA	安徽省
11	晋城市国有资本投资运营有限公司	40.93	AA	山西省
12	长春市城市发展投资控股（集团）有限公司	40.64	AAA	吉林省
13	成都产业投资集团有限公司	40.61	AAA	四川省
14	滁州市城市建设投资有限公司	40.59	AA+	安徽省
15	深圳市地铁集团有限公司	40.51	AAA	广东省
16	潍坊滨海旅游集团有限公司	40.36	AA	山东省
17	珠海华发集团有限公司	39.84	AAA	广东省
18	盐城市海兴投资有限公司	39.75	AA	江苏省

续表

排名	公司名称	得分	评级	所属省（直辖市、自治区）
19	淮安市水利控股集团有限公司	39.67	AA+	江苏省
20	上海陆家嘴金融贸易区开发股份有限公司	39.65	AAA	上海市
21	郑州航空港兴港投资集团有限公司	39.46	AA+	河南省
22	厦门翔业集团有限公司	39.41	AAA	福建省
23	广州市建筑集团有限公司	39.23	AA	广东省
24	西安高新控股有限公司	39.23	AAA	陕西省
25	济南西城投资开发集团有限公司	39.17	AAA	山东省
26	江东控股集团有限责任公司	39.12	AA+	安徽省
27	鄂尔多斯市国有资产投资控股集团有限公司	39.10	AA+	内蒙古自治区
28	株洲市城市建设发展集团有限公司	38.90	AA+	湖南省
29	滁州市同创建设投资有限责任公司	38.89	AA	安徽省
30	宁德市国有资产投资经营有限公司	38.86	AA	福建省
31	常州投资集团有限公司	38.83	AA	江苏省
32	马鞍山南部承接产业转移新区经济技术发展有限公司	38.76	AA	安徽省
33	合肥市滨湖新区建设投资有限公司	38.75	AA+	安徽省
34	合肥市工业投资控股有限公司	38.60	AA	安徽省
35	宝鸡市投资（集团）有限公司	38.58	AA	陕西省
36	石家庄国控投资集团有限责任公司	38.55	AAA	河北省
37	潍坊滨海投资发展有限公司	38.46	AA+	山东省
38	重庆市江北嘴中央商务区投资集团有限公司	38.41	AA+	重庆市
39	重庆两江新区开发投资集团有限公司	38.37	AAA	重庆市
40	厦门港务发展股份有限公司	38.34	AA+	福建省
41	广州国资发展控股有限公司	38.31	AAA	广东省
42	广州地铁集团有限公司	38.30	AAA	广东省
43	广西柳州市东城投资开发集团有限公司	38.24	AA+	广西壮族自治区
44	安庆市城市建设投资发展（集团）有限公司	38.18	AA	安徽省
45	合肥高新建设投资集团公司	38.17	AA	安徽省
46	天津东方财信投资集团有限公司	38.15	AA+	天津市
47	深圳高速公路股份有限公司	38.15	AAA	广东省

续表

排名	公司名称	得分	评级	所属省（直辖市、自治区）
48	北京市海淀区国有资本经营管理中心	38.14	AAA	北京市
49	武汉金融控股（集团）有限公司	38.05	AAA	湖北省
50	南宁新技术产业建设开发总公司	37.95	AA	广西壮族自治区
51	乌鲁木齐经济技术开发区建设投资开发有限公司	37.93	AA+	新疆维吾尔自治区
52	中山公用事业集团股份有限公司	37.90	AA+	广东省
53	贵安新区开发投资有限公司	37.83	AA+	贵州省
54	苏州工业园区股份有限公司	37.82	AAA	江苏省
55	郑州投资控股有限公司	37.78	AA	河南省
56	张家口通泰控股集团有限公司	37.73	AA	河北省
57	曲靖市公路建设开发有限责任公司	37.67	AA	云南省
58	银川通联资本投资运营有限公司	37.61	AA+	宁夏回族自治区
59	深圳市燃气集团股份有限公司	37.57	AAA	广东省
60	宁波交通投资控股有限公司	37.55	AAA	浙江省
61	通辽市城市投资集团有限公司	37.53	AA	内蒙古自治区
62	龙城旅游控股集团有限公司	37.53	AA	江苏省
63	杭州市城市建设投资集团有限公司	37.52	AAA	浙江省
64	建发房地产集团有限公司	37.47	AA+	福建省
65	西安投资控股有限公司	37.47	AA+	陕西省
66	建安投资控股集团有限公司	37.47	AA+	安徽省
67	黄山城投集团有限公司	37.46	AA	安徽省
68	淮北市建投控股集团有限公司	37.45	AA	安徽省
69	乌鲁木齐高新投资发展集团有限公司	37.45	AA+	新疆维吾尔自治区
70	北京金融街资本运营中心	37.43	AAA	北京市
71	蚌埠市城市投资控股有限公司	37.40	AA	安徽省
72	武汉国有资产经营有限公司	37.35	AA+	湖北省
73	柳州市龙建投资发展有限责任公司	37.35	AA	广西壮族自治区
74	金融街控股股份有限公司	37.34	AAA	北京市
75	泸州市兴泸投资集团有限公司	37.27	AA+	四川省
76	长沙市轨道交通集团有限公司	37.20	AAA	湖南省
77	联发集团有限公司	37.19	AA+	福建省

续表

排名	公司名称	得分	评级	所属省（直辖市、自治区）
78	河北顺德投资集团有限公司	37.14	AA	河北省
79	威海市国有资本运营有限公司	37.09	AA+	山东省
80	重庆悦来投资集团有限公司	37.09	AA+	重庆市
81	绵阳市投资控股（集团）有限公司	37.08	AA+	四川省
82	濮阳市投资集团公司	37.08	AA	河南省
83	福州城市建设投资集团有限公司	37.03	AAA	福建省
84	深圳市盐田港股份有限公司	37.02	AA+	广东省
85	重庆市涪陵国有资产投资经营集团有限公司	37.00	AA+	重庆市
86	武汉市城市建设投资开发集团有限公司	36.97	AAA	湖北省
87	临汾市投资集团有限公司	36.89	AA	山西省
88	张家界市经济发展投资集团有限公司	36.88	AA	湖南省
89	泸州市工业投资集团有限公司	36.86	AA	四川省
90	石家庄市地产集团有限公司	36.81	AA+	河北省
91	盐城东方投资开发集团有限公司	36.81	AA	江苏省
92	江苏瀚瑞投资控股有限公司	36.80	AA+	江苏省
93	榆林市城市投资经营集团有限公司	36.80	AA+	陕西省
94	钦州市开发投资集团有限公司	36.72	AA	广西壮族自治区
95	六安城市建设投资有限公司	36.70	AA	安徽省
96	镇江城市建设产业集团有限公司	36.70	AA+	江苏省
97	北京市丰台区国有资本经营管理中心	36.69	AA+	北京市
98	吉林市城市建设控股集团有限公司	36.67	AA+	吉林省
99	和田玉鑫国有资产投资经营有限责任公司	36.64	AA	新疆维吾尔自治区
100	重庆开乾投资（集团）有限公司	36.60	AA	重庆市
101	天津经济技术开发区国有资产经营公司	36.58	AA+	天津市
102	邯郸城市发展投资集团有限公司	36.52	AA+	河北省
103	内蒙古盛祥投资有限公司	36.51	AA	内蒙古自治区
104	长沙经济技术开发集团有限公司	36.50	AA+	湖南省
105	北京海国鑫泰投资控股中心	36.45	AAA	北京市
106	上饶投资控股集团有限公司	36.45	AA+	江西省
107	日照港集团有限公司	36.40	AA+	山东省

续表

排名	公司名称	得分	评级	所属省（直辖市、自治区）
108	新疆生产建设兵团第十二师国有资产经营（集团）有限责任公司	36.40	AA	新疆维吾尔自治区
109	大庆市城市建设投资开发有限公司	36.39	AA+	黑龙江省
110	杭州市实业投资集团有限公司	36.32	AAA	浙江省
111	乐山国有资产投资运营（集团）有限公司	36.32	AA	四川省
112	娄底市城市建设投资集团有限公司	36.31	AA	湖南省
113	阿拉尔统众国有资产经营有限责任公司	36.28	AA	新疆维吾尔自治区
114	威海市城市开发投资有限公司	36.28	AA+	山东省
115	南京市国有资产投资管理控股（集团）有限责任公司	36.23	AAA	江苏省
116	安庆经济技术开发区建设投资集团有限公司	36.22	AA	安徽省
117	合肥兴泰金融控股（集团）有限公司	36.21	AAA	安徽省
118	珠海华发实业股份有限公司	36.21	AA+	广东省
119	绍兴市城市建设投资集团有限公司	36.19	AA+	浙江省
120	深圳能源集团股份有限公司	36.17	AAA	广东省
121	渭南市城市投资集团有限公司	36.15	AA	陕西省
122	江苏悦达集团有限公司	36.14	AA+	江苏省
123	遵义道桥建设（集团）有限公司	36.11	AA+	贵州省
124	芜湖市交通投资有限公司	36.10	AA+	安徽省
125	珠海港股份有限公司	36.07	AA	广东省
126	镇江交通产业集团有限公司	36.07	AA	江苏省
127	宣城市国有资产投资有限公司	36.07	AA+	安徽省
128	福建省南平市高速公路有限责任公司	36.05	AA	福建省
129	广州交通投资集团有限公司	36.02	AAA	广东省
130	日照港股份有限公司	36.02	AA+	山东省
131	广州发展集团股份有限公司	36.02	AAA	广东省
132	株洲循环经济投资发展集团有限公司	35.96	AA	湖南省
133	黑龙江省鹤城建设投资发展有限公司	35.95	AA	黑龙江省
134	湖南常德市德源投资开发有限公司	35.94	AA	湖南省
135	嘉兴市文化名城投资集团有限公司	35.94	AA+	浙江省

续表

排名	公司名称	得分	评级	所属省（直辖市、自治区）
136	天津市北辰区建设开发公司	35.93	AA+	天津市
137	镇江国有投资控股集团有限公司	35.92	AA	江苏省
138	哈尔滨投资集团有限责任公司	35.91	AA+	黑龙江省
139	黑牡丹（集团）股份有限公司	35.90	AA+	江苏省
140	吴江经济技术开发区发展总公司	35.88	AA+	江苏省
141	青岛华通国有资本运营（集团）有限责任公司	35.86	AA+	山东省
142	扬州绿色产业投资发展控股（集团）有限责任公司	35.86	AA	江苏省
143	湖南天易集团有限公司	35.83	AA	湖南省
144	昆明交通产业股份有限公司	35.80	AA+	云南省
145	新疆生产建设兵团第十师国有资产经营（集团）有限公司	35.80	AA	新疆维吾尔自治区
146	宿州市城市建设投资集团（控股）有限公司	35.79	AA	安徽省
147	第七师国有资产经营（集团）有限公司	35.77	AA	新疆维吾尔自治区
148	南京市交通建设投资控股（集团）有限责任公司	35.77	AAA	江苏省
149	邵阳市城市建设投资经营集团有限公司	35.75	AA	湖南省
150	芜湖宜居投资（集团）有限公司	35.74	AA+	安徽省

资料来源：笔者根据整理计算所得。

全国参与排名的市级公司共982家，排名前150位的市级政府投融资平台见表4-5，分值位于35.74~46.78分，与省级平台公司的分布情况不同，安徽省、江苏省、福建省的平台公司在前150名占据多席。这显示出这些省份的市级平台公司在全国范围内具有良好的竞争力。其中，福建省的市级平台公司表现尤为出色，在排名前10位的公司中，来自厦门市的平台公司就占据4家，其中厦门象屿集团有限公司更是排名第一。

通过分析其财务指标以及公司运营的特点可以发现：厦门市政府平台除了总资产普遍较高、盈利能力较强、经营杠杆合理等特点之外，更重要的是市场化程度较高。具体包括：积极推行企业管理制度改革、盈利和经营模式改革、人才培养和考核激励体系改革，厦门各公司行业主要存在于完全竞争性领域，企业发展按市场化来运作，业务多元化运营，融资渠道广泛，均在公开市场上发行过一般中期票据、企业债、公司债、超短期融资券等证券进行直接融资。厦门市投融资平台的发展模式，可以为我国地方政府投融资平台的转型和发展提供借鉴和启示。

三、县级100强

中国地方政府投融资平台县级排名如表4-6所示。

表4-6 中国地方政府投融资平台县级排名一览表

排名	公司名称	得分	评级	所属省（直辖市、自治区）
1	绍兴市柯桥区国有资产投资经营集团有限公司	36.75	AA+	浙江省
2	诸暨市国有资产经营有限公司	36.19	AA+	浙江省
3	南京大江北国资投资集团有限公司	35.82	AA+	江苏省
4	盐城市城南新区开发建设投资有限公司	35.81	AA+	江苏省
5	义乌市城市投资建设集团有限公司	35.23	AA+	浙江省
6	杭州市萧山区国有资产经营总公司	34.57	AAA	浙江省
7	城发投资集团有限公司	34.51	AA+	山东省
8	韩城市城市投资（集团）有限公司	34.21	AA	陕西省
9	江苏武进经济发展集团有限公司	33.99	AA+	江苏省
10	升华集团控股有限公司	33.95	AA-	浙江省
11	珠海大横琴投资有限公司	33.89	AAA	广东省
12	义乌市国有资本运营有限公司	33.77	AA+	浙江省
13	江苏金坛国发国际投资发展有限公司	33.64	AA	江苏省
14	丹阳投资集团有限公司	33.62	AA	江苏省
15	江阴城市建设投资有限公司	33.48	AA+	江苏省
16	威海市文登区蓝海投资开发有限公司	33.33	AA	山东省
17	南京扬子国资投资集团有限责任公司	33.17	AAA	江苏省
18	淮安清河新区投资发展有限公司	32.95	AA	江苏省
19	杭州市下城区城市建设投资发展集团有限公司	32.92	AA+	浙江省
20	如东县东泰社会发展投资有限责任公司	32.91	AA+	江苏省
21	福建省晋江城市建设投资开发集团有限责任公司	32.86	AA+	福建省
22	长兴交通投资集团有限公司	32.82	AA	浙江省
23	江阴市公有资产经营有限公司	32.46	AA+	江苏省
24	江苏华靖资产经营有限公司	32.45	AA+	江苏省
25	桐乡市城市建设投资有限公司	32.42	AA+	浙江省

续表

排名	公司名称	得分	评级	所属省（直辖市、自治区）
26	江苏大丰海港控股集团有限公司	32.30	AA	江苏省
27	南京新城科技园建设发展有限责任公司	32.24	AA	江苏省
28	陕西省西咸新区沣西新城开发建设（集团）有限公司	32.21	AA	陕西省
29	南京浦口经济开发有限公司	32.16	AA+	江苏省
30	宁海县城投集团有限公司	32.15	AA	浙江省
31	绍兴市柯桥区交通投资有限公司	32.01	AA	浙江省
32	盐城市盐都区国有资产投资经营有限公司	31.91	AA	江苏省
33	府谷县国有资产运营有限责任公司	31.90	AA	陕西省
34	杭州余杭创新投资有限公司	31.87	AA+	浙江省
35	文登金滩投资管理有限公司	31.79	AA	山东省
36	宁乡市城市建设投资集团有限公司	31.67	AA+	湖南省
37	山东高创建设投资集团有限公司	31.58	AA	山东省
38	江苏中关村科技产业园控股集团有限公司	31.58	AA	江苏省
39	瀚蓝环境股份有限公司	31.56	AA+	广东省
40	建湖县开发区建设投资有限公司	31.53	AA	江苏省
41	嘉善县国有资产投资有限公司	31.50	AA+	浙江省
42	无锡锡东科技投资控股有限公司	31.45	AA+	江苏省
43	南京江北新区建设投资集团有限公司	31.44	AA+	江苏省
44	张家港保税区张保实业有限公司	31.41	AA	江苏省
45	海宁市资产经营公司	31.17	AA+	浙江省
46	广东南海控股投资有限公司	31.16	AA+	广东省
47	南通苏通科技产业园控股发展有限公司	31.05	AA	江苏省
48	四川广安爱众股份有限公司	30.96	AA	四川省
49	余姚市城市建设投资发展有限公司	30.94	AA+	浙江省
50	潍坊滨城投资开发有限公司	30.87	AA	山东省
51	广州市番禺交通建设投资有限公司	30.87	AA	广东省
52	苏州科技城发展集团有限公司	30.82	AA	江苏省
53	厦门思明国有控股集团有限公司	30.82	AA	福建省
54	新沂市城市投资发展有限公司	30.80	AA	江苏省

续表

排名	公司名称	得分	评级	所属省（直辖市、自治区）
55	昆山创业控股集团有限公司	30.80	AA+	江苏省
56	威海市文登区城市资产经营有限公司	30.79	AA	山东省
57	云南祥鹏航空有限责任公司	30.77	AA	云南省
58	河源市润业投资有限公司	30.75	AA	广东省
59	芜湖县建设投资有限公司	30.73	AA	安徽省
60	山东任城融鑫发展有限公司	30.72	AA	山东省
61	浙江省德清县交通投资集团有限公司	30.71	AA	浙江省
62	绍兴市柯桥区中国轻纺城市场开发经营集团有限公司	30.65	AA+	浙江省
63	太和县国有资产投资控股集团有限公司	30.64	AA	安徽省
64	新疆润盛投资发展有限公司	30.63	AA	新疆维吾尔自治区
65	吉首华泰国有资产投资管理有限责任公司	30.61	AA	湖南省
66	高密市国有资产经营投资有限公司	30.58	AA	山东省
67	苏州市吴江城市投资发展有限公司	30.56	AA+	江苏省
68	常熟市城市经营投资有限公司	30.53	AA+	江苏省
69	江苏省吴中经济技术发展总公司	30.47	AA+	江苏省
70	常熟市发展投资有限公司	30.44	AA+	江苏省
71	都江堰兴市集团有限责任公司	30.43	AA	四川省
72	大冶市城市建设投资开发有限公司	30.39	AA	湖北省
73	苍南县国有资产投资集团有限公司	30.33	AA	浙江省
74	杭州西湖投资集团有限公司	30.32	AA+	浙江省
75	桂林新城投资开发集团有限公司	30.30	AA	广西壮族自治区
76	南京浦口康居建设集团有限公司	30.26	AA	江苏省
77	鄱阳投资发展集团有限公司	30.23	AA-	江西省
78	张家港市金城投资发展有限公司	30.22	AA+	江苏省
79	诸暨市城市建设投资发展有限公司	30.17	AA+	浙江省
80	杭州余杭城市建设集团有限公司	30.16	AAA	浙江省
81	海门市城市发展集团有限公司	30.16	AA+	江苏省
82	江苏筑富实业投资有限公司	30.10	AA	江苏省
83	马鞍山市花山区城市发展投资集团有限责任公司	30.09	AA	安徽省

续表

排名	公司名称	得分	评级	所属省（直辖市、自治区）
84	大连德泰控股有限公司	30.08	AA+	辽宁省
85	南京江宁城市建设集团有限公司	30.07	AA+	江苏省
86	蒙城县城市发展投资控股集团有限公司	30.06	AA	安徽省
87	青岛市即墨区城市旅游开发投资有限公司	30.02	AA+	山东省
88	伟驰控股集团有限公司	30.02	AA	江苏省
89	溧阳市城市建设发展有限公司	30.01	AA	江苏省
90	西安曲江文化产业投资（集团）有限公司	30.00	AA+	陕西省
91	南通市崇川城市建设投资有限公司	29.99	AA	江苏省
92	诸城市经济开发投资公司	29.98	AA	山东省
93	江苏洋口港建设发展集团有限公司	29.94	AA	江苏省
94	江苏华西集团有限公司	29.94	AA	江苏省
95	睢宁县润企投资有限公司	29.89	AA	江苏省
96	淮安市盱眙城市资产经营有限责任公司	29.88	AA	江苏省
97	丰县经济开发区投资发展有限责任公司	29.84	AA	江苏省
98	禹州市投资总公司	29.83	AA-	河南省
99	文山城市建设投资（集团）有限公司	29.82	AA	云南省
100	长沙市芙蓉城市建设投资有限责任公司	29.81	AA+	湖南省

资料来源：笔者根据计算整理获得。

在全国参与排名的660家县级地方政府投融资平台中，我们选取排名前100位的公司（见表4-6），分值位于29.81~36.75分，在各省份分布中，江苏省以41家公司入选居于榜首，浙江省以21家公司入选排名第二，江浙两省在前100名中所占比重为62%。山东省以10家公司入选排名第三，其他各省份公司入选数量分布比较均匀。

江苏省以绝对优势的入选公司数量领先全国其他省份，有其深刻的内在原因。首先，江苏省、区、县经济实力较强，往往一个县级地区的经济实力已接近其他省份的市级地区的经济实力。地方政府有较强的财政实力，可以给政府平台公司带来更多的补贴收入，偿债能力也更有保证。其次，江苏省地处沿海，公司市场化程度相对较高，企业运营决策主要以市场为导向，在市场化运营指标上相对其他省份有更高的得分。

综合分析入选的前100名公司，在财务效益方面，上述公司的总资产报酬率表现较好，公司的主营业务利润率较高，确保公司可以达到较高的利润水平；在资产运营方面，公司利用资产的能力水平参差不齐，但总体均能保证公司净资产的不断积累；在发展能力方面，以上政府平台公司同样在资本增长率和销售增长率上表现较好，但仍与省级、市级公司存在差距。

值得注意的是，入选的100家平台公司中，升华集团控股有限公司、鄱阳投资发展集团有限公司、禹州市投资总公司三家公司被评级为AA-，但这三家公司在某些指标上面表现良好。例如，鄱阳投资发展集团有限公司，在财务效益指标方面，资产收益率、总资产报酬率、主营业务利润率方面得分较高；在偿债能力指标方面，该公司资产负债率很低，EBITDA利息倍数很高；在国资运营指标方面，该公司在资本保值增值、资本积累率等方面表现良好。

第五章　北京市政府投融资平台转型发展研究

第一节　北京市经济财政发展情况

一、北京市经济发展情况

（一）北京市经济产出情况

2017年，北京全年地区生产总值达到28000.40亿元，比2016年增长12.45%，增幅维持适度稳定（见图5-1）。从GDP年度增长率来看，以2010年为转折点（2010年GDP增速达到16.13%），北京经济增速虽呈现逐年下滑的态势，但下滑的趋势逐步趋缓。从最近几年的走势来看，经济"软着陆"的形态已经初步形成。从北京与全国的经济增速对比来看，北京连续三年与全国GDP增速趋同。

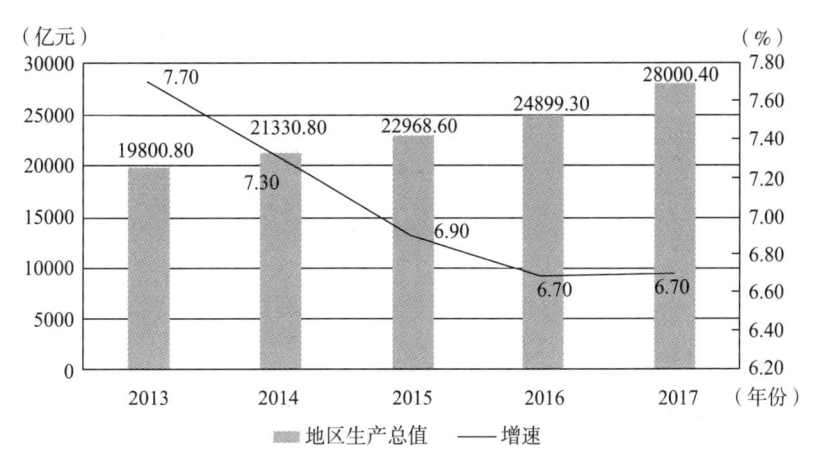

图5-1　2013~2017年北京市GDP及其增速情况

数据来源：北京市统计局。

2017年，北京全年实现地区生产总值28000.4亿元，按可比价格计算，比上年增长6.7%。其中，第一产业增加值120.5亿元，同比下降6.2%；第二产业增加值5310.6亿元，同比增长4.6%；第三产业增加值22569.3亿元，同比增长7.3%。三次产业构成由上年的0.5:19.3:80.2，调整为0.4:19.0:80.6。按常住人口计算，北京市人均地区生产总值为12.9万元。

（二）北京市固定资产投资情况

2016年，北京全年完成全社会固定资产投资8461.7亿元，同比增长5.9%，增速比2015年提高0.2个百分点，但总体仍处于历史低位（见图5-2）。其中，增长最快的是基础设施投资，完成2399.5亿元，同比增长10.3%，这是带动固定资产投资增长的主要力量。与此同时，民间投资呈现下降趋势。2016年，北京民间投资完成2766亿元，同比下降5.6%。民间投资的下降一方面缘于2015年民间投资的高增长（25.8%）使基数增加较多，另一方面也反映了民间投资主体对于未来经济前景的不确定性表示担忧。

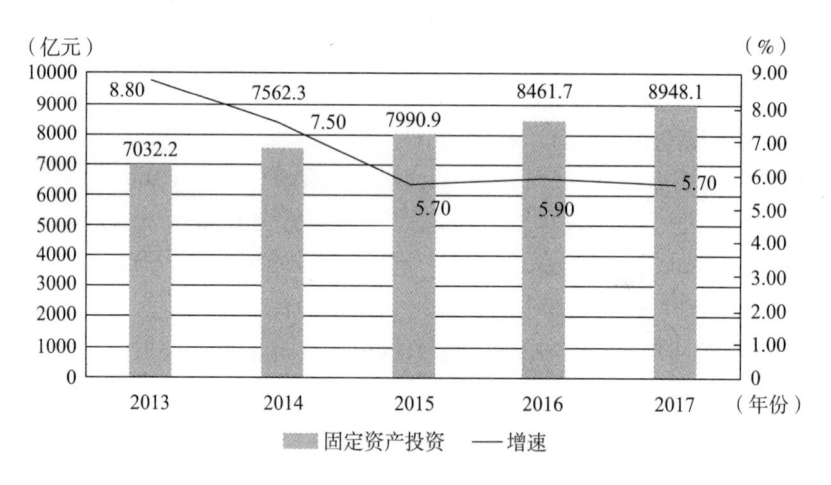

图5-2 2013~2017年北京市固定资产投资及其增速情况

数据来源：北京市统计局。

2017年北京全年完成全社会固定资产投资8948.1亿元，同比增长5.7%。其中，完成基础设施投资2984.2亿元，同比增长24.4%。分产业看，第一产业投资95.9亿元，同比下降3.9%；第二产业投资893.8亿元，同比增长23.6%；第三产业投资7958.4亿元，同比增长4.2%。

二、北京市财政发展情况

（一）北京市财政收支情况

财政收入方面。2016年，全市口径实现一般公共预算收入5081.3亿元，同比增长7.50%。从财政收入结构来看，税收收入仍是北京市财政收入的主要来源。2016年，在全市一般公共预算收入构成中，增值税1214.3亿元，同比增长69.6%；营业税584.4亿元，同比下降50.7%；企业所得税和个人所得税分别为1095.2亿元和571.3亿元，分别同比增长6.90%和19.50%。2017年以来，北京市紧紧围绕新发展理念和首都城市战略定位，伴随供给侧结构性改革的深入推进，经济保持了稳中向好的发展态势。北京市公共财政预算收入稳步提高，为经济社会发展和民生改善提供了强有力的支撑。2017年全市一般公共预算收入累计完成5430.8亿元，同比增长6.8%，圆满完成年度预算任务。1987～2017年北京市地方公共财政收入情况如图5-3所示。

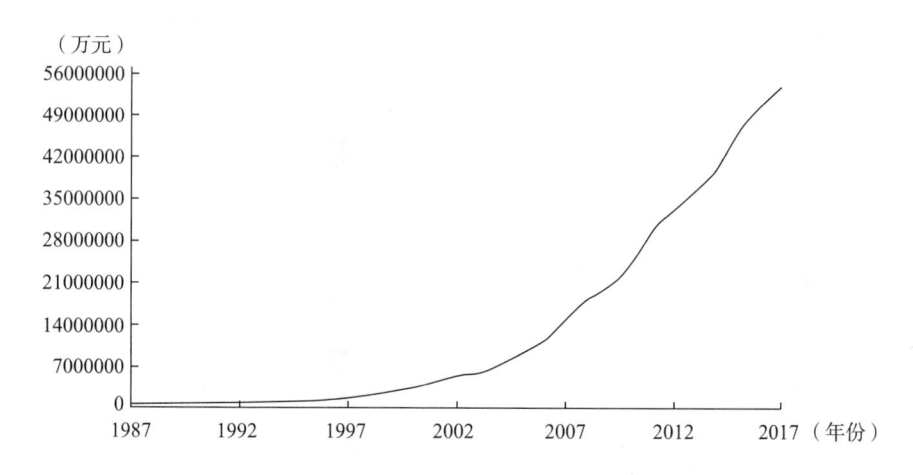

图5-3　1987～2017年北京市地方公共财政收入情况

数据来源：Wind数据库。

财政支出方面。2016年北京市一般公共预算支出完成6161.4亿元，同比增长11.70%。其中支出的主要科目为：教育支出838.5亿元，同比增长9.2%；科学技术支出331.1亿元，同比增长27.4%；节能环保支出395.5亿元，同比增长46.4%；农林水利支出432.4亿元，同比增长13.9%；交通运输支出401.1亿元，同比增长22.5%。2017年，北京市一般公共预算支出完成6540.48亿元。

（二）北京市财政承债能力分析

整体来看，北京市凭借首都的区位优势，经济、财政实力雄厚，近年来经济社会保持了平稳健康发展，呈现出经济实力稳步增强、创新驱动活力释放、人口调控效果显现、绿色环保助力发展、扩大开放互利共赢、发展成果惠及民生六大特点。从历年财政收入也能看出，北京市政府营运能力较强。政府债务方面，北京市政府债务主要用于基础设施建设等公益性项目，相应债务也形成了大量的优质资产，如土地储备资产、城市轨道交通、水热电气等市政设施和高速公路、铁路、机场等，可在一定程度上保障相关领域的债务偿还。债务余额方面，2016年以来北京市通过加大偿债资金预算安排力度、发行地方政府置换债券、市场化运作、依法转化等手段，妥善处理和化解了部分存量债务。截至2016年末，北京市政府负有偿还责任的债务为3743.46亿元，较上年下降了34.67%。此外，北京市2014~2017年的财政运算平衡率分别为：89.00%、89.50%、82.47%和87.38%。从该指标也能看出，北京市一般公共预算收入对支出的覆盖率较好，并且有一定能力承债。

第二节 北京市政府投融资平台发展情况

一、北京市省级政府投融资平台排名分析

北京市省级政府投融资平台排名情况如表5-1所示。

表5-1 北京市省级政府投融资平台排名

省级排名	全国排名	公司名称	评级	得分
1	1	北京国有资本经营管理中心	AAA	40.45
2	24	北京京能电力股份有限公司	AAA	36.35
3	33	北京控股集团有限公司	AAA	35.73
4	39	北京城建集团有限责任公司	AAA	35.38
5	42	北京首都旅游集团有限责任公司	AAA	35.20
6	53	北控水务（中国）投资有限公司	AAA	34.56
7	54	北京能源集团有限责任公司	AAA	34.47
8	64	北京水务投资中心	AA+	34.17
9	71	北京市国有资产经营有限责任公司	AAA	33.98
10	83	北京市基础设施投资有限公司	AAA	33.65

省级投融资平台的排名由以下几个指标因素共同决定，分别是财务效益指标、资产运营指标、偿债能力指标、发展能力指标、国资运营指标、社会责任指标和市场化运营指标。

财务效益指标得分高低显示了一个城投公司的总体的运营状况。其中以北京

京能电力股份有限公司、北辰实业股份有限公司、北京城建集团有限责任公司等城投平台的资产收益率情况表现最好，相应来说资产报酬率也较高，主要原因是资产规模相对来说并不庞大，而获利能力较强。前十名的公司中第一名、第二名的公司为北京国有资本经营管理中心和北京京能电力股份有限公司，相对来说总资产报酬率和主营业务利润率并不算很高，主要原因是公司资产较高，导致相对比率较低。资产运营方面，北京国有资本经营管理中心、北京市国有资产经营有限责任公司、北京住总集团有限责任公司的总资产周转率指标较高。在前十名的公司当中，北京首都旅游集团有限责任公司做得最好，达到了64.26%。在长期偿债能力指标中，北京电子城投资开发集团股份有限公司、北京金泰集团有限公司、北京城市排水集团有限责任公司等公司的资产负债率较低，长期偿债能力表现优秀，因为该类企业的资产估值较高、长期债务较少。在前十名的公司当中，各公司区别相差并不大。相对而言，在短期偿债能力指标中，北京水务投资中心、北京歌华文化发展集团、北京市农业投资有限公司的速动比率排名靠前，主要是因为公司现金及现金等价物存量充足。在前十名的公司当中，现金流动负债比率并不高，总的来说可能是因为资产、负债规模较大，现金及现金等价物相对来说所占比率较低。在发展能力指标的评价中，北京市政路桥股份有限公司、京能置业股份有限公司、北京建工集团有限责任公司三家公司总资产增长率较高，表现相对较好，该指标主要反映了公司的持续经营及发展的能力，在北京城投众平台中，以上三家公司的近三年经营业绩表现较为突出，未来相对发展空间较大。在前十名的公司当中，相对来说排名靠前的增长率较低，主要原因为排名靠前的公司发展已经成型，相对来说发展潜力较小。在社会责任指标的表现评价中，所有城投平台公司的表现相对平均，得分一致。在国资运营指标的表现中，所有城投公司的表现相对一致。

二、北京市市级政府投融资平台排名分析

北京市市级政府投融资平台排名情况如表5-2所示。

表5-2 北京市市级政府投融资平台排名

市级排名	全国排名	公司名称	评级	得分
1	48	北京市海淀区国有资本经营管理中心	AAA	38.14151
2	70	北京金融街资本运营中心	AAA	37.42795
3	74	金融街控股股份有限公司	AAA	37.33562
4	97	北京市丰台区国有资本经营管理中心	AA+	36.69136
5	105	北京海国鑫泰投资控股中心	AAA	36.45465

续表

市级排名	全国排名	公司名称	评级	得分
6	176	北京昌鑫建设投资有限公司	AA+	35.41392
7	177	中关村发展集团股份有限公司	AAA	35.37748
8	197	北京市朝阳区国有资本经营管理中心	AAA	35.03554
9	221	北京市谷财集团有限公司	AA	34.78110
10	281	北京亦庄国际投资发展有限公司	AAA	34.16859

市级投融资平台的排名由以下几个指标因素共同决定，分别是财务效益指标、资产运营指标、偿债能力指标、发展能力指标、国资运营指标、社会责任指标、市场化运营指标。

财务效益指标得分高低显示了一个城投公司的总体的运营状况。其中以金融街控股股份有限公司、华远地产股份有限公司、北京市华远集团有限公司等城投平台的资产收益率最高，主要原因是获利能力较强，资产运作能力较高。在总资产报酬率方面，各公司区别不大，但相对排名靠前的公司主营业务利润率至少都排在中等之上。资产运营方面，北京翠微大厦股份有限公司、北京顺鑫控股集团有限公司的总资产周转率指标较高，但在前十名的公司当中并不算排名靠前。在长期偿债能力指标中，排名靠前的资产负债率都较高，因为该类企业的资产估值较高、企业信用较高，因此赊销及信用合同较多，相对来说债务率较高。在前十名的公司当中，各公司区别相差并不大，排名靠前的债务率均比较高。相对而言，在短期偿债能力指标中，北京生物医药产业基地发展有限公司、北京昌鑫建设投资有限公司、北京未来科学城发展集团有限公司的速动比率排名靠前，主要是因为公司现金及现金等价物存量充足。在前十名的公司当中，现金流动负债比率并不高，总的来说可能是因为资产、负债规模较大，现金及现金等价物相对来说所占比率较低。在发展能力指标的评价中，北京金融街资本运营中心、北京未来科学城发展集团有限公司、北京昌鑫建设投资有限公司三家公司总资产增长率较高，表现相对较好，该指标主要反映了公司的持续经营及发展的能力，在北京城投众平台中，以上三家公司的近三年经营业绩表现较为突出，未来相对发展空间较大。在前十名的公司当中，相对来说排名靠前的增长率较低，主要原因为排名靠前的公司发展已经成型，相对来说发展潜力较小。在社会责任指标的表现评价中，所有城投平台公司的表现相似，得分一致。在国资运营指标的表现中，所有城投公司的表现相对一致。

北京市无县级政府投融资平台。

第三节　北京市政府投融资平台转型发展策略

一、积极利用外部环境，助推平台转型

党和国家在紧抓我国经济形势的情况下，已相继出台"43号文""50号文""87号文"等文件为我国地方政府投融资平台的积极转型提供政策指引。在国家大政策环境下，2018年1月27日，由北京市委、市政府联合发布《关于深化投融资体制改革的实施意见的通知》，从六个方面具体22条做法对北京市政府投融资平台的转型发展做出了详尽的指导。总体是要着力深化供给侧结构性改革，进一步转变政府职能，更加注重事前政策引导、事中事后监管约束和过程服务，建立完善企业自主决策、融资渠道畅通，职能转变到位、政府行为规范，宏观调控有效、法治保障健全的新型投融资体制，为高质量发展提供有力支撑。

二、创新投融资模式，提高经济效益

健全投融资平台治理结构，聘请高水平的投融资人才，进行投融资决策，提高投融资决策及管理水平，构建有效的风险管控机制。尽最大可能提高资金的使用效率，合理利用负债的财务杠杆效益。

政府相关部门应加强对政府投融资平台的监管，形成有效的制约和监督机制，避免盲目负债，制定融资计划，充分考虑偿债时间、偿债能力和偿债方式，"量入为出"在自身承受能力下合理负债，并适时对偿债能力进行指标分析及综合分析，防止举债规模过大带来的财务风险。

强化法人制度，建立明晰的产权管理，政企分开，权责分明，政府要适当管控，不能过度干涉，让融资平台完全以类似于企业的形式在市场上进行经营，拥有自主决策权，避免受到政府过度管理而权责不明，出现问题互相推诿。健全地方政府及投融资平台的信息披露和风险管理，使政府融资行为更加规范化、透明化，也能为投资者提供更多保障，增强投资信心。

第六章　福建省政府投融资平台转型发展研究

第一节　福建省经济财政发展情况

一、福建省经济发展情况

（一）福建省经济产出情况

2017年全年，福建省实现地区生产总值32298.28亿元，比上年增长13.3%（见图6-1）。其中，第一产业增加值为2442.44亿元，同比增长3.6%；第二产业增加值为15770.32亿元，同比增长6.9%；第三产业增加值为14085.52亿元，同比增长10.3%。第一产业增加值占地区生产总值的比重为7.6%，第二产业增加值比重为48.8%，第三产业增加值比重为43.6%。全年人均地区生产总值82976元，比上年增长7.1%。

从图6-1中可以看出，自2013年以来，福建省的GDP实现稳定逐年增长，但是受经济下行压力的影响，GDP年增长率出现下降，从2013年的11.0%下降到2017年的8.1%。虽然福建省GDP年增长率出现下降，但总体上福建省的GDP实现逐年增长。

（二）福建省固定资产投资情况

2017年全年，福建省实现固定资产投资26226.60亿元，比上年增长14.39%（见图6-2）。在固定资产投资中，第一产业投资980.25亿元，同比增长36.0%；第二产业投资8846.49亿元，同比增长12.3%，其中，工业投资增长12.6%；第三产业投资16399.87亿元，同比增长13.0%。基础设施投资8705.64亿元，同比增长13.8%，占固定资产投资的比重为33.2%。民间投资

图 6-1　2013～2017 年福建省地区生产总值及其增速

数据来源：Wind 数据库。

15788.59 亿元，同比增长 18.6%，占固定资产投资的比重为 60.2%。高技术产业投资 1667.05 亿元，同比增长 10.6%，占固定资产投资的比重为 6.4%。从到位资金情况看，全年到位资金 25554.77 亿元，比上年增长 12.5%。其中，国家预算资金下降 4.5%，国内贷款增长 5.9%，利用外资增长 28.7%，自筹资金增长 14.9%，其他资金增长 15.2%。

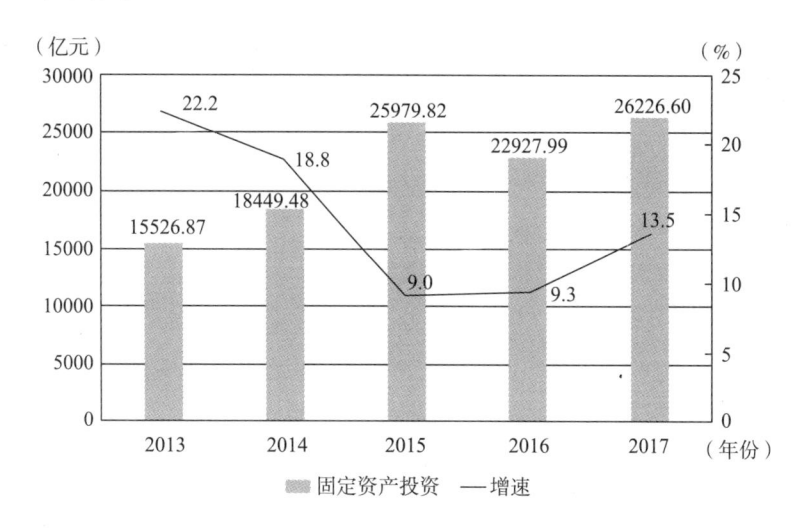

图 6-2　2013～2017 年福建省全社会固定资产投资

数据来源：Wind 数据库。

从图 6-2 的走势看，虽然固定资产投资增长率在 2015 年有大幅度下降，但 2013~2017 年福建省全社会固定资产投资总体保持稳步增长的趋势。

二、福建省财政发展情况

（一）福建省财政收支情况

全省一般公共预算总收入为 4603.85 亿元，同比增长 7.2%，完成预算的 101.9%。其中，地方一般公共预算收入为 2808.7 亿元，同比增长 8.7%，完成预算的 100.8%。全省一般公共预算支出为 4719.29 亿元（含中央专款、上年结转和新增债券安排的支出，下同），同比增长 9.9%。

省级一般公共预算收入为 258.08 亿元，同比增长 4.9%，完成预算的 99.6%。省级一般公共预算支出 490.85 亿元，同比增长 4.3%。中央税收返还和转移支付补助 1284.81 亿元，同比增长 8.1%。省对市县税收返还和转移支付补助 1163.52 亿元，同比增长 7.4%。全省政府性基金收入 1993.08 亿元，同比增长 23.5%，完成预算的 122%。全省政府性基金支出 1988.10 亿元，同比增长 30.5%。省级政府性基金收入 28.76 亿元，同比增长 3.8%，完成预算的 105.8%。省级政府性基金支出 18.02 亿元，同比下降 7.5%。1992~2016 年福建省地方公共财政收入情况如图 6-3 所示。

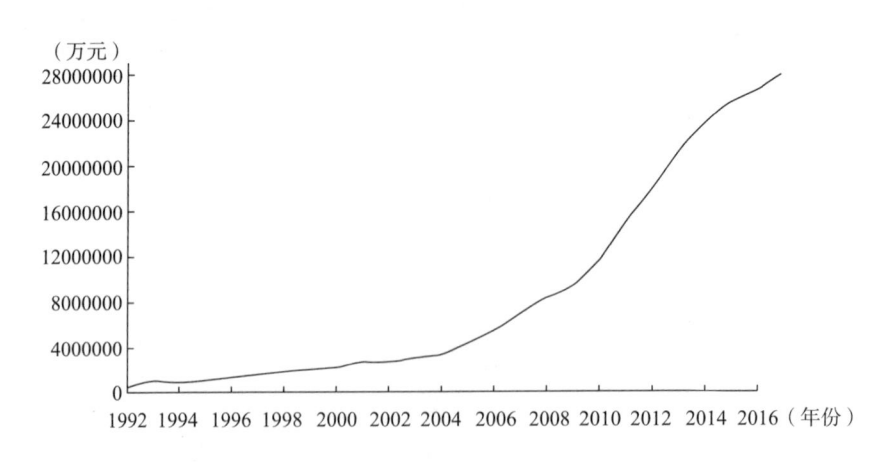

图 6-3 1992~2016 年福建省地方公共财政收入情况

数据来源：Wind 数据库。

（二）福建省财政承债能力分析

政府债务方面，由于基础设施建设等方面的投入，福建省形成了较大规模的政府性债务，但随着地方债务管理的规范，福建省地方政府债务增速控制较好，处于全国中游水平。截至 2016 年,福建省(不含厦门)政府债务余额 4487.34 亿元,同比增长 6.44%,债务规模处于全国一般水平,厦门市 2016 年末政府债务余额为 478.91 亿元。目前全省存量债务置换接近尾声,新增债务严格限额管理,总体债务风险可控。

从下辖各地级市债务情况看,福建省各市政府债务余额占债务限额比例较高,一般债务与专项债务规模大致相当,但从偿债来源看,得益于较为稳定的一般公共预算收入,各市一般债务偿债压力相对较小,债务风险总体可控,但政府性基金预算收入对专项债务覆盖程度较低。福建省城投债存续余额在全国处于中游偏上,截至 2017 年 9 月末,福建省城投债存续余额 2366 亿元,位列全国各省市第 12 位,下辖各市除宁德市、福州市和莆田市城投债偿付压力相对较小外,其他地区城投债规模较大。从期限分布情况看,福建省城投债到期时间分布相对均匀,集中偿付压力相对较小。

福建地方债券资金投向和地方需求矛盾加深。福建省地方政府债券自 2009 年来都是由财政部代为发行,并没有实现由地方政府直接发行债券,而这种由财政部代为发行的特殊模式对资金用途进行了专项的规定,从而在一定程度上限制了福建省对投资项目选择的主动性和能动性。债券的期限、发行日期和利率通过财政部统一规划,多个省份基本上实现同步发行,使福建省在债券的发行上实现了规模经济,降低了发行成本,但具有较强的"计划性",从而导致福建省地方债券的发行与地方的经济需求有所背离。

第二节 福建省政府投融资平台发展情况

一、福建省政府投融资平台发债情况

从图 6-4 中可以看出,2012 年和 2015 年福建省地方政府投融资平台融资债券发行规模实现了巨大的飞跃。这与福建省主动适应把握引领经济发展"新常态",坚持稳中求进工作总基调,着力推进供给侧结构性改革,着力加强保障和改善民生工作,着力推进农业现代化有关。2017 年福建省地方政府投融资平台发债数量出现下降,原因是交易所加强对城投债的审核和监管。未来几年,福建省将继续加大基础设施建设力度,因此,预计福建省地方政府投融资平台融资债券发行规模也将在 2017 年的基础上稳定扩大。

图 6-4　2008~2017 年福建省政府投融资平台债券发行情况

数据来源：Wind 数据库。

下面从债券期限、债券类型两个维度对福建省地方政府投融资平台融资债券的发行情况进行介绍。

从图 6-5 中可以看出，福建省发行的地方政府投融资平台融资债券以 3 年期、5 年期和 7 年期为主，累计占比达到 82%，其余年限的债券类型发行较少。

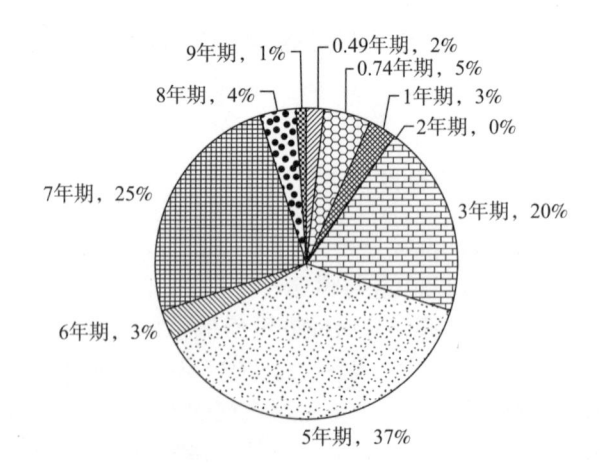

图 6-5　2017 年末福建省政府投融资平台融资债券期限分布

数据来源：Wind 数据库。

从图 6-6 中可以看出，福建省发行的地方政府投融资平台融资债券以一般企业债、定向工具和一般中期票据为主，累计占比达到 75%。一般公司债发行占比 10%，一般短期融资券和超短期融资债券占比很少，分别为 3% 和 7%。福建省地方政府债券无论是 3 年期还是 5 年期都属于中期型债券，发行期限较短，缺乏类似 10 年期的长期地方政府债券。众所周知，地方债券的资金投向大多为公共基础设施建设，工程期限上存在较大的不同，福建省单一期限结构的地方政府债券不能满足不同期限工程的效益需求。

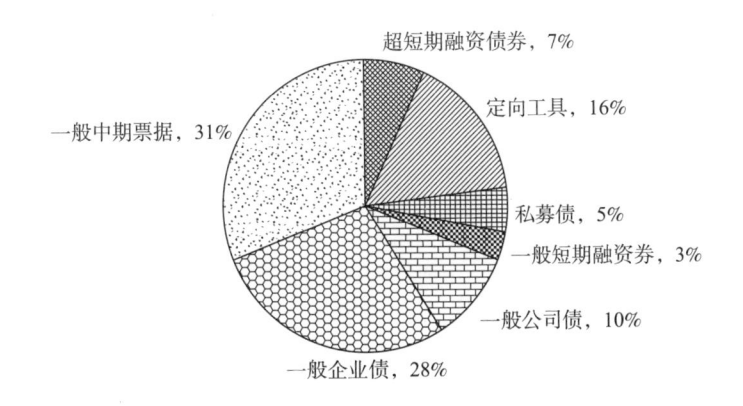

图 6-6　2017 年末福建省政府融资平台存量融资债券类型分布

数据来源：Wind 数据库。

目前存在的 3 年期和 5 年期的福建省地方政府债券不能满足公共基础项目建设周期长的需求，这种中期型的地方政府债券使福建省在统筹债券的本息偿还规划上局限性较大。福建省在地方政府债券的发行上应实现期限上的多样化，例如增加 10 年期或者是 10 年期以上的地方政府债券。中长期债券以优化组合的形式出现，同时在发行上与福建省的经济发展周期相配合，可以在一定程度上抑制福建省出现"用新债还旧债"的现象。

二、福建省政府投融资平台排名及分析

（一）福建省省级政府投融资平台排名分析

福建省省级政府投融资平台排名情况如表 6-1 所示。

表 6-1　福建省省级政府投融资平台排名

省级排名	全国排名	公司名称	评级	得分
1	28	福建省投资开发集团有限责任公司	AAA	36.04

续表

省级排名	全国排名	公司名称	评级	得分
2	68	福建省交通运输集团有限责任公司	AA+	34.03
3	113	福建省漳州高速公路有限公司	AA	32.77
4	114	福建省国有资产管理有限公司	AA	32.77
5	138	福建省高速公路集团有限公司	AAA	32.07
6	202	福建建工集团有限责任公司	AA	30.00
7	224	福建发展高速公路股份有限公司	AA+	29.19
8	269	三明福银高速公路有限责任公司	AA	26.94

省级投融资平台的排名由以下几个指标因素共同决定，分别是财务效益指标、资产运营指标、偿债能力指标、发展能力指标、国资运营指标、社会责任指标、市场化运营指标。

财务效益指标得分高低显示了一个城投公司总体的运营状况。其中以福建省国有资产管理有限公司、福建发展高速公路股份有限公司、福建省漳州高速公路有限公司的资产收益率情况表现较好，相应来说资产报酬率也较高，主要原因是资产规模相对来说并不庞大，而获利能力较强。前十名的公司中第一名、第二名的公司为福建省投资开发集团有限责任公司、福建省交通运输集团有限责任公司，相对来说总资产报酬率和主营业务利润率并不算很高，主要原因是公司资产较高，导致相对比率较低。资产运营方面，福建建工集团有限责任公司、福建省能源集团有限责任公司、福建省国有资产管理有限公司的总资产周转率指标较高。在前十名的公司当中，第一名的福建省投资开发集团有限责任公司资产周转率较低，只有4.59%，主要原因是总资产较高。在长期偿债能力指标中，福建省漳州高速公路有限公司、三明福银高速公路有限责任公司的资产负债率较低，长期偿债能力表现优秀，因为，该类企业的资产估值较高、长期债务较少。相对而言，在短期偿债能力指标中，三明福银高速公路有限责任公司排名第一，达到了83.77%。在发展能力指标的评价中，福建省投资开发集团有限责任公司、福建省交通运输集团有限责任公司、福建发展高速公路股份有限公司都较低，该指标主要反映了公司的持续经营及发展的能力，但是以上三家公司的总资产增长率都较低，福建发展高速公路股份有限公司甚至出现了负增长，原因可能是当地高速公路已经发展较为成熟，未来发展空间有限，相对来说发展潜力较小。在社会责任指标的表现评价中，所有城投平台公司的表现相对平均，得分一致。在国资运营指标的表现中，所有城投公司的表现相对一致。

（二）福建省市级政府投融资平台排名分析

福建省市级政府投融资平台排名情况如表6-2所示。

表6-2 福建省市级政府投融资平台排名

市级排名	全国排名	公司名称	评级	得分
1	1	厦门象屿集团有限公司	AAA	46.78
2	2	厦门建发集团有限公司	AAA	45.99
3	3	厦门港务控股集团有限公司	AAA	43.16
4	6	厦门国贸控股集团有限公司	AAA	42.24
5	22	厦门翔业集团有限公司	AAA	39.41
6	30	宁德市国有资产投资经营有限公司	AA	38.86
7	40	厦门港务发展股份有限公司	AA+	38.34
8	64	建发房地产集团有限公司	AA+	37.47
9	77	联发集团有限公司	AA+	37.19
10	83	福州城市建设投资集团有限公司	AAA	37.03

市级投融资平台的排名由以下几个指标因素共同决定，分别是财务效益指标、资产运营指标、偿债能力指标、发展能力指标、国资运营指标、社会责任指标、市场化运营指标。

财务效益指标得分高低显示了一个城投公司总体的运营状况。其中厦门建发股份有限公司、厦门翔业集团有限公司均超过了10%，可能与公司性质有关，获利能力较强、资产运作能力较高，相对来说主营业务利润率也较高。厦门象屿股份有限公司在各低级指标方面表现最为优良。在长期偿债能力指标中，排名靠前的资产负债率都较高，因为该类企业的资产估值较高、企业信用较高，因此赊销及信用合同较多，相对来说债务率较高。在前十名的公司当中，宁德市国有资产投资经营有限公司、厦门港务发展股份有限公司的债务率较低。相对而言，在短期偿债能力指标中，宁德市国有资产投资经营有限公司、厦门建发集团有限公司的速动比率排名靠前，主要是因为公司现金及现金等价物存量充足。在前十名的公司当中，现金流动负债比率大部分为负。在发展能力指标的评价中，厦门建发集团有限公司、厦门建发股份有限公司、厦门象屿股份有限公司三家公司总资产增长率较高，表现相对较好，该指标主要反映了公司的持续经营及发展的能力，在福建市级城投众平台中，以上三家公司的近三年经营业绩表现较为突出，未来相对发展空间较大。在前十名的公司当中，除厦门信达股份有限公司外，其余公司均保持着不错的发展态势，未来发展前景较好。在社会责任指标的表现评价中，所有城投平台公司的表现相对平均，得分一致。在国资运营指标的表现中，所有城投公司的表现相对一致。

（三）福建省县级政府投融资平台排名分析

福建省县级政府投融资平台排名情况如表6-3所示。

表6-3 福建省县级政府投融资平台排名

县级排名	全国排名	公司名称	评级	得分
1	21	福建省晋江城市建设投资开发集团有限责任公司	AA+	32.86
2	53	厦门思明国有控股集团有限公司	AA	30.82
3	199	厦门海沧投资集团有限公司	AA+	27.97
4	275	莆田市高新技术产业园开发有限公司	AA	27.02
5	312	福建省连江县国有资产营运有限公司	AA	26.59
6	436	平潭综合实验区交通投资集团有限公司	AA	25.12
7	558	石狮市城市建设有限公司	AA	23.62
8	577	福州高新区投资控股有限公司	AA	23.37
9	587	福建省晋江市工业园区开发建设有限公司	AA	23.16
10	639	邵武市城建国有资产投资营运有限公司	AA-	21.70

县级投融资平台的排名由以下几个指标因素共同决定，分别是财务效益指标、资产运营指标、偿债能力指标、发展能力指标、国资运营指标、社会责任指标、市场化运营指标。

财务效益指标得分高低显示了一个城投公司总体的运营状况。其中厦门市杏林建设开发有限公司的资产收益率情况表现最好，相应来说资产报酬率也较高，主要原因是资产规模相对来说并不庞大，而获利能力较强。前十名的公司相对来说总资产报酬率和主营业务利润率较低，主要原因是公司资产较高，导致相对比率较低，福州高新区投资控股有限公司的总资产报酬率甚至为负。资产运营方面，厦门海沧投资集团有限公司、福建省晋江城市建设投资开发集团有限责任公司、邵武市城建国有资产投资营运有限公司、厦门市杏林建设开发有限公司的总资产周转率指标较高。在前十名的公司当中，厦门海沧投资集团有限公司做得最好，达到77.27%。在长期偿债能力指标中，厦门海沧投资集团有限公司、厦门思明国有控股集团有限公司、厦门市杏林建设开发有限公司、平潭综合实验区交通投资集团有限公司、福建省晋江城市建设投资开发集团有限责任公司等公司的资产负债率较高，超过了50%。相对而言，在短期偿债能力指标中，石狮市城市建设有限公司、福州高新区投资控股有限公司、莆田市高新技术产业园开发有限公司、平潭综合实验区交通投资集团有限公司、邵武市城建国有资产投资营运有限公司的速动比率排名靠前，超过了1，主要是因为公司现金及现金等价物存量充足。在前十名的公司当中，现金流动负债比率并不高且大部分为负。在发展能力指标的评价中，石狮市城市建设有限公司总资产增长率远超其他公司，达到了113.45%，表现较好，该指标主要反映了公司持续经营及发展的能力，在福建县级城投众平台中，这家公司近三年经营业绩表现较为突出，未来相对发展空间较大。在前十名的公司当中，其余公司总资产增长率相对较低，分为两级，保持在14%左右和4%左右。在社会责任指标的表现评价中，所有城投平台公司的表现相对平均，得分一致。在国资运营指标的表现中，所有城投公司的表现相对一致。

第三节　福建省政府投融资平台转型发展策略

一、重组平台资源构建大平台

促进福建省地方政府投融资平台的转型，一是在于自身资源和优势。首先对国有企业和地方政府投融资平台的有效人力资源部进行整合，提高团队的工作效率和综合素质，以便更加有利于企业发展。在此基础上，通过对现有的国有资源和国有资产进行整合，集合国有资本优势资源，盘活地方政府的企业资产，发展国有资本运营等优势项目，增加地方国有资本收益。二是可以构建新经济形势下的地方经济基础服务平台。注重企业发展对地方经济整体发展的示范效应和推动作用。科学设立各种地方投资服务平台和产业发展助推平台，如地区产业孵化器、地方企业转型升级平台、互联网信息服务平台、大数据平台等。根据福建省自身特点，提出差异化、合理化方法，合理调配资源，充分激活地方经济活力，提高财政收入。三是可以构建新型的地方发展及基金。通过城镇化进程中基础设施建设项目进行商业规划，实现基础设施建设中长期收益的具体化和明细化，消除社会资本的顾虑，吸引社会资本和国际资本投入地方经济建设。

二、积极转型发展市场化运作

投融资平台转型意味着开始走向独立经营、自负盈亏、自主承担风险的发展之路，必须转向成为真正的市场经营主体，实现市场化。这就需要投融资平台做到建立科学的现代治理结构，做到政企分离、债企分明、管理有序。投融资平台公司可重塑业务流程和治理结构，不断培养和引进优秀人才，有助于转型后的地方政府投融资平台公司的资本运作能力、资源整合能力和风险控制能力。

三、优化完善企业资本结构

行业性投融资平台公司要保持持续的投融资能力，必须优化资本金结构，降低资产负债率。首先，地方政府投融资平台应采取多种债务融资方式，单一地筹集银行贷款资金不能满足企业发展的需求，应积极寻求如债券融资等融资途径。另外，地方政府投融资平台应增加权益类融资的比重，这样可以将建成的资产保留在地方政府投融资平台，增加净资产规模。积极引入民间资本，尤其是台商资本，形成PPP融资模式，增强城建项目等的收益性，共担风险，以减轻地方政府融资平台的投融资压力，利用市场机制形成优异的发债、偿债模式，以减少地方政府的违约风险和行政性干预。

行业主管部门可以将更多的优质土地、建筑物等资产划拨给地方政府投融资平台，以帮助促进行业性投融资平台的健康可持续发展，同时也可以减轻政府及行业主管部门的负担。地方政府投融资平台可以利用自身团队优势、专业优势、管理优势，更好地开发利用优质资产，为自身成功转型发展奠定基础。另外，可以向行业主管部门争取经营事权，如相关资产收费权、经营权，可以帮助其实现稳定的资金流入，为良性运转提供条件。在吸引资金进入的同时注重机制设计，提升项目的盈利性。

第七章　贵州省政府投融资平台转型发展研究

第一节　贵州省经济财政发展情况

一、贵州省经济发展情况

贵州省处于我国中部和西部地区的结合地带，是西南交通枢纽，接连成渝经济区、珠三角经济区、北部湾经济区，是我国西南地区的重要经济走廊，并积极融入长江经济带。贵州省还是世界知名山地旅游目的地和山地旅游大省，全国首个国家级大数据综合试验区，国家生态文明试验区，内陆开放型经济试验区，设有贵安新区以及黔中经济区。贵州矿产资源丰富，是著名的矿产资源大省。水能资源蕴藏量居全国第六位，水位落差集中的河段多，开发条件优越。2018年初常住人口规模为3580万人，比2017年初增加了25万人，城镇化率为46.02%。

近年来贵州省工业体系日趋优化，服务业结构持续完善，经济总量占全国的比重逐年提高，后发赶超优势明显。目前贵州省经济增长主要依靠消费和投资拉动，经济对外依存度低，区域发展前景看好。

（一）贵州省经济产出情况

从图7-1中可以看出，2012~2017年，贵州省的地区生产总值呈稳步上升趋势，年均增长10.9%，增速连续保持全国前两位，总量突破万亿元，达到1.35万亿元，人均达到3.8万元，在全国的位次分别上升1位和2位。

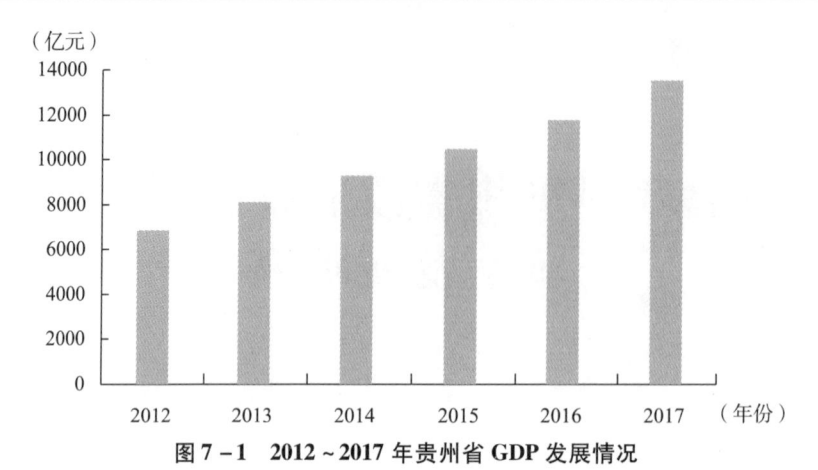

图 7-1　2012~2017 年贵州省 GDP 发展情况

数据来源：Wind 数据库。

(二) 贵州省固定资产投资情况

贵州省固定资产投资、一般公共预算收入、金融机构存款和贷款余额年均分别增长 23.9%、11.5%、19.9% 和 20.3%，分别达到 1.5 万亿元、1613.6 亿元、2.6 万亿元和 2.1 万亿元，在全国的位次分别上升 8 位、2 位、4 位和 2 位，与全国差距进一步缩小，实现了赶超进位的历史性跨越。2012~2017 年贵州省固定资产投资情况如图 7-2 所示。

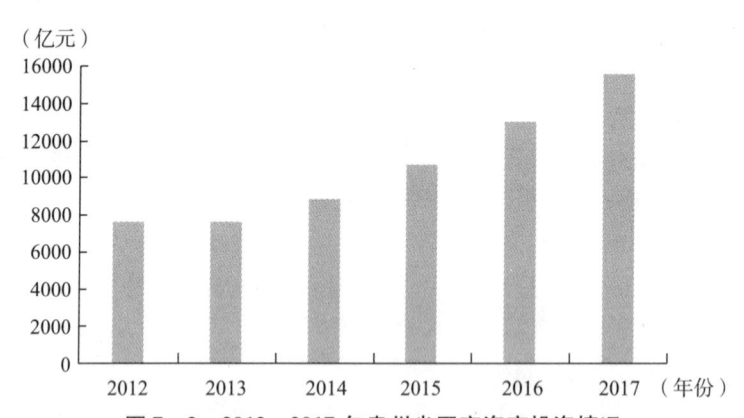

图 7-2　2012~2017 年贵州省固定资产投资情况

数据来源：Wind 数据库。

二、贵州省财政情况

(一) 贵州省财政收支情况

2017 年，贵州省一般公共预算收入完成 1613.64 亿元，根据全面推开"营改增"试点等规定,调整2016年同期基数后,同口径(下同)增收108.72亿元,同比增长7.2%。其中,省本级完成295.21亿元,增收15.38亿元,同比增长5.5%;市县级完成1318.43亿元,增收93.34亿元,同比增长7.6%。2017年,全省一般公共预算支出完成4604.57亿元,增加342.21亿元,同比增长8.0%。其中,省本级一般公共预算支出完成806.51亿元,减少98.60亿元,同比增长-10.9%;市县级一般公共预算支出完成3798.06亿元,增加440.81亿元,同比增长13.1%。

(二)贵州省财政承债能力分析

2017年,财政部下达贵州省政府债务限额9276.5亿元,政府债务余额8607.15亿元。其中,省本级政府债务限额793.44亿元,政府债务余额711.45亿元。2017年全省及省本级政府债务余额均未超过本地区政府债务限额。

2017年贵州省共发行地方政府债30只,发行总额2098.98亿元,主要用于置换政府存量债务、全省脱贫攻坚和重大基础设施项目建设。其中5年期以上的23只,30只债券均2020年后到期。2017年贵州省发行3年期债券479.83亿元,5年期599.68亿元,7年期619.68亿元,10年期399.79亿元。已发行以国有土地使用权出让收入为还款来源的专项债券409.2亿元。

2017年贵州省的债务依存度为46.09%,而国际公认的债务依存度为30%,贵州省2017年债务收入总额为2122.11亿元,占财政总收入的80%;偿债率为126.74%,远远高于国际公认的20%偿债率警戒线。

总体来看,贵州的债务风险都较高。贵州债务规模较高的一个原因在于其为投资驱动型的经济体。2017年贵州固定资产投资/GDP的规模为112.99%,固定资产投资增速为20.1%,居全国第二。资本金之外,项目投资需要借贷资金支持,由此形成较高的债务规模。另一个原因在于贵州债务规模的"显性化"。但由于贵州省传统产业能源、矿产等产业基础好,同时大数据、大健康等战略性产业深耕布局,全省经济处于快速赶超阶段,近年经济增速较快。在新旧产业的支撑以及财政投融资的运作下,贵州经济依然可能保持高速增长,财政收入和政府性基金收入的增速也将保持增长。

第二节 贵州省政府投融资平台发展情况

一、贵州省政府投融资平台发债情况

2015年,贵州省地方政府投融资平台共发行公司债、企业债、短期融资票据、定向工具、中期票据 56 只，发行规模 648.66 亿元，发行期限 5 年（含）以上的，共 33 只，占比 58.93%，公司债、企业债居多。

2016 年，贵州省地方政府投融资平台共发行公司债、企业债、短期融资票据、定向工具、中期票据 101 只，发行规模 1148.6 亿元，发行期限 5 年（含）以上的，共 72 只，占比 91.29%，公司债、企业债居多。

2017 年，贵州省地方政府投融资平台共发行公司债、企业债、短期融资票据、定向工具、中期票据 64 只，规模 529.78 亿元。债券类型以一般企业债居多，发行期限 5 年（含）以上的，共 54 只；发债主体信用评级主要以 AA +、AA、AA - 三个等级为主。2015~2017 年贵州省信用债发行情况如图 7-3 所示。

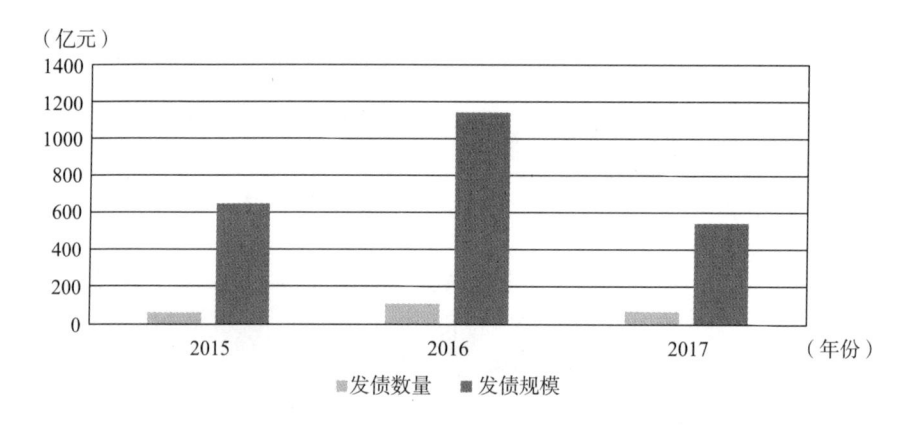

图 7-3 2015~2017 年贵州省信用债发行情况

数据来源：Wind 数据库。

二、贵州省政府投融资平台新增债券情况

2017 年贵州省平台公司新增债券发行情况如表 7-1 所示。

表 7-1 2017 年贵州省平台公司新增债券发行情况

序号	债券简称	截止日余额（亿元）	剩余期限（年）	截止日评级	期限（年）	公司	债券类型
1	17 仁怀 01	10.00	3.40	AA	5.00	仁怀市城市开发建设投资经营有限责任公司	公司债
2	17 钟山 01	5.00	3.41	AA	5.00	六盘水市钟山区城市建设投资有限公司	公司债

续表

序号	债券简称	截止日余额（亿元）	剩余期限（年）	截止日评级	期限（年）	公司	债券类型
3	17剑江01	7.00	3.42	AA	5.00	贵州剑江控股集团有限公司	公司债
4	17金旗01	3.00	3.43	AA	5.00	金世旗国际控股股份有限公司	公司债
5	17贵州凯里PPN001	10.00	1.53	AA	3.00	贵州省凯里城镇建设投资有限公司	定向工具
6	17中天城投MTN001	10.00	1.58	AA+	3.00	中天金融集团股份有限公司	中期票据
7	17西秀01	5.50	1.57	AA	3.00	安顺市西秀区城镇投资发展有限公司	公司债
8	17贵州高投MTN001	5.00	3.58	AA	5.00	贵州高速投资集团有限公司	中期票据
9	17贵城发	5.00	3.62	AA	5.00	贵阳市城市发展投资（集团）股份有限公司	公司债
10	17黔南01	10.00	5.67	AA	7.00	黔南州国有资本营运有限责任公司	企业债
11	17泉丰01	4.80	3.68	AA	5.00	贵阳泉丰城市建设投资有限公司	公司债
12	17贵州物流园项目债	5.00	3.70	AA-	5.00	贵州贵龙实业（集团）有限公司	企业债
13	17六交投	14.00	5.71	AA	7.00	六盘水市交通投资开发有限责任公司	企业债
14	17开元01	7.00	5.77	AA	7.00	贵州凯里开元城市投资开发有限责任公司	企业债
15	17观投债	16.00	5.85	AA	7.00	贵阳观山湖投资（集团）有限公司	企业债
16	17花竹01	3.50	1.87		3.00	贵州花竹山置业有限责任公司	公司债
17	17六盘水交MTN001	9.00	3.87	AA	5.00	六盘水市交通投资开发有限责任公司	中期票据
18	17汇通01	1.00	3.88	AA	5.00	南方汇通股份有限公司	公司债

续表

序号	债券简称	截止日余额（亿元）	剩余期限（年）	截止日评级	期限（年）	公司	债券类型
19	17毕节01	12.30	5.88	AA	7.00	毕节市建设投资有限公司	企业债
20	17黔南02	10.00	5.88	AA	7.00	黔南州国有资本营运有限责任公司	企业债
21	17播投01	8.00	5.88	AA	7.00	遵义市播州区城市建设投资经营有限公司	企业债
22	17六盘水开MTN001	2.00	3.90	AA	5.00	六盘水市开发投资有限公司	中期票据
23	17白云01	4.60	5.92	AA	7.00	贵阳白云城市建设投资集团有限公司	企业债
24	17中天金融MTN002	10.00	1.92	AA+	3.00	中天金融集团股份有限公司	中期票据
25	17贵产投MTN001	10.00	3.93	AA+	5.00	贵州产业投资（集团）有限责任公司	中期票据
26	17攀投债	8.00	5.93	AA	7.00	贵州六盘水攀登开发投资贸易有限公司	企业债
27	17红花岗	6.90	5.94	AA	7.00	遵义市红花岗城市建设投资经营有限公司	企业债
28	17贵州凯里PPN002	5.00	1.94	AA	3.00	贵州省凯里城镇建设投资有限公司	定向工具
29	17剑江02	2.00	3.95	AA	5.00	贵州剑江控股集团有限公司	公司债
30	17黔投01	7.00	5.95	AA	7.00	黔南州投资有限公司	企业债
31	17毕节02	5.00	5.96	AA	7.00	毕节市建设投资有限公司	企业债
32	17铜旅01	3.00	3.96	AA	5.00	铜仁旅游投资有限公司	公司债
33	17遵经开	9.70	6.00	AA	7.00	遵义经济技术开发区投资建设有限公司	企业债
34	17开元02	7.00	6.03	AA	7.00	贵州凯里开元城市投资开发有限责任公司	企业债
35	17新东观	8.00	6.05	AA	7.00	贵州新东观城市建设投资有限责任公司	企业债

续表

序号	债券简称	截止日余额（亿元）	剩余期限（年）	截止日评级	期限（年）	公司	债券类型
36	17新宇01	7.00	6.06	AA	7.00	毕节市七星关区新宇建设投资有限公司	企业债
37	17安顺债	15.00	6.08	AA	7.00	安顺市城市建设投资有限责任公司	企业债
38	17贵阳经开债01	9.00	6.10	AA	7.00	贵阳经济技术开发区国有资产投资经营有限公司	企业债
39	17遵湘江	11.00	6.11	AA	7.00	遵义湘江投资建设有限责任公司	企业债
40	17白云02	7.40	6.11	AA	7.00	贵阳白云城市建设投资集团有限公司	企业债
41	17贵州高速MTN001	15.00	2.11	AAA	3.00	贵州高速公路集团有限公司	中期票据
42	17仁水01	8.00	4.11	AA	5.00	仁怀市水务投资开发有限责任公司	公司债
43	17旅投01	5.00	9.11	AA	10.00	遵义交旅投资（集团）有限公司	企业债
44	17益佰01	5.00	4.18	AA	5.00	贵州益佰制药股份有限公司	公司债
45	17西南能矿MTN001	4.00	2.18	AA	3.00	西南能矿集团股份有限公司	中期票据
46	17播投02	7.00	6.19	AA	7.00	遵义市播州区城市建设投资经营有限公司	企业债
47	17安交投	14.00	6.21	AA	7.00	安顺市交通建设投资有限责任公司	企业债
48	17毕信泰	15.00	6.21	AA	7.00	毕节市信泰投资有限公司	企业债
49	17普定01	10.00	6.24	AA-	7.00	普定县夜郎国有资产投资营运有限责任公司	企业债
50	17六枝01	7.00	6.25	AA-	7.00	六枝特区水务有限责任公司	企业债
51	17剑江03	3.00	4.26	AA	5.00	贵州剑江控股集团有限公司	公司债
52	17云岩债	15.00	6.25	AA	7.00	贵阳云岩贵中土地开发基本建设投资管理集团有限公司	企业债

续表

序号	债券简称	截止日余额（亿元）	剩余期限（年）	截止日评级	期限（年）	公司	债券类型
53	17贵安债	28.00	4.27	AA+	5.00	贵安新区开发投资有限公司	公司债
54	17钟停01	16.00	9.27	AA	10.00	贵州钟山开发投资有限责任公司	企业债
55	17贵州高速MTN002	10.00	2.27	AAA	3.00	贵州高速公路集团有限公司	中期票据
56	17盘江01	10.00	2.27	AA+	3.00	贵州盘江投资控股（集团）有限公司	公司债
57	17贵产01	11.30	4.28	AA+	5.00	贵州产业投资（集团）有限责任公司	公司债
58	17红果01	5.00	6.27	AA	7.00	贵州省红果经济开发区开发有限责任公司	企业债
59	17遵义经开PPN001	4.28	2.28	AA	3.00	遵义经济技术开发区投资建设有限公司	定向工具
60	17信邦01	3.00	4.30	AA	5.00	贵州信邦制药股份有限公司	公司债
61	17南州工投PPN001	1.00	4.33	AA	5.00	黔西南州工业投资（集团）有限公司	定向工具
62	17遵红债	2.50	4.33	AA	5.00	遵义市红花岗区国有资产投资经营有限责任公司	公司债
63	17贵安01	28.00	6.34	AA+	7.00	贵安新区开发投资有限公司	公司债
64	17贵阳观城项目NPB01	4.00	4.36		5.00	贵阳观城产业建设投资发展有限公司	企业债

数据来源：Wind数据库。

三、贵州省政府投融资平台排名及分析

（一）贵州省省级政府投融资平台排名分析

贵州省省级地方政府投融资平台排名情况如表7-2所示。

表7-2 贵州省省级政府投融资平台排名

省级排名	全国排名	公司名称	评级	得分
1	60	贵州高速公路集团有限公司	AAA	34.41
2	81	贵州铁路投资有限责任公司	AA+	33.71
3	127	贵州高速投资集团有限公司	AA	32.24
4	179	贵州产业投资（集团）有限责任公司	AA+	30.78
5	193	贵州盘江投资控股（集团）有限公司	AA+	30.45
6	197	贵州交通建设集团有限公司	AA+	30.21
7	212	贵州省公路工程集团有限公司	AA	29.65

数据来源：笔者根据计算整理获得。

在评价指标体系中占比较高的是财务效益指标，财务效益指标得分高低显示了一个城投公司的总体运营状况。其中贵州高速公路、贵州铁路等重资产城投平台的运营情况表现最好。资产运营方面，贵州盘江投资和贵州省物资集团公司的相关周转率指标较高，这也符合这两个企业的行业特征。其他城投平台的相关周转率较低，主要因为该类城投平台主要业务集中于固定资产投资领域。在长期偿债能力指标中，贵州铁路公司、产业投资集团等公司的长期偿债能力表现优秀，因为该类企业的资产估值较高、长期债务较少。在短期偿债能力指标中，贵州铁路公司最高，主要是因为公司现金充足。在发展能力指标的评价中，贵州铁路公司、贵州广电传媒、高速投资集团三家公司表现相对较好，该指标主要反映了近三年公司的主营业务增长率，在贵州城投众平台中，以上三家公司的近三年经营业绩表现较为突出，未来相对发展空间较大。在社会责任指标的表现评价中，所有城投平台公司的表现相对平均，得分一致。在国资运营指标的表现中，所有城投公司的表现相对一致。在市场化运营指标上表现最好的公司为贵州高速公路，该指标主要反映了城投公司的市场化程度。

（二）贵州省市级政府投融资平台排名分析

贵州省市级地方政府投融资平台排名情况如表7-3所示。

表7-3 贵州省市级政府投融资平台排名

市级排名	全国排名	公司名称	评级	得分
1	53	贵安新区开发投资有限公司	AA+	37.83161
2	123	遵义道桥建设（集团）有限公司	AA+	36.10824
3	283	遵义经济技术开发区投资建设有限公司	AA	34.13514
4	297	黔西南州兴安开发投资有限公司	AA	33.985

续表

市级排名	全国排名	公司名称	评级	得分
5	367	六盘水市保障性住房开发投资有限责任公司	AA	33.07756
6	455	遵义市新区开发投资有限责任公司	AA	32.39339
7	462	黔西南州宏升资本营运有限责任公司	AA	32.37396
8	496	黔南州投资有限公司	AA	32.06693
9	497	贵阳市城市轨道交通有限公司	AA+	32.06651
10	525	毕节市开源建设投资（集团）有限公司	AA	31.74583

数据来源：笔者根据计算整理获得。

前十家市级城投平台中有一半来自于经济相对发达的地级市遵义和贵阳。城投平台的发展情况一定程度上反映了当地经济发展总体情况，在贵州省内，贵阳市和遵义市一直处于经济领先的位置。在前十家城投平台中评级为AA+的公司有3家，其余公司均为AA级，主要分布于建筑行业和房地产业。

前十家城投公司的总体财务效益指标综合表现最好的是遵义经济技术开发区投资建设有限公司和黔西南州兴安开发投资有限公司。在资产运营方面，贵州省市级城投平台中，表现最好的两家公司为六盘水市保障性住房开发投资有限责任公司和遵义经济技术开发区投资建设有限公司，以上两家公司主要从事房地产投资行业，在当地的房地产市场中处于行业垄断地位，项目收益有一定保证，没有库存产品积压问题。长期偿债能力中，表现最好的为黔西南州兴安开发投资有限公司，资产负债率最低。短期偿债能力主要反映了一个公司的现金充足情况，其中表现最好的是六盘水市保障性住房开发投资有限责任公司，在分析其财务报表的过程中发现，公司的回款周期较短，同时短期债务较少，库存商品周转较快。长期发展指标主要反映了最近三年城投平台的经营发展情况、资产增长情况，其中，贵阳市城市轨道交通有限公司表现最好，而销售增长率上，遵义经济技术开发区投资建设有限公司表现最好。在市场化运营指标和社会责任指标评价中，可以发现贵州市级平台表现相对一致，主要由于所有市级平台的市场化程度相对较低所导致的。

（三）贵州省县级政府投融资平台排名分析

贵州省县级地方政府投融资平台排名情况如表7-4所示。

表7-4 贵州省县级政府投融资平台排名

县级排名	全国排名	公司名称	评级	得分
1	112	贵州宏财投资集团有限责任公司	AA	29.48625

续表

县级排名	全国排名	公司名称	评级	得分
2	189	仁怀市城市开发建设投资经营有限责任公司	AA	28.11194
3	221	贵阳观山湖投资（集团）有限公司	AA	27.73286
4	244	贵阳白云工业发展投资有限公司	AA	27.45946
5	248	贵阳白云城市建设投资集团有限公司	AA	27.40545
6	276	贵州钟山开发投资有限责任公司	AA	27.00812
7	318	贵阳云岩贵中土地开发基本建设投资管理集团有限公司	AA	26.51692
8	384	安顺市西秀区城镇投资发展有限公司	AA	25.73630
9	453	贵州省红果经济开发区开发有限责任公司	AA	24.92359
10	458	毕节市七星关区新宇建设投资有限公司	AA	24.90371

数据来源：笔者根据计算整理获得。

贵州所有县级城投平台公司的排名中，排名前十位城投平台主要集中在建筑行业，10家之中有4家城投平台地处贵阳市。可以看出，县级城投平台的经营主要依赖于所处地域的城市发展和政府支持。

财务效益指标表现最好的县级城投平台为贵州省红果经济开发区开发有限责任公司。资产运营方面，资产周转率最高的是贵阳白云城市建设投资集团有限公司。长期偿债能力指标表现最好的县级公司为贵阳白云工业发展投资有限公司。短期偿债能力最好的是贵阳云岩贵中土地开发基本建设投资管理集团有限公司。发展能力指标最好的公司为贵阳白云城市建设投资集团有限公司。在市场化运营指标和社会责任指标的表现中，以上10家县级城投平台表现相对一致，主要因为县级公司的运营依托于县级地方的公共资源，对社会资源的需求较低。

第三节 贵州省政府投融资平台转型发展策略

在对其经济发展、财政发展、承债能力及地方政府投融资平台发债情况进行对比分析之后，我们认为贵州省债务性规模过大，债务依存度过高，债务风险较大。财政收入增速减缓，支出过大，导致出现支大于收的现象。针对贵州省地方政府投融资平台转型发展问题，提出以下三点建议。

一、强化法制，规范平台举债行为

党的十八届四中全会做出全面推进依法治国的重大决策。国务院于2014年颁布《社会信用体系建设规划纲要（2014~2020年）》，提高全社会诚信意识和信用水平。当前，部分地方政府性债务暴露出的一些问题，在不少方面与基层政府法治意识、诚信意识薄弱息息相关。为避免地方政府落入"塔西佗陷阱"，建议中央层面大力推进地方债务制度建设，抓紧研究制定地方融资平台债务管理法律法规，建立举债可行性研究、承受能力分析论证和风险评估制度，规范地方融资平台举债行为，明确违法违规举债责任，扎紧"制度笼子"。地方层面结合《中华人民共和国预算法》等相关法规抓好贯彻执行工作，处理好法治与发展的关系，规范政府行为；同时，提高依法行政意识、债务规模控制等在考核机制中的比重，强化违规举债的问责和处罚机制。

二、标本兼治，深化健全融资体制

一是健全地方债务管理体制，统一地方政府性债务和地方融资平台债务监管权，强化财政部门的统筹统管职能，明确其他监管部门的具体职责，形成监管合力。二是深化财税体制改革，加快中央及各级地方政府的财权和事权界定进程，细化各类公共产品提供的事权权属，做好共同事权的衔接。尤其是在新的地方税种尚未开征的情况下，考虑在过渡期内适当加大对西部地区的共享税分成，或通过转移支付进行支持，减轻地方财政压力，减少其扩大投融资平台债务的冲动。三是厘清地方政府与融资平台公司之间的关系，明确各自职责定位，按照法律法规、市场规则和契约精神办事，在政府和市场主体之间架起必要的"防火墙"和"隔离带"。

三、优化治理，创新经营模式

一是严格按照国务院"剥离融资平台公司政府融资功能"规定和李克强总理在黔考察期间对贵州融资平台提出的转型要求，积极推动地方融资平台实体化转型，合理区分政府性债务和企业债务，降低风险。二是转型后的融资平台公司要完善决策、执行、监督三位一体的法人治理结构和经营约束机制，尽快建立规范的现代企业制度，并逐步从"融资平台"向"经营实体"转变，增强自身造血功能，提高资源配置效率。三是转型后的融资平台公司应积极创新融资模式，通过多层次资本市场和引入社会资本等进行融资。同时，完善风险管理和内部控制体系，强化项目分类管理，健全债务偿还机制，不断提高企业经营管理水平和抗风险能力。

第八章　湖南省政府投融资平台转型发展研究

第一节　湖南省经济财政发展情况

一、湖南省经济发展情况

（一）湖南省经济产出情况

公开统计数据显示，2017年湖南省全年地区生产总值3.46万亿元，三次产业结构由2012年的13.4∶47.7∶38.9调整为10.7∶40.9∶48.4。区域发展呈现新格局，长株潭地区生产总值占全省比重达41.5%，洞庭湖生态经济区加快建设，湘南地区承接产业转移示范效应加速显现，大湘西地区基础设施大幅改善。发展动能不断增强，非公有制经济增加值达2.08万亿元；工业和服务业增加值分别达1.19万亿元、1.68万亿元；"四上"企业达3.7万家；移动互联网企业达3.2万家；旅游总收入达7172.6亿元。

从图8-1中可以看出，2013年以来，湖南省的GDP实现逐年稳定增长，但是受经济下行压力的影响，GDP年增长率出现下降，从2013年的10.1%下降到了2017年的8%。虽然湖南省GDP年增长率出现下降，但总体上湖南省的GDP实现逐年增长。

（二）湖南省固定资产投资情况

2017年，湖南省完成投资3.13万亿元，投资总量由2012年居全国第11位，上升到2017年居全国第7位。湖南省固定资产投资增速稳步上扬。在经济下行压力加大的大环境下，全省投资增速始终保持两位数增长，且呈现逐月回升趋势，全年投资增速同比增长13.1%，比第一季度、上半年、第三季度分别提高

0.8个、0.7个、0.5个百分点，呈现稳步上扬趋势。投资增速居全国第8位、中部第1位。投资成为拉动经济增长的主动力。2017年全年投资增速顺利完成年初制定目标，对经济增长的贡献率达48.6%，拉动全省经济稳定增长成效显著。

图8-1　2013~2017年湖南省地区生产总值及其增速

数据来源：Wind 数据库。

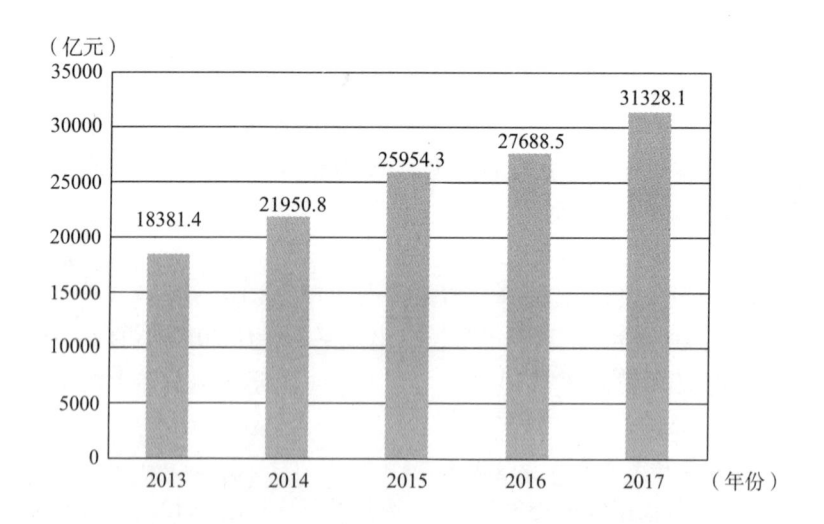

图8-2　2013~2017年湖南省全社会固定资产投资

数据来源：Wind 数据库。

从图 8-2 走势看，2013~2017 年湖南省全社会固定资产投资总体保持增长的趋势。

二、湖南省财政发展情况

（一）湖南省财政收支情况

一是 2018 年第一季度，全省一般公共预算收入 1318.5 亿元，同比增长 8.1%，增速比上年同期回落 4.4 个百分点。地方收入 768.3 亿元，同比增长 2.9%，其中税收收入增长 21.2%，占比较上年同期提高 9.5 个百分点。二是财政支出增长加快。全省一般公共预算支出 2048.9 亿元，同比增长 21.5%，比上年同期提高 1.8 个百分点。三是存贷款余额增长较快。3 月末，全省金融机构本外币各项存款余额 48754.2 亿元，同比增长 9.7%；本外币各项贷款余额 33583.4 亿元，同比增长 14.9%。

（二）湖南省财政承债能力分析

2016 年，湖南省地方政府债务余额小幅增加，年末债务余额仍较大，债务负担相对较重，但湖南省经济和财政实力较强，地方政府债务风险总体可控。2016 年末，湖南省政府债务余额为 6752.96 亿元，较上年末增长 9.76%，债务规模在全国各省降序排名第 8 位。

从下辖各市州情况来看，2016 年末益阳市政府债务负担仍较重，全市和市本级债务余额与同口径一般公共预算收入的比率最高，分别为 4.19 倍和 9.33 倍。湖南省城投债存续规模居全国前列，从地区分布来看，存续城投债主要集中于省本级和长株潭地区，其中湘潭市和株洲市城投债偿付压力偏大，地区一般公共预算收入对城投债余额及城投企业带息债务的覆盖程度在湖南省下辖市州中均排名末两位，长沙市受益于很强的财政实力，城投债偿付保障程度较高。2017 年 9 月末，长株潭三市存续城投债余额分别是其 2016 年一般公共预算收入的 1.44 倍、2.6 倍和 3.09 倍。经济和财力相对偏弱的大湘西地区城投债存续规模相对较小，但其中怀化市本级政府债务负担偏重，同时由于财力相对较弱，一般公共预算收入对存续城投债的覆盖程度略高于湘潭市和株洲市，城投债偿付压力仍较大。

从存续期城投债的地区分布情况来看，湖南省存续期城投债发行主体较为分散，但存续债券主要集中于省本级和经济水平相对较高的市州，其中长沙市占绝大多数。截至 2017 年 9 月末，长沙市存续城投企业债券余额合计为 1074.19 亿元，占湖南省存续债券余额的 23.13%。此外，发债规模较大的市州还包括株洲市、郴州市和湘潭市，存续债券余额分别为 566.8 亿元、405.2 亿元和 387.6 亿元，占比分别为 12.21%、8.73% 和 8.35%。省本级债券余额 653.4 亿元，其中湖南高速总公司及其子公司债券余额为575.5亿元；存续城投债规模最小的为张家界市和湘西州，分别为42.3亿元和41亿元。

从存续城投债余额和一般公共预算收入的比值来看，湘潭市、株洲市、怀化市和郴州市债务偿付压力相对较重，2017年9月末存续城投债余额与2016年一般公共预算收入的比值分别为3.09倍、2.6倍、2.32倍和2.31倍；而城投债存量最高的长沙市，受益于其很强的财政实力，城投债务额与一般公共收入比值为1.44倍，处于相对较低水平；湘西自治州和永州市由于发债规模较小，城投债余额与一般公共预算收入的比值分别为0.8倍和0.92倍，城投债偿付压力较轻。

从存续城投债的到期分布来看，预计2021~2022年湖南省城投债集中到期规模较大，将分别为978.2亿元和806.25亿元。各市州城投债到期分布与全省基本一致，以2021~2022年为集中偿债期，短期内城投债偿付压力均尚可控。

第二节　湖南省政府投融资平台发展情况

一、湖南省政府投融资平台发债情况

湖南省发行的第一只地方政府投融资平台融资债券是"2007年湖南湘投控股集团有限公司债券"，于2007年12月26日发行，当年只发行了1只地方政府投融资平台融资债券。直到2011年，湖南省地方政府投融资平台债券规模依旧没有产生实质性进展，从2012年开始，融资规模得到很大的提升，至2017年湖南省的地方政府投融资平台债券发行只数占全国总发行数的比重达到15.62%，具体情况如图8-3所示。

从图8-3中可以看出，2012年、2016年和2017年湖南省地方政府投融资平台融资债券发行规模实现了巨大的飞跃。这与湖南省主动适应把握引领经济发展新常态，坚持稳中求进工作总基调，着力推进供给侧结构性改革，着力加强保障和改善民生工作，着力推进农业现代化有关。未来几年，湖南省将继续加大基础设施建设力度，因此预计湖南省地方政府投融资平台融资债券发行规模也将继续稳步扩大。

下面从债券期限、债券类型两个维度对湖南省地方政府投融资平台融资债券的发行情况进行介绍。

从图8-4中可以看出，近10年湖南省发行的地方政府投融资平台融资债券以3年期、5年期和7年期为主，累计占比达到86%，其余年限的债券类型发行较少。

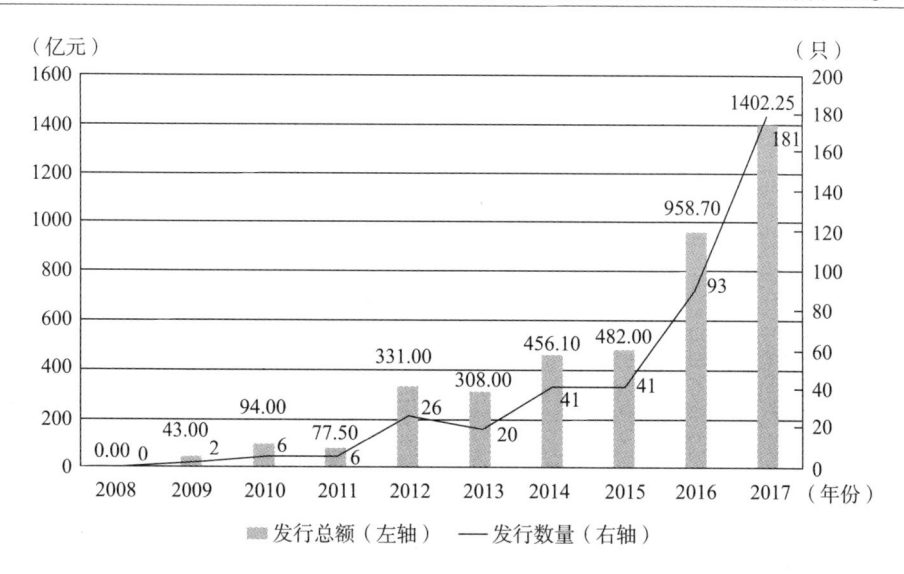

图 8-3　2008~2017 年湖南省政府投融资平台债券发行情况

数据来源：Wind 数据库。

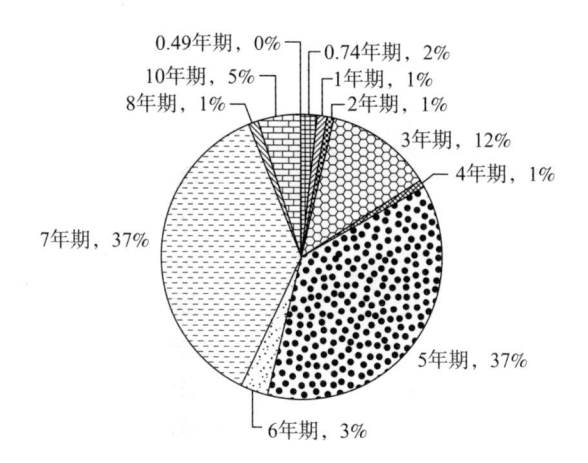

图 8-4　2008~2017 年湖南省政府融资平台融资债券期限分布

数据来源：Wind 数据库。

从图 8-5 中可以看出，近 10 年湖南省发行的地方政府投融资平台融资债券以一般企业债、私募债、定向工具和一般中期票据为主，累计占比达到 97%。一般短期融资券和超短期融资债券占比很少，分别为 1% 和 2%。

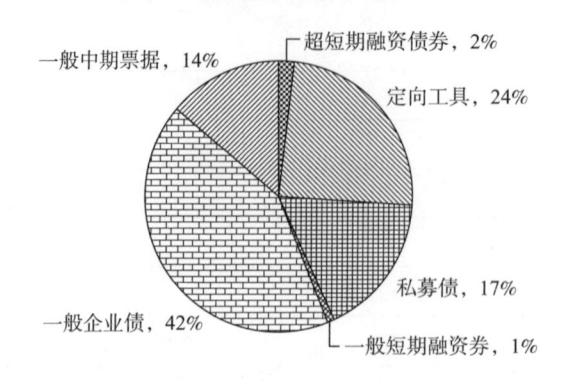

图 8-5　2008~2017 年湖南省政府融资平台融资债券类型分布

数据来源：Wind 数据库。

二、湖南省政府投融资平台排名情况分析

（一）湖南省省级政府投融资平台排名分析

湖南省省级政府投融资平台排名情况如表 8-1 所示。

表 8-1　湖南省省级政府投融资平台排名

省级排名	全国排名	公司名称	评级	得分
1	13	湖南省高速公路建设开发总公司	AAA	37.29
2	20	湖南建工集团有限公司	AA+	36.64
3	62	湖南兴湘投资控股集团有限公司	AA	34.25
4	203	湖南湘投控股集团有限公司	AA+	29.99
5	260	湖南财信投资控股有限责任公司	AAA	27.54

数据来源：笔者整理计算所得。

湖南省地处中国中南部，南北交通枢纽位置。天然优越的地理位置为湖南省的经济发展创造了有利的条件。湖南省省级城投平台在全国范围内的评分高于平均水平也说明了这一点。湖南省省级城投平台一共有 5 家，分布于不同的行业。其中，AAA 级公司 2 家，AA+级公司 3 家，AA 级公司 2 家。

首先，湖南省高速公路建设开发总公司的财务效益指标最高，从公司近几年的运营中可以看出，公司收益稳定并逐年增长，资产状况良好，符合公司的 AAA 评级预期。同时，除了湖南财信投资控股有限责任公司以外，其他所有城投平台均实现了盈利。而对于应收账款管理最好的公司为湖南电广传媒股份有限公司。其次，流动资产周转率最高的公司为湖南建工集团有限公司。主要因为公司的流动资产相对较少，公司所处行业为建筑业，非流动资产占比较大。偿债能力分为两个方面，其中，长期偿债能力方面湖南建工集团有限公司的长期偿债能力最好。主要因为公司的非流动资产对非流动负债的比例较高，因为建筑行业属于重资产行业。而在短期偿债能力方面，湖南兴湘投资控股集团有限公司的流动资产对流动负债的覆盖比率较高，公司的现金及现金等价物充裕，短期内没有资金还款压力。最后，在发展能力指标方面，湖南兴湘投资控股集团有限公司和湖南建工集团有限公司近三年的业绩明显好于其他城投平台，由于湖南近三年的经济发展情况较好，以上两家城投平台受到经济整体环境的影响，也得到了长足的发展。而在社会责任指标方面，以上几家城投平台的表现相对一致。市场化运营程度最高的公司是湖南兴湘投资控股集团有限公司。

（二）湖南省市级政府投融资平台排名分析

湖南省市级政府投融资平台排名情况如表8-2所示。

表8-2 湖南省市级政府投融资平台排名

市级排名	全国排名	公司名称	评级	得分
1	28	株洲市城市建设发展集团有限公司	AA+	38.8952446
2	76	长沙市轨道交通集团有限公司	AAA	37.19927263
3	88	张家界市经济发展投资集团有限公司	AA	36.87633919
4	104	长沙经济技术开发集团有限公司	AA+	36.50255898
5	112	娄底市城市建设投资集团有限公司	AA	36.30946063
6	132	株洲循环经济投资发展集团有限公司	AA	35.9604478
7	134	湖南常德市德源投资开发有限公司	AA	35.94137711
8	143	湖南天易集团有限公司	AA	35.83475705
9	149	邵阳市城市建设投资经营集团有限公司	AA	35.74830328
10	182	衡阳市城市建设投资有限公司	AA+	35.29701811

数据来源：笔者整理计算所得。

在所有市级平台公司中，评级为AAA的公司个数有1家，AA+的公司有3家，剩余公司均为AA。从地理位置分布来看，较为分散。各个地市的经济状况发展良好。前10家中有9家公司从事的是房地产和建筑行业。

从资产规模分析上可以看出，处在第二位置的长沙市轨道交通集团有限公司的资产状况最好。由于该公司主要进行相关资产运营，其应收账款相对较少，资产周转率较高，属于优质的城投平台。

株洲市城市建设发展集团有限公司属于滁州市唯一一家城投平台公司，在当地具有垄断地位,主要经营房地产投资行业,得益于近几年滁州在房地产开发领域的大规模发展,滁州城投的综合评分相对较高。综合财务指标分析表明,不论营业收入、综合净利润,还是资产运营指标都表现良好。

偿债能力指标是分析一个城投平台财务健康程度的重要指标之一。张家界市经济发展投资集团有限公司的长期偿债能力最强。长沙经济技术开发集团有限公司的现金相对最为充裕,近期的还款压力较低。

未来发展能力指标反映了一个公司近三年的业务经营状况、财务管理绩效等方面的信息。以上市级平台中长沙市轨道交通集团有限公司、湖南天易集团有限公司、长沙经济技术开发集团有限公司表现最好。

在市场化程度的分析中,市级平台的市场化程度相对较低,大部分平台公司属于国有控股。

（三）湖南省县级政府投融资平台排名分析

湖南省县级政府投融资平台排名情况如表8-3所示。

表8-3 湖南省县级政府投融资平台排名

县级排名	全国排名	公司名称	评级	得分
1	36	宁乡市城市建设投资集团有限公司	AA+	31.66769
2	65	吉首华泰国有资产投资管理有限责任公司	AA	30.60545
3	100	长沙市芙蓉城市建设投资有限责任公司	AA+	29.81114
4	106	长沙开福城市建设投资有限公司	AA	29.59517
5	110	湘潭九华经济建设投资有限公司	AA	29.5423
6	113	桃源县经济开发区开发投资有限公司	AA-	29.47863
7	135	郴州市新天投资有限公司	AA	29.06713
8	145	宁乡经济技术开发区建设投资有限公司	AA	28.86136
9	150	长沙县星城建设投资有限公司	AA+	28.78891
10	166	湘乡市东山投资建设开发有限公司	AA-	28.53033

数据来源：笔者整理计算所得。

湖南省县级城投平台中,地处长沙的有三个,其他城投平台的集中度较低。其中,评级为AA+的公司有3家,评级为AA的公司有5家,剩余2家公司评级为AA-。前10家中有9家公司从事建筑业与房地产业。

湘潭九华经济建设投资有限公司的总资产规模较大,在县级平台中属于前列。浏阳市工业新城建设开发有限公司的总资产报酬率最高,过去一年的经营业绩在所有湖南县级城投平台中最好。所有城投平台中，湖南只有4家城投平台实现了盈利。

财务效益指标方面，湘潭九华经济建设投资有限公司的净资产收益率最高。主营业务利润率最高的是吉首华泰国有资产投资管理有限责任公司。

资产运营指标表现上，所有湖南县级城投平台表现都不尽如人意，主要是因为在资产运营方面欠缺专业能力，市场化程度较低。桃源县经济开发区开发投资有限公司的总资产周转率最快，对存货管理相对较好的公司是长沙市芙蓉城市建设投资有限责任公司。宁乡经济技术开发区建设投资有限公司的长期偿债能力、短期偿债能力最高。在市场化程度上，以上排名前10位的所有平台中均未实现市场化运营。

第三节　湖南省政府投融资平台转型发展策略

当前我国经济发展进入新常态，面临严峻复杂的经济形势和艰巨繁重的稳增长任务。2015年3月20日，国务院以国函〔2015〕55号文件正式批复了国开行深化改革方案，要求进一步发挥开发性金融在重点领域、薄弱环节、关键时期的功能和作用。深化改革为国开行发展注入新动力，国开行正积极争取部分领域平台过渡期政策，配合有关部委，加大力度推广PPP、政府购买服务等新型融资模式，全力以赴稳增长。在财政新规实施的大背景下，融资平台转型是当前稳增长、控风险的必然选择，国开行将积极为融资平台转型提供融资融智服务，推动融资平台转型工作走向深入。

在总结历史经验和其他地方政府融资平台转型成功经验的基础上，基于政策愈加收紧的现状，建议城投公司剥离政府性融资职能，增加市场化经营业务和运营性业务收入，增强自身经营收益性能力，逐步转型发展成为具有强大造血功能的市场化企业。

在转型期间，地方政府投融资公司应按照《公司法》的要求，改制重组和完善法人治理结构，以提升自身市场化经营能力及资产质量和偿债能力。

在转型过渡期间，地方政府投融资公司在完成政府交办的各项任务的前提下，按照规范化、市场化、多元化的原则进行业务布局，着力提升企业核心市场竞争力，为公司可持续发展奠定坚实的基础。建议公司抓住基础设施投资建设运营的竞争力优势，探索以委托建设、代建管理、BOT、TOT等多种市场化模式，形成可复制、模块化的城市开发建设能力。同时，对于公司所参与开发建设项目的供热供电供水和燃气收费等运营性业务，向政府争取经营权，形成多元的现金流来源。未来公司也需要加快产业转型步伐，可着力发展对外投资基础建筑材料、物业管理、市政管网等产业经营类业务，摆脱对土地整理、棚户区改造等业务的依赖，增加受政府鼓励的高新产业业务板块，加大对高新技术产业的投资力度，形成土地运作和产业经营并行的经营模式，实现公司自身盈利。

地方政府投融资公司应积极参与资本市场，合理规划融资路径，实现可持续融资。着力于资本市场参与的深度及广度，通过积极参与资本市场，满足公司发展的资金需求，完善公司治理，提高公司管理水平，并重点培养符合条件的子公司挂牌上市。公司应运用好资金杠杆，充分发挥融资功能，促进金融资本与产业资本相互渗透，最终实现产融结合的目标。

第九章 辽宁省政府投融资平台转型发展研究

第一节 辽宁省经济财政发展情况

一、辽宁省经济发展情况

（一）辽宁省经济产出情况

辽宁省是中国重要的重工业基地、教育强省、农业强省，是中国工业门类较为齐全的省份，是中国最早实行对外开放政策的沿海省份之一，是中国近代开埠最早的省份之一，是中华民族和中华文明的重要发源地之一，是新中国工业崛起的摇篮，为中国改革开放做出了很大贡献，被誉为"共和国长子""东方鲁尔"。2017年全年地区生产总值23942亿元，比上年增长4.2%。其中，第一产业增加值2182.1亿元，增长3.6%；第二产业增加值9397.8亿元，增长3.2%；第三产业增加值12362.1亿元，增长5%。全年人均地区生产总值54745元，比上年增长4.3%。

从图9-1中可以看出，2010~2015年，辽宁省GDP实现逐年稳定增长。但2016年面对严峻复杂的经济形势，辽宁省GDP产值略有下降，通过进一步改革调整，2017年经济形势略有好转，GDP产值回升。

（二）辽宁省固定资产投资情况

2018年上半年，全省完成固定资产投资3539.1亿元，同比增长12.1%，增速比第一季度提高7.8个百分点。一是从经济类型看，民间投资2256.7亿元，增长13.5%；外商及港澳台商投资413.1亿元，增长44.9%。二是从三次产业看，第一产业投资63.4亿元，增长17.5%，增速提高44.9个百分点；第二产业投资

(亿元)

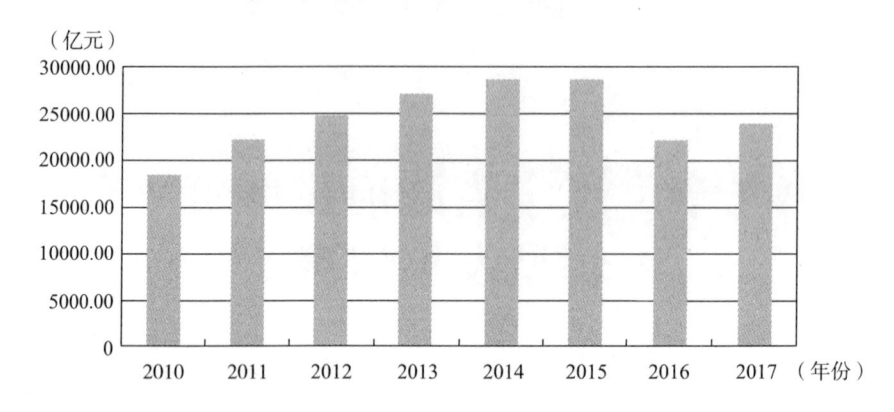

图 9-1 2010~2017 年辽宁省地区生产总值

数据来源：Wind 数据库。

1330.5 亿元，增长 22.1%，增速提高 10.1 个百分点，其中制造业投资 1005.9 亿元，增长 31.2%，增速提高 16.6 个百分点，特别是高技术制造业投资 192 亿元，增长 43.9%；第三产业投资 2145.2 亿元，增长 6.6%，增速提高 6.2 个百分点。三是从房地产开发看，房地产开发投资 1364.5 亿元，增长 15.5%，增速提高 16.8 个百分点。四是从建设项目看，建设项目 5259 个，同比增加 1294 个，增长 32.6%；完成投资 2174.6 亿元，增长 10.1%。其中，亿元以上建设项目 1808 个，增加 290 个，增长 19.1%；完成投资 1733.6 亿元，增长 5.1%。

二、辽宁省财政发展情况

（一）辽宁省财政收支情况

2017 年全年辽宁省一般公共预算收入 2390.2 亿元，比上年增长 8.6%。其中，各项税收 1812 亿元，增长 7.4%，在各项税收中，增值税 781 亿元，增长 46.1%，营业税 4.8 亿元，下降 98%，企业所得税 278 亿元，增长 16.5%，个人所得税 90.4 亿元，增长 17.9%，资源税 42.3 亿元，增长 41.7%，房产税 95.2 亿元，增长 13.2%。

全年一般公共预算支出 4842.9 亿元，比上年增长 5.8%。其中，社会保障和就业支出 1346.5 亿元，增长 17.5%；教育支出 643.9 亿元，增长 1.6%；农林水支出 453 亿元，下降 5.8%；医疗卫生与计划生育支出 334.5 亿元，增长 8.9%；交通运输支出 214.6 亿元，增长 13.9%；住房保障支出 124.2 亿元，下降 19.5%；节能环保支出 104.9 亿元，增长 20.3%；科学技术支出 57.7 亿元，下降 6.3%（见图 9-2）。

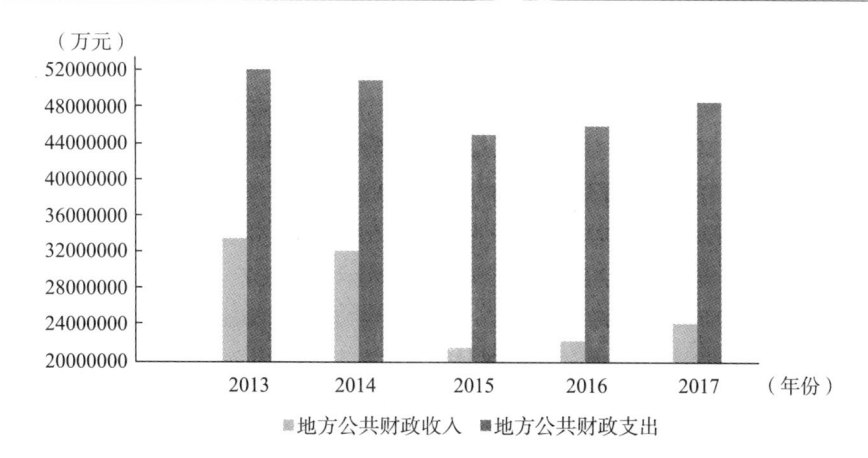

图 9–2　2013~2017 年辽宁省财政收入与财政支出情况

数据来源：Wind 数据库。

（二）辽宁省财政承债能力分析

辽宁省积极建立债务管理制度，在债务化解方面取得一定成效，通过完善政府性债务管理体系控制债务规模和债务风险。债务规模方面，辽宁省政府性债务增长较慢，截至 2017 年末，全省地方政府性债务总额（不含大连）为 6516.1 亿元，2015 年以来，辽宁省政府性债务规模（不含大连）逐年减少。根据辽宁省财政厅提供的数据，辽宁省债务期限结构较为合理，未来三年债务压力适中，可用偿债来源对当年到期债务偿付能力强。

2017~2019 年经狭义刚性支出调整的可用偿债来源对到期债务的覆盖倍数分别为 6.5 倍、3.9 倍和 2.9 倍，经广义刚性支出调整的可用偿债来源对到期债务的覆盖倍数分别为 5.6 倍、3.4 倍和 2.6 倍，可足额覆盖到期债务，在可控的债务增速前提下，未来仍然有一定的新增债务空间。

结合当前的债务水平看，辽宁省政府拥有一定的新增债务空间，债务期限结构合理，偿债能力较强。

第二节　辽宁省政府投融资平台发展情况

一、辽宁省政府投融资平台发债情况

2013 年，辽宁省城投公司共发行 23 只债券，发债额为 301.5 亿元；2014

年，辽宁省城投公司共发行 44 只债券，发债额为 561.5 亿元；2015 年，辽宁省城投公司共发行 44 只债券，发债额为 443.4 亿元；2016 年，辽宁省城投公司共发行 42 只债券，发债额为 471.5 亿元；2017 年，辽宁省城投公司共发行 17 只债券，发债额为 118.2 亿元（见图 9-3）。

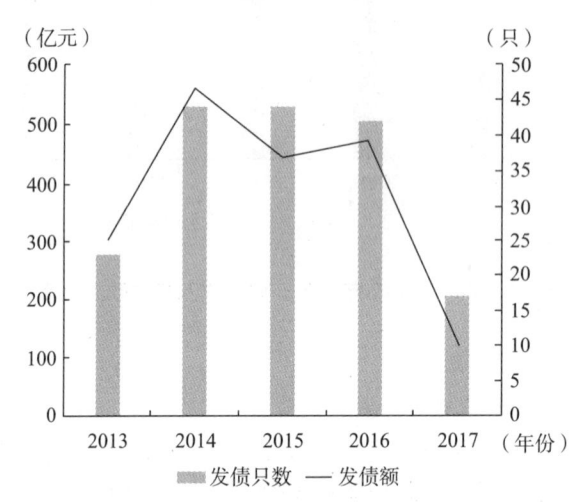

图 9-3　2013~2017 年辽宁省政府投融资平台发债情况

数据来源：Wind 数据库。

下面从债券期限、债券类型及区域分布三个维度对辽宁省地方政府投融资平台债券的发行情况进行介绍。

从图 9-4 中可以看出，近 8 年辽宁省发行的地方政府投融资平台债券以 7 年期、5 年期、3 年期为主。

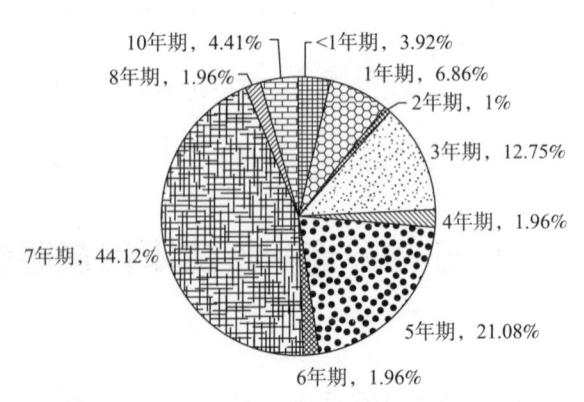

图 9-4　辽宁省政府投融资平台债券期限情况

数据来源：Wind 数据库。

从图9-5中可以看出，近8年辽宁省发行的地方政府投融资平台债券以一般企业债券、定向工具和一般中期票据为主。

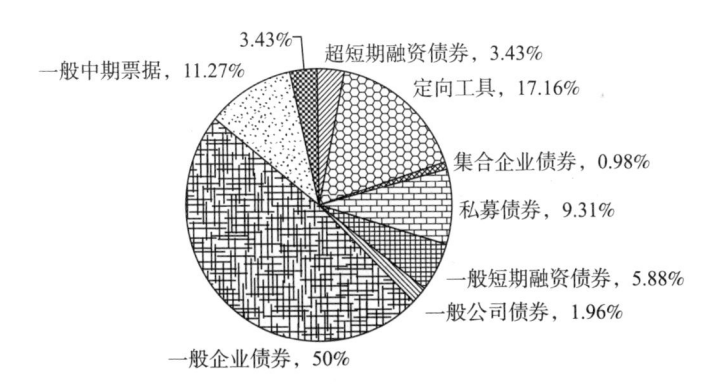

图9-5 辽宁省政府投融资平台债券分类情况

数据来源：Wind数据库。

从图9-6中可以看到，辽宁省所辖市中，均有发债情况，相对比较分散，其中大连市的占比领先其他城市，成为辽宁省地方政府投融资平台债券的最主要发行城市，排在第二的是沈阳市。

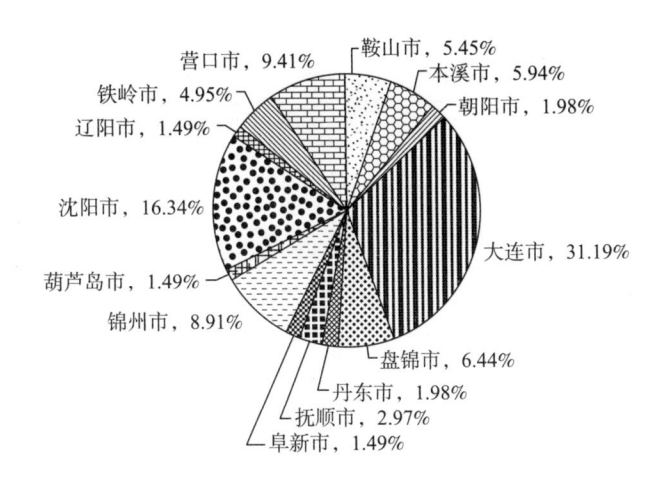

图9-6 辽宁省政府投融资平台债券发行区域情况

数据来源：Wind数据库。

二、辽宁省政府投融资平台新增债券情况

2017年，辽宁省城投公司共发行17只债券，发债额为118.2亿元。发行额

度最高的是大连港集团有限公司发行的 17 大连港 MTN001，发行额为 25 亿元；发行期限最长的是沈阳地铁集团有限公司发行的 17 沈阳地铁 MTN001，发行期限为 10 年，发行的 17 只债券主体评级均位于 AA 级及以上，发行利率在 4.8% ~ 7.82%，虽发行利率较为理想，但无论是发债额还是发债只数，2017 年较 2016 年都有非常明显的下滑趋势（见表 9 - 1）。

表 9 - 1　2017 年辽宁省政府投融资平台新增债券情况

公司	发行总额（亿元）	发行期限（年）	票面利率（%）	主体信用评级
沈阳地铁集团有限公司	15.00	10.00	6.00	AAA
大石桥市城市建设投资有限公司	6.00	7.00	7.82	AA
沈阳城市公用集团有限公司	4.20	3.00	7.00	AA
铁岭公共资产投资运营集团有限公司	3.00	3.00	6.80	AA
锦州华信资产经营（集团）有限公司	6.00	5.00	6.78	AA
大石桥市城市建设投资有限公司	5.00	7.00	7.59	AA
本溪市城市建设投资发展有限公司	2.00	3.00	7.00	AA
营口北海新区城区开发建设投资有限公司	4.00	7.00	7.19	AA
本溪市城市建设投资发展有限公司	5.00	3.00	6.50	AA
铁岭公共资产投资运营集团有限公司	3.00	2.00	6.70	AA
瓦房店沿海项目开发有限公司	3.00	3.00	6.80	AA
营口经济技术开发区城市开发建设投资有限公司	10.00	7.00	6.98	AA
本溪市城市建设投资发展有限公司	5.00	1.00	5.19	AA
瓦房店沿海项目开发有限公司	4.00	5.00	6.00	AA
瓦房店沿海项目开发有限公司	3.00	3.00	5.50	AA
辽宁能源投资（集团）有限责任公司	15.00	5.00	5.20	AA +
大连港集团有限公司	25.00	5.00	4.80	AAA

数据来源：Wind 数据库。

三、辽宁省政府投融资平台排名情况

（一）辽宁省省级政府投融资平台排名分析

在最新的地方政府省级投融资平台排名中，辽宁省共有三家投融资平台登上该榜单，分别是辽宁省国有资产经营有限公司、辽渔集团有限公司、辽宁能源投资（集团）有限责任公司，具体情况如表 9 - 2 所示。

表9-2 辽宁省省级政府投融资平台排名

省级排名	全国排名	公司名称	评级	得分
1	80	辽宁省国有资产经营有限公司	AA+	33.71
2	219	辽渔集团有限公司	AA	29.42
3	222	辽宁能源投资(集团)有限责任公司	AA+	29.29

数据来源：笔者整理计算所得。

对于应收账款管理最好和流动资产周转率最高的公司为辽宁省国有资产经营有限公司。在短期偿债能力方面，辽宁能源投资（集团）有限责任公司的流动资产对流动负债的覆盖比率较高，公司的现金及现金等价物充裕，短期内资金还款压力可控。在发展能力指标方面，辽渔集团有限公司的总资产周转率得分高于其他城投平台。而在社会责任指标方面，以上几家城投平台的表现相对一致，没有太大的差别。市场化运营程度最高的公司是辽宁省国有资产经营有限公司。

（二）辽宁省市级政府投融资平台排名分析

在最新的市级投融资平台排名中，辽宁省共有26家市级投融资平台上榜，我们重点分析前10家，具体情况如表9-3所示。

表9-3 辽宁省市级政府投融资平台排名

市级排名	全国排名	公司名称	评级	得分
1	7	大连港集团有限公司	AAA	41.83
2	191	锦州华信资产经营（集团）有限公司	AA	35.14
3	195	大连国有资源投资集团有限公司	AA	35.07
4	215	铁岭公共资产投资运营集团有限公司	AA	34.89
5	264	大连港股份有限公司	AAA	34.32
6	278	抚顺市城建投资有限公司	AA	34.20
7	292	葫芦岛市投资集团有限公司	AA	34.07
8	315	朝阳市建设投资有限公司	AA	33.74
9	350	阜新市城市基础设施建设投资有限责任公司	AA	33.27
10	409	本溪市城市建设投资发展有限公司	AA	32.81

数据来源：笔者整理计算所得。

在所有市级平台公司中，评级为AAA的公司有两家，AA+的公司只有1家，剩余公司均为AA级。从地理位置分布来看，较为分散。各个地市的经济状况发展良好。

从资产运营指标分析来看，大连港股份有限公司的资产运营状况相比其他城投公司要更好一些。该公司应收账款相对较少，资产周转率相对较高，属于优质的城投平台。

偿债能力指标是分析一个城投平台财务健康程度的重要指标之一。从资产负债率指标来看，大连国有资源投资集团有限公司的长期偿债能力最强；根据流动比率指标可知，朝阳市建设投资有限公司的现金相对最为充裕，近期的还款压力较小，短期偿债能力较强。

发展能力指标反映了一个公司近三年的业务经营状况、财务管理绩效等方面的信息。根据三年资本平均增长率指标、三年销售平均增长率指标可知，大连港集团有限公司、大连国有资源投资集团有限公司以及葫芦岛市投资集团有限公司表现相对较好。在市场化程度的分析中，所有市级平台的市场化程度相对较低，大部分平台公司属于国有控股。

（三）辽宁省县级政府投融资平台排名分析

在最新的县级投融资平台排名中，辽宁省共有 19 家县级投融资平台上榜，我们重点分析前 10 家，具体情况如表 9-4 所示。

表 9-4　辽宁省县级政府投融资平台排名

县级排名	全国排名	公司名称	评级	得分
1	84	大连德泰控股有限公司	AA+	30.08
2	119	大连普湾工程项目管理有限公司	AA+	29.31
3	154	海城市金财土地房屋投资有限公司	AA	28.74
4	159	瓦房店沿海项目开发有限公司	AA	28.71
5	205	大洼县城市建设投资有限公司	AA	27.88
6	254	大连融强投资有限公司	AA	27.28
7	284	大石桥市城市建设投资有限公司	AA	26.86
8	296	盘锦市双台子区经济开发投资有限公司	AA-	26.76
9	307	大洼县临港生态新城投资建设发展有限公司	AA-	26.67
10	355	盘山县国有资产经营有限公司	AA-	26.09

数据来源：笔者整理计算所得。

辽宁省县级城投平台中，排名前 10 的企业中有 9 家从事建筑业，仅有 1 家从事房地产业。

大连普湾工程项目管理有限公司的总资产规模较大，在县级平台中居于前列。盘山县国有资产经营有限公司的总资产报酬率最高，过去一年的经营业绩在所有辽宁县级城投平台中处于前列。

在资产运营指标表现上,从存货周转率指标来看,辽宁省各家县级城投公司表现都不尽如人意,主要是因为在资产运营方面各家城投公司欠缺专业能力,缺乏相关的专业人员,市场化程度较低。从资产负债率指标、流动比率指标来看,大洼县临港生态新城投资建设发展有限公司的长期偿债能力、短期偿债能力均排名前列。

第三节 辽宁省政府投融资平台转型发展策略

一、结合平台定位,明确转型发展方向

(1)制定平台转型发展战略。融资平台要在总结历史经验和客观分析内外部环境的基础上,立足当前实际,着眼未来发展,制定过渡时期的发展战略,确定发展定位和使命愿景,明确一定时期的发展方向。

(2)继续推进城市开发建设。一般来说,城市开发建设是各地平台的主业,也是核心竞争优势。在转型过渡期间,基于继续获得地方政府支持以及自身转型需要,平台首先要继续坚持城市开发建设的目标任务。一是继续做好当地政府交办的任务,取得政府层面的大力支持和帮助,为转型赢得良好的外部环境。二是在此期间,要培育形成可复制、模块化的城市开发建设能力,为"走出去"参与市场化竞争奠定基础。

(3)确保国有资产保值增值。把资产运营管理作为重要任务之一,科学高效运营在城市开发建设过程中形成的国有资产,健全管理体系,拓宽经营思路,创新经营模式,不断提升国有资产运营管理能力,确保国有资产保值增值。

二、规范资本运作,严格防范债务风险

(1)投资决策科学审慎。平台要建立集中管控、分级审批、预算管理、阳光公开的预算管理制度,严格实行预算管理;建立投资决策机制,在现有"三重一大"议事制度的基础上,结合平台实际对投资方向、投资数额限定等进行明确规定。

(2)融资渠道多元合规。要建立多元化、结构化的融资渠道,多措并举,确保资金安全和资金链安全。要把合规放在首位,建立专门的法务部门和监察审计部门,对各类融资进行内部审计;聘请专业的中介机构,定期不定期对融资运

作进行外部审计。

（3）政府债务安全可控。投融资平台要未雨绸缪，对未来一定阶段的到期债务科学制订还款计划，完善各项保障措施。同时，根据当地城市发展需要，结合自身债务情况，合理确定融资规模，及时报当地主管部门审批。在具体实施过程中，由平台承担的公益性项目或业务，要积极协调当地政府，明确资金来源。近几年西城集团在做好风险控制的前提下，积极推行了预算管理制度，在市主管部门的监督指导下，合理确定年度投融资规模，同时加强与银行金融机构的战略合作，重点进行了直接融资的有益探索，成功发行了企业债、中期票据、海外债等，初步建立了多元化的融资渠道，有力规避了各类金融风险。

三、完善治理结构，健全现代企业制度

在投融资平台本部层面，以资本结构为基础，构建完善的公司治理结构，健全党委会、董事会、总经理办公会、所属子公司经营例会、职工代表大会等决策机制和会议制度，同时健全监事会体系和纪检工作体系，为平台发展筑起坚固防线，全面提升投融资平台的决策水平和执行效率；在所属子公司层面，以股权结构为基础，通过人力资源统管、高管人员派出、财务委派、定期审计、组织架构审核、重大事项报告等制度，加强所属企业管控，有效行使出资人权利，维护平台合法权益。

四、强化资产整合，奠定转型发展基础

（1）加强与政府沟通协调。当前，平台公司要加强与政府部门的沟通协调，积极争取现有资产的确权划转，实现资产与资金的良性循环，必要时可通过资产证券化直接融资。

（2）加强资产优化重组。各平台公司要明确专职单位将分散在各个板块的资产进行集中管理和优化重组，提升整体运营效益。例如济南西城集团成立了企业管理部和资产运营公司，企业管理部负责资产监管、完善确权手续，资产运营公司负责集团所有物业资产的运营管理。

（3）提升资产经营收益。广泛借鉴资产经营管理的先进经验，创新经营思路，在确保出租收益稳定提升的同时，大力发展相关领域的主力公司，孵化新兴产业，打造经营专业、模式多样、效益突出的综合性资产管理运营集团公司，努力在各自优势行业形成自主性品牌。

五、增强市场意识，提高经营管理水平

（1）企业管理实现制度化。要注意搞好制度设计，重点要着眼管根本、管

方向、管长远。要根据投融资平台实际确定合理的管理幅度和层次，用制度来管人、管事、管钱、管权，让权力和决策在制度框架内阳光运作，以制度为抓手提升平台管理水平。

（2）业务流程实现规范化。投融资平台要根据自身的政府背景和市场化运作需要，进一步完善平台内部各项工作流程，明确职责权限和任务分工，做到确保责权利的统一。

（3）经营决策实现科学化。主要是决策要科学，科学决策关键要树立科学的理念，明确科学的思路，制定科学的程序，要加强研究论证，加强民主协商。

六、主动沟通协调，积极争取政府支持

（1）抢抓新型城镇化机遇。目前，新型城镇化及相关政策导向为城市的开发建设指明了目标方向，新型城镇化不再单纯追求规模与空间的扩张，要求平台坚持从提升城市品质、完善功能配套为着力点，打造生态、宜居、宜业、可持续发展的城市片区。

（2）抢抓国企改革机遇。随着新一轮国企改革大幕的拉开，在国家和地方政策的指引下，国企改革在产权层面、经营层面迈出了实质性步伐。投融资平台应围绕国企改革方向，拓宽合作思路，扩大自主经营权，利用国有资本撬动社会资本，可考虑选择与知名上市房地产开发公司、大型商业管理运营公司等业务关联度高、资金雄厚、技术先进的大企业集团开展多种形式的合作，逐步提升自己的竞争力。

第十章 宁夏回族自治区政府投融资平台转型发展研究

第一节 宁夏回族自治区经济财政发展情况

一、宁夏回族自治区经济发展情况

宁夏回族自治区，简称宁，是中国五大自治区之一；处在中国西部的黄河上游地区，东邻陕西省，西部、北部接内蒙古自治区，南部与甘肃省相连；南北相距约 456 千米，东西相距约 250 千米，总面积为 6.6 万多平方千米；首府银川。宁夏回族自治区行政区域划分为 5 个地级市、9 个市辖区、2 个县级市、11 个县，另外还辖 1 个开发区。

（一）宁夏回族自治区经济产出情况

公开统计数据显示，2017 年宁夏全年地区生产总值 3453.93 亿元，按可比价格计算，同比增长 7.8%，增速比全国高 0.9 个百分点，居全国第 11 位、西北第 2 位。其中，第一产业增加值 261.07 亿元，增长 4.3%；第二产业增加值 1580.53 亿元，增长 7%；第三产业增加值 1612.33 亿元，增长 9.2%。第一产业增加值占地区生产总值的比重为 7.6%，第二产业增加值比重为 45.8%，第三产业增加值比重为 46.6%，比上年提高 1.2 个百分点。按常住人口计算，全区人均生产总值 50917 元，增长 6.7%。全年全区城镇新增就业 8.25 万人，农村劳动力转移就业 75.53 万人。年末全区城镇登记失业率为 3.87%。全年全区农民工总量为 96.9 万人，比上年增加 5.5 万人，增长 6%。其中，外出农民工 75.1 万人，比上年增加 3.2 万人，增长 4.5%；本地农民工 21.8 万人，增加 2.3 万人，增长 11.8%。全年全区居民消费价格比上年上涨 1.6%；工业生产者出厂价格上涨

12.1%；工业生产者购进价格上涨12.9%；固定资产投资价格上涨5.9%；农产品生产者价格下降0.7%。

从图10-1中可以看出，自2013年以来，宁夏的GDP实现稳定逐年增长。

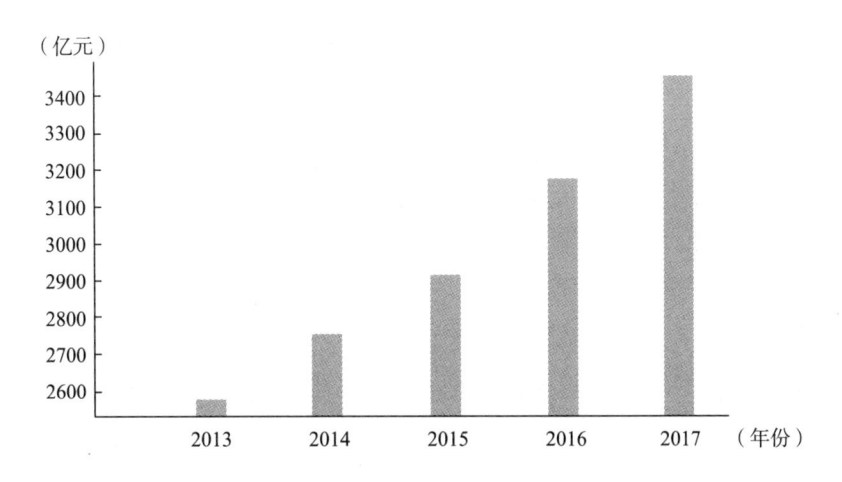

图10-1　2013~2017年宁夏回族自治区地区生产总值情况

数据来源：Wind数据库。

(二) 宁夏回族自治区固定资产投资情况

2017年宁夏全社会固定资产投资3813.38亿元，比上年增长4.2%。其中，固定资产投资（不含农户）3725.12亿元，增长4.2%。在固定资产投资（不含农户）中，第一产业投资214.59亿元，比上年增长60.7%；第二产业投资1372.49亿元，下降8.3%；第三产业投资2138.03亿元，增长10%。工业投资1356.97亿元，下降9.3%，占固定资产投资（不含农户）的比重为36.4%。基础设施投资897.99亿元，增长26.1%，占固定资产投资（不含农户）的比重为24.1%。民间固定资产投资2038.08亿元，增长5.5%，占固定资产投资（不含农户）的比重为54.7%。图10-2所示为2013~2017年宁夏三大产业投资比重。

二、宁夏回族自治区地方财政情况

2017年宁夏地方一般公共预算收入达417.5亿元，同口径增长10.1%（见图10-3）；城镇和农村居民人均可支配收入分别为29472元、10738元，分别增长8.5%、9%，比上年分别提高0.7个和1个百分点；社会消费品零售总额达930.4亿元，增长9.5%。宁夏回族自治区将70%以上财力用于民生事业，年初确定的民生实事全部完成。实施居民收入增长计划，城镇新增就业

8.3万人，城镇登记失业率3.9%。

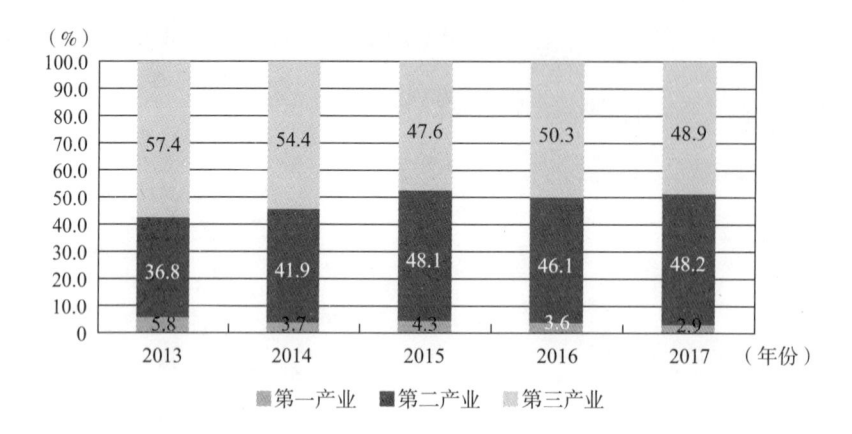

图 10-2 2013~2017年宁夏回族自治区三大产业投资比重

数据来源：Wind 数据库。

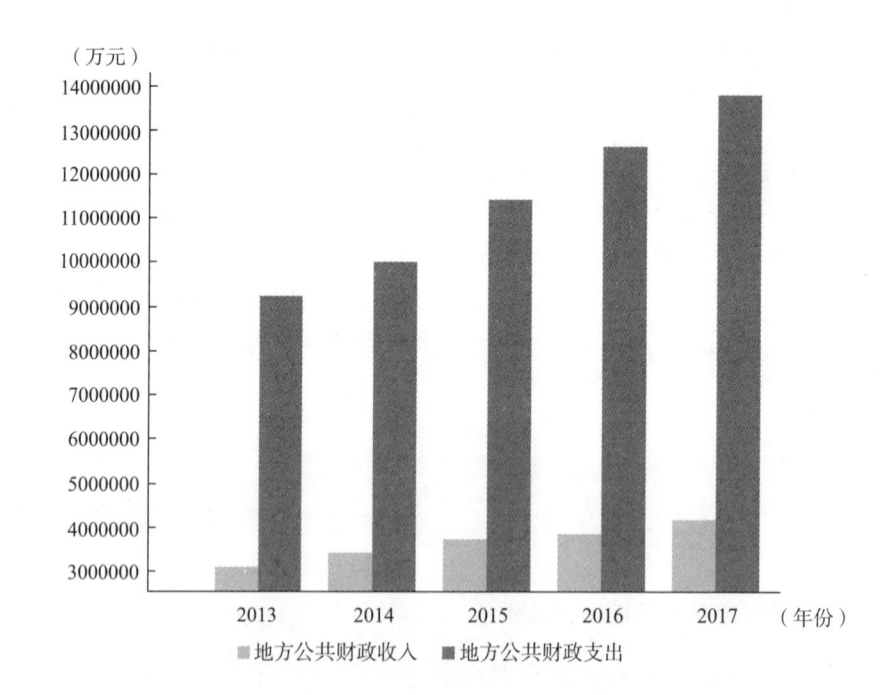

图 10-3 2013~2017年宁夏回族自治区地方公共财政收支情况

数据来源：Wind 数据库。

第二节 宁夏回族自治区政府投融资平台发展情况

一、宁夏回族自治区政府投融资平台发债情况

从图10-4中可以看到,宁夏的地方政府投融资平台债券发行规模保持逐年增长趋势,并且在2015年达到较大规模。这与宁夏政府加大固定资产投资,特别是"加强基础设施建设工作,深入实施基础设施建设攻坚战"的工作目标有关,未来几年内宁夏将继续加大基础设施建设力度,因此地方政府投融资平台债券发行规模仍有一定上升空间。

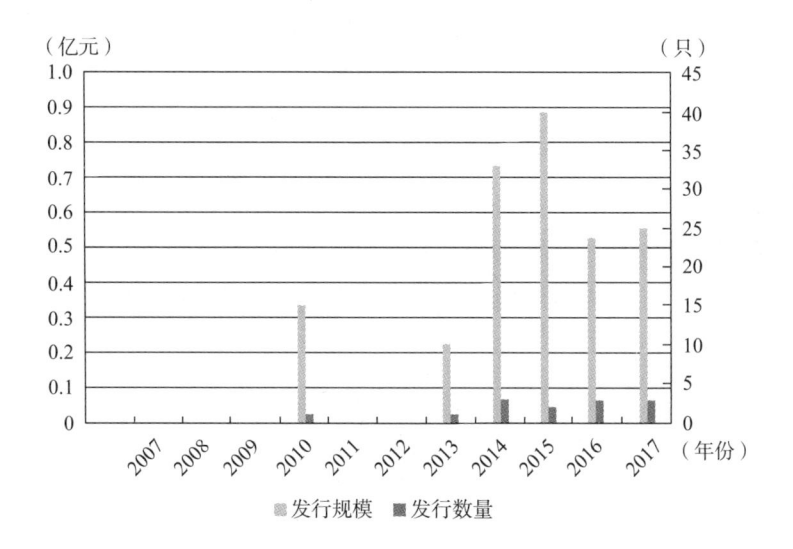

图10-4 宁夏回族自治区政府投融资平台发债情况

数据来源:Wind数据库。

下面从债券期限、债券类型及地级市分类三个维度对宁夏地方政府投融资平台债券的发行情况进行介绍。

从图10-5中可以看出,近10年宁夏发行的地方政府投融资平台债券以3年期、5年期、7年期为主,其中7年期的债券所占比重最大。

从图10-6中可以看出,近10年宁夏发行的地方政府投融资平台债券以一般企业债、中期票据和短期融资券为主。

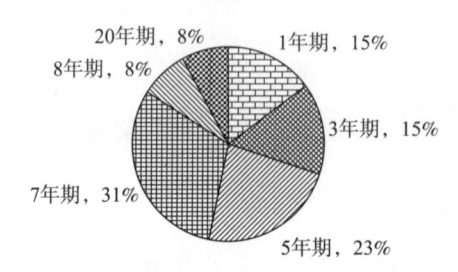

图 10-5　宁夏回族自治区政府投融资平台债券期限情况

数据来源：Wind 数据库。

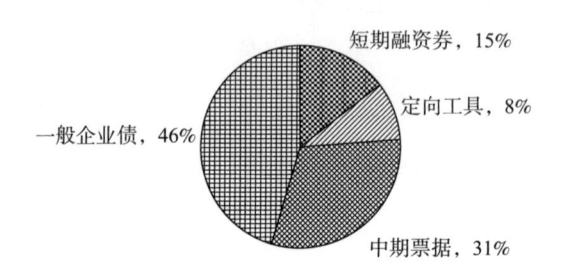

图 10-6　宁夏回族自治区政府投融资平台债券分类情况

数据来源：Wind 数据库。

从图 10-7 中可以看到，宁夏所辖市中，只有银川、吴忠、中卫有发债情况，其中银川的占比领先其他城市，成为宁夏地方政府投融资平台债券的最主要发行城市，排在第二名的是吴忠。

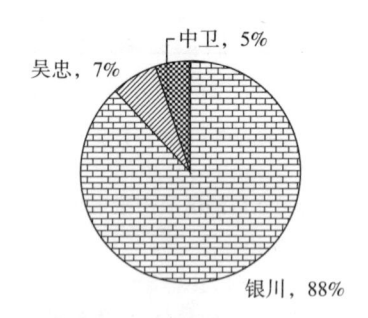

图 10-7　宁夏回族自治区政府投融资平台债券分地级市发债情况

数据来源：Wind 数据库。

二、宁夏回族自治区政府投融资平台新增债券情况

2017 年宁夏回族自治区平台公司新增债券发行情况如表 10-1 所示。

表 10-1 2017 年宁夏回族自治区平台公司新增债券发行情况

序号	公司名称	发行金额（亿元）	票面利率（%）	主体评级	资金用途
1	宁夏国有资本运营集团有限责任公司	10.00	4.90%	AAA	5 亿元用于公司"吴忠至中卫铁路项目"建设；5 亿元用于公司偿还银行借款
2	银川通联资本投资运营有限公司	10.00	5.19%	AA+	募集资金 10 亿元人民币，将用于公司子公司银川滨河恒意纤维新材料有限公司项目建设
3	银川通联资本投资运营有限公司	5.00	4.67%	AA+	2 亿元用于偿还子公司到期银行借款，占全部注册额度的 40%；3 亿元用于置换母公司银行借款，占全部注册额度的 60%

三、宁夏回族自治区政府投融资平台排名情况

（一）宁夏回族自治区省级政府投融资平台排名分析

在最新的省级投融资平台排名中，宁夏共有一家公司登上该榜单，分别是宁夏国有资本运营集团有限责任公司，具体情况如表 10-2 所示。

表 10-2 宁夏回族自治区省级政府投融资平台排名

省级排名	全国排名	公司名称	评级	得分
1	123	宁夏国有资本运营集团有限责任公司	AAA	32.37

通过对上述公司中财务表现、社会表现和市场化情况三方面的指标进行分析，可以得出：

（1）财务表现指标上，在财务效益方面，宁夏国有资本运营集团有限责任公司具有较高的资产收益率和总资产报酬率，同时，主营业务利润率的表现也非常可观；在资产运营方面，总资产周转率表现较好，流动资产周转速度欠缺，对于流动性资产的利用效率还有待提升；在偿债能力方面，宁夏国有资本运营集团有限责任公司保持着较高的现金流动负债比率；在发展能力方面，宁夏国有资本运营集团有限责任公司资本增长率和销售增长率都表现优异；在国资运营指标方面，宁夏国有资本运营集团有限责任公司实现了正的资本积累和较高的资本金利润率，较好地完成了国有资本保值增值的目标。

(2) 在社会责任指标方面，宁夏国有资本运营集团有限责任公司无任何被相关执法机关和监管机构进行处罚的情况，具有良好的正面形象。

(3) 在市场化运营和融资渠道方面，宁夏国有资本运营集团有限责任公司融资方式的多样性还需要进一步开拓，以更好地解决资金来源问题。

（二）宁夏回族自治区市级政府投融资平台排名分析

在最新的市级融资平台排名榜单中，宁夏共有3家公司登上该榜单，分别是银川通联资本投资运营有限公司、银川市城市建设投资控股有限公司以及银川滨河黄河大桥管理有限责任公司，具体情况如表10-3所示。

表10-3 宁夏回族自治区市级政府投融资平台排名

市级排名	全国排名	公司名称	评级	得分
1	58	银川通联资本投资运营有限公司	AA+	37.61
2	671	银川市城市建设投资控股有限公司	AA	30.39
3	980	银川滨河黄河大桥管理有限责任公司	—	8.94

通过对上述公司中财务表现、社会表现两方面的指标进行分析，可以得出：

(1) 在资产运营指标方面，3家公司总资产周转率表现较差，流动资产周转速度欠缺，对于流动性资产的利用效率还有待提升，反映出3家公司的营运能力不强；在偿债能力方面，3家公司资产负债率均较为合理，公司偿债能力较强；在盈利能力方面，3家公司销售净利率均较为合理，反映出3家公司的盈利能力均较强，公司发展前景较好。

(2) 在社会责任指标方面，上述公司均无任何被相关执法机关和监管机构进行处罚的情况，具有良好的正面形象。

第三节 宁夏回族自治区政府投融资平台转型发展策略

我国经济进入新常态以来，在经济增速放缓和内需减少的大环境下，宁夏城市地方政府投融资平台的发债数量和发债规模也出现了较大幅度的下滑，但这些公司仍然可以凭借经营的垄断地位和平台优势，取得较好的经营效益和财务表现，在倡导国有企业改革股份制改革的大背景下，地方政府投融资平台也要从以下几个方面进行发展与改革，从而更好地服务于地方城市建设，提高地方经济发展水平。

一、去行政化，实现企业化管理

首先，地方政府投融资平台应该参照国有企业改革的模式，向去行政化、企业化方向发展，按市场经济要求组建运行，建立现代企业制度，完善法人治理结构、企业激励和投资、经营管理约束机制。作为国有企业，其中高层管理人员应该以企业管理人员而非政府部门工作人员的身份存在，"一套班子，两种身份"的情况必须改变。

其次，地方政府投融资平台在项目经营过程中应当发挥适当作用。这就需要疏导地方政府与地方政府投融资平台的利益及风险关系，完善治理体系，增强地方政府投融资平台独立性，从而实现向产业经营实体的转型。

二、做好规划，创新经营模式

不同的项目要进行有针对性的规划经营，尤其是与项目周边开发相结合的整体性规划经营。在这个过程中，一些项目也可采取 BOT、TOT、PPP 等经营模式，或者进行特许经营权转让。合理的整体规划不仅能有效控制项目成本（建设成本及运营成本），还可以带动项目周边发展，产生区域经济效益，地方政府投融资平台更可以以此为契机开发经营性项目，增加投资回收途径。

三、拓宽渠道，多元化融资

地方政府投融资平台应该积极拓宽融资渠道，采用资产证券化、股权投资、PPP 等融资方式，吸引社会资本，改善公司的资本结构，降低财务费用和融资成本。通过不同的资金筹集方式，可以减小对政府投资的依赖程度，资金计划的变更更加灵活，由于多渠道融资，非政府投资方会更重视投资效益，直接加强资金监管力度，促进地方政府投融资平台的市场化发展。

四、完善管理，发挥资金价值

地方政府投融资平台在政府授权下，作为部分基础建设项目的实际运营主体，可以以出资人身份参与项目的经营管理，对国有资产价值形态进行转化，将固定资产转化为活资本，通过资本层面的运作实现资本价值的升值，提高国有资产运营效率。可有偿转让部分市政项目的经营权或将不直接与最终消费者发生交易关系的基础设施经营权乃至产权转让，实现社会化服务、市场化运行、企业化经营。

第十一章　江苏省政府投融资平台转型发展研究

第一节　江苏省经济财政发展情况

一、江苏省经济发展情况

江苏省地处我国经济发展重要引擎的长江三角洲地区，区位优势显著，经济实力雄厚，虽近年来受宏观经济下行影响，经济增速有所放缓，但全省经济仍在转型中实现了平稳较快发展。2015年、2016年、2017年，江苏省经济总量均居全国第二位，实现了产业结构"三二一"的标志性转变，区域创新能力逐步增强。未来，江苏省将突出供给侧结构性改革，着力培育新的经济增长极，促进产业结构不断升级，推动全省经济持续平稳健康发展。

（一）江苏省经济产出情况

2015年，江苏省生产总值（GDP）达到70116.38亿元，总体排名位列第二，全省人均GDP为88085.24元，高于全国平均水平；2016年，江苏全省实现生产总值76086.2亿元，比上年增长7.8%，在省级地区生产总值榜上依然位居第二；2017年，江苏省经济运行总体平稳、稳中有进、稳中向好，发展的稳定性和协调性明显增强，2017年全年实现生产总值85900.9亿元，总体排名位列第二，比上年增长7.2%。如图11-1所示。

（二）江苏省固定资产投资情况

2015年，全省完成固定资产投资46246.87亿元，比上年增长10.27%。2016年，全省完成固定资产投资49370.9亿元，比上年增长7.5%。2017年，全省完成固定资产投资53000.21亿元，比上年增长7.5%。如图11-2所示。

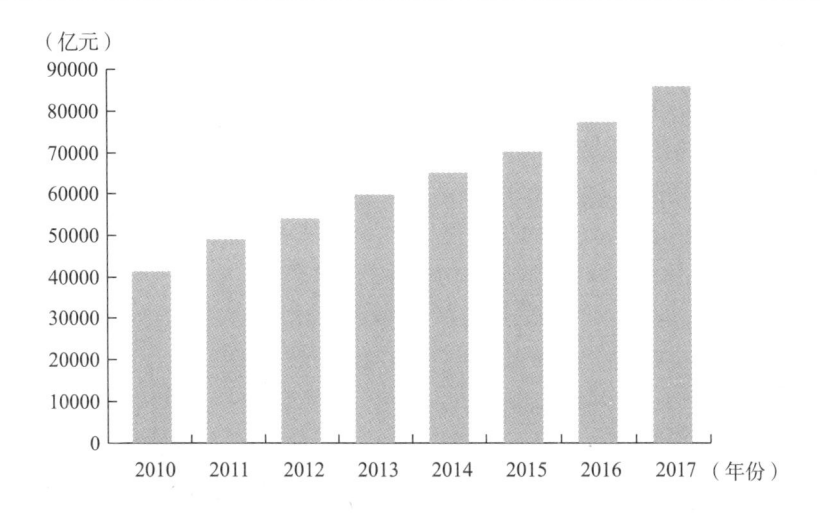

图 11-1　江苏省 2010~2017 年 GDP 发展情况

数据来源：Wind 数据库。

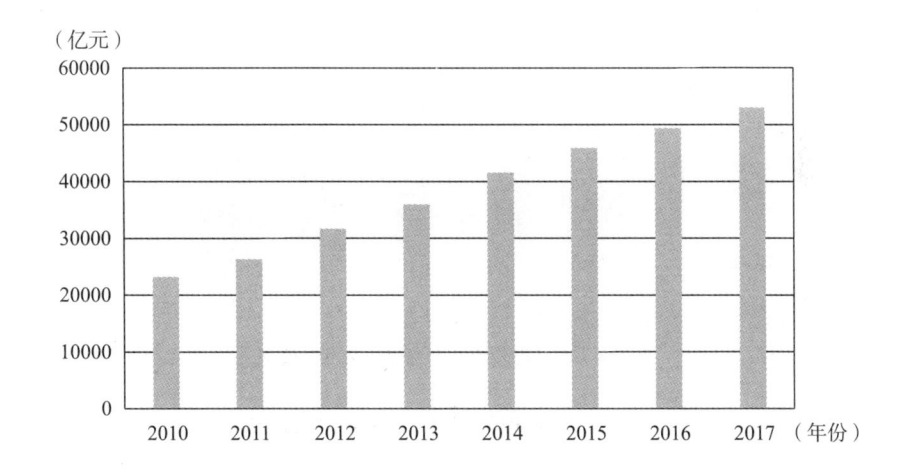

图 11-2　江苏省 2010~2017 年固定资产投资情况

数据来源：Wind 数据库。

二、江苏省财政情况

（一）江苏省财政收支情况

2015 年，江苏省一般公共预算收入完成 8028.6 亿元，比上年增长 11%。2016 年，江苏省一般公共预算收入 8121.23 亿元，比上年（下同）增加 92.64 亿元，同口径增长 5.0%。其中，税收收入 6531.83 亿元，同口径增长 3.8%，占一般公共预算收入的 80.4%。全省一般公共预算支出 9990.13 亿元，增加 302.55 亿元，增长 3.1%。2017 年，江苏省以约 8172 亿元的一般公共预算收入稳居第二，但其收入增速（4.6%）低于全国地方收入增速的平均水平（7.7%）。近两年，江苏省财政收入增速有所放缓。江苏省财政厅厅长在做 2018 年预算报告谈及此问题时指出，江苏财政收入增长动力不强，区域收入走势分化，收支矛盾较为突出。如图 11-3 所示。

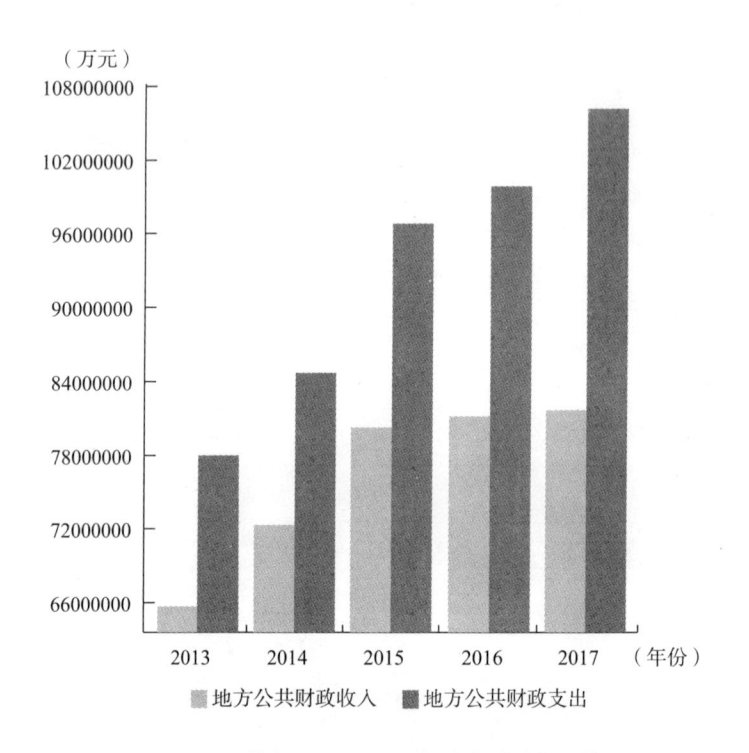

图 11-3　江苏省 2013~2017 年地方财政收支情况

数据来源：Wind 数据库。

（二）江苏省财政承债能力分析

截至 2017 年末，江苏省政府债务率为 63.10%，与 2016 年末基本持平，债务负担较轻，债务风险总体可控。债务指标表现较好，同时拥有较大规模的国有资产和上市公司股权，可增加其流动性。

近年来，江苏省政府债务规模平稳增长，仍远未达限额。得益于严格的管控措施，近年来江苏省政府债务规模整体保持平稳增长。从政府债务规模和增速看，截至 2016 年底，江苏省政府债务余额为 10915.35 亿元；截至 2017 年底，政府债务余额为 12026.28 亿元，同比上升 10.18%。2016 年，国务院核定的江苏省地方政府债务限额为 11830.30 亿元，其中，一般债务限额为 6865.20 亿元，专项债务限额为 4965.10 亿元。2017 年，国务院核定的江苏省地方政府债务限额为 13103.30 亿元，其中，一般债务限额为 7146.20 亿元，专项债务限额为 5957.10 亿元。从举债层级看，截至 2017 年末，江苏省省级、市级及县级政府负有偿还责任的债务余额占全部政府债务的比重分别为 4.49%、63.70% 和 31.81%，全省政府债务主要分布于市、县级政府。

第二节　江苏省政府投融资平台发展情况

一、江苏省政府投融资平台发债情况

江苏省发行的第一只平台债是"2002 年江苏交通控股有限公司企业债券"。2011 年，江苏的平台债规模依旧不大，没有取得发展，但从 2012 年开始规模得到一次大的提升，在 2014 年和 2016 年更是增长迅猛，至 2016 年，江苏的平台债发行只数占全国总发行数的比重达到 16.11%，排名全国第一。2014 年和 2016 年江苏的平台债发行规模实现了巨大的飞跃，这与江苏政府加大固定资产投资，特别是"加强基础设施建设工作，深入实施基础设施建设攻坚战"的工作目标有关。如图 11-4 所示。

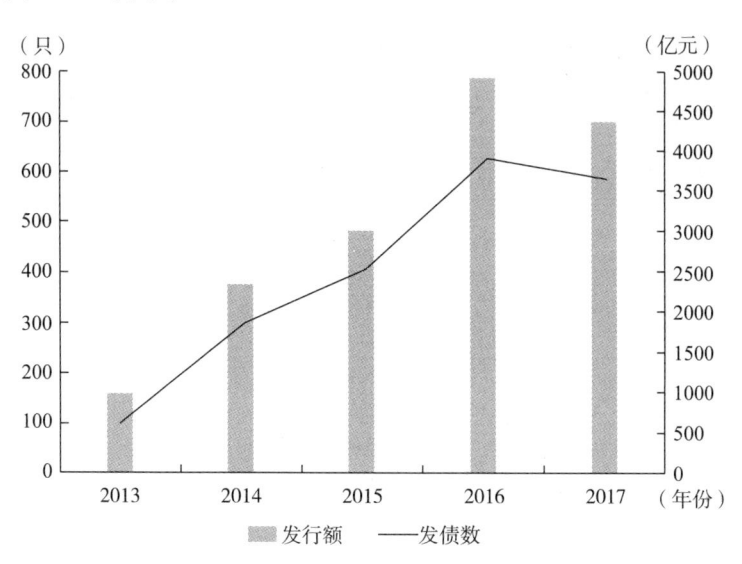

图 11-4　2013~2017 年江苏省政府投融资平台发债情况

二、江苏省政府投融资平台排名及分析

（一）江苏省省级政府投融资平台排名分析

江苏省省级政府投融资平台的排名，通过对财务效益指标、资产运营指标、偿债能力指标、发展能力指标、国资运营指标、社会责任指标、市场化运营指标进行分析得出。如表11-1所示。

表11-1　江苏省省级政府投融资平台排名

省级排名	全国排名	公司名称	评级	得分
1	25	江苏宁沪高速公路股份有限公司	AAA	36.22
2	101	江苏省国信资产管理集团有限公司	AAA	33.07
3	150	江苏交通控股有限公司	AAA	31.63
4	180	中国江苏国际经济技术合作集团有限公司	AA	30.78
5	211	江苏苏通大桥有限责任公司	AA+	29.65
6	242	苏州新建元控股集团有限公司	AA+	28.43
7	257	南京江宁经济技术开发总公司	AA+	27.65

数据来源：根据笔者整理计算获得。

财务效益指标主要反映一个城投公司的总体财务状况和经营成果，从财务效益看，其中江苏苏通大桥有限责任公司、江苏交通控股有限公司和江苏宁沪高速公路股份有限公司的资产收益率及主营业务利润率表现最好，反映了这几家公司较强的经营管理和获利能力；在偿债能力指标中，中国江苏国际经济技术合作集团有限公司的资产负债率较低，长期偿债能力较强，该企业资产估值较高，长期债务较少；在发展能力指标方面，江苏苏通大桥有限责任公司、江苏交通控股有限公司和江苏省国信资产管理集团有限公司的资本增长率及销售增长率表现优秀，该类指标主要反映公司的持续经营和发展能力，以上三家公司实现了较快的资本及销售增长，原因可能是经营规模扩大、新增开发项目数量增加；在国资运营指标和社会责任指标方面，表11-1中公司表现相对一致，具有良好的社会形象。

（二）江苏省市级政府投融资平台排名分析

江苏省市级政府投融资平台的排名，通过对财务效益指标、资产运营指标、偿债能力指标、发展能力指标、国资运营指标、社会责任指标、市场化运营指标

进行分析得出。如表 11-2 所示。

表 11-2 江苏省市级政府投融资平台排名

市级排名	全国排名	公司名称	评级	得分
1	8	无锡产业发展集团有限公司	AAA	41.46
2	18	盐城市海兴投资有限公司	AA	39.75
3	19	淮安市水利控股集团有限公司	AA+	39.67
4	31	常州投资集团有限公司	AA	38.83
5	54	苏州工业园区股份有限公司	AAA	37.82
6	62	龙城旅游控股集团有限公司	AA	37.53
7	91	盐城东方投资开发集团有限公司	AA	36.81
8	92	江苏瀚瑞投资控股有限公司	AA+	36.80
9	96	镇江城市建设产业集团有限公司	AA+	36.70
10	115	南京市国有资产投资管理控股（集团）有限责任公司	AAA	36.23

数据来源：根据笔者整理计算获得。

财务效益指标主要反映一个城投公司的总体财务状况和经营成果，从财务效益来看，无锡产业发展集团有限公司和苏州工业园区股份有限公司的资产收益率及主营业务利润率表现最好，主要原因是公司规模相对较小，有较强的获利能力；在资产运营方面，无锡产业发展集团有限公司的总资产周转率和流动资产周转速度表现优秀，主要原因是主营业务分别为批发零售和综合类业务，项目资金回收周期较短，具有良好的资产周转速度；在偿债能力指标中，表 11-2 中市级政府投融资平台的资产负债率表现相对接近，以盐城市海兴投资有限公司表现最好，资产负债率仅为 33.95%，长期偿债能力较强；在发展能力指标方面，无锡产业发展集团有限公司和淮安市水利控股集团有限公司的资本增长率和销售增长率表现优秀，该类指标主要反映公司的持续经营和发展能力，以上两家公司实现了较快的资本及销售增长；在国资运营指标和社会责任指标方面，表 11-2 中市级政府投融资平台公司表现相对一致，具有良好的社会形象；从市场化运营指标上看，龙城旅游控股集团有限公司政府补贴占总收入的比重最高，达到 22.20%，其他公司比重相对较低，但主营业务表现及自身造血能力较强。

（三）江苏省县级政府投融资平台排名分析

江苏省县级政府投融资平台的排名，通过对财务效益指标、资产运营指标、偿债能力指标、发展能力指标、国资运营指标、社会责任指标、市场化运营指标进行分析得出。如表11-3所示。

表11-3 江苏省县级政府投融资平台排名

县级排名	全国排名	公司名称	评级	得分
1	3	南京大江北国资投资集团有限公司	AA+	35.82
2	4	盐城市城南新区开发建设投资有限公司	AA+	35.81
3	9	江苏武进经济发展集团有限公司	AA+	33.99
4	13	江苏金坛国发国际投资发展有限公司	AA	33.64
5	14	丹阳投资集团有限公司	AA	33.62
6	15	江阴城市建设投资有限公司	AA+	33.48
7	17	南京扬子国资投资集团有限责任公司	AAA	33.17
8	18	淮安清河新区投资发展有限公司	AA	32.95
9	20	如东县东泰社会发展投资有限责任公司	AA+	32.91
10	23	江阴市公有资产经营有限公司	AA+	32.46

数据来源：根据笔者整理计算获得。

财务效益指标主要反映一个城投公司的总体财务状况和经营成果。从财务效益来看，其中南京大江北国资投资集团有限公司和江阴市公有资产经营有限公司的资产收益率和主营业务利润率表现最好，表明公司有较强的获利能力；在资产运营方面，县级投融资平台的总资产周转率和流动资产周转速度整体表现一般，主要原因是一些基础设施投资建设项目，资金回收周期较长，影响公司的资产周转速度；在偿债能力指标中，县级政府投融资平台的资产负债率表现相对稳定且处于比较安全的水平，但其中江阴市公有资产经营有限公司资产负债率较高，为68.80%，需关注该公司长期的偿债能力；从发展能力指标来看，江苏金坛国发国际投资发展有限公司、南京扬子国资投资集团有限责任公司和南京大江北国资投资集团有限公司的资本增长率和销售增长率表现优秀，该类指标主要反映公司的持续经营和发展能力，以上三家公司实现了较快的资本及销售增长；在国资运营指标和社会责任指标方面，表11-3中县级政府投融资平台公司表现相对一致，具有良好的社会形象；从市场化运营指标来看，各公司表现相对平均。

第三节 江苏省政府投融资平台转型发展策略

一、剥离政府职能，市场化管理

在新《预算法》的约束下，地方政府投融资平台的政策性融资功能逐渐被剥离，不需要为无收益的公益性债务埋单。一方面，地方政府应将地方政府投融资平台内的内部官员逐渐撤离出来，转以投资者的身份加入董事会，通过股权而不是上下级关系对地方政府投融资平台进行管控；另一方面，地方政府投融资平台要改革内部的管理结构，对内部管理流程进行改造。与此同时，地方政府投融资平台要对内部的管理人员进行社会招聘，完善绩效考核机制和薪酬考核机制，使地方政府投融资平台的公司化管理更有效率。同时，也要做好财务预算和偿债计划。对于投资项目要完全按照市场化的原则进行"成本—收益"分析，做好风险防控工作。总之，要把地方政府投融资平台的功能定位于"市场化运作"，把地方政府投融资平台打造成"产权清晰、权责明确、政企分开、管理科学"的现代企业。

二、推进信用建设，市场化经营

当前，大部分地方政府投融资平台都以政府信用为基础，然而按照新形势下的改革精神，如国发〔2014〕43号文禁止政府为融资平台提供融资担保，必须推动地方政府投融资平台转以企业信用为基础。企业信用建设可从以下三个方面推进：

一是信用分立。将地方政府投融资平台中公益性业务剥离，成立政府债务管理公司。分类整合那些完全依靠政府财政资金经营的地方政府投融资平台，要求其退出或改制。整合经营性业务，按照地方国企改革思路，将具有较好经营性资产和业务的平台，转变为地方国企，依托市场信用运营。将经营性和收益性较好的资产注入地方政府投融资平台，提升地方政府投融资平台的市场信用与融资承载能力。

二是风险缓解。政府建立流动性风险缓释机制，制定政府层面流动性风险预警管理办法，设立政府风险偿债准备基金，作为地方专项还款资金。当地方政府投融资平台面临流动性风险时，启动偿债机制，确保应急还款，以保障地方政府投融资平台市场信誉和金融机构信贷资产安全。

三是盘活存量。推动地方政府投融资平台存量资产资本化。从盘活土地资产、盘活城市存量资产、利用城市开发基金、清理沉淀信用、释放空间等方面着手处理。

三、拓宽资金渠道，多元化融资

地方政府投融资平台要实现在融资方面的转型发展，应摒弃传统的以土地抵押支持、以银行贷款为主的融资渠道。传统的融资渠道，使得地方政府投融资平台资金链条比较脆弱，财务风险比较集中。地方政府投融资平台应该拓宽其融资渠道，大力推进市场化直接融资。建立城市基础设施建设股权基金，发行企业债券，尝试采用金融租赁、信托基金、上市等多种方式直接融资，加快金融创新步伐。在多元化的融资渠道中，地方政府投融资平台可以着重运作PPP模式，该模式是当前各级政府大力推广的融资方式。政府鼓励社会资本参与项目运作，对公益性项目进行政府举债融资，而对经营性的项目，则采取市场化的社会资本融资。

四、完善资金管理，发挥资本效益

地方政府投融资平台为了实现转型发展，必须对筹集到的资金从使用情况、监管制度两方面进行完善。

首先，从地方政府投融资平台微观层面，应该完善公司治理结构和内部控制制度，落实资金的使用。

其次，从政府管理部门宏观层面看，应建立一套完善的资金监管体系，出台配套措施及文件，督促地方政府投融资平台合理有效地使用资金。建立全国地方政府投融资平台资金使用情况汇集系统，披露各地方政府投融资平台资金用途、落实情况及相应风险，并出台严厉措施保证信息的准确性，形成层层上报、层层管理的监管体系。

第十二章 山西省政府投融资平台转型发展研究

第一节 山西省经济财政发展情况

一、山西省经济发展情况

（一）山西省经济产出情况

公开统计数据显示，2017年山西省实现地区生产总值14973.51亿元，比上年增长14.74%。2012年以来山西省GDP及人均GDP变化情况如图12-1、图12-2所示。

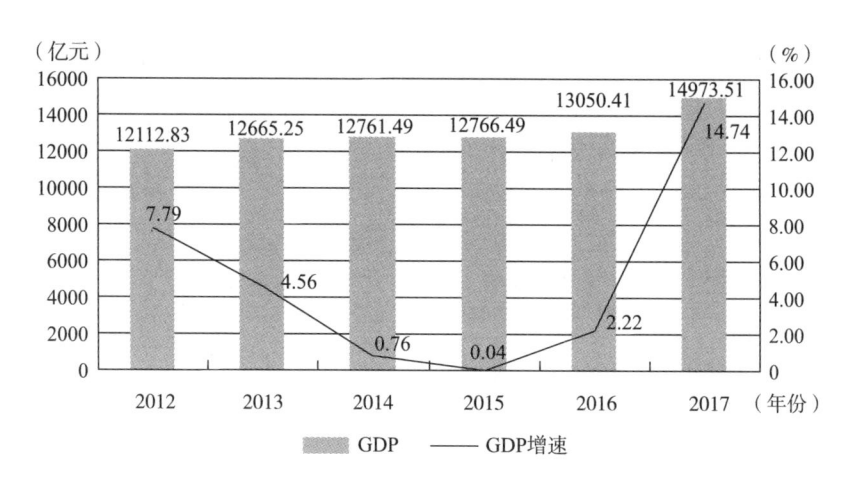

图12-1 2012~2017年山西省地区生产总值及增长速度

数据来源：Wind数据库。

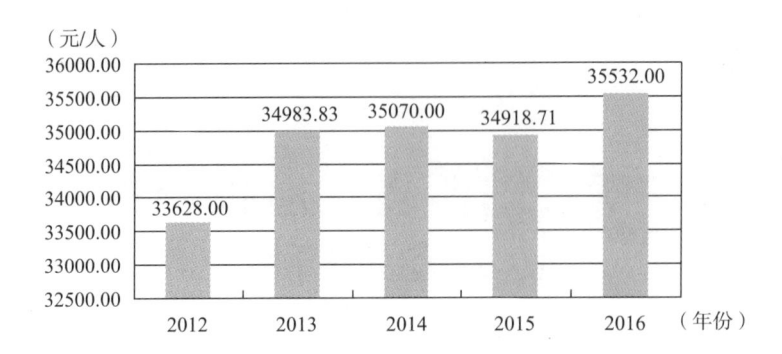

图 12-2　2012~2016 年山西省人均 GDP 情况

数据来源：Wind 数据库。

从图 12-1 中可以看出，自 2012 年以来，山西省 GDP 实现逐年稳定增长，但受经济下行压力的影响，GDP 年增长率有所波动，从 2012 年的 7.79% 先下降又上升到 2017 年的 14.74%。从图 12-2 中可以看出，山西省人均 GDP 也呈波动的趋势。

(二) 山西省固定资产投资情况

2012~2016 年山西省全社会固定资产投资情况如图 12-3 所示。2016 年，山西省全社会固定资产投资完成 14197.98 亿元，比上年增长 1.0%，其中，第一产业完成投资 1797.4 亿元，增长 19.8%；第二产业完成投资 4908.5 亿元，下降 5.7%；第三产业完成投资 7153.4 亿元，增长 1.6%。全省三次产业投资比例由上年的 10.9∶37.9∶51.2 转变为 13∶35.4∶51.6，第一、第三产业占比分别提升 2.1 个、0.4 个百分点。房地产开发投资完成 1597.4 亿元，增长 6.9%。

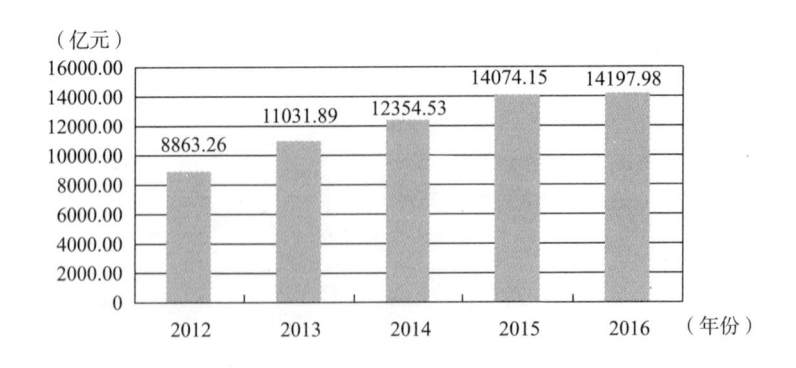

图 12-3　2012~2016 年山西省全社会固定资产投资情况

数据来源：Wind 数据库。

二、山西省财政发展情况

(一)山西省财政收支情况

山西政府各项财政收入指标 2012~2017 年的情况如图 12-4、图 12-5 所示。根据《山西省 2016 年国民经济和社会发展统计公报》，山西省 2016 年全年一般公共预算收入 1557.0 亿元，下降 5.2%。税收收入 1036.7 亿元，下降 1.9%，其中，国内增值税、营业税、企业所得税、个人所得税、资源税和城市维护建设税共计完成税收 859.4 亿元，下降 2.3%。一般公共预算支出 3441.7 亿元，与上年基本持平。其中，教育、医疗卫生、社会保障和就业、住房保障、公共交通运输、节能环保、城乡社区事务等民生支出 2837.8 亿元，同口径增长 5.0%。

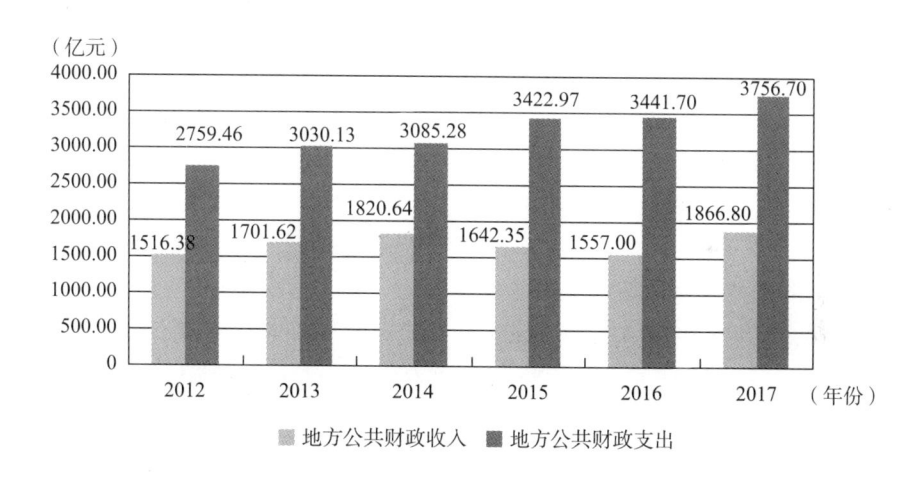

图 12-4　2012~2017 年山西省财政收支情况

数据来源：Wind 数据库。

从图 12-4 中可以看出，2012 年以来，山西省财政收入有所波动，公共财政支出保持着上升趋势。从图 12-5 中可以看出，山西省税收收入也呈现波动的态势，而财政收入中税收收入的比重一直在 60%~70% 波动。

(二)山西省财政承债能力分析

截至 2017 年末，山西省政府债务余额为 2578.56 亿元，其中一般债务 1811.52 亿元，专项债务 767.04 亿元。从政府层级看，截至 2017 年末，山西省省级、市级和县级政府债务分别为 468.44 亿元、1262.99 亿元和 847.13 亿元。从债务资金投向看，截至 2017 年末，山西省政府债务主要投向市政设施、交通运输和保障性住房，分别投入 799.62 亿元、439.05 亿元和 350.84 亿元，占全省政府债务的比重分别为 31.01%、17.03% 和 13.61%。

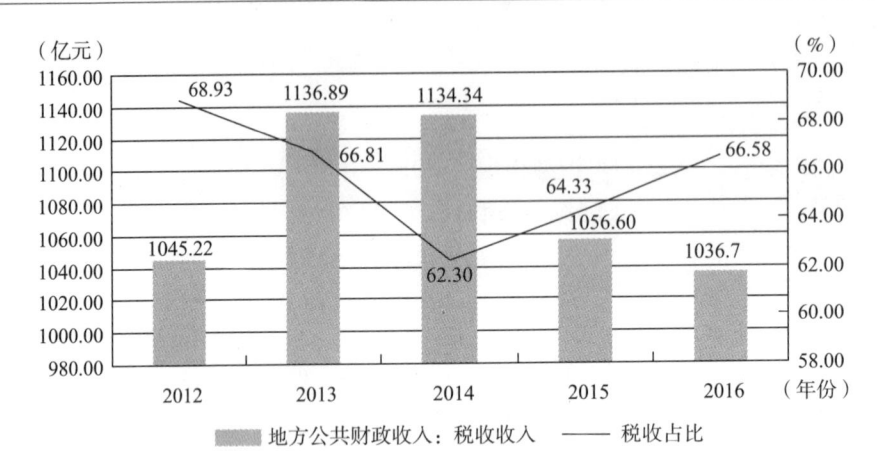

图 12-5　2012~2016 年山西省税收收入及其占比情况

数据来源：Wind 数据库。

山西省总体债务水平在全国处于较低水平。从债务率看，截至 2017 年末，山西省政府债务率为 56.2%，比国际公认警戒线 100% 低 43.8 个百分点；从债务负担率看，截至 2017 年末，山西省政府债务负担率为 17.22%，债务负担相对较轻。山西省政府债务未来债务期限结构较为合理，集中偿付压力较小。山西省政府债务于 2018 年、2019 年、2020 年、2021 年及 2022 年到期的金额分别为 129.12 亿元、168.28 亿元、330.95 亿元、286.52 亿元和 470.13 亿元，占全省政府债务的比重分别为 5.01%、6.53%、12.83%、11.11% 和 18.23%。从偿债资金看，山西省政府可用于偿还政府性债务的资金主要来自一般公共预算收入、政府性基金收入和上级补助收入，偿债资金来源稳定。综合看，山西省债务规模在全国处于较低水平；政府债务偿还期限分布较为合理，集中偿付压力较小。本书认为，山西省政府偿债能力极强，总体债务风险可控。

2015~2017 年山西省政府存续期内的各期一般债券均纳入山西省一般公共预算管理，以一般公共预算收入作为主要偿债来源。2015~2017 年，山西省存续期内的一般债务余额分别为 420.45 亿元、514.02 亿元和 368.60 亿元；山西省一般公共预算收入分别为 1642.21 亿元、1557.00 亿元和 1867.00 亿元；当期收入对债务的覆盖倍数分别为 3.91 倍、3.03 倍和 5.07 倍。同时，在一般公共预算收入未来平稳增长的预期下，考虑到上述存续债务偿还期限结构较为合理，本书认为山西省一般公共预算收入对一般债券偿还保障程度很高。

2015~2017 年山西省政府存续期内的各期专项债券均纳入山西省政府性基金预算管理，以政府性基金收入作为主要偿债来源。2015~2017 年，山西省存续期内的专项债券余额分别为 137.47 亿元、203.13 亿元和 294.65 亿元；政府性基金收入分别为 524.08 亿元、534.91 亿元和 760.11 亿元；当期收入对债务的覆盖倍数分别为 3.81 倍、2.63 倍和 2.58 倍。山西省政府性基金收入对专项债券偿还保障程度很高。

第二节 山西省政府投融资平台发展情况

一、山西省政府投融资平台发债情况

山西省第一只平台债于 2009 年 8 月 5 日发行，之后发行量逐年上升，一直到 2015 年有一定的下降，2016 年又有所提升，但 2017 年再次出现了一定程度下降。在已发债的 31 个省级行政区中，发债规模排名第 24 位，发债数排名第 26 位，具体发债情况见图 12-6。

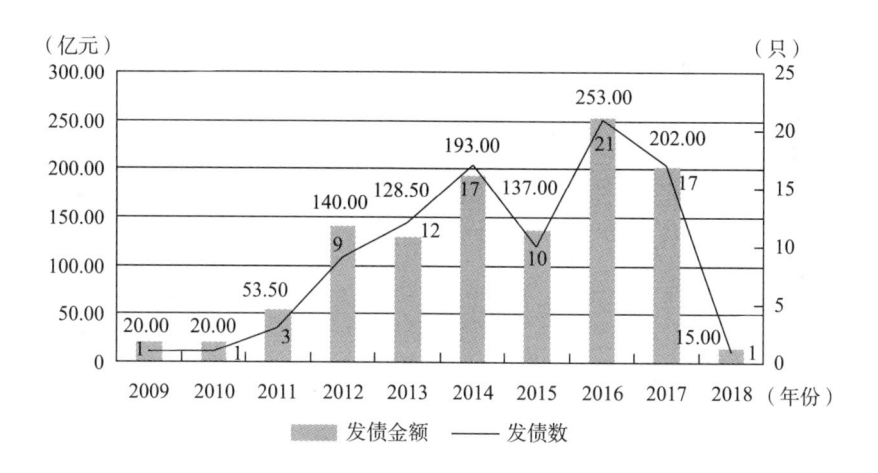

图 12-6 2009~2018 年山西省政府投融资平台债券发行情况
数据来源：Wind 数据库。

下面从债券期限、债券类型两个维度对山西平台债的发行情况进行介绍。

从图 12-7 中可以看出，近 9 年山西省发行的平台债以 3 年期、5 年期、7 年期为主。从图 12-8 中可以看出，近 9 年山西省发行的平台债以公司债、定向工具、一般企业债、中期票据为主，发行最少的是短期融资券和资产支持票据。

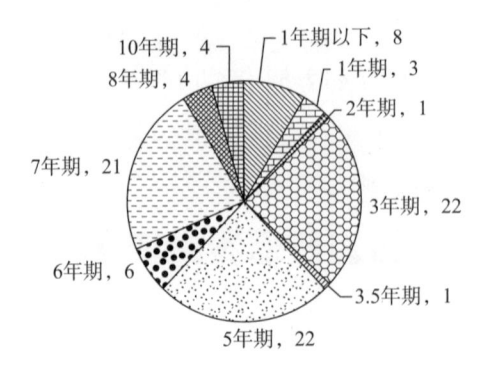

图 12-7　2009~2018 年山西省政府投融资平台债券期限分布（单位：只）

数据来源：Wind 数据库。

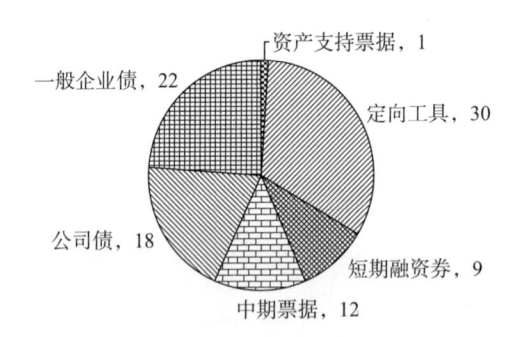

图 12-8　2009~2018 年山西省政府投融资平台债券类型分布（单位：只）

数据来源：Wind 数据库。

二、山西省政府投融资平台新增债券情况

2017 年山西省政府投融资平台新增债券发行情况见表 12-1。

表 12-1　2017 年山西省政府投融资平台新增债券发行情况

序号	公司	发行规模（亿元）	期限（年）	发行时主体评级	利率
1	太原国有投资集团有限公司	24	3	AA+	6.50%
2	山西路桥建设集团有限公司	20	3	AA	20171013-20191012，票面利率：6.3%；20191013-20201012，票面利率：6.3%+上调基点

续表

序号	公司	发行规模（亿元）	期限（年）	发行时主体评级	利率
3	山西路桥建设集团有限公司	20	5	AA	6.49%
4	山西能源交通投资有限公司	15	3	AA+	6.80%
5	太原国有投资集团有限公司	15	5	AA+	20170412～20200411，票面利率：5.5%；20200412-20220411，票面利率：5.5%+上调基点
6	山西能源交通投资有限公司	15	5	AA+	20170503-20200502，票面利率：6.5%；20200503-20220502，票面利率：6.5%+调整基点
7	山西能源交通投资有限公司	15	3	AA+	6.80%
8	山西路桥建设集团有限公司	10	5	AA	6.50%
9	山西能源交通投资有限公司	10	3	AA+	6.70%
10	运城市城市建设投资开发有限公司	8.4	7	AA	6.30%
11	山西天然气有限公司	8	0.74	AA+	5.12%
12	晋中市公用基础设施投资控股（集团）有限公司	8	5	AA	20170927-20200926，票面利率：5.7%；20200927-20220926，票面利率：5.7%+上调基点
13	运城市城市建设投资开发有限公司	7.6	5	AA	20171109-20201108，票面利率：6.8%；20201109-20221108，票面利率：6.8%+上调基点
14	山西天然气有限公司	6	5	AA+	20170802-20200801，票面利率：5%；20200802-20220801，票面利率：5%+调整基点

续表

序号	公司	发行规模（亿元）	期限（年）	发行时主体评级	利率
15	山西路桥建设集团有限公司	5	0.74	AA	4.83%
16	山西路桥建设集团有限公司	5	0.74	AA	5.59%

数据来源：Wind 数据库。

三、山西省政府投融资平台排名及分析

山西省省级政府投融资平台的排名，通过对财务效益指标、资产运营指标、偿债能力指标、发展能力指标、国资运营指标、社会责任指标、市场化运营指标进行分析得出。如表 12-2 所示。

表 12-2 山西省省级政府投融资平台排名

省级排名	全国排名	公司名称	评级	得分
1	95	山西国际电力集团有限公司	AA+	33.19
2	100	山西能源交通投资有限公司	AA+	33.08
3	119	山西建设发展有限公司	AA	32.52
4	133	山西路桥建设集团有限公司	AA+	32.15
5	196	山西建设投资集团有限公司	AA+	30.21
6	216	山西国际能源集团有限公司	AA+	29.56
7	230	山西汽车运输集团有限公司	A+	28.92
8	237	山西省国新能源发展集团有限公司	AA	28.67
9	239	山西省经济建设投资集团有限公司	AA	28.52
10	261	山西省交通开发投资集团有限公司	AA+	27.34

数据来源：根据笔者整理计算获得。

财务效益指标主要反映一个城投公司的总体财务状况和经营成果。从财务效益看，省级政府投融资平台资产收益率和主营业务利润率表现相对稳定且平均，整体维持在4%左右的水平。其中山西建设发展有限公司资产收益率最高，达到4.13%，主要原因是公司规模相对较小，为房地产业公司，有较强的获利能力。在资产运营方面，山西建设发展有限公司、阳泉煤业（集团）有限责任公司和

山西煤炭进出口集团有限公司总资产周转率和流动资产周转速度都相对较高，具有良好的资产周转速度。在偿债能力指标中，排名靠前的山西能源交通投资有限公司和山西国际电力集团有限公司的资产负债率相对较高，分别为91.96%和76.34%，处于较高的负债水平，需关注其长期偿债能力。在发展能力指标方面，排名靠前的省级政府投融资平台的资本增长率和销售增长率表现优秀，该类指标主要反映公司的持续经营和发展能力，其中排名第一位的山西国际电力集团有限公司取得6.59%的总资产增长，反映了其较强的持续经营和发展实力。在国资运营指标、社会责任指标和市场化运营指标方面，表12-2中各省级政府投融资平台公司表现相对一致，具有良好的社会形象，对政府补贴资金依赖较小。

基于2017年底数据分析，排名第一的山西国际电力集团有限公司下属三级子公司山西国锦煤电有限公司由于经营业绩不佳，发生持续亏损，公司融资能力不断受到限制，债务违约风险高涨。2018年2月，山西国际电力集团有限公司发布公告称，该三级子公司应于2018年1月到期的相关债务未能清偿，已构成债务违约。

山西省市级政府投融资平台的排名，通过对财务效益指标、资产运营指标、偿债能力指标、发展能力指标、国资运营指标、社会责任指标、市场化运营指标进行分析得出。如表12-3所示。

表12-3 山西省市级政府投融资平台排名

市级排名	全国排名	公司名称	评级	得分
1	11	晋城市国有资本投资运营有限公司	AA	40.93
2	87	临汾市投资集团有限公司	AA	36.89
3	347	晋中市公用基础设施投资控股（集团）有限公司	AA	33.35
4	362	大同市经济建设投资有限责任公司	AA	33.15
5	376	太原经济技术开发总公司	AA	33.01
6	388	太原市龙城发展投资有限公司	AA+	32.95
7	574	太原市高速铁路投资有限公司	AA+	31.32
8	630	忻州资产经营集团有限公司	AA	30.80
9	672	长治市投资建设开发有限公司	AA	30.39
10	713	运城市城市建设投资开发有限公司	AA	30.02

数据来源：根据笔者整理计算获得。

从财务效益看，市级政府投融资平台资产收益率和主营业务利润率表现良好，其中长治市投资建设开发有限公司资产收益率最高，达到7.17%，主要原因是公司规模相对较小,有较强的获利能力。在资产运营方面,排名靠前的临汾市投资集团有限公司和晋中市公用基础设施投资控股(集团)有限公司总资产周转率及流动资产周转速度相对较低,主要原因是主营业务集中在建筑业,项目资金回收周期长,具有较低的资产周转速度。在偿债能力指标中,上述市级政府投融资平台的资产负债率表现相对接近,且整体处于较高的资产负债率水平,其中太原经济技术开发总公司表现相对较好,资产负债率为36.72%,长期偿债能力较强。在发展能力指标方面,晋城市国有资本投资运营有限公司、晋中市公用基础设施投资控股(集团)有限公司和忻州资产经营集团有限公司的资本增长率和销售增长率表现优秀,该类指标主要反映公司的持续经营和发展能力,以上3家公司实现了较快的资本及销售增长。在国资运营指标、社会责任指标和市场化运营指标方面,表12-3中市级政府投融资平台公司表现相对一致,具有良好的社会形象。

山西省县级政府投融资平台的排名,通过对财务效益指标、资产运营指标、偿债能力指标、发展能力指标、国资运营指标、社会责任指标、市场化运营指标进行分析得出。如表12-4所示。

表12-4 山西省县级政府投融资平台排名

县级排名	全国排名	公司名称	评级	得分
1	109	临汾市尧都区投资建设开发有限公司	AA -	29.55
2	274	太原国有投资集团有限公司	AA +	27.03

数据来源:根据笔者整理计算获得。

从财务效益看,临汾市尧都区投资建设开发有限公司的资产收益率处于相对较低的水平,仅为0.24%,但主营业务利润率表现良好,主要原因是该公司资产规模相对较小,有比较强的获利能力。在资产运营方面,县级投融资平台的总资产周转率和流动资产周转速度整体表现一般,主要原因是两家公司都属于建筑业,一些基础设施投资建设项目,资金回收周期较长,影响公司的资产周转速度。在偿债能力指标中,县级政府投融资平台表现相对稳定且处于比较安全的水平,资产负债率都低于40%,两家公司长期的偿债能力较强。从发展能力指标看,太原国有投资集团有限公司的资本增长率和销售增长率表现十分优秀,分别达到了37.89%和15.46%,该类指标主要反映公司的持续经营和发展能力,该公司实现了较快的资本及销售增长。在国资运营指标、社会责任指标和市场化运营指标方面,两家县级政府投融资平台公司表现相对一致,具有良好的社会形象。

第三节 山西省政府投融资平台转型发展策略

一、加快推进市场化、企业化经营

一方面，完善市场化经营机制。不断深化劳动、人事、分配三项制度改革，建立健全与劳动力市场基本适应、与企业经济效益和劳动生产率挂钩的工资决定及正常增长机制，完善市场化用工制度，合理拉开收入分配差距，真正形成管理人员能上能下、员工能进能出、收入能增能减的市场化选人和用人机制。

另一方面，积极开展资本运作，充分利用国有控股上市公司平台，对同质化竞争严重和产业关联性强的上市公司以及未上市的资产业务，通过市场化方式，推动专业化重组，打造具有鲜明产业特征和规模效益的上市公司。充分利用上市公司"壳"资源，将具有良好经济效益和发展前景的优质资产注入上市公司。

二、建立现代企业制度，优化企业管理

地方政府投融资平台为了实现转型发展，必须形成更加符合我国基本经济制度和社会主义市场经济发展要求的现代企业制度，实现国企国资由封闭扩展向开放发展转变，由"大而全、小而全"向专业化、高端化转变，由产融脱节向产融结合转变，由重资源重政策向重人才重创新转变，造就一大批德才兼备、善于经营、充满活力的优秀企业家，培育一大批具有创新能力和国际竞争力的国有骨干企业，国有经济活力、控制力、影响力、抗风险能力明显增强。

此外，应以推进董事会建设为重点，规范权力运行，实现权利和责任对等，落实和维护董事会依法行使重大决策、选人用人、薪酬分配等权利。要坚持两个"一以贯之"，把加强党的领导和完善公司治理统一起来，处理好党组织和其他治理主体的关系，明确权责边界，做到无缝衔接，形成各司其职、各负其责、协调运转、有效制衡的公司治理机制。

三、推进体制改革，激发企业活力

上市公司是实现混合所有制改革的主要平台，是发展混合所有制经济的重要途径。企业应充分利用好上市公司平台，通过持续不断将国有资产注入上市公司，实现国有资本证券化、股份化，不断激发企业活力。

此外，企业应根据不同功能定位和自身发展需求，创造条件吸引社会优良资

本投资，引进具有增量价值的战略投资者。而非公有资本投资主体可通过出资入股、收购股权、认购可转债、股权置换等多种方式，参与省属国有企业改制重组、省属国有控股上市公司增资扩股、省属国有企业经营管理。

员工持股也是推进混合所有制改革的有效方式。员工持股主要采取增资扩股、出资新设等方式实现，以货币出资为主，有利于企业有效完成转型。

四、拓宽资金渠道，多元化融资

地方政府投融资平台要实现融资方面的转型发展，就应摒弃传统的以土地抵押支持、以银行贷款为主的融资渠道。传统的融资渠道使得地方政府投融资平台资金链条比较脆弱，财务风险比较集中。地方政府投融资平台应该拓宽其融资渠道，大力推进市场化直接融资。建立城市基础设施建设股权基金，发行企业债券，尝试采用金融租赁、信托基金、上市等多种方式直接融资，加快金融创新步伐。

在多元化的融资渠道中，地方政府投融资平台可以着重运作PPP模式。PPP模式是当前各级政府大力推广的融资方式，政府鼓励社会资本参与项目运作，对公益性项目进行政府举债融资，而对经营性的项目则采取市场化的社会资本融资。在PPP模式中，地方政府投融资平台定位是作为政府的主体代表参与项目论证、合作谈判以及后期项目营运与移交。地方政府投融资平台借助PPP模式，通过特许经营、购买服务及股权合作等方式，增强公共产品和服务供给能力，提高供给效率，实现利益共享。

五、重组平台资源，组建大平台

具体措施包括，根据区域或资源要素统一整合现有的不同类别融资平台，实现多元化经营，提高资源综合利用效率。

一方面，县域的融资平台可以合并为一家，对于地级市以上级别的融资平台可以采取合并重组的方式，对负债较高和无投融资业务的平台进行合并，形成规模较大的融资平台，根据相邻区域的城市发展规划，进行跨区域的平台整合，促进城市群的协同发展。

另一方面，整合具有相同或相似资源要素的融资平台，利用专业优势与集中优势，提高资源利用效率。在整合的过程中，建立有效的资产重组及后续管理机制。

第十三章　天津市政府投融资平台转型发展研究

第一节　天津市经济财政发展情况

一、天津市经济发展情况

（一）天津市经济产出情况

天津市作为中国四大直辖市之一、环渤海经济中心，是首批沿海开放城市、改革开放先行区，也是中国先进制造研发基地、北方国际航运核心区、金融创新运营示范区。

2016年，全市生产总值17885.39亿元，按可比价格计算，比上年增长9.0%；2017年，全市生产总值18595.38亿元，按可比价格计算，比上年增长3.6%；2018年上半年，天津市生产总值9927.60亿元，按可比价格计算，同比增长3.4%。图13-1为2012~2017年天津市GDP情况。

总体来看，天津市经济稳中有升，但受固定资产投资增速下降影响，经济增速持续放缓；天津市产业结构不断调整优化，发展战略目标明确。未来，随着经济转型和产业结构调整的深入，以及受益于京津冀协同发展规划，天津市经济发展的质量及效益有望进一步提高。

（二）天津市固定资产投资情况

2016年，全市固定资产投资14629.22亿元，比上年增长12.0%；2017年，全市固定资产投资11274.69亿元，同比增长0.5%；2018年上半年，固定资产投资（不含农户）按可比口径计算，同比下降17.3%，降幅比第一季度收窄8.3个百分点。图13-2为2017年天津市固定资产投资情况。

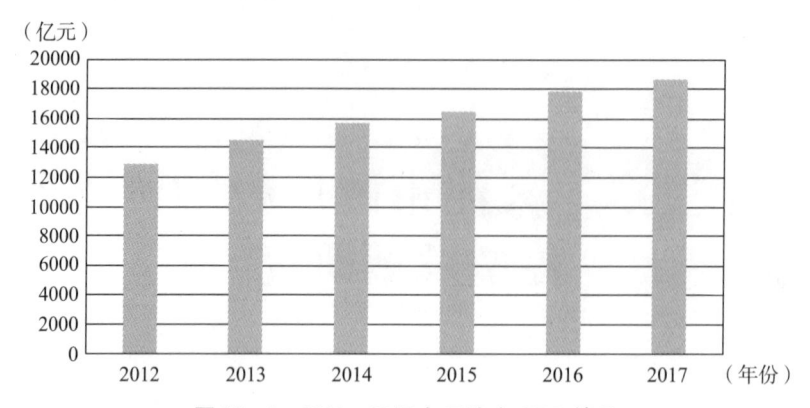

图 13-1 2012~2017 年天津市 GDP 情况

数据来源：天津市统计局。

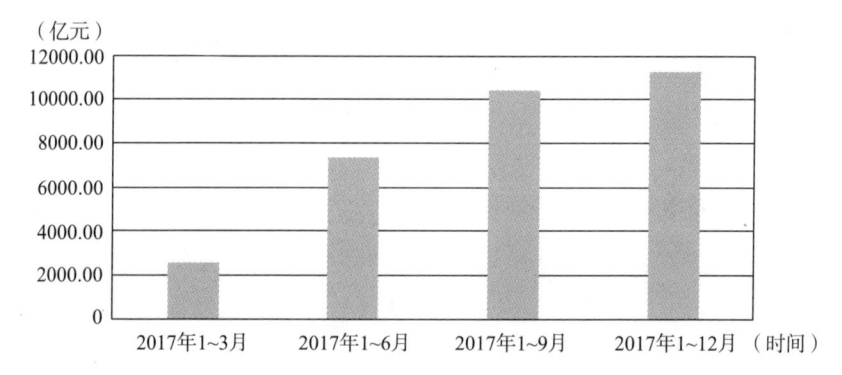

图 13-2 2017 年天津市固定资产投资情况

数据来源：天津市统计局。

总体来看，投资为拉动天津市经济增长的主要动力，但近年来增速持续走低，造成地区经济增速放缓，未来仍需持续关注地区固定资产投资变化情况。

二、天津市财政发展情况

（一）天津市财政收支情况

2017 年，全市一般公共预算收入 2310 亿元，转移性收入 1087 亿元，地方政府债券收入 210 亿元。市级一般公共预算收入 989 亿元，转移性收入 764 亿元，地方政府债券收入 82 亿元。

2018 年上半年，全市一般公共财政收入 1155 亿元，完成年初预算 51.6%，超预算序时进度 1.6 个百分点，比上年同期下降 20.9%。其中：地方税收收入 876 亿元，下降 4.1%；非税收入 279 亿元，下降 48.9%。分主要税种看：增值税（含营业税）366 亿元，增长 8.1%；企业所得税 192 亿元，下降 0.7%；个人所得税 75

亿元,增长16.4%;契税、土地增值税等地方税收243亿元,下降23.3%。

2017年,全市一般公共预算支出3283亿元,转移性支出预算307亿元,地方政府债券还本支出预算37亿元。市级一般公共支出预算1231亿元,转移性支出预算523亿元,地方政府债券还本支出预算37亿元。

2018年上半年,全市一般公共财政支出1521亿元,下降22.8%,分主要科目看:医疗卫生支出97亿元,增长9.4%;住房保障支出46亿元,增长31.1%;教育支出178亿元,下降28.1%;城乡社区支出356亿元,下降42.7%。

2017年,天津市政府性基金预算收入总计2117.64亿元,同比下降0.83%,主要是由于2017年专项债券发行规模同比下降所致。天津市政府性基金支出合计1291.12亿元,以城乡社区支出为主,占95.44%,其余支出范围包括社会保障和就业支出、资源勘探电力信息、债务付息等支出以及其他支出,年终结余277.60亿元,政府性基金预算平衡能力强,预算调节弹性大。2018年上半年,全市政府性基金收入674亿元,增长10.8%;政府性基金支出674亿元,增长63.3%。总体来看,天津市政府性基金预算调节弹性大。

(二) 天津市财政承债能力分析

根据财政部核定数据,天津市2017年地方债务限额3462.5亿元,比2016年地方债务限额(2955.5亿元)增加507亿元,天津市政府未来融资空间充足。

从各级政府债务结构来看,截至2017年底,天津市政府债务由一般债务和专项债务构成,一般政府债务年末余额为1333.33亿元,专项政府债务年末余额为2090.65亿元。2017年末,天津市政府债务中市本级债务为1377亿元,约占全市债务的四成,区级债务约占全市债务的六成。

从债务资金投向看,天津市政府债务主要用于市政建设、土地储备和保障性住房。具体来看,在政府债务中,用于市政建设1285.70亿元,土地储备928.90亿元,保障性住房500.30亿元,三项之和占政府债务总额的79.29%;在或有债务中,用于市政建设545.00亿元,土地储备92.20亿元,保障性住房422.70亿元,三项之和占或有债务总额的74.69%。

从偿债年度分布看,2018~2020年,天津市需要偿还的政府债务分别为57.87亿元、272.69亿元和355.28亿元,分别占全部政府债务的1.69%、7.96%和10.38%。整体来看,未来三年,天津市政府偿债压力不大。债务限额方面,经国务院批准,2018年底天津市政府债务限额为4133.50亿元,比2017年底增加671亿元。截至2017年底,天津市政府负有偿还责任的债务为3424亿元,距债务限额尚余709.5亿元,未来融资空间充足。

根据《天津市政府性债务审计结果》(2014年1月24日公告),截至2013年6月底,天津市政府负有偿还责任的债务2263.78亿元,由此测算2012年底天津市政府负有偿还责任的债务余额/当年 GDP 为 17.57%，低于全国 36.74%（2012 年底全国政府负有偿还责任的债务余额与当年 GDP 的比率）的整体水平。截至 2017 年底，天津市政府债务/当年 GDP 为 18.41%，较 2016 年底有所上升（2016 年为 16.29%）。

2017 年，天津市财政收入总计（剔除债务收入后）为 5220 亿元，2017 年底政府债务总计 3424.00 亿元，政府债务与财政收入总计（剔除债务收入后）比率为 65.6%。总体来看，天津市政府总体债务负担一般。

综合以上情况看，天津市政府负有偿还责任的债务余额与 GDP 的比率较低，债务率水平适宜，政府债务逾期债务率处于很低水平，债务风险可控。

第二节 天津市政府投融资平台发展情况

一、天津市政府投融资平台发债情况

2015 年，天津市政府投融资平台共发行债券 62 只，发行总金额为 1239.30 亿元；2016 年，天津市政府投融资平台共发行债券 81 只，发行总金额为 1245.55 亿元；2017 年，天津市政府投融资平台共发行债券 63 只，发行总金额为 631.85 亿元。其中 AA 级及以上评级较多，说明信用状况良好，期限一般为 5 年或者 3 年居多。

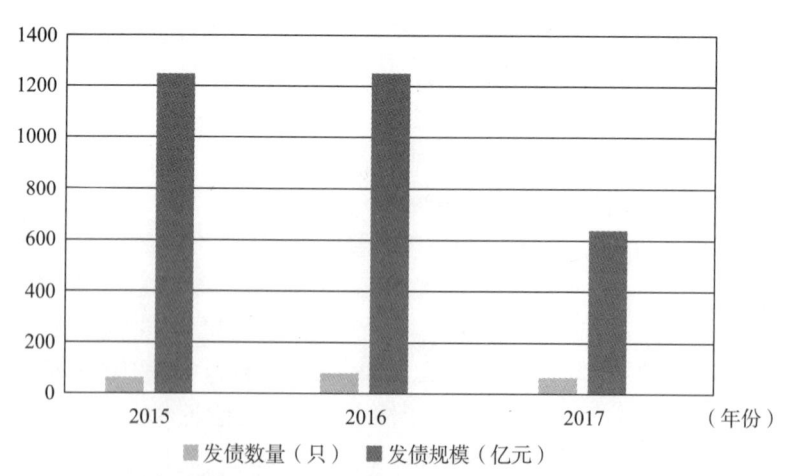

图 13-3 2015~2017 年天津市政府投融资平台债券发行情况

数据来源：Wind 数据库。

二、天津市政府投融资平台新增债券情况

表13-1为2017年天津市政府投融资平台新增63只债券详情汇总，发行总金额为631.85亿元。

表13-1 2017年天津市政府投融资平台新增债券发行情况

序号	债券简称	余额（亿元）	截止日评级	期限（年）	公司	债券类型
1	17津城建MTN001	26.00	AAA	5.00	天津城市基础设施建设投资集团有限公司	中期票据
2	17中环01	6.30	AA+	5.00	天津中环半导体股份有限公司	公司债
3	17泰达债	30.00	AAA	5.00	天津泰达投资控股有限公司	公司债
4	17津旅游MTN001	3.00	AA	5.00	天津市旅游（控股）集团有限公司	中期票据
5	17天药集MTN001	12.00	AA+	5.00	天津市医药集团有限公司	中期票据
6	17西青经开PPN001	5.00	AA	3.00	天津市西青经济开发总公司	定向工具
7	17西青经开PPN002	4.00	AA	3.00	天津市西青经济开发总公司	定向工具
8	17泰达投资MTN001	15.00	AAA	5.00	天津泰达投资控股有限公司	中期票据
9	17滨建投MTN001	10.00	AAA	3.00	天津滨海新区建设投资集团有限公司	中期票据
10	17津航空MTN001	13.00	AA+	3.00	天津航空有限责任公司	中期票据
11	17临港港务PPN001	5.00	AA	5.00	天津临港港务集团有限公司	定向工具
12	17津投01	10.00	AAA	5.00	天津城市基础设施建设投资集团有限公司	公司债
13	17蓟州新城PPN001	12.00	AA	3.00	天津蓟州新城建设投资有限公司	定向工具

续表

序号	债券简称	余额（亿元）	截止日评级	期限（年）	公司	债券类型
14	17津保税MTN001	5.00	AA+	5.00	天津保税区投资控股集团有限公司	中期票据
15	17津临港MTN001	5.00	AA	3.00	天津临港建设开发有限公司	中期票据
16	17滨建投MTN002	10.00	AAA	3.00	天津滨海新区建设投资集团有限公司	中期票据
17	17津住宅MTN001	5.00	AA	5.00	天津住宅建设发展集团有限公司	中期票据
18	17滨建投MTN003	10.00	AAA	3.00	天津滨海新区建设投资集团有限公司	中期票据
19	17津航空PPN002	2.00	AA+	3.00	天津航空有限责任公司	定向工具
20	17武清国资PPN001	10.00	AA+	3.00	天津市武清区国有资产经营投资公司	定向工具
21	17武清经开MTN001	1.00	AA	3.00	天津新技术产业园区武清开发区总公司	中期票据
22	17武清国资PPN002	10.00	AA+	3.00	天津市武清区国有资产经营投资公司	定向工具
23	17宝工01	8.00	AA	5.00	天津宝星工贸有限公司	公司债
24	17津航空PPN001	10.00	AA+	3.00	天津航空有限责任公司	定向工具
25	17武清国资PPN003	10.00	AA+	3.00	天津市武清区国有资产经营投资公司	定向工具
26	17滨建投MTN004	15.00	AAA	3.00	天津滨海新区建设投资集团有限公司	中期票据
27	17津投03	15.00	AAA	15.00	天津城市基础设施建设投资集团有限公司	公司债
28	17滨建投MTN005	15.00	AAA	3.00	天津滨海新区建设投资集团有限公司	中期票据
29	17生态城投MTN001	5.00	AA+	3.00	天津生态城投资开发有限公司	中期票据

续表

序号	债券简称	余额（亿元）	截止日评级	期限（年）	公司	债券类型
30	17汉柏S1	3.00	A	5.00	汉柏科技有限公司	公司债
31	17天津轨交MTN001	20.00	AAA	3.00	天津轨道交通集团有限公司	中期票据
32	17滨建投PPN001	10.00	AAA	5.00	天津滨海新区建设投资集团有限公司	定向工具
33	17武清经开MTN002	13.00	AA	5.00	天津新技术产业园区武清开发区总公司	中期票据
34	17津城建MTN002	20.00	AAA	3.00	天津城市基础设施建设投资集团有限公司	中期票据
35	17泰达02	30.00	AAA	5.00	天津泰达投资控股有限公司	公司债
36	17中环半导MTN001	7.70	AA+	3.00	天津中环半导体股份有限公司	中期票据
37	17津临港CP002	6.00	AA	1.00	天津临港建设开发有限公司	短期融资券
38	17国机汽车CP001	10.00	AA+	1.00	国机汽车股份有限公司	短期融资券
39	17天士力PPN001	5.00	AA+	3.00	天士力控股集团有限公司	定向工具
40	17津投05	10.00	AAA	15.00	天津城市基础设施建设投资集团有限公司	公司债
41	17滨建投PPN002	15.00	AAA	5.00	天津滨海新区建设投资集团有限公司	定向工具
42	17中民租赁PPN001	10.00	AA+	3.00	中民国际融资租赁股份有限公司	定向工具
43	17宁河投资PPN001	3.00	AA	3.00	天津宁河投资控股有限公司	定向工具
44	17宝工02	5.00	AA	5.00	天津宝星工贸有限公司	公司债
45	17津城建MTN003	20.00	AAA	3.00	天津城市基础设施建设投资集团有限公司	中期票据
46	17津住宅PPN001	5.00	AA	2.00	天津住宅建设发展集团有限公司	定向工具

续表

序号	债券简称	余额（亿元）	截止日评级	期限（年）	公司	债券类型
47	17北辰科技PPN001	10.00	AA+	5.00	天津北辰科技园区总公司	定向工具
48	17汉柏S2	3.00	A	5.00	汉柏科技有限公司	公司债
49	17津航空PPN003	5.00	AA+	3.00	天津航空有限责任公司	定向工具
50	17津城建MTN004	20.00	AAA	3.00	天津城市基础设施建设投资集团有限公司	中期票据
51	17静海城投CP001	6.00	AA+	1.00	天津市静海城市基础设施建设投资集团有限公司	短期融资券
52	17津融投资CP002	4.00	AA+	1.00	天津津融投资服务集团有限公司	短期融资券
53	17滨海01	20.00	AAA	10.00	天津滨海新区建设投资集团有限公司	公司债
54	17渤租01	10.00	AAA	3.00	天津渤海租赁有限公司	公司债
55	17中交Y1	15.00	AAA	3.00	中交第一航务工程局有限公司	公司债
56	17津航空SCP006	10.00	AA+	0.74	天津航空有限责任公司	短期融资券
57	17津住宅PPN002	5.00	AA	3.00	天津住宅建设发展集团有限公司	定向工具
58	17广成投资CP001	5.00	AA	1.00	天津广成投资集团有限公司	短期融资券
59	17宁河投资PPN002	1.00	AA	5.00	天津宁河投资控股有限公司	定向工具
60	17津住宅SCP004	5.00	AA	0.74	天津住宅建设发展集团有限公司	短期融资券
61	17津航空SCP007	10.00	AA+	0.74	天津航空有限责任公司	短期融资券
62	17津城建SCP002	20.00	AAA	0.74	天津城市基础设施建设投资集团有限公司	短期融资券
63	17天物债	2.85	AA	5.00	天津物产能源资源发展有限公司	公司债

数据来源：Wind数据库。

三、天津市政府投融资平台排名情况分析

（一）天津市省级政府投融资平台排名及分析

在对省级投融资平台进行排名时，需要考虑的因素主要包括财务效益指标、资产运营指标、偿债能力指标、市场化运营指标等。因此，最终得分的高低依据是各项指标的综合，也就是说，只有某项指标排名靠前并不意味着最后的综合排名靠前（见表13-2）。

表13-2　天津市省级政府投融资平台排名

省级排名	全国排名	公司名称	评级	得分
1	7	天津泰达投资控股有限公司	AAA	38.42
2	38	天津滨海新区建设投资集团有限公司	AAA	35.42
3	51	天津港（集团）有限公司	AAA	34.60
4	66	天津生态城投资开发有限公司	AA+	34.12
5	98	天津创业环保集团股份有限公司	AA+	33.13
6	117	天津城市基础设施建设投资集团有限公司	AAA	32.62
7	149	天津渤海国有资产经营管理有限公司	AAA	31.63
8	156	天津市房地产信托集团有限公司	AA-	31.55
9	184	天津市房地产发展（集团）股份有限公司	AA	30.67
10	185	天津市政投资有限公司	AA+	30.66

这里我们着重比较分析一下唯一一家排名进入全国前十的天津泰达投资控股有限公司。

一方面，从该公司的总资产、资产负债率、资产收益率、总资产报酬率、总资产周转率、销售增长率等方面看，这些指标的数值全部位于中等水平，没有一项排在第一名。但恰恰是这种各方面较为均衡的公司排在了天津市省级政府投融资平台的首位。例如，虽然天津创业环保集团股份有限公司的资产收益率、总资产报酬率等指标排在了前列，但由于公司体量较小，总资产、净资产较少，最终拉低了该公司的排名。

另一方面，作为天津市资产规模雄厚、涉足产业广泛的重要国有企业，天津泰达投资控股有限公司承担了滨海新区部分社会服务职能，获得政府的大力支持和稳定补助。2017年，公司获得与日常活动相关的政府补助金额为17.78亿元。

从外部融资渠道来看，作为天津资产规模最大的国有企业之一和当地金融机构的优质客户，泰达公司得到的金融支持力度较大。截至2018年3月末，公司

获得工农中建四家银行授信总额约 783.00 亿元，其中未使用授信余额 429.00 亿元；获得交通银行等 82 家中小股份制银行授信总额约 1244.00 亿元，未使用授信余额 457.00 亿元，公司财务弹性尚可。公司旗下金融资产质量优良。其子公司天津市泰达国际控股（集团）有限公司是承担市属国有金融资产出资人职责的金融控股集团公司，目前已形成包括银行、证券、保险、信托、资产管理、投资等较为全面的金融业务布局。质量优良的金融资产为公司带来较好的投资收益，具有较强的变现能力，保证了公司资产的流动性。从总体上看，天津泰达投资控股有限公司得分较高，信用评级较高，排名靠前。

但 2017 年 10 月 30 日，天津证监局向天津泰达投资控股有限公司出具警示函，指出该公司于 2017 年 1 月 20 日在上海证券交易所发行"17 泰达债"募集说明书中，对截至 2015 年底对外担保情况披露不完整，未披露对天津滨海快速交通发展有限公司和天津建泰房地产开发有限公司的担保事项，涉及金额分别为 65.63 亿元和 7 亿元，合计金额占公司 2015 年末经审计净产的 10.8%。公司未按规定披露信息行为，违反《公司债券发行与交易管理办法》第四条、第二十条的有关规定，构成违规。

此外，排名第二的天津滨海新区建设投资集团有限公司旗下的离岸 SPV（特别目的载体）ZhaohaiInvestment（BVI）Limited，在港交所发布公告称，由于过去两年的人民币汇率波动，债券发行人 ZhaohaiInvestment（BVI）Limited 和担保人滨海建投香港的截至 2016 年底财务数据不再满足债券"维好条款"的相关要求，构成了"技术性违约"。

（二）天津市市级政府投融资平台排名及分析

由表 13-3 可知，市级政府投融资平台的排名普遍要比省级政府投融资平台靠后。

表 13-3　天津市级政府投融资平台排名

市级排名	全国排名	公司名称	评级	得分
1	46	天津东方财信投资集团有限公司	AA+	38.15
2	101	天津经济技术开发区国有资产经营公司	AA+	36.58
3	136	天津市北辰区建设开发公司	AA+	35.93
4	171	天津市武清区国有资产经营投资公司	AA+	35.48
5	284	天津北辰科技园区总公司	AA+	34.13
6	303	天津市静海城市基础设施建设投资集团有限公司	AA+	33.91
7	336	天津新技术产业园区武清开发区总公司	AA	33.45

续表

市级排名	全国排名	公司名称	评级	得分
8	373	天津津南城市建设投资有限公司	AA	33.03
9	374	天津宝星工贸有限公司	AA	33.03
10	431	天津广成投资集团有限公司	AA	32.60

我们着重比较分析一下排名第一的天津东方财信投资集团有限公司。从财务效益指标来看，这十家公司的资产收益率处在41%~52%，天津东方财信投资集团有限公司为49.60%，仅次于天津北辰科技园区总公司和天津宝星工贸有限公司，处于较高水平；主营业务利润率为98.21%，排名第一，说明公司盈利能力较强。从资产运营指标和偿债能力指标来看，由于公司资产体量较大，排名第一，所以总资产周转率和资产负债率较低，排名靠后。从发展能力指标来看，公司三年资本平均增长率和三年销售平均增长率处于中等水平，发展前景较好。综合各项指标来看，该公司得分最高，排在市级政府投融资平台首位。

天津市无县级政府投融资平台，在此不做分析。

第三节 天津市政府投融资平台转型发展策略

一、整合政府融资平台，财政定向支持

通过对天津市地方政府投融资平台的梳理及研究，可以发现天津市拥有多个经济开发区，并且存在一些产业发展定位重复、同质化竞争严重的现象。对这些经济开发区的年度报告、财务数据等研究可以看出，这些公司多数资金使用效率不高，并且平台的定位缺乏市场化运作以及合理的规划，给天津市政府带来一定的财政压力。其中，部分地方政府投融资平台的财政收入主要依靠土地开发，业务收入单一，来源于其他业务的收入非常少，导致其后续融资能力受限。自2017年国务院发布"43号文"以来，各地方政府纷纷开展融资平台转型工作。但由于不同地方政府投融资平台的功能定位差异，且发展不平衡，使得其债务偿还能力也有较大的差异。因此，天津市地方政府投融资平台可以通过财政方式对不同的地方政府投融资平台进行定向支持，主要通过财政转移支付，对一些还款能力差的地方政府投融资平台提供必要的补助。同时，天津市可以对其融资平台进行整合，整合后的地方政府投融资平台依靠其资产可扩大融资渠道，推进其转型发展,如2017年3月,天津市将农垦、二商、粮油、立达四家公司整合为天津市食品集团有限公司,这四家公司属于同一领域,整合前发展都不是很顺利,通过这种"弱弱联合"的方式可推进地方政府投融资平台做强做大。并且,天津市可考虑通过将风险较高的地方融资平台逐步转移至财政实力雄厚的经济开发区的方式,由该开发区通过财政支持等方法化解风险。

二、借力城镇化,推动平台大发展

充分挖掘天津市地方政府投融资平台在城市化进程中的作用。在城市化建设的起步期,需要巨大的投资才能打开城市建设的大门,在诸多基础设施项目上投入资金。此时,土地价格较低,社会资本怀疑发展前景难以大规模投入。天津市地方政府融资平台在初期的融资中要发挥重要作用,承担城市化建设起步期的资金筹集职责。借强大的融资能力和项目组织实施能力,实现良好的经济效益与社会效益,更好地盘活存量土地资源。针对天津市区级地方政府投融资平台特点,要努力培育强平台,作为地方政府城镇化项目融资的蓄水池,担任PPP等市场化项目的政府方实施主体、项目现金流不足的风险缓释主体,以及代表地方政府进行监管的执行机构;对于天津市级发展较好的地方政府投融资平台,要努力将强平台推向全国,成为PPP等市场化项目的社会资本和市政公用行业的并购整合主体。

三、创新融资手段,提升融资能力

目前,天津市地方政府投融资平台主要通过依靠政府支持、银行贷款及发行传统企业债等方式进行融资,但受制于融资政策的影响,只有创新融资手段,将社会资本引入项目建设,才能保证地方政府投融资平台的持续性发展。通过加快创新资产证券化、项目收益债、发展产业投资基金等方式进行融资,扩宽融资渠道。

第一,天津市地方政府融资平台可利用自身优势业务进行资产证券化。城市基础设施项目、标的资产规模较大项目、偿债灵活项目等应成为重点业务进行证券化融资。

第二,利用子公司及在建的基础设施项目为标的,发行项目收益债融资,避开政策限制。

第三,设立基础设施产业基金进行直接融资,扩展融资渠道。

第四,积极引入PPP模式。在供水、供热、供气等项目上优先使用PPP模式,并根据项目开展的不同阶段,采用BT、BOT、TOT、BOO等合作模式,加快创新步伐。

此外，考虑证监会对公司债的改革，对发行主体、发行方式、发行期限、流动场所全面放松。这一政策一方面通过允许募集资金用于偿还银行贷款和补充营运资金等方式放宽限制；另一方面使新公司债的流程简化，发行交易效率得以大大提高，未来天津市地方政府投融资平台可通过新公司债的方式拓宽其融资渠道。

第十四章　上海市政府投融资平台转型发展研究

第一节　上海市经济财政发展情况

一、上海市经济发展情况

上海市地处长江入海口，是长江经济带的龙头城市，又是我国首批沿海开放城市，且为国际经济、金融、贸易、航运、科技创新中心。2017年，上海市高新科技企业总数达到7642家。上海市是全球著名的金融中心，住户存款总额和人均住户存款均居全国第二。不仅如此，上海港货物吞吐量和集装箱吞吐量均居世界第一，是良好的江海国际性港口，设有中国大陆首个自贸区——中国（上海）自由贸易试验区。

（一）上海经济产出情况

根据上海市统计局公布的2017年数据，上海市地区生产总值30133.86亿元，同比增长6.9%，增速与上年基本持平，也与2017年全国GDP增速持平；根据其产业构成，2017年上海市实现第一产业增加值98.99亿元，比上年同期下降19.1%；第二产业较上年增长5.8个百分点，实现9251.40亿元；第三产业增加值20783.47亿元，作为生产总值主动力占比69.0%，同比增长7.5%。按常住人口计算的上海市人均生产总值为12.46万元。如图14-1所示。

再看行业对比，2017年上海地区的工业发展遥遥领先，实现8303.54亿元，同比增长6.4%；金融业紧随其后，较上年同时期增长11.8个百分点，达到5330.54亿元；批发和零售业的发展不甘其后以4393.36亿元位居第三，实现同比增长12.0%；除此之外，交通运输、仓储和邮政业，房地产业，信息传输、软件和信息技术服务业 2017 年均超千亿元，分别为 1344.24 亿元、1710.04 亿元、1862.27 亿元，但在政策调控下，上海市的房地产市场增速出现大幅下滑的情况，同比下降 19.1 个百分点。

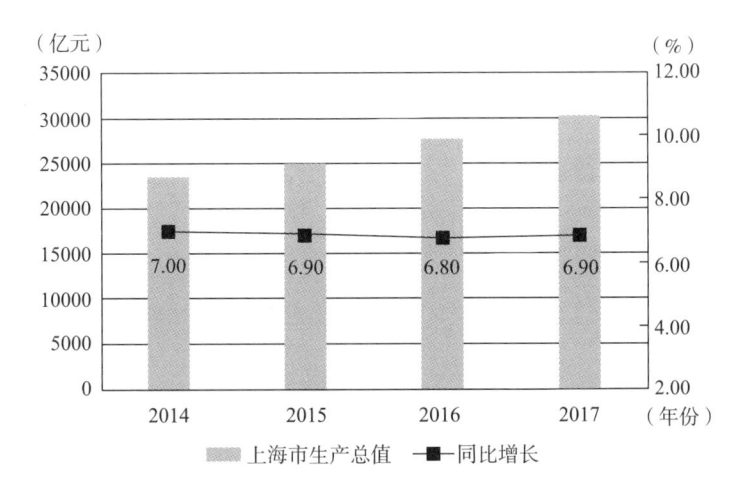

图 14-1　2014~2017 年上海市地区生产总值及增长率

数据来源：上海市统计局。

（二）上海市固定资产投资情况

根据国家统计局数据显示，2017 年上海市固定资产投资完成 7240.95 亿元，比上年增长 7.20%，增速同比提高 0.9 个百分点。从主要领域看，城市基础设施投资 1705.22 亿元，比上年增长 9.9%，增速同比提高 1.0 个百分点；房地产开发投资 3856.53 亿元，增长 4.0%，增速回落 2.9 个百分点；工业投资 1031.69 亿元，增长 5.3%，增速提高 3.0 个百分点。从产业看，第一产业投资 1.60 亿元，下降 60.8%；第二产业投资 1033.58 亿元，比上年同期增长 5.2%；第三产业投资 6211.42 亿元，增长 7.7%。总体上来说，2017 年，上海市固定资产投资增速较为平稳，经济保持平稳增长，第二、第三产业协同增长。此外，城市基础设施投资 1705.22 亿元，比上年同期增长 9.9%，同时交通运输及市政建设较上年发展趋好。如图 14-2 所示。

二、上海市财政发展情况

（一）上海市财政收支情况

2017 年，上海市一般公共预算收入为 6642.3 亿元，为调整预算的 102.6%，比 2016 年增长 9.1%。财政收入的较快增长，主要得益于供给侧结构性改革深入推进，创新驱动发展战略有效实施，科技和实体经济的支撑作用不断增强。

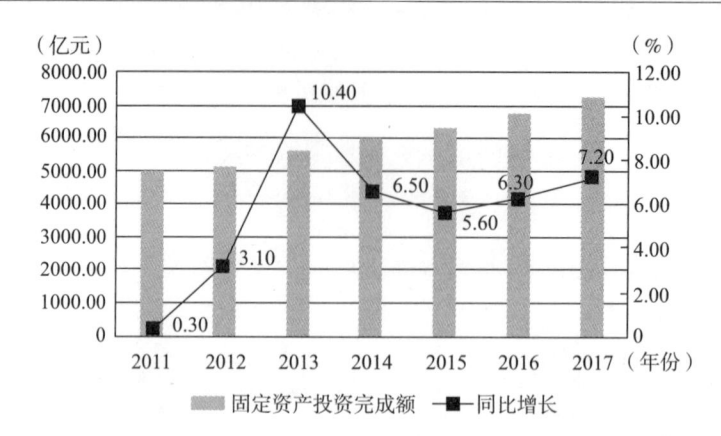

图 14-2 2011~2017 年上海市固定资产投资完成额及增速

数据来源：上海市统计局。

2018 年上半年，全市一般公共预算收入 4476.1 亿元，比上年同期增长 6.8%。分行业看，商业、金融业财政收入增长较快。

2017 年，上海全市一般公共预算支出 7547.6 亿元，加上上解中央财政支出 195.3 亿元，结转下年支出 152.4 亿元，补充预算稳定调节基金 653.6 亿元，以及地方政府一般债务还本付息 128.1 亿元，支出总量为 8677 亿元。2018 年上半年，全市一般公共预算支出 4200.3 亿元，增长 6.1%，社会保障、医疗卫生、节能环保等重点支出完成情况较好。

（二）上海市财政承债能力分析

2017 年，上海市共发行债券 1995 只，发行金额 30004.65 亿元，其中共发行地方政府债 39 只，发行总额 2349.3 亿元，其中 5 年期以上的 18 只，39 只债券均 2020 年后到期；2017 年上海市政府一般债务余额 2523.5 亿元，一般债务限额 3664.9 亿元；政府专项债务余额 2170.7 亿元，专项债务限额 3446.6 亿元。2017 年，上海市发行一般债券 273.9 亿元，3 年期 54.9 亿元，5 年期 82.1 亿元，7 年期 54.8 亿元，10 年期 82.1 亿元。已发行以国有土地使用权出让收入为还款来源的专项债券 409.2 亿元。

根据上海市财政局发布的《关于上海市 2017 年预算执行情况和 2018 年预算草案》，2017 年上海市政府债务余额为 4694 亿元，其中：市级 837 亿元、区级 3857 亿元，负债率达 15.6%，我国负债率风险区间为 [12%，20%]，上海地方债规模自 2014 年以来连续两年下降，从 2014 年的 5813.5 亿元降至 2016 年的 4485.5 亿元，两年间削减债务 1328 亿元，债务率从 2014 年的 58.1% 降至 2016 年的 38.8%，下降了近 20 个百分点。上海市 2017 年的债务风险处在可控范围。2017 年，上海市的债务率为 71%，同比下降 14 个百分点，且低于国际标准 100%，风险总体可控。

2017年财政部核定本市发行地方政府新增一般债券171亿元。

上海市债务率大幅下降得益于债务规模削减和上海市财政收入大幅增长,受益于产业结构调整和上海市财政收入在近三年间保持中高速增长,2016年上海市一般公共预算收入增长更是高达16.1%,全国居首。债务和收入一降一增之间,让上海债务情况良好。

从资金投向看,2017年上海市置换一般债券资金用于偿还各区一般债务,新增一般债券资金全部转贷有关区政府使用,主要用于城乡社区支出110.7亿元,交通运输支出141.2亿元,农林水事务支出105亿元,住房保障等社会事业基础设施支出40.3亿元。

专项置换债券资金用于偿还清理甄别确定的截至2016年12月31日的地方政府债券中2017年到期的债务本金,新增专项债券资金全部转贷有关区使用,主要用于具有一定收益的项目资金支出,包括旧城区改造、土地储备、保障性住房、交通运输设施建设等基础性、公益性项目支出,较好地保障了地方经济社会发展的需要,推动了民生改善和社会事业发展,并且形成了大量优质资产。

第二节 上海市政府投融资平台发展情况

一、上海政府投融资平台发债情况

2015年,上海市地方政府投融资平台共发债13只,发行规模150亿元,发行平均票面利率5.11%;发行期限5年(含)以上的共9只,占比69.2%。

2016年,上海市地方政府投融资平台共发行债券26只,发行规模331亿元,发行平均票面利率3.59%;发行期限5年(含)以上的共18只,占比69.2%。

2017年,上海市地方政府投融资平台共发行债券17只,规模133亿元,发行平均票面利率4.76%。债券类型以一般公司债居多,占比41.2%;发行期限5年(含)以上的共8只;发债主体信用评级共分为AAA、AA+、AA三个等级,占比分别约为35.3%、47.1%、17.6%。上海市地方政府投融资平台发债主要集中在市本级及浦东新区。

二、上海市政府投融资平台新增债券情况

表14-1为2017年上海市政府投融资平台新增17只债券详情汇总,发行总金额为133亿元。

表 14-1 2017 年上海市政府投融资平台公司新增债券发行情况

序号	债券简称	发行总额（亿）	发行期限（年）	票面利率（发行参考）	公司	主体信用评级
1	17 大宁 01	6	5	5.48	上海大宁资产经营（集团）有限公司	AA+
2	17 大宁 SCP001	3	0.74	4.54	上海大宁资产经营（集团）有限公司	AA+
3	17 沪城建 CP001	10	1	4.25	上海城建（集团）公司	AAA
4	17 沪国旅项目 NPB01	9.5	15	5.4	上海申迪（集团）有限公司	AAA
5	17 沪城建 SCP001	10	0.74	4.45	上海城建（集团）公司	AAA
6	17 沪宁 01	8	7	5	上海大宁资产经营（集团）有限公司	AA+
7	17 沪中环	3	5	5.5	上海中环投资开发（集团）有限公司	AA
8	17 浦东土地 CP001	21	1	4.74	上海浦东土地控股（集团）有限公司	AA+
9	17 浦东土地 SCP001	10	0.74	4.85	上海浦东土地控股（集团）有限公司	AA+
10	17 浦建 01	2	3	4.46	上海浦东路桥建设股份有限公司	AA+
11	17 浦土 01	10	5	4.9	上海浦东土地控股（集团）有限公司	AA+
12	17 浦土 02	5	5	4.65	上海浦东土地控股（集团）有限公司	AA+
13	17 普陀城投 MTN001	5	3	4.97	上海市普陀区城市建设投资有限公司	AA
14	17 普陀城投 MTN002	3.5	5	5.16	上海市普陀区城市建设投资有限公司	AA
15	17 申能集 SCP001	15	0.49	4.35	申能（集团）有限公司	AAA
16	17 张江高科自贸区 PPN001	1	3	4.8	上海张江高科技园区开发股份有限公司	AAA
17	17 张江 01	11	5	4.45	上海张江（集团）有限公司	AAA

三、上海市政府投融资平台排名情况分析

（一）上海市省级政府投融资平台排名及分析

上海市作为全国的经济金融中心，处在改革的前沿地带。从表 14-2 中可以看出，上海市省级投融资平台排名都比较靠前，上海城投控股股份有限公司、上海城投（集团）有限公司、上海世博发展（集团）有限公司、绿地控股集团有限公司四家公司均排在全国前三十名内。

表 14-2 上海市省级政府投融资平台排名

省级排名	全国排名	公司名称	评级	得分
1	5	上海城投控股股份有限公司	AAA	38.59
2	12	上海城投（集团）有限公司	AAA	37.77
3	16	上海世博发展（集团）有限公司	AAA	36.97
4	23	绿地控股集团有限公司	AA+	36.40
5	32	上海国盛（集团）有限公司	AAA	35.77
6	37	申能（集团）有限公司	AAA	35.51
7	47	上海临港经济发展（集团）有限公司	AAA	34.93
8	48	百联集团有限公司	AAA	34.93
9	56	上海国际港务（集团）股份有限公司	AAA	34.46
10	96	上海国有资产经营有限公司	AAA	33.19

这里我们着重分析一下排名第一的上海城投控股股份有限公司。一方面，相比之下，该公司的总资产、净资产体量处于较低水平，但该公司的资产收益率、主营业务利润率处于适中水平，盈利能力良好；另一方面，该公司水务、环境等业务涉及的自来水、排水、污水处理、废弃物处置等公用事业具有一定的区域垄断性，可保证现金流入的稳定性。整体来看，公司主营业务资金回笼状况较好。2017 年，公司营业收入现金率为 119.62%。公司经营性现金流保持持续较大规模的净流入，能对债务偿付形成基础保障。2017 年，公司经营性现金净流量为 36.92 亿元，较上年减少 6.88 亿元。

公司因持续进行城市基础设施项目投资建设，资金投入保持在较高水平，当年投资活动现金净流出量为 186.65 亿元，净流出规模较上年缩减 99.27 亿元。公司主要通过城市建设专项资金拨款、金融机构借款等方式弥补资金缺口，同年筹资活动现金流量净额为 133.26 亿元，较上年减少 130.16 亿元。

随着经营利润的逐年累积以及上海市政府对该公司注入资本金的增加，公司

近年来资本实力逐渐增强，2017年末公司所有者权益为2501.94亿元，较上年末增长5.56%；同期末公司资产总额为5475.83亿元，较上年末增长6.29%。公司资产以非流动资产为主，占比逾80%。流动资产中货币资金余额为445.00亿元，较上年末减少3.59%，受限金额仅0.11亿元；存货余额280.81亿元，较上年末增长51.83%，主要是由于城投控股开发成本增加所致。非流动负债中固定资产和在建工程主要为已建成和在建的城市基础设施，2017年末两者合计金额为2706.10亿元，占资产总额的比重为49.42%。公司另持有较大规模的金融资产，同期末可供出售金融资产为1074.05亿元，其中以公允价值计量的资产账面价值为320.46亿元，主要为持有的上市公司股份，变现能力强。

该公司具有良好的偿债信誉，与多家商业银行建立了良好的长期合作关系。截至2017年末，公司合并口径已获得商业银行授信总额为4275.00亿元，其中尚未使用的授信余额为3995.73亿元，间接融资渠道较顺畅，且具有较强的融资成本优势。除此之外，公司还得到上海市政府较大力度的政策支持和资金支持，2017年公司收到上海市政府各项拨款资金共计259.16亿元，从而为公司基础设施项目建设和债务偿付提供了有力支撑。

在表14-2十家公司中，排名第四位的绿地集团发布中期报告显示，绿地辽宁部分子公司的逾期短期债务达2.475亿元，逾期时间为78~370天，逾期长期债务为2.1亿元，逾期时间为192天和703天，总计4.575亿元。

（二）上海市市级政府投融资平台排名及分析

从表14-3中可以看出，上海市市级政府投融资平台的排名普遍比省级政府投融资平台靠后。

表14-3 上海市市级政府投融资平台排名

市级排名	全国排名	公司名称	评级	得分
1	20	上海陆家嘴金融贸易区开发股份有限公司	AAA	39.65
2	180	上海陆家嘴（集团）有限公司	AAA	35.37
3	207	上海市莘庄工业区经济技术发展有限公司	AA	34.96
4	211	上海浦东发展（集团）有限公司	AAA	34.93
5	241	上海市北高新（集团）有限公司	AA+	34.60
6	265	上海申迪（集团）有限公司	AAA	34.32
7	266	上海闵行城市建设投资开发有限公司	AA+	34.30
8	287	上海张江（集团）有限公司	AAA	34.10
9	298	上海浦东土地控股（集团）有限公司	AA+	33.97
10	312	上海新世界（集团）有限公司	AA+	33.78

我们着重比较分析一下排名第一的上海陆家嘴金融贸易区开发股份有限公司。从财务效益指标来看，该公司的总资产、净资产处于中等水平，但其资产收益率为18.19%，总资产报酬率为7.70%，均排名第一，说明公司盈利能力较强。从偿债能力指标来看，公司资产负债率为73.32%，处于较高水平；速动比率和流动比率均小于1，处于较低水平，公司偿债能力相对较弱。但从发展能力指标来看，公司总资产增长率、三年资本平均增长率和三年销售平均增长率均为正值，且处于中等水平，发展前景较好。综合各项指标来看，该公司得分最高，排在市级政府投融资平台首位。

（三）上海市县级政府投融资平台

上海市县级政府投融资平台排名情况如表14-4所示。

表14-4 上海市县级政府投融资平台排名

全国排名	公司名称	得分	评级	所属证监会行业名称	公司属性
440	上海陈家镇建设发展有限公司	25.14	AA	建筑业	地方国有企业

第三节 上海市政府投融资平台转型发展策略

一、创新发展模式，促进平台转型发展

上海市作为全国的经济金融中心，应当积极探索、创新业务发展模式，走在政府投融资平台转型前列，为其他地方政府平台转型提供经验，发挥好带头模范作用。

作为地方融资平台，城投公司普遍业务模式单一，业务收入结构失调，需要政府不断补血才能生存下去。因此，要推动融资平台转型，就必须解决好未来融资平台的业务发展问题，为融资平台找到一个稳定可靠的业务来源。这就需要不断创新业务发展模式，培育新的利润增长点。能否推进创新、培育具有市场竞争力的业务和盈利增长点是地方政府投融资平台转型成功与否的关键。地方政府投融资平台只有具有一定的盈利能力，方能适应市场竞争，也才能摆脱政府附庸的地位，成为具有自主经营能力的准市场化主体。

二、整合重组平台，提高平台创收能力

不仅仅是上海市，对全国的地方政府来说，当前数量众多的投融资平台和快速增长的融资规模都给地方政府和银行系统带来了隐性债务隐患，因此，未来应对投融资平台的数量和融资规模进行一定的控制。

根据政府级别以及经济财政实力的不同，合理控制其下属融资平台的数量，并对其进行分类管理，合并重组现有融资平台，整合具有相同或相似资源要素的融资平台，利用专业优势与集中优势，提高资源利用效率。

另外，严格限制新设融资平台，包括提高地方融资平台的公司设立的批准条件，如要求符合经济发展目标、提高注册资本（实收资本）要求、需要有关部门的审批、按照地区的行政等级设置融资平台的数量上限等。

三、借助国企改革，推动市场化运作

融资平台作为一种特殊性质的国有企业，本质上也属于国有改革范畴，因此，推动融资平台转型也需要配套国有企业改革。没有国企改革作为配套，即使转型后，地方融资平台仍然依赖地方政府，对地方政府构成隐性债务。当前，国有企业与政府的关系仍然没有明晰，国有企业还没有建立完善的现代企业制度，独立法人较弱，无法完全市场化地自主运营，政府对国有企业干预比较明显，这导致国有企业很多债务也属地方政府隐性债务的范畴。因此，推进融资平台转型，需要结合国有企业改革，健全现代企业制度，落实融资平台的独立法人地位，完善法人治理结构，实现市场化的自主经营、自负盈亏。

第十五章　吉林省政府投融资平台转型发展研究

第一节　吉林省经济财政发展情况

一、吉林省经济发展情况

（一）吉林省经济产出情况

吉林省统计局数据显示，2017年全省实现地区生产总值15288.9亿元，按可比价格计算，比上年增长5.3%。其中，第一产业增加值1429.21亿元，增长3.3%；第二产业增加值7012.85亿元，增长3.9%；第三产业增加值6846.88亿元，增长7.5%。按常住人口计算，全省全年人均地区生产总值达到56102元（按年平均汇率折合8311美元），比上年增长6.0%。三次产业的结构比例为9.3∶45.9∶44.8，对经济增长的贡献率分别为6.9%、36.9%和56.2%。如图15-1所示。

（二）吉林省固定资产投资情况

2017年，吉林省全社会固定资产投资13283.89亿元，比上年增长1.4%。其中，固定资产投资（不含农户）13130.90亿元，增长1.4%。在固定资产投资（不含农户）中，第一产业投资852.91亿元，比上年增长28.9%；第二产业投资6351.31亿元，下降4.4%，其中，工业投资6118.49亿元，下降5.7%；第三产业投资5926.69亿元，增长5.1%。基础设施投资2155.68亿元，增长8.3%，占固定资产投资（不含农户）的比重为16.4%。民间投资9666.69亿元，增长1.3%，占固定资产投资（不含农户）的比重为73.6%。六大高耗能行业投资1273.81亿元，占固定资产投资（不含农户）的比重为9.7%，比上年下降1.5

个百分点。如图 15-2 所示。

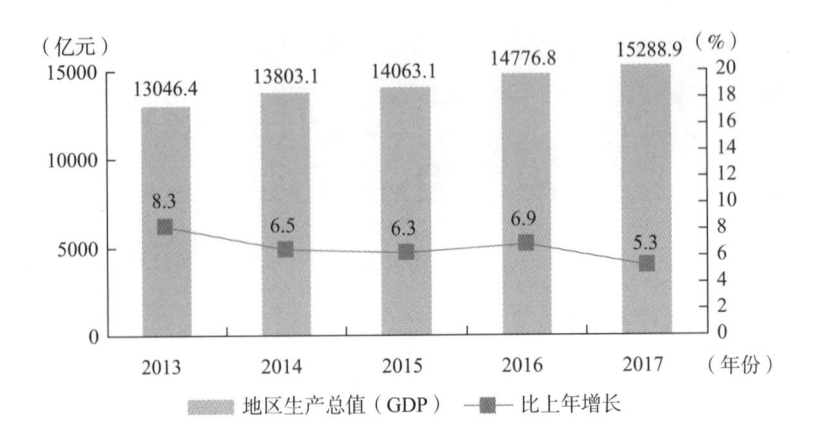

图 15-1　2013~2017 年吉林省地区生产总值及其增长速度

数据来源：吉林省统计局。

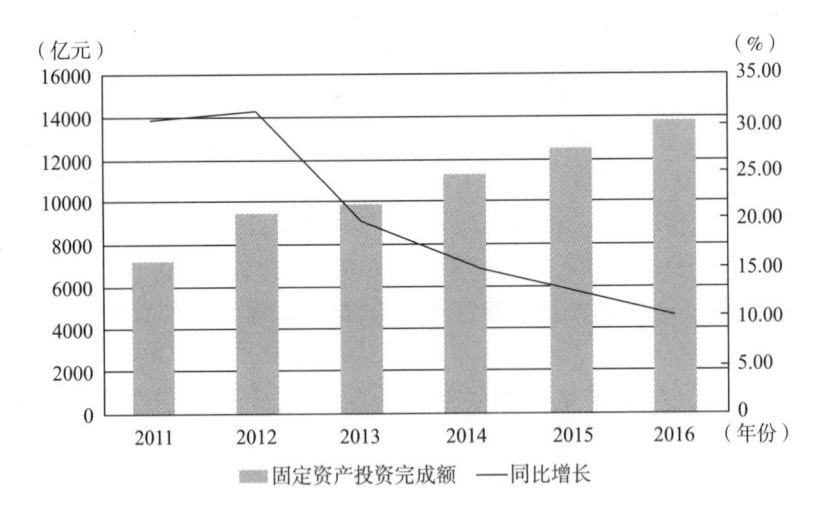

图 15-2　2011~2016 年吉林省固定资产投资情况

数据来源：吉林省统计局。

2017 年，吉林省完成房地产开发投资 910.14 亿元，比上年下降 10.5%。其中，住宅投资 633.55 亿元，下降 10.9%。本年房屋竣工面积 1478.85 万平方米，增长 9.4%。商品房销售面积 1885.21 万平方米，下降 1.8%。其中，住宅销售面积 1602.06 万平方米，下降 1.8%。商品房销售额 1135.18 亿元，增长 10.3%。

二、吉林省财政发展情况

(一) 吉林省财政收支情况

2016年,全省完成全口径财政收入2225.6亿元,比上年增长3.8%,完成地方财政收入1263.76亿元,比上年增加34.5亿元,增长2.8%。2017年,全省一般公共预算收入1210.82亿元,为调整预算的100.9%,比上年同口径下降4.1%。2017年全省一般公共预算支出3725.72亿元,为调整预算的94.1%,比上年同口径增长3.1%。加上政府债务还本支出、补充预算稳定调节基金和结转下年支出等964.95亿元,支出总计4690.67亿元。

吉林省财政收入持续增长,2015～2017年吉林省分别实现财政收入总计4954.28亿元、5234.87亿元和5631.66亿元,年均复合增长6.62%。其中一般公共预算收入总计占比在80%左右,对吉林省财政收入稳定性起到了重要的保障作用。如表15-1所示。

表15-1　2015～2017年吉林省财政收入构成情况　　单位:亿元

项目	2015年	2016年	2017年
一般公共预算收入总计	4032.99	4359.87	4690.67
政府性基金收入总计	918.02	840.40	932.53
国有资本经营收入总计	3.27	34.60	8.46
财政收入总计	4954.28	5234.87	5631.66

资料来源:2015～2016年吉林省财政总决算报表,2017年吉林省财政预算执行情况报表。

(二) 吉林省财政承债能力分析

2015～2017年,吉林省政府债务/GDP分别为19.26%、19.46%和20.89%,指标相对稳定且处于较低水平。据联合资信测算,2015～2017年吉林省政府债务/财政收入总计分别为55.48%、55.33%和56.70%。总体看,吉林省政府债务率较低。根据《吉林省地方政府性债务审计结果》(2014年1月23日公告),截至2012年底,吉林省政府负有偿还责任债务除去应付未付款项形成的逾期债务后,逾期债务率为1.79%,远低于5.38%的全国平均水平,指标值列全国各省份第20位(按逾期债务率指标由高到低顺序排列);政府负有担保责任的债务、可能承担一定救助责任的债务的逾期债务率分别为1.29%和3.12%。吉林省政府性债务逾期债务率处于较低水平。综合以上情况来看,吉林省总体债务负担一般,2015～2017年政府债务持续增长,但总体债务规模控制较好。吉林省政府债务余额与GDP的比率较低,债务率水平一般,整体债务风险可控。

第二节 吉林省政府投融资平台发展情况

一、吉林省政府投融资平台发债情况

吉林省地方政府投融资平台在2009~2017年共公开发行94只债券,发行规模总计1048.60亿元。从图15-3中可以看出,吉林省地方政府投融资平台公开发债规模从2015年开始快速增长,其中2015年共发行22只债券,发行总额达到269.9亿元;2016年共发行21只债券,发行总额达到252.5亿元;2017共发行25只债券,发行总额为245.5亿元。

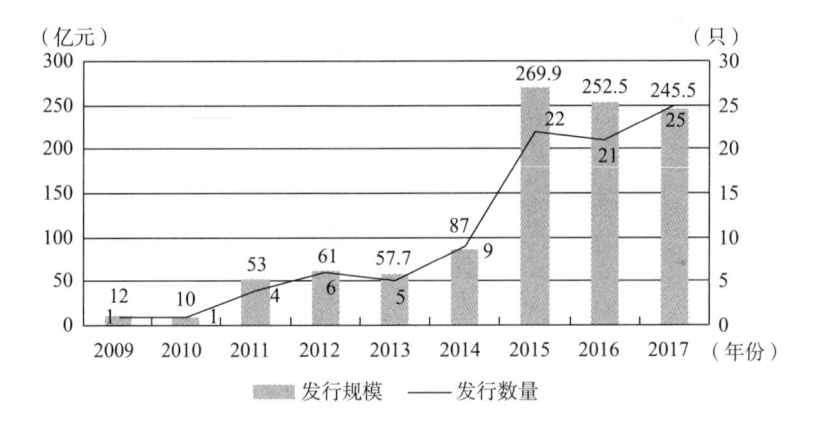

图15-3 2009~2017年吉林省政府投融资平台公开发债情况

数据来源:Wind数据库。

下面从债券期限、债券类型、区域分布三个维度对吉林地方政府投融资平台债券融资的发行情况进行介绍。

从图15-4中可以看出,2009年以来吉林省地方政府投融资平台发行的债券以3年期、5年期、7年期为主,分别占总发行量的29%、34%和20%,合计占比达到83%;3年期及以下的占15%,7年期以上的合计占2%。

从图15-5中可以看出,2009年以来吉林省地方政府投融资平台公开发行的债券以一般中期票据、定向工具、一般企业债为主,合计占比达79%,发行最少的为一般短期融资券,仅占发行总量的4%。

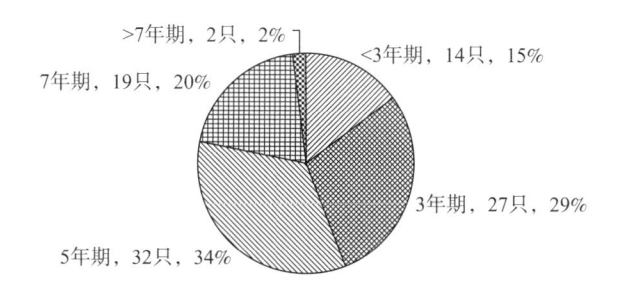

图 15 - 4 2009~2017 年吉林省政府投融资平台公开发债期限统计

数据来源：Wind 数据库。

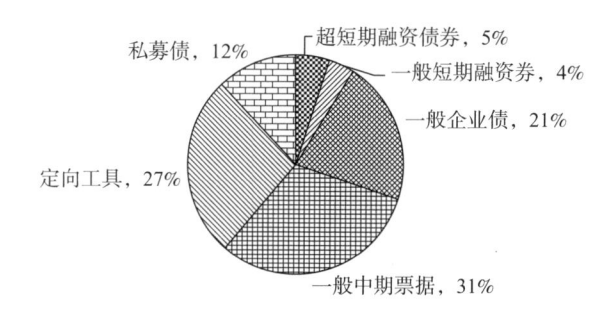

图 15 - 5 2009~2017 年吉林省政府投融资平台公开发债类型统计

数据来源：Wind 数据库。

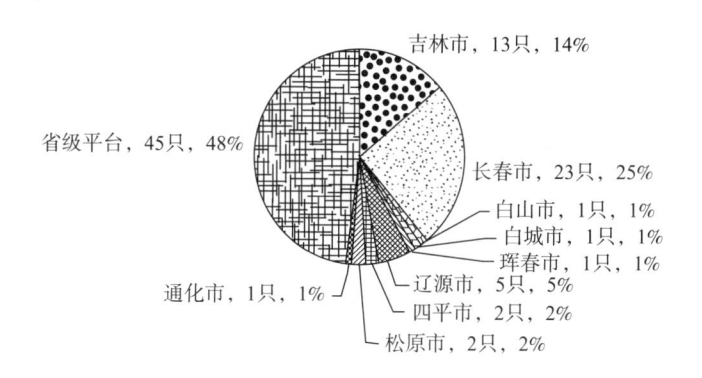

图 15 - 6 2009~2017 年吉林省政府投融资平台公开发债区域分布统计

数据来源：Wind 数据库。

从图 15 - 6 中可以看出，2009 年以来吉林省地方政府投融资平台公开发行的债券主要由省级平台、长春市、吉林市发行，分别占比 48%、25%、14%，共占债券发行总量的 87%。

二、吉林省政府投融资平台新增债券情况

2017年，吉林省政府投融资平台新增25只债券，发行总额为245.5亿元。如表15-2所示。

表15-2 2017年吉林省政府投融资平台新增债券发行情况

序号	债券简称	余额（亿元）	剩余期限（年）	评级	期限（年）	公司	债券类型
1	17长发集团MTN002	20.00	3.93	AAA	5.00	长春市城市发展投资控股（集团）有限公司	中期票据
2	17吉林高速MTN001	20.00	3.58	AA+	5.00	吉林省高速公路集团有限公司	中期票据
3	17长发集团MTN003	20.00	1.98	AAA	3.00	长春市城市发展投资控股（集团）有限公司	中期票据
4	17吉林高速MTN003	20.00	4.34	AAA	5.00	吉林省高速公路集团有限公司	中期票据
5	17吉林高速MTN002	20.00	4.22	AAA	5.00	吉林省高速公路集团有限公司	中期票据
6	17龙翔投资PPN002	20.00	2.06	AA+	3.00	龙翔投资控股集团有限公司	定向工具
7	17吉林城建MTN001	16.00	3.67	AA+	5.00	吉林市城市建设控股集团有限公司	中期票据
8	17铁投01	15.00	4.07	AA	5.00	吉林市铁路投资开发有限公司	公司债
9	17长发集团MTN001	15.00	3.65	AAA	5.00	长春市城市发展投资控股（集团）有限公司	中期票据
10	17龙翔投资PPN001	12.00	1.58	AA+	3.00	龙翔投资控股集团有限公司	定向工具
11	17吉林交投CP001	10.00	0.06	AA+	1.00	吉林省交通投资集团有限公司	短期融资券
12	17吉林电力SCP001	8.00	0.02	AA+	0.74	吉林电力股份有限公司	短期融资券
13	17亚泰PPN002	7.00	2.36	AA	3.00	吉林亚泰（集团）股份有限公司	定向工具
14	17长春润德PPN001	5.00	1.33	AA+	2.00	长春润德投资集团有限公司	定向工具
15	17吉林高速SCP004	5.00	0.04	AAA	0.74	吉林省高速公路集团有限公司	短期融资券
16	17亚泰PPN001	5.00	1.60	AA	3.00	吉林亚泰（集团）股份有限公司	定向工具
17	17吉林交投PPN001	5.00	1.48	AA+	3.00	吉林省交通投资集团有限公司	定向工具
18	17长春农业PPN002	5.00	2.22	AA	3.00	长春现代农业产业建设有限公司	定向工具
19	17长春农业PPN001	5.00	1.98	AA	3.00	长春现代农业产业建设有限公司	定向工具
20	17珲春01	4.00	6.12	AA	7.00	珲春市城市投资开发有限公司	企业债
21	17神华01	2.30	2.11	AA	3.00	吉林神华集团有限公司	公司债

续表

序号	债券简称	余额（亿元）	剩余期限（年）	评级	期限（年）	公司	债券类型
22	17 长白山 CP002	2.00	0.10	AA	1.00	吉林省长白山开发建设（集团）有限责任公司	短期融资券
23	17 东北袜业项目 NPB01	2.00	3.75	A -	5.00	吉林省东北袜业园产业投资有限公司	企业债
24	17 辽源国资 MTN001	2.00	3.56	AA	5.00	辽源市国有资产经营有限责任公司	中期票据
25	17 吉林铁投 PPN001	0.50	4.12	AA	5.00	吉林市铁路投资开发有限公司	定向工具

数据来源：Wind 数据库。

三、吉林省政府投融资平台排名情况分析

（一）吉林省省级政府投融资平台排名分析

从表 15-3 中可以看出，吉林省省级政府投融资平台中中国吉林森林工业集团有限责任公司排名为第 61 名，得分为 34.56 分，所属行业为农、林、牧、渔业，评级为 A - ；吉林省高速公路集团有限公司排名为第 221 名，得分为 30.55 分，所属行业为交通运输、仓储和邮政业，评级为 AAA；吉林省交通投资集团有限公司排名为第 320 名，得分为 26.73 分，所属行业为综合，评级为 AA + 。中国吉林森林工业集团有限责任公司排名相对靠前，其余两家平台排名都相对靠后，实力有待进一步加强。

表 15-3 吉林省省级政府投融资平台排名

省级排名	全国排名	公司名称	得分	评级	所属证监会行业名称
1	61	中国吉林森林工业集团有限责任公司	34.56	A -	农、林、牧、渔业
2	221	吉林省高速公路集团有限公司	30.55	AAA	交通运输、仓储和邮政业
3	320	吉林省交通投资集团有限公司	26.73	AA +	综合

从财务效益指标来看，中国吉林森林工业集团有限责任公司相比于其他两家平台公司来说，主要是业务利润率较高，周转率也较高，资产运营能力强。发展能力指标中，中国吉林森林工业集团有限责任公司和吉林省高速公路集团有限公司水平相当，吉林省交通投资集团有限公司资产、销售增长率相对较低，发展能力较弱。三者的国资运营指标相当，吉林省交通投资集团有限公司的企业社会责

任报告制度评分低,综合社会贡献中,中国吉林森林工业集团有限责任公司评分最高。市场化运营指标中,中国吉林森林工业集团有限责任公司综合评分最高,其市场占有率较高,有控股的金融企业。因此,要提高竞争力,应该在实现高盈利的基础上保持高增长,以及增强市场运营能力和社会责任感。

(二)吉林省市级政府投融资平台排名分析

表15-4选取了长春市城市发展投资控股(集团)有限公司、吉林市城市建设控股集团有限公司、龙翔投资控股集团有限公司等在吉林省的市级平台中排名前十的平台公司,其中长春市城市发展投资控股(集团)有限公司排名为第17名,较为靠前,得分40.64分,评级为AAA。其余平台公司排名相对靠后,与第1名有较大的差距。

表15-4 吉林省市级政府投融资平台排名

市级排名	全国排名	公司名称	得分	评级	所属市	所属证监会行业名称	公司属性
1	17	长春市城市发展投资控股(集团)有限公司	40.64	AAA	长春市	建筑业	地方国有企业
2	108	吉林市城市建设控股集团有限公司	36.67	AA+	吉林市	综合	地方国有企业
3	164	龙翔投资控股集团有限公司	35.71	AA+	长春市	金融业	地方国有企业
4	240	长春欧亚集团股份有限公司	34.77	AA+	长春市	批发和零售业	地方国有企业
5	251	长春市城市发展投资控股(集团)有限公司	34.66	AA+	长春市	综合	地方国有企业
6	435	辽源市国有资产经营有限责任公司	32.76	AA-	辽源市	综合	地方国有企业
7	562	吉林省长白山开发建设(集团)有限责任公司	31.60	AA	延边朝鲜族自治州	租赁和商务服务业	地方国有企业
8	644	吉林市铁路投资开发有限公司	30.88	AA	吉林市	建筑业	地方国有企业
9	782	长春润德投资集团有限公司	29.58	AA+	长春市	租赁和商务服务业	地方国有企业
10	820	长春市轨道交通集团有限公司	29.18	AA+	长春市	交通运输、仓储和邮政业	地方国有企业

长春市城市发展投资控股(集团)有限公司总资产、净资产规模大,财务效益指标体系中各个指标均处于较高水平,但资产运营能力有待提高,偿债能力

强，发展能力处于中等水平，主营业务的集中度与市场占有程度高，能为企业的业务绩效提供一定保证，这都是其竞争力所在。其余公司各指标均有待进一步提高。

（三）吉林省县级政府投融资平台排名分析

按照县进行排名，珲春市城市投资开发有限公司排名第619名，得分22.76分，评级为AA，所在行业为建筑业。从指标看，公司的总资产、净资产均相对较少，规模较小，财务效益指标中资产收益率较低，流动比率相对较低，流动资产所占比例较小，销售增长率较低，一定程度限制了公司的发展能力。如表15-5所示。

表15-5 吉林省县级政府投融资平台排名

全国排名	公司名称	得分	评级	所属证监会行业名称	公司属性
619	珲春市城市投资开发有限公司	22.76	AA	建筑业	地方国有企业

第三节 吉林省政府投融资平台转型发展策略

一、循序渐进，逐步推动平台转型

一些经济发达地区有的投融资平台已由单纯的融资平台转变为城市服务运营商，有的转变为市场化投资公司，并具有了一定的市场竞争力，正逐步向全国拓展业务，有的则集城市投资建设、城市运营服务、投资功能于一体等。

不同于这些地区，吉林省作为重工业大省、老工业基地，仍有部分地方政府投融资平台只是政府的纯融资性平台，经营性业务和经营性收入均很少，参与市场竞争的能力很薄弱。因而，在推动地方政府投融资平台转型过程中，要区别对待，因地制宜，防止"一刀切"。对于发展较好的投融资平台可以推动其转型，对发展较差的投融资平台则通过循序渐进的方式推动其转型。

二、分门别类，针对性制定转型方案

地方融资平台主要是为了满足地方政府在提供公共管理和服务中的融资需要，因此，在对待地方融资平台转型方面，需要从融资平台从事的业务入手。如果是帮助地方政府提供公共产品和服务产生的债务，应该纳入政府财政预算。如

果不是帮助地方政府提供公共产品和服务产生的债务，则应该是由融资平台自身进行偿还，而不能由财政资金来偿还。因此，对融资平台的业务和经营进行界定及分类成为推动融资平台转型的关键。界定清楚之后，对于同一政府所属融资平台，应将所有从事经营性质的融资平台进行整合重组，与政府进行剥离，按照市场化要求开展业务。对于完全公益性质融资平台，在初期允许其保留，但需要制定专门的法规，并明确其债务就是地方政府的债务，将其债务纳入地方财政预算。待时机成熟后，逐步与地方政府剥离、退出。对于从事准公益性质具有一定收益的融资平台，可以引进社会资本，进行混合所有制改革，推动融资平台逐步转型。

三、开好"前门"，放开政府举债权利

目前《预算法》只允许省级政府（含计划单列市）通过发行债券方式进行融资，但省级以下地方政府没有举债权，依然无法直接融资，只能由省级政府代为发行债券。在未来城镇化不断推进的过程中，省级以下地方融资需求势必仍然强烈，如果不能赋予其相应的自主融资权，而仍然采取省级政府代发形式，很难满足地方政府灵活的融资需求。这种情况下，省级以下地方政府仍然倾向于通过其他方式绕过省级政府融资，很有可能会导致地方融资平台继续存在。因此，要推动地方融资平台转型，需要逐步扩大省级以下地方政府债券发行的城市范围，赋予其相应融资权。为防止滥用自主发行权，应在中央或省级政府的统筹安排下，给予省级以下政府一定的自主发行额度，使省级以下政府在额度范围内量力而行地制定自主发债计划，增强政府发债的自主性、灵活性。

第十六章 内蒙古自治区政府投融资平台转型发展研究

第一节 内蒙古自治区经济财政发展情况

一、内蒙古自治区经济发展情况

（一）内蒙古自治区经济产出情况

2016年，内蒙古自治区全年实现生产总值18632.6亿元，按可比价格计算，比上年增长7.2%，高于全国平均增速0.5个百分点。2017年，全区实现地区生产总值16103.2亿元，按可比价格计算，比上年增长4.0%。2018年上半年，内蒙古自治区实现生产总值7776.7亿元，按可比价格计算，同比增长4.9%，增速比第一季度加快0.3个百分点。

（二）内蒙古自治区固定资产投资情况

固定资产投资方面，2016年内蒙古自治区全社会固定资产投资总额15469.5亿元，比上年增长11.9%。2017年全社会固定资产投资总额14404.6亿元，比上年下降6.9%。其中，500万元以上项目完成固定资产投资14219.3亿元，同比下降7.0%。从投资主体看，国有经济单位投资6647.5亿元，集体单位投资92.6亿元，个体投资225.5亿元，其他经济类型单位投资7439.0亿元。具体如表16-1所示。

总体来看，2017年，内蒙古自治区固定资产投资金额有所下滑，经济增速受固定资产投资影响逐步放缓，未来仍需持续关注地区固定资产投资变化情况。

表 16-1　内蒙古自治区分行业 500 万元以上固定资产投资及增速

单位：亿元

	2017 年	同比增长（%）
农林牧渔业	1074.00	15.30
采矿业	988.40	3.00
制造业	3234.70	-9.20
电力、燃气及水的生产和供应业	1409.70	-25.90
建筑业	20.60	-86.40
批发和零售业	372.00	-3.50
交通运输、仓储及邮政业	1478.00	-16.10
住宿和餐饮业	97.70	45.30
信息传输、软件和信息技术服务业	189.80	50.70
水利、环境和公共设施管理	2818.10	6.50
教育	163.10	9.40
卫生和社会工作	154.10	20.80
文化、体育和娱乐业	231.20	9.80
公共管理、社会保障和社会组织	213.60	-27.50

数据来源：内蒙古自治区统计局。

二、内蒙古自治区财政发展情况

（一）内蒙古自治区财政收支情况

2016 年，全区一般公共预算收入完成 2016.43 亿元，转移性收入完成 2376.21 亿元，自行发行地方债收入 286.5 亿元（新增债券）。2017 年，全区一般公共预算收入 1703.2 亿元，转移性收入 2523 亿元，自行发行地方债收入 359.4 亿元（新增债券）。

2016 年，全区一般公共预算支出完成 4512.71 亿元；地方债还本支出 86 亿元；全区本级一般公共预算支出完成 685.85 亿元，补助下级支出 2045 亿元，地方债还本支出为 0。

2017 年，全区一般公共预算总支出 4523.1 亿元；地方债还本支出 631.5 亿元；全区本级一般公共预算支出 903.2 亿元，补助下级支出 2207.3 亿元，地方债还本支出 6.8 亿元。

（二）内蒙古自治区财政承债能力分析

1. 内蒙古自治区债务情况

截至 2017 年末，内蒙古自治区各级政府性债务余额预计执行数为 7152.72

亿元,其中负有偿还责任的债务 6009.22 亿元,占 84.01%;或有债务 1143.50 亿元,占 15.99%。

从政府层级看,自治区本级、盟市本级、旗县政府负有偿还责任的债务分别为 409.27 亿元、2216.83 亿元、3383.12 亿元,分别占 6.81%、36.89%、56.30%。

从举借主体看,政府部门和机构举借债务 5519.14 亿元,占 91.84%;融资平台公司举借债务 234.71 亿元,占 3.91%;经费补助事业单位举借债务 158.09 亿元,占 2.63%;国有独资或控股企业(不含融资平台公司)举借债务 79.58 亿元,占 1.32%;其他单位举借债务 5.88 亿元,占 0.10%;公用事业单位举借债务 11.82 亿元,占 0.20%。

从资金来源看,应付未付款项 428.19 亿元,占 7.13%;银行贷款 85.61 亿元,占 1.42%;企业债券 149.45 亿元,占 2.49%;发行政府债券 5211.69 亿元,占 86.73%;信托融资 27.28 亿元,占 0.45%;其他来源的债务 107 亿元,占 1.78%。

从未来偿还情况来看,2018 年为 403.33 亿元,占 6.71%;2019 年为 433.25 亿元,占 7.21%;2020 年及以后为 5172.64 亿元,占 86.08%。

2015 年,国务院下达全区地方政府债务限额 5675.5 亿元,全区各级政府债务余额 5455.2 亿元;2016 年,全区地方政府债务限额 5962.5 亿元,全区各级政府债务余额 5884.58 亿元;2017 年,全区地方政府债务限额 6357.5 亿元,全区地方政府债务余额 6009.22 亿元。

2. 内蒙古自治区财政承债能力分析

债务限额方面,根据财政部的相关规定,地方政府债务实行限额管理,根据目前可获得的数据,2017 年,内蒙古自治区债务限额为 6357.5 亿元,其中一般债务限额和专项债务限额分别为 5279.9 亿元和 1077.6 亿元。

债务余额方面,截至 2017 年末,内蒙古自治区政府债务为 6217.40 亿元,较 2016 年末增长 4.20%,债务规模仍持续增长但增速可控。整体上,内蒙古自治区债务规模较大,但增速控制较好。

分级次看,截至 2017 年末,内蒙古自治区政府债务主要集中在盟市本级和旗县,所占比例分别为 36.70% 和 56.80%。从举债主体看,政府部门和机构是内蒙古自治区政府债务最主要的举借主体,截至 2016 年底,占比为 77.99%。从资金来源看,发行政府债券仍然是内蒙古自治区负有偿还责任的债务主要资金来源(占比为 87.20%)。从债务投向来看,内蒙古自治区地方政府债务主要用于基础设施建设和公益性项目,其中市政建设和保障性住房形成的债务分别为 1666.50 亿元和 727.10 亿元,合计约占政府负有偿还责任债务的 38.50%,可产生一定规模的经营性收入,在一定程度上保障相关债务的偿还。从全口径偿债指标看，根据内蒙古自治区财政厅提供的数据，2016年全区政府债务率为77.86%，较2015年的97.90%大幅下降（主要为债务率计算方法因素导致），但考虑到2016年内蒙古政府债务规模较2015年末小幅增长4.09%，整体来看，全区政府债务负担仍偏高。同时，鉴于内蒙古自治区债务规模持续增加但财政总收入规模经调整后下降，2017年债务率或进一步上升，需关注。

从债务期限结构看，2017～2020年内蒙古自治区政府每年偿还负有偿还责任的债务占比分别为14.51%、13.02%、8.31%和15.88%，债务集中度相对较低，期限结构较为合理。从逾期债务率来看，2014年底内蒙古自治区政府债务（除去应付未付款项形成的逾期债务）的逾期债务率为2.37%。短期内，随着区域大规模投资的进行，内蒙古自治区债务规模仍将增长，偿债指标表现或将继续弱化。

综合以上情况看，内蒙古自治区全口径政府债务规模较大，政府债务负担较重，但期限结构较为合理，债务风险可控。

第二节　内蒙古自治区政府投融资平台发展情况

一、内蒙古自治区政府投融资平台发债情况

2015年，内蒙古自治区政府投融资平台共发行债券12只，发行总金额为127.00亿元；2016年，内蒙古自治区政府投融资平台共发行债券12只，发行总金额为103.00亿元；2017年，内蒙古自治区政府投融资平台共发行债券18只，发行总金额为152.82亿元。2015～2017年，内蒙古自治区政府投融资平台共发行债券42只，发行金额达382.82亿元，发行平均票面利率为5.85%。

2015～2017年在内蒙古自治区政府投融资平台发行的债券中，从公司主体信用评级上看，发行债券主体评级全部为AA-级以上，其中主体评级为AA+级的11只，占比26.19%；主体评级为AA级的29只，占比69.05%；主体评级为AA-级的2只，占比9.52%。从发行期限上看，7年期9只，占比21.43%；5年期19只，占比45.24%；5年期以下14只，占比33.33%。从发行债券的类型上看：一般中期票据最多，共13只，占比38.10%，一般中期票据其次，共11只，占比26.19%；私募债6只，占比14.29%；定向工具7只，占比16.67%；超短期融资债券3只，占比7.43%；一般短期融资券2只，占比4.76%。

二、内蒙古自治区政府投融资平台新增债券情况

表 16-2 为 2017 年内蒙古自治区政府投融资平台新增债券发行情况，共发行债券 18 只，发行总金额为 152.82 亿元。

表 16-2　2017 年内蒙古自治区政府投融资平台新增债券发行情况

序号	债券简称	发行总额（亿元）	发行期限（年）	票面利率（%）	公司	评级
1	17 通辽城投 PPN001	7.5	5	7.3	通辽市城市投资集团有限公司	AA
2	17 准格尔 PPN001	5	5	7.5	内蒙古准格尔国有资本投资控股集团有限公司	AA
3	17 蒙高路 SCP003	15	0.74	5.65	内蒙古高等级公路建设开发有限责任公司	AA+
4	17 准国投	8.32	5	7.1	内蒙古准格尔国有资本投资控股集团有限公司	AA
5	17 赤峰城投 PPN003	6	3	6.69	赤峰市城市建设投资（集团）有限公司	AA
6	17 春华水务 PPN001	3	5	6.4	呼和浩特春华水务开发集团有限责任公司	AA
7	17 蒙高路 MTN002	10	5	5.7	内蒙古高等级公路建设开发有限责任公司	AA+
8	17 春华水务 MTN003	8	3	6	呼和浩特春华水务开发集团有限责任公司	AA
9	17 包头建投债 02	15	7	5.31	包头市保障性住房发展建设投资有限公司	AA
10	17 包头建投债 01	15	7	5.25	包头市保障性住房发展建设投资有限公司	AA
11	17 春华水务 MTN002	13	3	6.1	呼和浩特春华水务开发集团有限责任公司	AA
12	17 蒙高路 SCP002	10	0.74	5.4	内蒙古高等级公路建设开发有限责任公司	AA+
13	17 赤峰城投 PPN002	7	5	7.5	赤峰市城市建设投资（集团）有限公司	AA

续表

序号	债券简称	发行总额（亿元）	发行期限（年）	票面利率（%）	公司	评级
14	17蒙高路SCP001	10	0.74	5.17	内蒙古高等级公路建设开发有限责任公司	AA+
15	17春华水务MTN001	3	3	5.75	呼和浩特春华水务开发集团有限责任公司	AA
16	17赤峰城投PPN001	2	5	6.5	赤峰市城市建设投资（集团）有限公司	AA
17	17春华水务CP001	5	1	4.3	呼和浩特春华水务开发集团有限责任公司	AA
18	17蒙高路MTN001	10	3	5.5	内蒙古高等级公路建设开发有限责任公司	AA+

三、内蒙古自治区政府投融资平台排名情况分析

（一）内蒙古自治区省级政府投融资平台排名分析

从表16-3中可以看出，按照省来排名，内蒙古自治区政府投融资平台中内蒙古高等级公路建设开发有限责任公司排名为第30名，得分为35.87分，所属行业为建筑业，评级为AA+；内蒙古水务投资集团有限公司排名为第57名，得分为34.43分，所属行业为电力、热力、燃气及水的生产和供应业，评级为AA+。二者排名都相对靠前。内蒙古高等级公路建设开发有限责任公司资产规模相对较大，总资产报酬率比另一家公司高出较多，且公司EBITDA利息倍数较高。总体来说，内蒙古水务投资集团有限公司的偿债能力较为平均；内蒙古高等级公路建设开发有限责任公司销售增长率较高，成长能力较强，并且其社会责任评价指标得分较高，市场占有度高、业务集中，这些都是使其排名靠前的因素。

表16-3 内蒙古自治区省级政府投融资平台排名

省级排名	全国排名	公司名称	评级	得分
1	30	内蒙古高等级公路建设开发有限责任公司	AA+	35.87
2	57	内蒙古水务投资集团有限公司	AA+	34.43

（二）内蒙古自治区市级政府投融资平台排名分析

按照市进行排名，选取前十名的公司，如表16-4所示。其中包括：鄂尔多

斯市国有资产投资控股集团有限公司，排名为第27名，得分为39.10分，评级为AA+；通辽市城市投资集团有限公司，排名为第61名，得分为37.54分，评级为AA；内蒙古盛祥投资有限公司，排名为第103名，得分为36.51分，评级为AA。其他公司排名相对靠后，竞争力较弱。鄂尔多斯市国有资产投资控股集团有限公司资产规模大，资金实力较强，盈余现金保障倍数高，偿债能力较强，发展势头较为强劲，因此其排名较为靠前，其余平台能力有待提高。

表16-4 内蒙古自治区市级政府投融资平台排名

市级排名	全国排名	公司名称	评级	得分
1	27	鄂尔多斯市国有资产投资控股集团有限公司	AA+	39.10
2	61	通辽市城市投资集团有限公司	AA	37.54
3	103	内蒙古盛祥投资有限公司	AA	36.51
4	154	内蒙古金融投资集团有限公司	AA	35.71
5	156	乌海市城市建设投资集团有限责任公司	AA	35.68
6	273	呼和浩特春华水务开发集团有限责任公司	AA	34.26
7	426	乌兰察布市集宁区国融投资发展有限公司	AA-	32.64
8	760	巴彦淖尔市临河区城市发展投资有限责任公司	AA	29.55
9	883	包头市保障性住房发展建设投资有限公司	AA	27.77
10	935	包头市科教实业发展有限公司	AA	26.62

值得注意的是，乌兰察布市集宁区国融投资发展有限公司虽然主体评级为AA-，但由于该公司控股（参股）了金融企业，故而整体得分还可以。

（三）内蒙古自治区县级政府投融资平台排名分析

按照县进行排名，兴安盟城市发展投资经营有限责任公司排名为第134名，得分为29.10分，评级为AA-。虽然该公司评级为AA-，但由于其区域地位的重要性，以及业务板块比较多元化，故而得分相对较高，排名靠前。巴彦淖尔市河套水务集团有限公司排名第147名，得分为28.85分，评级为AA。其余公司排名均较为靠后。兴安盟城市发展投资经营有限责任公司资产规模相对较大，主营业务利润率与巴彦淖尔市河套水务集团有限公司相差不大，均处于较高的水平，资产周转率都相对较低，偿债能力有待进一步加强，发展能力指标中总资产增长率较高，其余指标均处于较低水平，社会责任与市场化运营指标有待进一步加强。虽然纵向来说，兴安盟城市发展投资经营有限责任公司排名靠前，但横向来说还是处于较低的水平，需要进一步发展。如表16-5所示。

表 16-5　内蒙古自治区县级政府投融资平台排名

县级排名	全国排名	公司名称	评级	得分
1	134	兴安盟城市发展投资经营有限责任公司	AA-	29.10
2	147	巴彦淖尔市河套水务集团有限公司	AA	28.85
3	164	内蒙古准格尔国有资本投资控股集团有限公司	AA	28.55
4	468	内蒙古金隆工业园区开发建设有限公司	AA-	24.83
5	474	内蒙古科尔沁城市建设投资集团有限公司	AA	24.78

第三节　内蒙古自治区政府投融资平台转型发展策略

一、整合政府融资平台，财政定向支持

通过对内蒙古自治区市级、区县级地方政府投融资平台的梳理及研究，发现内蒙古自治区部分融资平台企业存在一些产业发展定位重复、同质化竞争严重的现象。对财务数据等研究可以看出，这些公司多数资金使用效率不高，并且平台的定位缺乏市场化运作以及合理的规划，给内蒙古自治区政府带来一定的财政压力。其中，部分地方政府投融资平台的财政收入主要依靠土地开发，业务收入单一，来源于其他业务的收入非常少，导致其后续融资能力受限。自2017年国务院发布"43号文"以来，各地方政府纷纷开展融资平台转型工作。但由于不同地方政府投融资平台的功能定位差异，且发展不平衡，使得其债务偿还能力也有较大的差异。内蒙古自治区地方政府投融资平台可以通过财政方式对不同的地方政府投融资平台进行定向支持，主要是通过财政转移支付，为一些还款能力差的地方政府投融资平台提供必要的补助。同时，内蒙古自治区可以对其融资平台进行整合，整合后的地方政府投融资平台依靠其资产可扩大融资渠道，推进其转型发展。

二、借力城镇化，推动平台转型发展

充分挖掘内蒙古自治区地方政府投融资平台在城市化进程中的作用。在城市化建设的起步期，需要巨大的投资才能打开城市建设的大门，在诸多基础设施项目上投入资金。此时，土地价格较低，社会资本怀疑发展前景难以大规模投入。内蒙古自治区地方政府融资平台在初期的融资中要发挥重要作用，承担城市化建

设起步期的资金筹集职责。借强大的融资能力和项目组织实施能力，实现良好的经济效益与社会效益，更好地盘活存量土地资源。针对内蒙古自治区市级地方政府投融资平台，要努力培育强平台，作为地方政府城镇化项目融资的蓄水池，担任 PPP 等市场化项目的政府方实施主体、项目现金流不足的风险缓释主体，以及代表地方政府进行监管的执行机构。对于内蒙古自治区级发展较好的地方政府投融资平台，要努力将强平台推向全国，成为 PPP 等市场化项目的社会资本和市政公用行业的并购整合主体。

三、创新融资手段，提升融资能力

目前，内蒙古自治区地方政府投融资平台主要通过依靠政府支持、银行贷款及发行传统企业债等方式进行融资，受融资政策的影响，只有创新融资手段，将社会资本引入项目建设，才能保证地方政府投融资平台的持续性发展。要通过加快创新资产证券化、项目收益债、发展产业投资基金等方式进行融资，拓宽融资渠道。

第一，内蒙古自治区地方政府融资平台可利用自身优势业务进行资产证券化。城市基础设施项目、标的资产规模较大项目、偿债灵活项目等应成为重点业务进行证券化融资。

第二，利用子公司及在建的基础设施项目为标的，发行项目收益债融资，避开政策限制。

第三，设立基础设施产业基金进行直接融资，扩展融资渠道。

第四，积极引入 PPP 模式。在供水、供热、供气等项目上优先使用 PPP 模式，并根据项目开展的不同阶段，采用 BT、BOT、TOT、BOO 等合作模式，加快创新步伐。

第十七章 云南省政府投融资平台转型发展研究

第一节 云南省经济财政发展情况

云南省自2012年经济总量进入"万亿元俱乐部"之后，连年创新高，综合规模逐渐增强；经济结构"三驾马车"趋于合理，但还需调整优化；发展模式进入加速转型期，但自主创新能力仍然较低；作为面向南亚、东南亚的辐射中心，"一带一路"倡议让云南省对外经济进入历史机遇期，云南省的开放空间和开放活力将得到进一步的深化，开放经济对云南综合经济实力的影响也越来越大。

一、云南省经济发展情况

（一）云南省经济产出情况

公开统计数据显示，2017年，云南省全年地区生产总值16531.34亿元，按可比价格计算，比上年增长9.5%，增速高于全国（6.9%）2.6个百分点。如图17-1所示。

从图17-1中可以看出，自2012年以来，云南省的GDP受经济下行压力影响，GDP年增长率从2012年的13%一直下降到2014年的8.1%，但在2015年，由于云南省政府对经济的有力调控，GDP增速下跌趋势得到改变，2017年GDP增速为9.5%，较上一年8.7%的GDP增速增长了0.8个百分点。虽然云南省的GDP年增长率波动很大，但从总体上看云南省的GDP基本实现稳定增长。

（二）云南省固定资产投资情况

2017年云南省全年固定资产投资（不含农户）为18474.89亿元，同比增长18%。第一产业投资896.00亿元，增长42.4%；第二产业投资2846.90亿元，下降

图 17-1　2012~2017 年云南省地区生产总值情况

数据来源：Wind 数据库。

0.1%，工业投资为 2846.40 亿元，下降 0.1%；第三产业投资为 14731.99 亿元，增长 20.9%。民间固定资产投资为 974.87 亿元，增长 11.0%，占全省固定资产投资的比重为 32.3%。如图 17-2 所示。

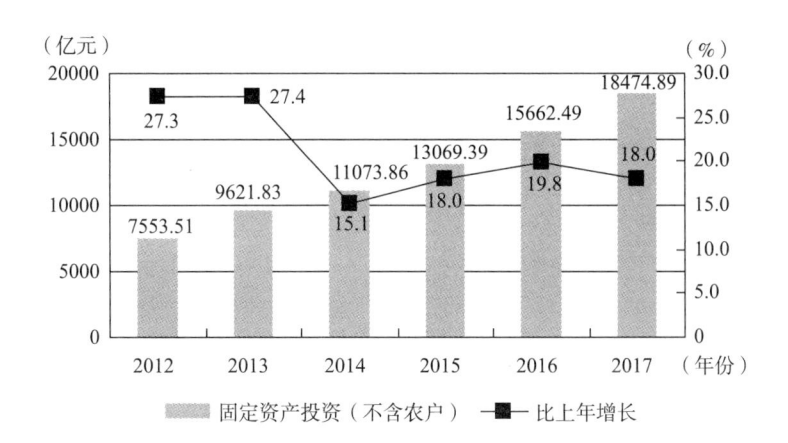

图 17-2　2012~2017 年云南省全社会固定资产投资情况

数据来源：Wind 数据库。

二、云南省财政发展情况

（一）云南省财政收支情况

根据公开数据统计，2017 年，全省地方一般公共预算收入 1886.2 亿元，比上年同口径决算数增收 110.2 亿元，增长 6.2%。其中，省本级收入 340.9 亿元，同比增长 6.2%；州（市）级收入 1545.2 亿元，同比增长 6.2%。全省地方一般公共预算收入中的税收收入 1233.8 亿元，同比增长 8.5%；非税收入 652.3 亿元，同比增长 2.1%。

2017 年，全省地方一般公共预算支出 5713 亿元，比 2016 年决算数增支 694.1 亿元，增长 13.8%。其中，省本级支出 1092.9 亿元，同比增长 31.6%；州（市）级支出 4620.1 亿元，同比增长 10.3%。如图 17-3 所示。

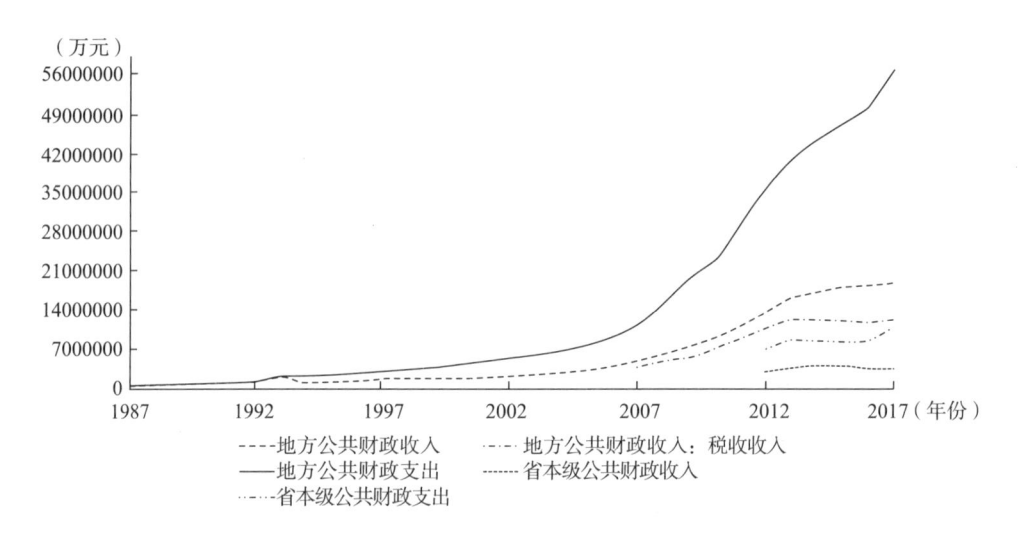

图 17-3 云南省地方财政收支情况

数据来源：Wind 数据库。

（二）云南省财政承债能力分析

2012~2017 年，云南省政府性债务负债率呈波动上升趋势，2017 年后更是达到 77.14% 的高负债率水平。偿债压力大幅度提升，债务负担较大。2018 年末，地方政府一般性债务限额为 5383.2 亿元，地方政府专项债限额为 2138.9 亿元。2017 年，全省地区生产总值增长 9.5%，固定资产投资增长 18%，地方一般公共预算收入增长 6.2%，城乡居民人均可支配收入分别增长 8.3%、9.3%，全省政府债务规模总体可控。全省地区生产总值年均增长 9.4%，财政收入年均增长 7.1%，第一产业增加值增长 6%。2017 年，云南省全面打响工业经济攻坚战，推动烟草业止跌企稳，积极谋划水电铝材、水电硅材一体化和新能源汽车发展，中石油云南炼油等项目建成投产，规模以上工业增加值增长 10.6%。云南省政府债务指标表现较好，有较大的国企资产和上市公司股权，可增加其流动性。

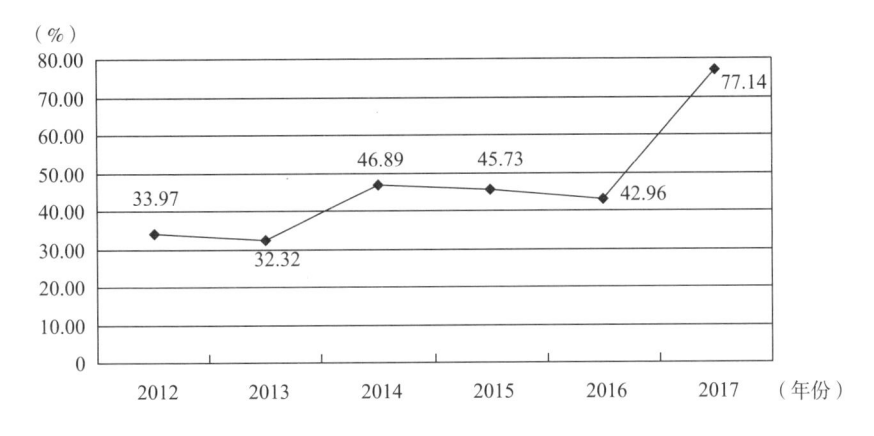

图 17-4　2012～2017 年云南省政府性债务负债情况

数据来源：Wind 数据库。

2017 年 11 月，云南省出台《政府性债务管理办法》，对债务"借、用、管、还"进行了规范。值得注意的是，该办法明确了分级负责的原则，省政府不会为市州县政府债务"兜底"。2017 年 4 月 12 日，云南省政府财政厅发布《关于印发〈云南省政府性债务风险应急处置预案〉的通知》，对云南省政府性债务风险应急处置做出系统性安排，明确风险防控底线，建立预警和分级响应机制，严格风险事件责任追究，以期牢牢守住不发生区域性系统性风险的底线。

第二节　云南省政府投融资平台发展情况

一、云南省政府投融资平台发债情况

从图 17-5 中可以看到，2014 年，云南省的地方政府投融资平台债券发行规模实现了巨大的飞跃，但之后两年发债规模与发债数量都持续下降。2014 年债券规模的迅猛增加与云南省政府加大固定资产投资的工作目标有关。但 2015 年发行金额出现大幅度萎缩，并在 2016 年再次出现发行数量和发行金额"双下降"的情况。不过，依据云南省政府公布的《2017 年工作计划》，未来几年内云南省政府将继续加大基础设施建设力度，因此地方政府投融资平台债券发行规模仍有一定上升空间。

图 17-5 云南省政府投融资平台发债情况

数据来源：Wind 数据库。

下面从债券类型、债券区域分布两个维度对云南地方政府投融资平台债券的发行情况进行介绍。

从图 17-6 中可以看出，2017 年，云南省发行的地方政府投融资平台债券主要由一般企业债、一般中期票据、一般公司债、一般短期融资券、超短期融资债券、私募债和定向工具组成。其中，一般中期票据和私募债所发只数占比接近 2017 年总发行只数的一半。

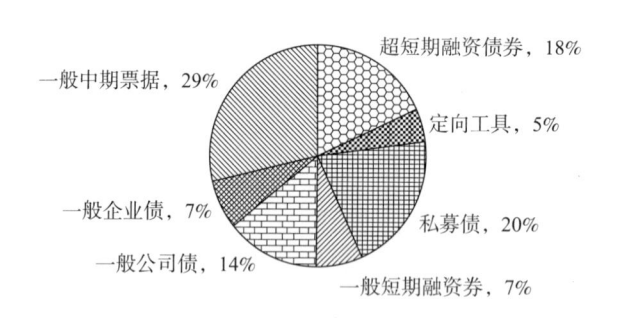

图 17-6 云南省政府投融资平台债券分类情况

数据来源：Wind 数据库。

从图 17-7 中可以看到，2017 年，云南省所辖市中，只有部分城市进行了发债融资，并且发债金额差距较大，其中昆明市发债金额占整个云南省的 91%，是云南省地方政府投融资平台债券的最主要发行城市。排在第二名的是玉溪市。

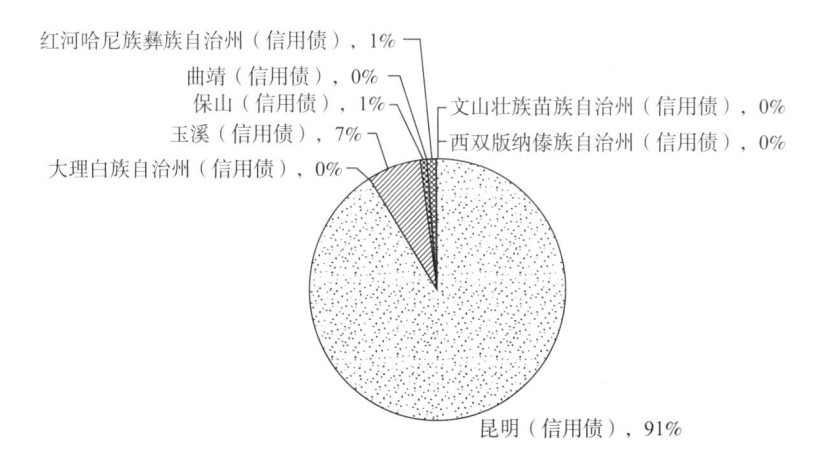

红河哈尼族彝族自治州（信用债），1%
曲靖（信用债），0%
保山（信用债），1% 文山壮族苗族自治州（信用债），0%
玉溪（信用债），7% 西双版纳傣族自治州（信用债），0%
大理白族自治州（信用债），0%

昆明（信用债），91%

图 17-7 云南省政府投融资平台债券分地级市发行金额情况

数据来源：Wind 数据库。

二、云南省政府投融资平台新增债券情况

云南省政府投融资平台新增债券余额总额为 337.05 亿元。其中公司债 140.55 亿元，平均期限 4.22 年，为长期债券，剩余年限平均为 3.03 年，短期偿付压力较小；中期票据余额为 91.00 亿元，剩余期限平均值为 4.13 年，短期偿付压力较小；短期融资券占比十分少（见表 17-1）。可以看出，新增债务以中长期为主，余额较大，评级较高并且稳定，短期内偿付压力较小，能满足短期的投融资和基础设施建设需求。

表 17-1 云南省政府投融资平台新增债券情况

序号	债券简称	余额（亿元）	剩余期限（年）	评级	期限（年）	公司	债券类型
1	17 能投 01	22.00	3.85	AAA	5.00	云南省能源投资集团有限公司	公司债
2	17 云投 MTN003	20.00	4.20	AAA	5.00	云南省投资控股集团有限公司	中期票据
3	17 滇池投资 PPN002	20.00	4.25	AA+	5.00	昆明滇池投资有限责任公司	定向工具
4	17 昆交产 PPN001	20.00	1.52	AA+	3.00	昆明交通产业股份有限公司	定向工具
5	17 云投 G1	20.00	3.70	AAA	5.00	云南省城市建设投资集团有限公司	公司债
6	17 云建 Y3	18.80	2.21	AAA	3.00	云南省建设投资控股集团有限公司	公司债
7	17 昆投 01	18.00	4.65	AA+	6.00	昆明产业开发投资有限责任公司	公司债
8	17 滇投债	15.50	5.93	AA+	7.00	昆明滇池投资有限责任公司	企业债

续表

序号	债券简称	余额（亿元）	剩余期限（年）	评级	期限（年）	公司	债券类型
9	17云续Y1	15.00	1.71	AAA	3.00	云南省城市建设投资集团有限公司	公司债
10	17云能01	13.30	3.50	AAA	5.00	云南省能源投资集团有限公司	公司债
11	G7云水Y1	12.00	1.87	AA+	3.00	云南水务投资股份有限公司	公司债
12	17云建Y1	11.20	2.12	AAA	3.00	云南省建设投资控股集团有限公司	公司债
13	17昆交产MTN002	11.00	4.11	AA+	5.00	昆明交通产业股份有限公司	中期票据
14	17云能02	10.25	3.63	AAA	5.00	云南省能源投资集团有限公司	公司债
15	17云建投MTN001	10.00	1.94	AAA	3.00	云南省建设投资控股集团有限公司	中期票据
16	17昆明公租MTN001	10.00	3.94	AA+	5.00	昆明市公共租赁住房开发建设管理有限公司	中期票据
17	17云投MTN001	10.00	2.70	AAA	4.00	云南省投资控股集团有限公司	中期票据
18	17云投MTN002	10.00	1.72	AAA	3.00	云南省投资控股集团有限公司	中期票据
19	17云能投MTN001	10.00	1.87	AAA	3.00	云南省能源投资集团有限公司	中期票据
20	17云工投MTN001	10.00	3.65	AA+	5.00	云南省工业投资控股集团有限责任公司	中期票据
21	17滇池投资PPN001	10.00	3.96	AA+	5.00	昆明滇池投资有限责任公司	定向工具
22	17云投CP002	10.00	0.16	AAA	1.00	云南省投资控股集团有限公司	短期融资券
23	17云城投PPN003	10.00	4.24	AAA	5.00	云南省城市建设投资集团有限公司	定向工具
24	17云南置业PPN001	10.00	2.27	AA	3.00	云南城投置业股份有限公司	定向工具
25	17云能投PPN001	10.00	4.22	AAA	5.00	云南省能源投资集团有限公司	定向工具
26	17云投CP001	10.00	0.01	AAA	1.00	云南省投资控股集团有限公司	短期融资券
27	17云城投MTN002	10.00	2.19	AAA	3.00	云南省城市建设投资集团有限公司	中期票据
28	17滇中产业MTN001	10.00	2.35	AA	3.00	云南省滇中产业发展集团有限责任公司	中期票据
29	17云投MTN004	10.00	2.35	AAA	3.00	云南省投资控股集团有限公司	中期票据
30	17云城投MTN001	10.00	2.10	AAA	3.00	云南省城市建设投资集团有限公司	中期票据
31	17云工投MTN002	10.00	3.96	AA+	5.00	云南省工业投资控股集团有限责任公司	中期票据
32	17云能投MTN002	10.00	2.02	AAA	3.00	云南省能源投资集团有限公司	中期票据
33	17昆交产MTN001	10.00	3.99	AA+	5.00	昆明交通产业股份有限公司	中期票据
34	17红投债	10.00	5.90	AA	7.00	红河州开发投资控股集团有限公司	企业债

续表

序号	债券简称	余额（亿元）	剩余期限（年）	评级	期限（年）	公司	债券类型
35	17 云冶 01	10.00	2.03	AA	3.00	云南冶金集团股份有限公司	公司债
36	17 能投 Y1	10.00	2.36	AAA	3.00	云南省能源投资集团有限公司	公司债
37	17 麒麟 01	10.00	4.12	AA	5.00	曲靖市麒麟区城市建设投资开发有限公司	公司债
38	17 云投 04	9.60	4.03	AAA	5.00	云南省城市建设投资集团有限公司	公司债
39	17 云投 03	9.40	1.62	AAA	3.00	云南省城市建设投资集团有限公司	公司债
40	17 滇城投 MTN001	8.00	3.77	AA	5.00	云南省城乡建设投资有限公司	中期票据
41	17 昆投 02	8.00	5.17	AA+	6.00	昆明产业开发投资有限责任公司	公司债
42	17 泰佳鑫	7.50	3.58	AA	5.00	云南泰佳鑫投资有限公司	公司债
43	17 保山国资 PPN001A	7.00	3.64	AA−	5.00	保山市国有资产经营有限责任公司	定向工具
44	17 昆明土地 PPN001B	6.50	4.23		5.00	昆明市土地开发投资经营有限责任公司	定向工具
45	17 昆明土地 PPN001A	6.50	2.23		3.00	昆明市土地开发投资经营有限责任公司	定向工具
46	17 蒙自 01	6.00	6.11	AA	7.00	蒙自市城市建设投资有限责任公司	企业债
47	17 云投 02	6.00	1.52	AAA	3.00	云南省城市建设投资集团有限公司	公司债
48	17 云工 01	6.00	2.04	AA+	3.00	云南省工业投资控股集团有限责任公司	公司债
49	17 祥鹏 01	6.00	3.84	AA	5.00	云南祥鹏航空有限责任公司	公司债
50	17 云绿 1	5.50	8.79	AA+	10.00	云南水务投资股份有限公司	企业债
51	17 云水 01	5.10	3.60	AA+	5.00	云南水务投资股份有限公司	公司债
52	17 绿洲 02	5.00	4.25	AA	5.00	西双版纳绿洲投资控股有限公司	公司债
53	17 红塔 01	5.00	3.75	AA	5.00	玉溪市红塔区国有资产经营有限责任公司	公司债
54	17 云城投 PPN002	5.00	3.54	AAA	5.00	云南省城市建设投资集团有限公司	定向工具
55	17 云城投 PPN001	5.00	1.44	AAA	3.00	云南省城市建设投资集团有限公司	定向工具
56	17 云投 PPN001	5.00	2.10	AAA	3.00	云南省投资控股集团有限公司	定向工具
57	17 云工投 CP002	5.00	0.19	AA+	1.00	云南省工业投资控股集团有限责任公司	短期融资券
58	17 昆明公租 MTN002	5.00	4.35	AA+	5.00	昆明市公共租赁住房开发建设管理有限公司	中期票据

续表

序号	债券简称	余额（亿元）	剩余期限（年）	评级	期限（年）	公司	债券类型
59	17水利十四MTN001	5.00	1.99	AA+	3.00	中国水利水电第十四工程局有限公司	中期票据
60	17水利十四MTN002	5.00	4.08	AA+	5.00	中国水利水电第十四工程局有限公司	中期票据
61	17云城置业MTN001	5.00	2.06	AA	3.00	云南城投置业股份有限公司	中期票据
62	17云南水利MTN001	5.00	3.86	AA	5.00	云南省水利水电投资有限公司	中期票据
63	17省房债	5.00	3.69		5.00	云南省房地产开发经营（集团）有限公司	公司债
64	17云锡股MTN001	5.00	2.34	AA+	3.00	云南锡业股份有限公司	中期票据
65	17云南农垦MTN001	5.00	2.29	AA	3.00	云南农垦集团有限责任公司	中期票据
66	17云内动力CP001	5.00	0.15	AA	1.00	云南云内动力集团有限公司	短期融资券
67	17云投01	5.00	1.44	AAA	3.00	云南省城市建设投资集团有限公司	公司债
68	17云水02	4.90	3.79	AA+	5.00	云南水务投资股份有限公司	公司债
69	17水电十四CP002	4.00	0.09	AA+	1.00	中国水利水电第十四工程局有限公司	短期融资券
70	17昆明百货MTN001	3.50	1.03	AA	2.00	我爱我家控股集团股份有限公司	中期票据
71	17昆明经开MTN001	3.00	2.03	AA	3.00	昆明经济技术开发区投资开发（集团）有限公司	中期票据
72	17昆交01	3.00	4.21	AA+	5.00	昆明交通产业股份有限公司	公司债
73	17保山国资PPN001B	3.00	3.64	AA-	5.00	保山市国有资产经营有限责任公司	定向工具
74	17昆投03	2.50	5.28	AA+	6.00	昆明产业开发投资有限责任公司	公司债
75	17安发展PPN001	2.00	4.15	AA	5.00	安宁发展投资集团有限公司	定向工具
76	17空港投资PPN001	1.70	3.81		5.00	昆明空港投资开发集团有限公司	定向工具
77	17昆明发展PPN001	1.00	1.00	AA	2.00	昆明发展投资集团有限公司	定向工具
78	17昆明高速PPN001	0.30	2.21	AA+	3.00	昆明市高速公路建设开发股份有限公司	定向工具

数据来源：Wind 数据库。

三、云南省政府投融资平台排名情况分析

（一）云南省省级政府投融资平台排名及分析

省级投融资平台的排名由以下几个指标因素共同决定，即财务效益指标、资产运营指标、偿债能力指标、发展能力指标、国资运营指标、社会责任指标、市场化运营指标。如表17-2所示。

表17-2 云南省省级政府投融资平台排名

省级排名	全国排名	公司名称	评级	得分
1	6	云南省能源投资集团有限公司	AAA	38.53
2	8	云南省城市建设投资集团有限公司	AAA	37.92
3	58	云南省投资控股集团有限公司	AAA	34.41
4	65	云南省交通投资建设集团有限公司	AAA	34.14
5	74	云南省水利水电投资有限公司	AA	33.94
6	79	云南省建设投资控股集团有限公司	AAA	33.72
7	84	云南省工业投资控股集团有限责任公司	AA+	33.63
8	87	云南省铁路投资有限公司	AA+	33.56
9	89	云南省滇中产业发展集团有限责任公司	AA	33.48
10	152	云南城投置业股份有限公司	AA	31.59

排名第一的云南省能源投资集团有限公司，2017年营业收入749.74亿元，总资产为1111.24亿元，资产负债率为64.05%。主营业务主要收入构成为物资贸易，业务较为集中，融资方式多样化，在地区具有十分高的市场占有率，以及业务影响力。2017年，在中国服务业企业中排名96。资产周转率较高，具有较强的自负盈亏的能力。

排名第二的云南省城市建设投资集团有限公司主体信用评级为AAA级，2017年营业收入365.73亿元，总资产为2625.1亿元，资产负债率为77.36%。业务多元化，主营业务收入占比均匀，经营范围包括城市基础设施建设、房地产、水务、旅游服务、物流和医药等行业，所处行业在云南省具有垄断或领先地位，竞争优势明显，市场前景广阔，持续盈利能力有保障，可以获得长期稳定的经营性现金流入。债券融资发行工具较为多元化。资产周转快，营运能力强，偿债能力较强，最近一期流动比率为1.46。

这两家企业在全国也极具有竞争力，极大地利用了云南省本省的优势及自身行业垄断性，具有较强的营运能力。三年平均资产增长率也较高，发展能力突出，有极大的创造利润空间。

2017年，云南省投资控股集团有限公司实现营业收入895.17亿元，总资产规模2572.88亿元，资产负债率为67.79%。公司自2008年开始发行各类债券65只，累计债券融资规模为591.38亿元，目前仍存续的有27只。

2017年，云南省交通投资建设集团有限公司实现营业收入450.09亿元，总资产3274.07亿元，资产负债率71.48%，企业债券融资方式多样，债务余额283.7亿元。

2017年，云南省水利水电投资有限公司营业收入16.09亿元，总资产为256.37亿元，资产负债率为57.84%，主营业务比较集中，主要是售水和大理石出售，行业具有自然垄断属性，债券发行种类单一，债务余额只有25亿元，对外部筹资依赖性较小。

2017年，云南省建设投资控股集团有限公司营业收入1112.05亿元，总资产为3040.46亿元，资产负债率为75.87%。主营业务收入大部分来自建筑施工，也发展其他相关业务，债券发行种类丰富，筹资手段多样，是云南省企业20强之一，具有极大的行业竞争力和盈利能力。由于京鹏地产信托违约，云南省建投集团投资平台之一的云南省房地产开发经营（集团）有限公司发行的"17省房债"之前陷入违约危机。

2017年，云南省工业投资控股集团有限责任公司营业收入63.24亿元，总资产为355.64亿元，资产负债率为62.94%。主营业务丰富，收入主要来源是药品销售、软件和信息技术服务。制药技术具有领先优势，有鲜明的行业竞争力。债券融资种类丰富，债务余额115.8亿元。其盈余现金保障倍数较高，体现出较好的财务效益。

2017年，云南省铁路投资有限公司营业收入3.69亿元，总资产为474.01亿元，资产负债率51.84%。债务余额15亿元，主营构成主要来自于铁路建设投资业务，其业务特殊性也表现在负有为省级政府招商引资、吸引资本的职责上，比较依赖于政府补助。其成本费用利润率相比其他公司较高。资产营运指标较低，相关资产周转率水平较低，可能与其业务性质有关。但流动比率、速动比率较高，偿债能力相对较强。与其业务性质有关，三年销售平均增长率较低，发展能力指标较弱。

2017年，云南省滇中产业发展集团有限责任公司营业收入86亿元，总资产为306.68亿元，资产负债率为66.13%。2017年，公司主营业务收入基本上来自大宗商品贸易。债务余额27.5亿元。三年资本平均增长率和三年销售平均增长率最高，与其盈利性产业性质有关，具有较强的发展能力。

2017年，云南城投置业股份有限公营业收入143.91亿元，总资产为788.03亿元，资产负债率为88.82%。主营业务收入大部分来自房地产，债务融资方式比较多样化。

各城投公司由于公司业务性质及政府性职责原因，国资营运指标、社会责任指标差异不大，对云南省的发展起到了较好的促进作用。

（二）云南省市级政府投融资平台排名及分析

如表17-3所示，曲靖市公路建设开发有限责任公司债务余额14亿元，只发行了1只债券。昆明交通产业股份有限公司发行过多种债券，融资方式较多样。昆明产业开发投资有限责任公司债券发行较为多样。大理经济开发投资集团有限公司债券发行种类单一，公司经营业务主要包括城市基础设施建设和土地整理开发，由于上述经营领域主要为公用事业，公司作为政府所属的经营机构，处于行业垄断地位，基本没有外来竞争者，市场相对稳定，可以持续获得稳定收益。昆明经济技术开发区投资开发（集团）有限公司在经开区市政基础设施建设、管网环建设、环境治理等方面具有区域垄断优势，确保了经营性国有资产的保值增值，市场收益稳定，管理效益明显，债券发行种类较为多样。昆明市公共租赁住房开发建设管理有限公司是昆明市公租房、廉租房、安置房等保障性住房的特许建设运营主体，负责昆明市主城范围内市政府投资建设或委托代建廉租房、公共租赁住房的建设管理和运营工作。曲靖市开发投资有限责任公司在曲靖市城市基础设施建设行业处于区域垄断地位，基本无外来竞争，市场相对稳定，持续盈利能力较强。昆明滇池投资有限责任公司作为昆明市区域范围内经市政府特许的唯一从事污水处理业务的企业，在昆明市污水处理行业居于明显的垄断地位，其主营业务具有较强的公益性和基础性，债务余额70.3亿元，主要由政府进行政策性支持。保山市国有资产经营有限责任公司债务余额19.2亿元，营业收入主要来自垄断性的电费收入。德宏州宏康投资开发有限公司只发行过一种债券，公司作为德宏州主要的国有资产运营及城市基础设施建设主体，担负着德宏州城市基础设施建设和运营任务，在项目投融资方面均得到了德宏州政府的大力支持，得到市政府财税资金、资源等方面的大力支持，在其所在行业中具备较强的区域垄断优势，是德宏州政府进行城市基础设施建设的最主要的投融资及建设运营主体，承揽了德宏州内基础设施建设相关的绝大部分项目，拥有德宏州芒市唯一的自来水供应公司。

表17-3 云南省市级政府投融资平台排名

市级排名	全国排名	公司名称	评级	得分
1	57	曲靖市公路建设开发有限责任公司	AA	37.67
2	144	昆明交通产业股份有限公司	AA+	35.80
3	157	昆明产业开发投资有限责任公司	AA+	35.68

续表

市级排名	全国排名	公司名称	评级	得分
4	212	大理经济开发投资集团有限公司	AA	34.92
5	252	昆明经济技术开发区投资开发（集团）有限公司	AA	34.46
6	253	昆明市公共租赁住房开发建设管理有限公司	AA+	34.44
7	254	曲靖市开发投资有限责任公司	AA	34.43
8	408	昆明滇池投资有限责任公司	AA+	32.82
9	476	保山市国有资产经营有限责任公司	AA-	32.25
10	489	德宏州宏康投资开发有限公司	AA	32.15

（三）云南省县级政府投融资平台排名及分析

云南省县级政府投融资平台排名情况如表17-4所示。

表17-4 云南省县级政府投融资平台排名

县级排名	全国排名	公司名称	评级	得分
1	57	云南祥鹏航空有限责任公司	AA	30.77
2	99	文山城市建设投资（集团）有限公司	AA	29.82
3	174	曲靖市麒麟区城市建设投资开发有限公司	AA	28.36
4	208	大理海东开发投资集团有限公司	AA-	27.82
5	328	大理州旅游产业开发集团有限责任公司	AA	26.40
6	351	景洪市国有资产投资有限公司	AA-	26.12
7	610	蒙自市城市建设投资有限责任公司	AA	22.79
8	657	腾冲市越州水务投资开发有限责任公司		10.56

云南祥鹏航空有限责任公司在排名公司中总资产报酬率较高，且各类资产周转率十分高，有极强的营运能力。文山城市建设投资（集团）有限公司是文山州重要的国有企业，承担着文山州工程建设及市政公用事业项目的建设任务。近年来，公司经营规模和实力不断壮大，在城市建设开发投资领域的竞争力已经初步形成，在区域内具有行业垄断性，债务余额36.6亿元。公司区位、经济和社会环境及政府支持等优势明显。

曲靖市麒麟区城市建设投资开发有限公司在曲靖市麒麟区城市基础设施建设行业、土地一级开发整理行业处于区域龙头地位，基本无外来竞争，市场相对稳定，持续盈利能力较强。公司是大理海东新区重要的综合性投融资平台和国有资产运营主体，在政策、规划、项目建设等方面历来受到地方政府的大力支持，在当地重大基础设施及公共项目建设领域处于主导地位，区位、经济和社会环境及政府支持等优势明显。成本费用利润率处于较高水平，与其他云南省县级城投公司相比，具有明显优势。财务效益指标处于领先水平。

大理海东开发投资集团有限公司在大理州海东城市基础设施建设行业、土地一级开发整理行业处于区域龙头地位，基本无外来竞争，市场相对稳定，持续盈利能力较强。财务效益较好，应收账款周转率处于较高水平，发展能力指标处于领先地位。大理州旅游产业开发集团有限责任公司在大理州旅游行业中居主导地位，只发行过1只债券，偿债能力较高。

景洪市国有资产投资有限公司是景洪市财政局出资设立的国有独资公司，主营业务包括市政基础设施的投资建设，土地开发整理，林产品销售、市场服务，橡胶等经济作物种植及销售，是西双版纳州景洪市具有垄断地位的城市投资建设主体和主要资产运营平台，发债较少。发展能力指标较低，但资本金利润率等国资运营指标正常，并具有一定优势。

蒙自市城市建设投资有限责任公司作为蒙自市辖区范围内重要的市政项目建设与国有资产经营管理实体，接受地方政府的委托承担重大项目的投融资、建设及管理工作，并在政府授权范围内对出资的企业或国有资产依法进行管理和监督，具有极强的政府性职能，发行债券较少，主要依赖于政府补助，偿债能力较好。

腾冲市越州水务投资开发有限责任公司是腾冲市重大基础设施、重点产业和重大社会事业项目的投资、建设主体和经营实体，承担腾冲市城乡给排水工程建设、管理及经营和水利、水资源综合利用，水环境治理，小水电等项目的开发、建设及经营管理。债券发行较少，主要依赖政府补助。

四、云南省PPP及融资创新情况

（一）PPP项目发展情况

截至2017年第三季度末，全省共有528个项目进入财政部PPP综合信息平台，投资额1.29万亿元。吸引了57家民营企业参与PPP项目，签约金额332.52亿元，到位资金43.78亿元。计划通过PPP模式化解存量政府性债务项目6个，投资额41.1亿元。全省PPP项目已到位资本金333.28亿元，其中政府投入211.61亿元，社会资本投入121.67亿元。

截至2018年3月末，全国PPP信息平台管理项目7137个，投资额10.8万亿元，PPP项目数量和投资额均保持了良好的势头。云南省被列为财政部和国家级的PPP项目86个，投资额为3053亿元，排在全国第一位。

签约进入执行阶段的项目61个，居全国第三位。云南省财政部PPP信息平台管理项目 295 个，总投资额 7552 亿元，居全国第四位。纳入项目储备清单的项目 63 个，投资额为 2743 亿元；落地和执行阶段的项目 119 个，居全国第十四位，投资额 4207 亿元，居全国第三位。

PPP 作为统筹推进云南省稳增长、促改革、调结构、惠民生的工作，在转变政府职能、提高财政资金效益、提升公共服务存量、提高服务和有效供给方面发挥了积极的作用。

（二）债券融资创新情况

2018 年 5 月 4 日，"恒安电力绿色水电资产支持专项计划"在机构间私募产品报价与服务系统成功发行。该专项计划总融资规模 4 亿元，优先级证券评级为 AAA 级。这是云南省第一单绿色扶贫资产证券化项目，由中节能进行了绿色认证，是目前国内为数不多的绿色资产证券化项目。

2017 年 6 月 1 日，云南水务发行首单公募债券 17 云水务绿色债。此次债券的发行将进一步提升云南水务的市场知名度，极大拓宽云南水务绿色产业的融资渠道，为集团未来业务提供重要保障。

第三节　云南省政府投融资平台转型发展策略

一、利用地理环境，发展盈利项目

云南省属于内陆高原省份，山地占 94%，铁路网密度较低，发展潜力有限；省内水资源虽然丰富，但通航能力低，不具备大规模开发潜力。因此，云南高速公路可替代性低的特点使得云南省内公路发展具有得天独厚的地域优势，也使得一些城投企业以公路建设为主要的业务项目，以此获取融资和收益。云南省自古就是中国连接东南亚各国的陆路通道，与越南、老挝、缅甸等国相邻，与泰国、柬埔寨、孟加拉、印度等国相距不远，是我国同东南亚国家和地区合作的战略前沿。随着西部大开发战略和"桥头堡"战略的实施，云南省将成为东南亚地区经济、贸易交流前沿，人流、物流和边境贸易吞吐量将大幅增长，势必会推动云南省公路运输总量的稳步增长。云南省利用便利的地理优势和政策环境发展贸易的同时推动对相关道路的需求，积极利用 PPP 模式以及地方政府专项债等，可以提升项目收益匹配性，减少城投公司对政府的依赖性，逐渐剥离地方融资平台的政策依赖性。并且云南省水能资源丰富，集中在金沙江、澜沧江、怒江、红河、珠江和伊洛瓦底江六大水系的干流中，可开放容量约 9000 万千瓦，约占全国总量的1/4。水资源可以带动较大发电量，此优势也可以让相关城投公司发展相关业务，获得相应收益进而融资。

二、发挥自身优势，提升盈利性

有的城投公司自身具有良好的垄断性优势，比如城市交通相关城投公司具有一定的行业垄断性，可利用其垄断优势获取相关业务，创新收费模式，提升盈利性。有的行业受政策影响更严重，比如发电业、高速公路业等。云南省是连接东南亚各国的通道，利用相关便利政策促进贸易、资金往来，发展投资建设，创新业务模式，有利于提升城投公司的盈利性。

三、改善融资环境，扩大融资规模

推动云南省地方金融体制的改革，创新融资工具，促进地方金融发展。利用沿边金融改革试验区的政策优势，从金融体制机制上进行创新，在沿边金融开放、促进云南地方金融服务、完善地方金融监管、健全普惠金融方面有所创新。加大金融领域对民营资本的开放，让更多的民营资本进入金融领域，并且鼓励民营金融资本做大，在金融领域形成一部分规模较大、抗风险能力较强、价格控制能力较强的民营金融机构，在民营金融服务领域逐步建立起一套有效的定价机制。利用"一带一路"发展机遇，促进资金往来融通。

加大投融资对企业改革创新的资金扶持力度，尤其是信息、生物、先进制造、新材料、节能减排及现代农业等重点领域的自主创新项目，设立创业投资基金引导新兴项目发展，通过鼓励上市融资、小微金融平台等方式拓宽中小企业的融资渠道。鼓励云南省大企业进行产融结合，推进实体经济及金融业的共同发展。鼓励云南省大型企业进行产融结合，节约交易成本，降低市场的不确定，降低经营风险，获得产业与金融的协同效应。

四、创新融资模式，多元化融资

不单纯依赖城投公司融资也是城投公司摆脱政府依赖性的重要一环。云南省政府积极推行PPP项目并取得一定成绩，积极引领社会资本进入，一定程度上提升了项目的市场性，积极利用市场化手段融资，也会逐渐提升对城投公司的市场化要求。另外，城投公司发行绿色债、扶贫债等也是积极的新型融资模式探索，有利于经济生产方式的创新，进而提升环境、政策效应，成为城投公司摆脱政府性的重要方式。

第十八章　湖北省政府投融资平台转型发展研究

第一节　湖北省经济财政发展情况

一、湖北省经济发展情况

湖北省位居华中腹地，是中华文明的重要发祥地之一，是全国重要的交通运输枢纽，区位优越。良好的区位、交通及科教资源，支撑了湖北省地方经济保持较快增长，经济总量处于全国中上游。湖北省水资源丰富，素有"千湖之省"之称，三峡工程是世界上最大的水利枢纽工程，丹江口水库为南水北调中线工程起点。湖北省是中国重要的科教基地，科教文化实力位居全国前列。

（一）湖北省经济发展情况

公开统计数据显示，2017年，湖北省完成生产总值36522.95亿元，增长7.8%。其中：第一产业完成增加值3759.69亿元，增长3.6%；第二产业完成增加值16259.86亿元，增长7.1%；第三产业完成增加值16503.40亿元，增长9.5%。三次产业结构由2016年的11.2∶44.9∶43.9调整为10.3∶44.5∶45.2。在第三产业中，交通运输、仓储和邮政业，批发和零售业，住宿和餐饮业，金融业，房地产业，营利性服务业及非营利性服务业增加值分别增长6.9%、6.5%、6.4%、9.0%、5.2%、17.8%和6.9%。

从图18-1中可以看出，自2013年以来，湖北省GDP实现逐年稳定增长，但受经济下行压力的影响，GDP年增长率逐年下降，从2013年的10.06%下降到了2017年的7.80%，但仍高于全国平均增速。

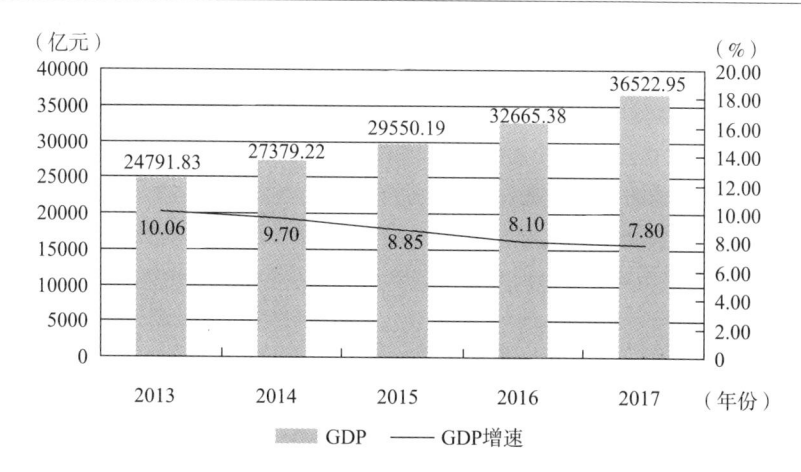

图 18-1 2013~2017 年湖北省地区生产总值和增速情况

数据来源：Wind 数据库。

从图 18-2 中可以看出，2013~2017 年湖北省工业增加值逐年增长，增长速度逐渐放缓，从 2013 年的 11.2% 下降到 2017 年的 7.2%。

图 18-2 2013~2017 年湖北省工业增加值及其增长速度

数据来源：Wind 数据库。

（二）湖北省固定资产投资情况

2017 年，湖北省完成固定资产投资（不含农户）31872.57 亿元，增长 11.0%，其中房地产开发投资完成 4574.89 亿元，增长 6.5%。2016 年，湖北省全社会固定资产投资总计 30011.65 亿元，比上年增长 12.98%，高于全国平均水平 4.4 个百分点。

从图 18-3 的走势看，2013~2016 年，湖北省全社会固定资产投资总体保持增长的趋势。作为内陆省份，长期以来消费和投资一直是拉动湖北省经济增长的主要动力。多年来，湖北省为进一步完善地方投资环境、稳定经济增长，不断加大在基础设施领域的投资力度，2007 年起投资对经济的贡献率超过了消费。但 2010 年以来随着民众消费水平的不断提高，消费的贡献率开始逐年上升，并于 2016 年超过投资，达到 59.8%，而投资对地区生产总值的贡献率下降至 45.6%；货物和服务净流出受外部环境不佳、经济增长乏力影响，2010 年以来贡献率多为负数，未能有效促进湖北省经济的增长。

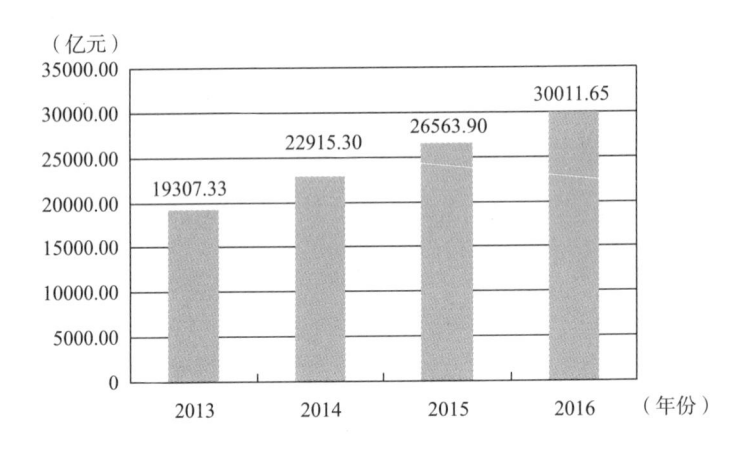

图 18-3　2013~2016 年湖北省全社会固定资产投资

数据来源：Wind 数据库。

二、湖北省地方财政情况

（一）湖北省财政收支情况

2017 年，湖北全省财政总收入 5441.42 亿元，增长 9.4%，其中地方一般公共预算收入 3248.44 亿元，增长 8.4%，其中税收收入 2247.6 亿元，增长 11.5%。湖北省近几年地方一般公共预算收入逐年增加，从 2013 年的 2191.22 亿元，增加到 2017 年的 3248.44 亿元，增速放缓，从 2013 年的 20.2% 下降到 2017 年的 8.4%。如图 18-4 所示。

（二）湖北省债务状况

湖北省持续进行市政建设、交通基础设施建设、棚户区改造等方面的基建和民生投入，目前已积聚较大规模的政府性债务。截至 2016 年末，湖北省地方政府债务余额为 5103.67 亿元，较 2015 年末增加 406.17 亿元，在全国 31 个省份中

图 18-4 2013~2017 年湖北省地方一般公共预算收入及其增长速度

数据来源：Wind 数据库。

列第 14 位。此外，截至 2016 年末政府或有债务中负有担保责任的债务为 734.7 亿元，可能承担一定救助责任的债务为 2111.35 亿元。

以地方政府债务余额与一般公共预算收入规模相对比，2016 年末湖北省地方政府债务余额是其当年一般公共预算收入的 1.65 倍，位列全国 31 个省份降序第 22 位，处于相对较低水平。

从公开发行债券利率情况看，2017 年湖北省发行的 5 年期政府债券平均利率为 4.05%，与全国其他公开发债省份相比处于较高水平。

债务限额方面，2016 年湖北省政府债务限额为 5253.5 亿元，其中一般债务限额 3394.3 亿元，专项债务限额 1859.2 亿元，2016 年末，湖北省地方政府债务余额未超过限额。2017 年，湖北省地方政府债务限额进一步增至 5996.5 亿元，新增政府债务限额 743 亿元。2018 年上半年，湖北省政府债务限额 7011.5 亿元，新增政府债务限额 1015 亿元，包括新增一般债务限额 373 亿元，新增专项债务限额 642 亿元。

第二节 湖北省政府投融资平台发展情况

一、湖北省地方政府投融资平台发债情况

从图 18-5 中可以看到，2013~2017 年湖北省地方政府投融资平台债券发行规模实现了巨大的飞跃，从 387 亿元上升到 915 亿元，发行数量也稳步增长，从

29 只跃升至 102 只。

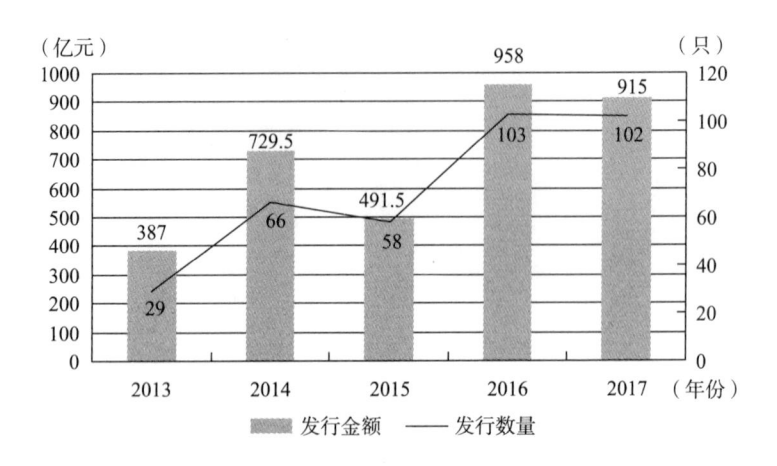

图 18-5　湖北省政府投融资平台发债情况

数据来源：Wind 数据库。

下面从债券期限、债券类型两个维度对湖北地方政府投融资平台债券的发行情况进行介绍。

从图 18-6 中可以看出，近 5 年湖北省发行的地方政府投融资平台债券以 7 年期、5 年期、3 年期和 1 年期为主。

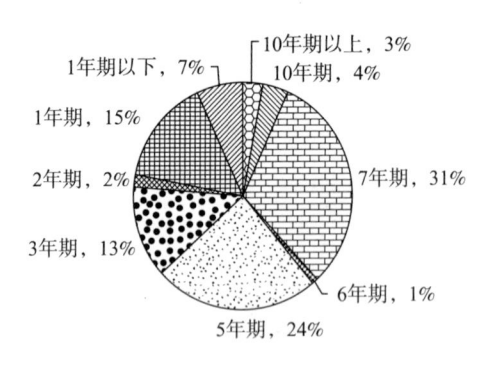

图 18-6　湖北省政府投融资平台债券期限情况

数据来源：Wind 数据库。

从图 18-7 中可以看出，近 5 年湖北省发行的地方政府投融资平台债券以一般企业债、定向工具和一般中期票据为主。

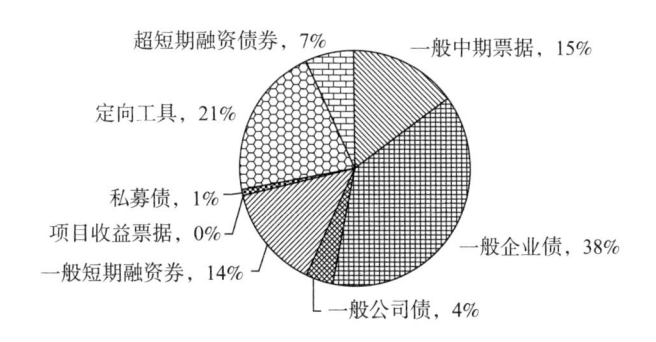

图 18-7　湖北省政府投融资平台债券分类情况

数据来源：Wind 数据库。

二、湖北省政府投融资平台排名情况分析

（一）湖北省省级政府投融资平台排名分析

如表 18-1 所示，湖北省并无全国突出的地方融资平台，各个平台在省内优势比较均匀，差距并不十分明显。

表 18-1　湖北省省级政府投融资平台排名

省级排名	全国排名	公司名称	评级	得分
1	40	湖北省文化旅游投资集团有限公司	AA+	35.30
2	111	湖北省高新产业投资集团有限公司	AA	32.81
3	147	湖北省交通投资集团有限公司	AAA	31.72
4	164	湖北省联合发展投资集团有限公司	AAA	31.27
5	188	湖北清能投资发展集团有限公司	AA	30.59
6	248	湖北省铁路建设投资集团有限责任公司	AA+	28.20
7	264	湖北中经资本投资发展有限公司	AA+	27.15

湖北省文化旅游投资集团有限公司主体信用评级为 AA+级，2017 年营业收入 54.25 亿元，总资产为 402.75 亿元，资产负债率为 64.48%。主营业务构成比较均匀，包括食品面粉经营、进出口贸易、房地产、旅游等，业务比较多元化，债券发行种类也比较多元化，显示其融资方式比较多元，对政府补助具有一定的依赖性，在旅游服务业中具有一定的品牌优势，可以利用该业务为其平台获取收益。

湖北省高新产业投资集团有限公司主体信用评级为 AA 级，2017 年营业收入

9221.84万元，总资产为78.69亿元，资产负债率为75.29%。在创业投资、债权融资服务、创新创业服务等方面为湖北省经济社会发展做出了积极的贡献，有力地支持了省域经济社会事业的发展。公司在股权投资、资金筹措、项目投资等方面具有较强的竞争优势，营业收入的主要构成为咨询服务费，其次是金融投资的利息收入。只发行过1只企业债，债券融资方式单一，在全国性同业比较中不具明显优势。可以看出湖北省需要建立具有较强营运和盈利能力的地方融资平台，为地方政府筹集资金。地方城投公司需要创新业务模式，发挥本身优势，吸收资本进入，从而减少对政府的依赖，形成一定的自负盈亏的能力。

湖北省交通投资集团有限公司是湖北省资产规模最大的省属国有企业，同时也是湖北省最大的高速公路投资、建设、运营主体，拥有湖北省内大部分高速公路路段的经营权，在湖北省内占据主导地位。债券发行多元，融资较多，由于其承担着十分重大的省级基础职能，对政府有较强依赖性，但也有较强的盈利性和业务能力，是2017年湖南企业100强。

湖北清能投资发展集团有限公司具有较高的政治地位和地域优势。公司第二大股东中国长江电力股份有限公司是国内运营规模最大的水电上市公司，不仅向公司输出了上市央企的先进管理，也在资金、信用方面给予公司一定支持。通过下属全资子公司湖北能源集团清能置业有限公司开展具体业务。债券发行较少但多元，债务余额13.8亿元，具有一定的盈利能力。

湖北省铁路建设投资集团有限责任公司是目前湖北省内唯一主要从事铁路业务的大型国有企业，主要履行湖北省政府赋予的铁路投资、建设、运营管理职能，负责使用和管理湖北省政府投入铁路建设的各项资金，承担加快推进湖北铁路现代化建设和确保国有资产保值增值的职责。具有重大政府性使命，债券发行较少，较多依赖政府补助。

湖北中经资本投资发展有限公司主营业务利润率为84.74%，利润率较高，多次获得中央及地方政府有关部门提供的资金补贴，债券发行少。

（二）湖北省市级政府投融资平台排名分析

湖北省市级投融资平台排名情况如表18-2所示。

表18-2 湖北省市级政府投融资平台排名

市级排名	全国排名	公司名称	评级	得分
1	9	汉江国有资本投资集团有限公司	AA+	41.33056
2	49	武汉金融控股（集团）有限公司	AAA	38.05267
3	72	武汉国有资产经营有限公司	AA+	37.34659
4	86	武汉市城市建设投资开发集团有限公司	AAA	36.96809

续表

市级排名	全国排名	公司名称	评级	得分
5	205	荆门市城市建设投资有限公司	AA	34.96632
6	242	武汉地铁集团有限公司	AAA	34.56678
7	250	黄冈市城市建设投资有限公司	AA	34.46582
8	270	随州市城市投资集团有限公司	AA	34.27887
9	289	咸宁高新投资集团有限公司	AA	34.08433
10	318	十堰市城市基础设施建设投资有限公司	AA	33.68674

汉江国有资本投资集团有限公司经营领域和投资范围涵盖了城市基础设施建设、土地整理、城市供排水等公用行业，具有垄断性经营优势，市场相对稳定，持续盈利能力较强，经营的资产具有长期稳定的投资收益，发行债券种类较多。

武汉金融控股（集团）有限公司作为政府投资责任主体，根据市场化原则推进政府战略性产业项目任务，负责对相关项目进行投资和运营。现阶段公司承担对全市基础产业、支柱产业、现代制造业、物流产业等重点产业和新兴产业骨干项目及先导性、基础项目进行投资和金融支持的任务。盈利能力较强，发行债券较多，种类丰富。

武汉国有资产经营有限公司商业零售业的主体企业武商联是武汉市商业旗舰，在百货和超市两大业态中均占据区域性龙头地位。公司拥有变现能力突出的优质资产，主要是上市公司法人股、土地资源以及部分控参股企业的股权；拥有产生乘数效应的品牌资产，是唯一用武汉市冠名的国有资产经营公司，具有较高的知名度和较大的影响力。

武汉市城市建设投资开发集团有限公司是武汉市城市基础设施的主要投资运营主体，在武汉市城市道路、燃气和水务等公用事业领域处于行业垄断地位，在武汉市城建资金的筹措、使用和管理中具有不可替代的作用，债券发行种类丰富。

荆门市城市建设投资有限公司是经荆门市人民政府批准在荆门市城区从事基础设施建设的企业，在荆门市的综合开发业务方面具有独占性。作为荆门市政府的城市基础设施投资建设和运营主体，公司在荆门市城市基础设施建设的融资、投资、建设中处于龙头地位，发债相对较少。

武汉地铁集团有限公司是由武汉市政府批准成立的国有企业，是武汉市城市轨道交通建设的主导企业，在轨道交通建设、营运及管理方面处于垄断地位，在城市基础设施建设及土地开发整理领域处于重要地位。其业务特质使其能获得较高营业收入。发债较多且种类丰富，政府也给予了一定补助，政府依赖性较强。

黄冈市城市建设投资有限公司是黄冈市最重要的城市建设投资和特许经营主体，政府予以一定的补助，债券发行种类较多，债务余额66亿元。

随州市城市投资集团有限公司是随州市土地资产经营、城市基础设施建设最大的运营主体，承担了随州市土地综合开发、城市建设资金的筹集融通和城市资产的经营管理等职能，在随州市政府的领导下，主导着随州市的土地开发经营工作和基础设施建设工作。在土地一级开发以及城市建设开发领域的竞争力已经形成，在随州市处于区域垄断地位。债券发行多且种类十分丰富，债务余额25.3亿元。

咸宁高新投资集团有限公司是咸宁市市政基础设施建设、土地经营开发及国有资产的运营主体。其事业的公益性决定了其需要较多的政府补助。

十堰市城市基础设施建设投资有限公司偿债能力指标较好。

由于公司性质的原因，全部公司国资运营和社会责任指标都较为平均。

（三）湖北省县级政府投融资平台排名分析

湖北省县级政府投融资平台排名如表18-3所示。

表18-3　湖北省县级政府投融资平台排名

县级排名	全国排名	公司名称	评级	得分
1	72	大冶市城市建设投资开发有限公司	AA	30.39
2	115	仙桃市城市建设投资开发有限公司	AA	29.42
3	117	应城市蒲阳开发投资有限公司	AA	29.40
4	123	赤壁市蓝天城市建设投资开发有限责任公司	AA	29.27
5	127	宜都市国通投资开发有限责任公司	AA	29.19
6	161	武汉旅游发展投资集团有限公司	AA	28.66
7	215	湖北松滋金松投资控股集团有限公司	AA	27.80
8	234	钟祥市城市建设投资公司	AA	27.59
9	247	汉川市汉融投资建设开发有限公司	AA	27.41
10	252	安陆市建设开发投资有限公司	AA-	27.37

大冶市城市建设投资开发有限公司近年来经营规模和经营实力不断壮大，在城市基础设施建设、城市供水、自来水管网安装修理等方面具有很强的竞争力，区域内行业垄断优势明显。债务余额36.6亿元。由于其主营业务特性，较依赖政府补助。

仙桃市城市建设投资开发有限公司债券发行较少，目前承接了仙桃市绝大部分城市基础设施建设项目，在仙桃市城市基础设施建设行业中居于核心地位，为仙桃市城市建设规划的顺利实施提供了有力保障，为仙桃市城市建设发挥了重要作用。主营业务利润率较高，财务效益较高，发展能力在湖北省县级城投公司中具有领先优势。

应城市蒲阳开发投资有限公司是应城市重要的国有资产投资运营主体，统筹管理城市建设资金，参与城市综合开发，负责市政府公共资源和产品的经营，城市基础设施和重点项目的融资参股、投资等，代表市政府进行土地收购储备经营、开发经营等工作。在其经营领域和投资范围内，具有垄断性经营优势。其经营市场相对稳定，企业持续经营、盈利能力较强，财务效益指标较高。发债较少，多依赖于政府补助。

赤壁市蓝天城市建设投资开发有限责任公司是赤壁市的城镇化配套基础设施建设主体，代表赤壁市人民政府对市属国有及集体企业国有资产直接行使资产受益、重大决策、选择管理者等出资人权利，全面负责当地区域的城镇建设、市属国有资产的投资运作和产权经营、保障性安居工程建设、其他公共事业经营等业务。较多依赖于政府补助。

宜都市国通投资开发有限责任公司发行债券较少，多依赖于政府补助。

武汉旅游发展投资集团有限公司债券发行较多元，公司全面负责武汉市内旅游、文化、酒店、渔业等产业的投融资开发与运营工作，对行业核心资源拥有较强掌控力，近年来经营规模和经营实力不断壮大，在武汉市相关行业内处于绝对领导者地位。

湖北松滋金松投资控股集团有限公司在松滋市土地开发整理、保障房建设、城市基础设施建设等领域具有不可替代的地位，各项业务具有良好的发展前景。债券发行较少，多依赖于政府补助。

钟祥市城市建设投资公司是钟祥市最主要的城市基础设施建设和投资主体，统筹管理城市建设资金，参与城市综合开发，负责市政府指定城市基础设施和重点项目的投资、建设，代表市政府进行市区土地一级市场的开发和经营业务，受市政府委托开展保障性住房建设等工作。在其经营领域和投资范围内，具有垄断性经营优势。其经营市场相对稳定，企业持续经营、盈利能力较强。债券发行较少，多依赖于政府补助。

汉川市汉融投资建设开发有限公司是汉川市最主要的城市基础设施建设和投资主体，统筹管理城市建设资金，参与城市综合开发，负责市政府指定城市基础设施和重点项目的投资、建设，代表市政府进行市区土地一级市场的开发和经营业务等工作。在其经营领域和投资范围内，具有垄断性经营优势。其经营市场相对稳定，企业持续经营、盈利能力较强。发行债券较少，多依赖于政府补助。

安陆市建设开发投资有限公司是安陆市唯一的基础设施建设和投资主体，承担着在全市范围内的土地整理开发和保障性住房项目的投资、建设及经营工作，在授权范围内经营国有资产并实现保值增值。公司主营业务以城市基础设施建设和土地整理开发为主，逐步开展保障性住房项目的投资、建设和经营业务，具有垄断性经营优势，所在市场相对稳定，持续经营、盈利能力较强。债券发行较少，多依赖于政府补助。

平台公司的国资运营指标和社会责任指标都处于均衡状态。平台排名除了与本身营业能力和市场竞争力情况有关外，也与所在市、县经济环境发展机遇息息相关。

第三节　湖北省政府投融资平台转型发展策略

我国经济进入新常态以来，伴随经济增速放缓和内需减少。在此大环境下，湖北省地方政府投融资平台的发债数量和发债规模出现了较大幅度的波动，但这些公司仍然可以凭借经营的垄断地位和平台优势，取得较好的经营效益和财务表现。在倡导国有企业改革股份制改革的大背景下，地方政府投融资平台也要从以下几个方面进行发展与改革，从而更好地服务于地方城市建设，提高地方经济发展水平。

一、借助区域优势，发展营利性项目

湖北省是我国中部地区龙头省份，重要交通运输枢纽，拥有强大的工业基地，总人口5902万，以汽车制造、石油化工、钢铁、轻工、光电子信息为主要支柱产业，下辖12个地级市、1个自治州，经济总量处于中部前列，在全国排名中上。湖北省是老重工业基地之一，经过几十年的发展变革，汽车、钢铁、化工仍在全省，乃至全国占有重要地位。其中，以东风汽车为代表，湖北省已发展成为国内第三大汽车工业基地；武钢与宝钢合并为宝武钢铁，成为全国第一大钢铁集团；2017年全省石化行业完成出口贸易额43亿美元，同比增长26.4%，居全国第9位、中部第1位。湖北省的轻工、食品、光电子信息产业也在迅速崛起。其中农副食品加工居全国第10位，塑料制品居全国12位，饮料制造居全国第8位，家电行业居全国第10位；光电子信息产业中，光纤光缆规模全国第一、世界第三，激光产业规模全国第一，武汉光谷已迅速发展为中国最大的光电子信息产业基地。利用这些重工型支柱产业和科技型产业发展相关项目，带动利益流通、资金流转，为政府进行融资，带动城市发展。

二、结合自身考量，多元化融资方式

截至 2017 年末，湖北省政府债务余额为 5715.5 亿元，占 GDP 比重为 15.6%，与一般综合财力之比为 52%，在全国排名较低；但考虑到城投平台有息负债，整体负债率上升至 48%，偿债率上升至 179%，在全国排名居中。显性债务总体可控，但隐性债务率相对较高，债务规模较为集中。省会武汉债务规模 2213.6 亿元，占全省近 40%，其他地市则为数百亿元不等，而荆州市、随州市仅为 100 亿元左右。显性负债率中，恩施市、十堰市、黄冈市、孝感市排名居前；从显性偿债率（地方债务余额/地方综合财力）看，十堰市、随州市、恩施市、黄冈市、咸宁市等地级市排名居前，均在 150% 以上。为防止违约风险，政府融资不应该仅仅依靠地方债、城投债等单一融资方式，可以多元发展，例如产业基金、地方政府专项债、绿色债等。

三、发挥政策优势，吸收外来资金资源

"一带一路"、长江经济带、湖北自贸区、中部崛起、武汉建成国家中心城市、长江中游城市群建设等国家层面战略机遇叠加，经济结构调整优化的前进态势良好，支撑湖北经济持续增长的基础条件没有变。湖北省地理位置突出、产业基础良好、科教资源丰富，工业化、城镇化快速发展，不断积蓄发展后劲，综合优势正在转化。利用这种综合优势，积极吸收外省、外国等外来资源，发展营利性项目，提升融资平台市场化能力。

【转型篇】

第十九章　杭州市城市建设投资集团有限公司

第一节　发展历史

一、基本情况

杭州市城市建设投资集团有限公司（以下简称"杭州城投"），2003年6月成立，原名杭州市城市建设资产经营有限公司，经市委、市政府批准，于2007年6月更名。有23家下属企业、近4万名干部员工，合并资产总量800多亿元。杭州市政府出资98.91%，共650000万元，国家开发基金公司出资1.09%，共7164万元。公司主体信用评级为AAA级，共有21家企业，经营范围涉及公共交通、城市供排水、供气、垃圾处理、热电联产、房地产开发、市政工程、建筑工程、科研设计九大行业，有各类从业人员3.6万人。杭州城投基本信息如表19-1所示。

表19-1　杭州城投基本信息

公司名称	杭州市城市建设投资集团有限公司
法定代表人	冯国明
注册资本	657164万元人民币
设立日期	2003年8月8日
注册地址	浙江省杭州市下城区仙林桥直街3号1501室
办公地址	浙江省杭州市下城区仙林桥直街3号仙林大厦15-20楼
企业统一社会信用代码	330100000180636
联系电话	0571-28333999
经营范围	经营市政府授权的国有资产

二、业务情况

杭州城投现拥有公共交通、城市水务、城市能源、城市建设、城市环境、置业发展六大经营板块以及 23 家下属企业。作为城市建设主体，杭州城投先后实施新建、续建项目 400 多项，有力地推进了以钱塘江引水入城、九堡大桥、杭师大仓前新校区、保障性住房建设、紫之隧道工程为代表的各项重点工程建设，全力完成了市委、市政府交办的主城区供热方式调整、推行清洁直运、打造世界上最大的公共自行车系统等重大任务，有效提升和完善了城市的功能。杭州城投主营业务收入情况如表 19-2 所示。

表 19-2　杭州城投主营业务收入情况　　　　　　　单位：万元

报告期	2018年6月30日	2017年12月31日	2016年12月31日	2015年12月31日
	中报	年报	年报	年报
报表类型	合并报表	合并报表	合并报表	合并报表
营业总收入	1271126.3509	2290692.8201	1862375.9736	1556949.8754
产品		2215821.8161	1793469.8082	1494885.6590
商品住宅		549417.4441	300206.3880	159563.4494
商品销售		358739.4878	312231.5852	238050.8560
天然气销售		284934.5462	255210.1876	239405.0538
工程施工及养护		188359.0575	218887.2322	194507.7843
自来水		167376.1910	169333.5229	130551.1562
代建项目		154186.7804	75772.5105	41713.8493
公交营运		124840.0621	120085.8682	131287.1405
热、电、蒸汽		82351.6677	53143.9755	38955.0476
垃圾处理		59204.5381	54533.1121	50135.4266
保障房、经济适用房销售		51566.1595	49034.2565	113251.9700
BOT 项目		46615.5735	7411.8617	—
广告业务		22143.8200	22115.1194	21097.7542
商业地产		20411.3627	50885.5139	59866.7355
租赁及服务收入		14320.5672	12547.3287	7039.7936
地下管道使用权转让		5132.5613	15345.8095	6734.2534
物业、房租		3783.2999	5828.8861	4497.5088
技术咨询		1563.6526	1184.5045	
配套费等摊销				

续表

	2018年6月30日	2017年12月31日	2016年12月31日	2015年12月31日
管网材料销售				
建造合同				
入网费				
其他主营业务		80875.0445	69712.1458	58227.8799

杭州城投属于国内最早发行城投企业债券的公司，企业主体信用等级长期保持AAA级，累计筹集资金500多亿元，为城市的有机更新提供了强大的资金支持。同时，企业依托自身产业优势，坚持改革创新、开放发展，先后与多个地方政府建立了战略合作关系，业务范围拓展到市外、省外乃至境外，在业务领域上构筑了多元均衡的产业结构，既有处于完全竞争领域、高风险同时也有较高收益的房地产企业，也有处于自然垄断领域、现金流比较稳定的市政公用企业；既有属于传统产业，在新型城镇化环境下大有用武之地的市政工程类企业，也有属于朝阳产业，受国家节能减排政策扶持、具有良好发展前景的环保类企业；同时，还在近年探索发展了以"产融结合"为方向的类金融业务，使集团下一步发展兼具产业发展、市场拓展、资源开发三大潜力。

2017年主营业务收入为2290692.82万元，截至2018年6月，主营业务收入为1271126.35万元，主营来源主要包括商品住宅、商品销售、天然气销售、工程施工及养护、自来水产业、代建项目以及公交营运等。

第二节 杭州城投融资历程

一、融资历程

杭州城投于2012年4月25日发行16亿元债券，到期日为2018年4月25日。2014年3月11日再次发行13亿元债券，到期日为2019年3月11日。2014年12月31，杭州市政府总共发放了303012.69万元补贴，分别是债券发行补贴、公交补贴款、气价及应急气源站、拆迁补偿收入、经适房建设补贴、政府购买服务专项补助。2015年9月11日，龙元建设和杭州一城控股有限公司支付43175600元取得杭州城投75%国有股权。2015年12月31日，杭州市政府总共发放236979.23万元补贴，分别是水利建设基金返还、公交补贴款、政府购买服务专项补助、经适房建设补贴等。杭州城投融资历程见表19-3。

表 19-3 杭州城投融资历程

时间	融资	股权变化
2012年4月25日	发行债券16亿元，票面利率为5.90%，到期日为2018年4月25日，AAA级	无变化
2014年3月11日	发行债券13亿元，票面利率为6.45%，到期日为2019年3月11日	无变化
2014年12月31日	政府补贴303012.69万元	无变化
2015年9月11日	龙元建设和杭州城控股有限公司通过杭州产权交易所有限责任公司以43175600元人民币联合摘牌取得杭州市城市建设投资集团有限公司持有的杭州城投建设有限公司75%国有股权，摘牌后与杭州城投签订了《股权转让协议》	转让75%国有股权
2015年12月31日	政府补贴236979.23万元	无变化
2017年3月31日	银行授信额度为367.59亿元，公司已使用信贷额度122.8亿元，未使用信贷额度244.79亿元	无变化

公司由杭州市政府授权从事城建资产经营、资本运作和城市资源开发，是杭州市最大的城市基础设施投资、建设及运营主体，业务涵盖城市公交、供气、热电联产、供水、垃圾污水处理、市政基础设施建设及房地产开发等业务。

公司债券融资过程主要存在的问题有公司债券发行品种单一、公司债在二级市场表现落后以及中介机构运作不规范导致效率低下等。

截至2018年7月19日，公司共发行了11期债券，其中一般短期融资券共发行了5期，而且这5期短期融资都集中在2009年之前，债项评级都是A-1级，主体评级都是AAA级，从2009年开始，公司发债融资风格出现了明显的变化，企业不再单纯地只发行一般短期融资券，而是选择了其他更为多样化的债券品种。但从总体来看，公司发债品种还是过于单一，未能充分地利用多样化的债券品种为公司融资，这是企业融资中的一个主要问题。

以公司目前唯一1只仍在存续期的债券14杭城投MTN001为例，在近一年内，14杭城投MTN001在二级市场上总共只成交了5笔，这显示出公司发行的债券在二级市场上并不太受投资者尤其是交易户的欢迎，投资者买入14杭城投MTN001可能更多的是为了持有至到期，并不是为了在市场上赚取买卖差价。在一级市场上，中介机构如律师事务所、会计师事务所等效率低下，进而导致公司在一级市场融资的效率不高；在二级市场上，中介机构如货币经纪公司并没有积极地为公司债券寻找合适的买家，没有积极地促成公司债券的交易。

二、转型历程及财务体现

杭州城投主要从事土地开发和建设。固定资产主要是日常管理所需的生产工厂、设备和办公用房。近年来，杭州城投的固定资产占总资产比例下降，表明其主要采用外包模式。由于功能的变化，建筑工程业务向专业建筑公司转移，开始减少冗余机构。城市投资公司的无形资产主要是土地使用权和特许经营权。如果项目在总资产中的比例下降，公司的经营能力将继续下降。这可能是因为金融属性不断增加以发挥更大作用。

随着国家大力推进PPP项目，杭州市投资公司也正在转型为政府代理商，参与区域PPP项目的建设。因此，杭州城投长期应收款项增加的原因是"建设转让"项目数量增加，导致一年的回收期。上述应收票据和应收账款比例增加。2011~2015年，杭州城投的长期应收账款占总资产的比例不到1%，而其他应收账款的比例则从4.0%下降至3.4%。

2011~2015年，杭州城投无形资产占总资产的比例较低，固定资产占总资产的比例由最高水平的23.3%下降至18.7%。无形资产占总资产的一小部分，因为该集团拥有较少的土地使用权和特许经营权，因此其实际经营能力处于较低水平，更多已转向财务属性。固定资产比例下降的原因是杭州城投用于土地开发建设等项目的工厂、设备和办公空间规模缩小，以及利用外包模式将建筑工程业务转移到专业建设公司，并逐步开始减少冗余机构，实现功能转型。

新《预算法》颁布时，杭州城投正在进行金融转型，利用政府隐性担保和融资平台功能提供短期贷款和代理咨询服务。具体而言，其财务业务收入主要来自跨桥借款利息收入，代理咨询业务收入主要来自政府项目咨询费和佣金收入。主营业务收入占净利润的比重持续上升，表明杭州城投的金融转型程度不断加深。

企业经营资产规模逐渐缩小，转变为金融化；基于债务融资模式的融资方式导致沉重的债务负担；主营业务收入较低，政府注资支持的营业外收入占净利润的比重较大。现金流结构变得越来越合理，经营活动产生的现金流量占主导地位，比例逐年增加。

从表19-4中可以看出，杭州城投转型后，资产规模和负债规模都在增加，资产负债率有小幅度上升，说明债务得到了有效控制。同时，营业收入和净利润大幅度提高，说明企业的财务状况良好和盈利能力提高，企业转型相对成功。

该案例中，私有企业对国有企业进行并购，并购之后企业的财务状况和盈利能力都大大提高，转型成果令人满意。这次企业转型的成功离不开以下两个条件：①企业自身的能力，龙元建设和杭州一城控股有限公司都是实力雄厚的企业。②政府及政策的支持。浙江省及杭州市政府对国有企业的转型提供了补贴及相关政策支持。以上两个条件促成了这次并购的成功,企业转型达到了预期的效果。

表19-4 转型前后资产负债对比　　　　　单位:亿元、%

指标	转型前（2014年）	转型后（2017年）
资产	890.48	1154.26
负债	526.25	707.52
资产负债率	59.10	61.30
营业收入	136.57	229.07
净利润	6.43	18.26

第三节　政府对杭州城投的支持

一、区域地位

总体看,杭州作为浙江省的经济强市,经济发展势头良好,财政实力强。杭州市经济的快速发展为公司提供了良好的区域发展环境,杭州市地方财政收入的持续稳定增长为公司提供了稳定的财政资金支持。杭州市城市建设投资集团有限公司成立于2003年6月,注册资本65亿元,总资产1000多亿元,是一家主体信用为AAA级的企业。集团制企业有20家,经营范围基本覆盖整个城市建设产业链,包括公共交通、城市给排水、燃气供应、垃圾处理、热电联产、房地产开发、市政工程、建筑工程、科研设计等。杭州城投自成立以来,依托市委、市政府(主营建筑)提出的"三大实体",围绕"建设东方质量城市,构建和谐杭州"的目标展开。

二、政府补贴

从表19-5中可以看出,杭州市政府2015年对杭州城投的政府补贴较2014年大幅度降低,是因为2014年龙元建设和杭州一城对杭州城投进行并购取得75%的股权,政府的股权比例大幅度降低,所以发放的政府补贴也随之下降。

表 19-5　杭州市政府对杭州城投的政府补贴　　　单位：万元

项目名称	2014 年	2015 年
政府购买服务专项补助	193216.52	191340.34
经适房建设补贴	31689.51	722.91
地方水利建设基金返还		209.34
公交补贴款	45210.96	44706.65
拆迁补偿收入	9567.15	
债券发行补贴	15100.00	
气价及应急气源站	8228.54	
总计	303012.69	236979.23

第四节　杭州城投转型分析

一、布局金融业务，积极发展实业

新《预算法》下，明确禁止地方政府对城投公司的隐性担保，在其融资成本高且经营业务回报周期较长的背景下，利用其融资平台功能进行金融化转型能够有效支持其发展。大力发展杭州城投的金融化业务，强化其金融化业务属性。

在发展实体业务的同时，杭州城投也积极拓展其金融职能，减少有形资产的账面价值，增强盈利性和资产的周转率，提升盈利水平，逐渐摆脱政府对其固定资产的政府补贴，并利用对外金融企业投资等行为获取相应资金，增强资金的周转性，盘活资本，减少对政府财政的依赖。

二、集中业务，提升资源利用效率

目前，地方融资平台对债务融资的依赖较大，导致严重的财务费用负担和"借新还旧"压力，所以融资平台可以通过代理业务运营、项目资金运作等方式拓宽企业融资面，以减轻财务负担，增加营业收入。

杭州城投近年来固定资产比重下降，是因为该集团从事土地开发建设等项目所需用于生产的厂房、设备以及管理层使用的办公房屋规模不断缩减，转而采用外包模式，将建筑工程业务转让给专业建筑企业，并逐步开始缩减冗余机构以实现职能转变。业务的专业化剥离有利于提升企业的运转效率，减少不必要的资源浪费，从而减少政府的政策性支持，集中的业务模式有利于公司资金的融通。

三、利用市场化手段，发展盈利项目

地方融资平台要逐步降低对政府补助的依赖，逐步提高主营业务收入和其他业务收入对净利润的贡献程度，从而避免过分依赖营业外收入。同时，提升自身盈利水平，缩短金额收回时间。引入民间资本甚至转变运营模式、扩大业务规模，利用市场化手段，减少行政性依赖。

在土地整理开发方面，公司具有资金、规模、信誉和政府关系等方面的独特优势。公司房地产开发业务主要由下属控股公司杭州中庆、绍兴中庆、城发置业、建德城发公司承担。上述公司都具有房地产开发二级资质，公司利用相关优势发展土地开发建设等业务，具有一定融资能力，可以帮助其减轻对政府补助的依赖性。

第二十章　青岛城市建设投资（集团）有限责任公司

第一节　发展历史

一、基本情况

青岛城市建设投资（集团）有限责任公司（以下简称"青岛城投"）作为青岛市国有资产监督管理委员会的独资公司，在国有资产配置、注资、金融补贴等方面得到了青岛市政府的有力支持。公司自成立以来，按照"政府引导、市场导向、企业经营"的工作原则，以城市建设和经营为重点，积极参与城市基础设施建设。通过招商引资、土地整理开发、市政府重点工程、民生工程、房地产项目的投资开发，以及现代服务业的投资经营，实现了"快速建立和发展"的目标。公司经营范围主要包括城市旧城改造及交通建设、土地整理与开发、市政设施建设与运营、政府房地产项目的投资开发、现代服务业的投资与运营。目前，集团公司拥有城市建设和现代服务业两大业务领域。主要业务部门的战略布局基本形成，企业发展进入快车道。公司作为青岛市城市基础设施建设和政府重点工程建设运营的主体，在青岛市政府的政策支持和优质资源配置的支持下，在行业中具有竞争优势。通过集团过去三年的建立和发展，公司正依托各种优势迅速扩大资产规模，明确主营业务发展方向，不断规范经营管理，增强发展能力。从外延和内涵两方面提升企业经济、社会效益，实现可持续发展。

根据公司财务数据，截至2017年末，公司资产总额为1741.21亿元，负债总额为1115.46亿元，所有者权益总额为625.75亿元。2017年，公司实现营业收入71.31亿元，净利润7.29亿元。2018年3月末，公司资产总额为1834.40

亿元，负债总额为 1184.25 亿元，所有者权益总额为 650.14 亿元。青岛城投基本情况如表 20-1 所示。

表 20-1 青岛城投基本情况

法定中文名称	青岛城市建设投资（集团）有限责任公司
法定代表人	邢路正
注册资本	300000 万元人民币
设立日期	2008 年 5 月 23 日
注册地址	青岛市市南区澳门路 121 号甲
办公地址	青岛市崂山区海尔路 166 号
邮政编码	266071
企业统一社会信用代码	91370200675264354K
联系电话	0532-85730192
传真号码	0532-66776960
经营范围	城市旧城改造及交通建设；土地整理与开发；市政设施建设与运营；政府房产项目的投资开发；现代服务业的投资与运营；经政府批准的国家法律、法规禁止以外的其他投资与经营活动（依法须经批准的项目，经相关部门批准后方可开展经营活动）

二、业务构成

青岛城投进行业务多元化的国企转型路程，脱离政府兜底后发展自身业务以增强盈利能力。青岛城投是青岛市人民政府主要的国有资产管理和基础设施投资运营主体，经营范围主要包括城市旧城改造及交通建设、土地整理与开发、市政设施建设与运营、政府房产项目的投资开发、现代服务业的投资与运营等（见表 20-2）。青岛城投 2014 年新增金融业务，2015 年新增贸易业务和光伏业务。

表 20-2 青岛城投近三年及最近一期营业收入构成情况　　单位：万元、%

项目	2018 年 1-3 月 金额	2018 年 1-3 月 占比	2017 年 金额	2017 年 占比	2016 年 金额	2016 年 占比	2015 年 金额	2015 年 占比
土地一级整理及开发收入	—	—	—	—	—	—	52349.49	10.10
污水处理服务收入	10930.22	6.44	43368.20	6.08	43354.16	7.82	36281.42	7.00
保障房建设收入	—	—	—	—	7203.24	1.30	56930.84	10.98
金融业务收入	52147.34	30.72	195570.62	27.4	148635.87	26.82	112983.77	21.80

续表

项目	2018年1~3月		2017年		2016年		2015年	
	金额	占比	金额	占比	金额	占比	金额	占比
贸易业务收入	83718.80	49.31	219970.70	30.85	260547.99	47.02	224131.95	43.24
商品房开发收入	1792.55	1.06	131352.08	18.42	—		—	
光伏发电业务收入	18695.79	11.01	66719.84	9.36	33862.53	6.11	—	
其他收入	1863.58	1.10	48474.15	6.80	39843.70	7.19	25777.73	4.97
主营业务收入小计	169148.28	99.64	705455.59	98.93	533447.49	96.27	508455.19	98.10
其他业务收入小计	618.26	0.36	7640.85	1.07	20669.82	3.73	9849.52	1.90
营业收入合计	169766.54	100.00	713096.44	100.00	554117.31	100.00	518304.71	100.00

1. 产业投资与运营

作为产业投资的践行者，青岛城投以资本为主线，围绕上市公司开展业务，培育多元化产业。组建城投实业集团，以新能源、医疗健康、环保产业为重点领域，开展股权投资、运营管理及资本运作，投资总额过百亿元。新能源汽车配套、即墨太阳能小镇光伏农业、西藏日喀则光伏农业科技示范园等项目顺利推进。组建城投地产集团，搭建青岛地产开发的投资管理和资源整合平台。在青岛及周边地市拥有土地资源过万亩，开发建设青岛高新区国际环保产业园、青岛环球金融中心、青岛银沙滩休闲旅游综合体、即墨济新区等诸多项目。积极推动好莱坞中国梦想城、英国伊甸园等重大项目在青岛落地。组建城投国贸集团，依托10余家境内外公司，架设境内外业务连接的桥梁，逐步构建集资本运作、金融业务、国内外贸易与投资一体的综合性贸易投资集团。组建城投文化产业集团，整合教育文化资源，构建城投文化产业集群，推进青岛城投创客谷项目、建设文化创意产业孵化器，打造极具市场竞争力和影响力的新型文化产业集团。

2. 金融与资本运作

青岛城投把握发展机遇，深入拓展金融业务，加强境内外资本运作，搭建资源、资产、资金融会贯通的平台。组建金融控股集团，非银行金融业务迅速发展。拥有城乡担保、小额贷款、融资租赁、资产管理、互联网金融等多家子公司，资产规模及业务总量均名列山东省前茅。参股青岛银行、青岛农商银行、山东省金融资产管理公司、青岛金融资产交易所等金融机构。筹建法人金融机构，牵头组建中健人寿保险公司，在香港发起设立青岛证券公司。灵活运用多种方式拓宽直接融资渠道，两年内实现境内外融资319亿元，多次开创国内同类企业境内外融资先河。落实国家战略部署，发起设立青岛"海丝"系列基金。以"一带一路"、新兴产业、城市功能建设为投资方向，成立10余家基金管理公司，设立产业、风险投资、并购重组及基础设施投资等各类基金 20 余只，总规模超千亿元。

3. 青岛城投业务扩展优劣势分析

青岛城投本身具有良好的资金优势和政府关系，并且拥有青岛市最为丰富的旅游资源，也吸纳了相当多的人才在此就业。在多年的业务经营中品牌信誉良好、信用评级较高。特殊的城市投资建设地位也使其获得了土地一级开发业务，具有区域专营优势，是其他同城竞争的企业无法比拟的。土地一级开发与其他下游企业联系紧密形成关联行业，比如房地产、酒店、旅游等，青岛城投可通过业务整合，利用土地开发优势，提升其竞争力，形成区域垄断效应，进而创收。

第二节 青岛城投转型及资产重组过程

一、资产重组过程

2008 年 5 月 23 日，青岛市人民政府国有资产监督管理委员会批准《青岛市人民政府关于组建政府投资公司的通知》（〔2008〕11 号）后，成立了青岛市东澳发展局。青岛发展投资有限公司与青岛城市建设投资中心共同投资青岛城市投资，注册资本 30 亿元。

2008 年 6 月，青岛城投收购了青岛盛通海岸房地产开发有限公司的股权。股权变更后，青岛城投控股公司持有青岛盛通海岸房地产开发有限公司 51% 的股权。2017 年 3 月，青岛城投把其全资子公司青岛旅游集团有限公司 89% 的股权转让给青岛国有资产监督管理委员会，青岛城投将继续持有青岛旅游 11% 的股权。青岛城投已开始进行战略转型，积极进入项目现金流量能够覆盖多个行业，具有较大的资金投入和显著的经济效益，摆脱了对地方政府担保融资和地方财政资金支持的依赖。目前，青岛城投已成为集土地、二级土地开发、城市基础设施建设、污水环保、金融业、酒店餐饮、文化传媒、轮渡、汽车运输、旅游及物业管理为一体的多元化集团。

二、多元化战略转型历程

青岛城投自成立以来，在青岛路政、桥梁、奥运场馆和土地开发等方面承担了许多使命。可以说，青岛城投的发展过程是多元化和探索的过程。

第一阶段（2008~2011 年）：政府主导的多元化阶段。这个阶段是企业的初始阶段，资产和业务范围主要由青岛市政府决定。在此阶段，青岛市政府先后将青岛市几家污水处理企业的行政配置分配给青岛城建投资（集团）有限公司，用于污水处理业务；青岛市政府授予青岛城建投资（集团）有限公司一级土地开发资质，青岛城投将增加一级整理开发业务。

第二阶段（2011~2014年）：企业独立多元化探索阶段。在此阶段，青岛城投主要进入商品房开发和酒店运营行业，旨在振兴公司资产，提高盈利能力。但是，酒店和房地产服务的主要目标客户群是青岛政府机构和公务员，其业务的地理范围尚未超过青岛。现阶段的多元化也可以理解为补充公司的原始业务战略，并没有发生深刻的变化，也没有带来业务运营的变化。

第三阶段（2014年至今）：企业多元化战略优化转型阶段。这一阶段是青岛城投应对市场化、国际化和专业化改革的新形势和新挑战的探索。为应对新形势，同时开辟增长空间，实现"逐步转变为单一业务型政府投融资平台，转型为大规模"的战略调整。政府投资控股公司，资产良好，业务多元化，经营稳定。现阶段的战略调整和优化正在进行中，没有具体的结果。但是，从公司采取的行动来看，可以看出公司正在积极部署旅游、金融、贸易、新能源、医疗等行业，实现业务前景的彻底变革。

第三节 政府对青岛城投转型的支持

一、区域地位

青岛城投是青岛市人民政府设立的国有独资公司，全额投资。它是市政府授权范围内的城市基础设施投资建设和运营的主体。在完成城市建设项目融资的同时，青岛城投以资金为纽带从事国有资产管理和资本运营。其业务领域主要是城市旧城改造及交通建设、土地整理与开发、市政设施建设与运营、政府房地产项目的投资开发，以及现代服务业的投资与运营。涉及青岛市投资的行业在该地区处于区域特许经营地位，基本上没有外部竞争。市场相对稳定，其持续运营的能力很强。该业务资产具有长期稳定的投资收益。

同一个城市也有类似的竞争公司，包括：①青岛国信投资集团主要关注青岛的"海洋经济"相关基础设施和城市功能发展。②青岛华通集团由青岛机械公司、青岛企业发展投资公司等组成，企业改组主要是持有青岛市相关企业的国有股，推动青岛市软件园建设。双方在高新区的开发建设方面存在一定的竞争。

③青岛交通发展集团公路、轻轨建设与青岛城投集团现有业务重叠。④青岛水务集团负责青岛自来水、排水、污水处理和海水淡化的投资建设和运营，并与青岛城投集团的污水处理业务重叠。⑤青岛西海岸投资发展有限公司负责青岛西海岸新区的城市发展和基础设施建设。虽然主营业务扩展范围与青岛城投集团不同，但二者的业务结构基本相同。一旦区域限制放宽，就会直接发生冲突。但青岛市投资具有一级土地开发权，政府补贴较多，土地相关业务用于实现盈利性创收的多元化业务发展。

二、政府补助

作为青岛市的国有资产管理和基础设施投资运营主体，青岛市委、市政府在公司的建设和发展方面给予了协调和支持。青岛城投作为青岛市城市基础设施建设的主体，青岛市政府每年均给予青岛城投一定数量的财政补贴。补贴收入是青岛城投利润的重要补充，近三年政府补助收入分别为37930.46万元、34205.87万元和584.44万元。其中，2015年的大额补贴主要为市民健康中心土地出让金返还与世奥项目补贴，2016年的政府补助主要是市民健康中心土地出让金返还和即征即退税款，2017年的政府补助主要是税收返还和扶持资金。

总体来看，公司在青岛市基础设施建设投融资领域中仍具有重要地位，预计未来几年青岛市政府仍将对公司发展继续提供有力支持。随着青岛市城市发展战略的实施，青岛市政府将从政策、资金、体制等方面继续支持青岛城投的业务发展，进一步巩固青岛城投在青岛市城市基础设施建设中的核心地位。

第四节 青岛城投转型分析

一、厘清股权关系，明确主体责任

青岛城投公司自成立以来，经历多次变更，股权关系复杂，很难界定不同资产的所有者和管理经营者之间的关系，直接制约了公司的业务发展和管理经营。应通过全面摸查厘清、列出股权明细和资产清单，进而按照资产属性进行股权划转和资产整合，简化公司股权结构和资产关系，为公司转型发展扫除障碍。

二、培育经营性业务，发挥产业协同效应

青岛城投除了目前的主营业务：城市旧城改造及交通建设、土地整理与开

发、市政设施建设与运营、政府房产项目的投资开发等以外，在文化产业管理、金融服务和旅游资源的经营管理方面也稳步提升，现已成为多元化经营的城市建设投融资主体。未来，要逐步将其公益性项目和营利性项目进行分离，对于营利性项目则适用市场竞争原理，原则上政府不能进行补贴，定价也市场化，平等参与市场竞争。通过金融等盈利业务增强其信用。

三、借助资产重组，明晰母子公司关系

青岛城投以资产重组为契机，明确母子公司各自的功能定位，以母公司作为投融资中心、战略决策中心、宏观调控中心、关键制度输出中心，以子公司作为利润中心、业务中心、运营中心，并以相应的权责划分和管理流程予以支撑。重点是在专业化发展业务的同时，注重形成规模效应，从而提升盈利能力，并注重相互间的协同效应，形成范围经济。利润中心要注重企业的全套流程管理，并要厘清母子公司间的利润关系和财务联结情况。

四、构建现代企业管理，加快公司管理转型

青岛城投以制度建设为抓手，重点以优化和制定薪酬与绩效管理制度为突破，针对不同子公司的情况，科学设计差异化的薪酬和绩效考评体系，并逐步建立健全符合现代企业规范的制度体系，实现管理转型。随着业务的扩展，企业股权的变更，投资主体的增加，青岛城投已经逐渐向民营企业管理模式转换，通过现代企业法人治理结构和运行管理机制运营公司。

第二十一章　苏州城市建设投资发展有限责任公司

第一节　发展历史

一、基本情况

苏州城市建设投资发展有限公司（以下简称"苏州城投"）是经苏州市委、市政府批准成立的资产、资本经营类国有独资有限责任公司。公司主要从事重大城建项目的投资、融资、建设和运营，投资领域涵盖城市基础设施、港口、燃气、置业开发、高速公路、城建资产管理等行业。

苏州城投成立于2001年，目前注册资本金50亿元，拥有5个全资子公司、9个控股子公司以及23个参股子公司。公司内设党政办、人力资源部、纪检监察室（内审部）、财务部、投资部、资产管理部、项目管理部、安全生产部八个部门。

苏州城投是在工业化城市化快速推进、城市人口和城市规模迅速扩张、基础设施和城市功能亟待提升的特定历史条件下的产物，就其本质而言，应该是城市政府直接操控下为大规模城市建设服务的融资平台。随着苏州城区基础设施建设的日趋完善，加上国务院明令要求剥离融资平台公司政府融资职能，城投公司作为政府融资平台的历史使命显然在逐步告终，其基本的职能定位同样已经与新形势下的发展要求相悖，城投公司必须及时转变现有运营模式，确立新的战略发展规划，从以城市建设为主转向以城市运营和城市服务为主，以提升城市价值、提高城市品位、优化人居环境为己任，致力于城市产业的发展。

二、主营业务

苏州城投的主营业务主要分为五大板块：①燃气销售板块，包括燃气供应和天然气供应等；②商品贸易板块，主要包括港口物流贸易业务；③房地产销售板块，以定销商品房开发销售为主；④租赁及管理板块，主要为自有物业的出租和管理；⑤保理及贷款板块，包括保理和小额贷款两项业务。其他业务主要为工程施工和高速公路收费。

2017年，根据江苏省人民政府和苏州市政府国有资产监督管理委员会等出台的相关文件，公司将持有下属子公司苏州港口发展（集团）有限公司股权置换江苏省港口集团有限公司12.18%股权。截至2017年12月31日，公司与江苏省港口集团有限公司虽尚未签订最终以股权出资移交等协议，但已实质上丧失对苏州港口发展（集团）有限公司及其子公司苏州港口张家港保税区科技小额贷款有限公司的控制权，上述公司不再作为子公司纳入公司合并报表范围。因此，2017年起，公司主营业务板块相应变更为四个：①燃气销售板块；②房地产销售板块；③租赁及管理板块；④保理板块。

苏州城投各项业务情况如表21-1至表21-3所示。

表21-1　苏州城投各项业务营业收入情况　　　　单位：万元、%

项目	2017年 金额	占比	2016年 金额	占比	2015年 金额	占比
燃气销售	277164.91	67.55	264706.10	50.52	311802.96	45.95
商品贸易	—	—	177188.86	33.82	204133.35	30.08
房地产销售	66465.82	16.2	10130.13	1.93	82947.38	12.22
租赁及管理费等	14069.39	3.43	14926.40	2.85	15956.65	2.35
保理及贷款	6462.76	1.58	11207.14	2.14	10276.18	1.51
工程施工	40839.20	9.95	35599.22	6.79	42875.14	6.32
其他	5304.18	1.29	10214.51	1.95	10619.98	1.57
合计	**410306.26**	**100**	**523972.37**	**100**	**678611.67**	**100**

表21-2　苏州城投各项业务营业成本情况　　　　单位：万元、%

项目	2017年 金额	占比	2016年 金额	占比	2015年 金额	占比
燃气销售	232185.57	71.32	219428.28	49.12	263568.06	45.77
商品贸易	—	—	181654.67	40.66	197603.48	34.32
房地产销售	63168.42	19.4	14570.44	3.26	79375.78	13.78
租赁及管理费等	10960.72	3.37	9361.78	2.09	6028.86	1.05

续表

项目	2017年 金额	2017年 占比	2016年 金额	2016年 占比	2015年 金额	2015年 占比
保理及贷款	53.86	0.02	519.52	0.12	740.83	0.13
工程施工	16869.97	5.18	16082.23	3.59	22097.78	3.84
其他	2294.76	0.7	5145.62	1.16	6406.62	1.11
合计	325533.29	100	446762.57	100	575821.43	100

表21-3 苏州城投各项业务毛利率情况　　　　单位：万元

项目	2017年	2016年	2015年
燃气销售	16.23	17.1	15.47
商品贸易	—	-2.52	3.2
房地产销售	4.96	-43.83	4.31
租赁及管理费等	22.1	37.28	62.22
保理及贷款	99.17	95.36	92.79
工程施工	58.69	54.82	48.46
其他	56.74	49.62	39.67
合计	20.66	14.74	15.15

第二节 苏州城投转型发展及资产重组过程

一、大力发展城市清洁能源

苏州城投定位于城市清洁能源的供给运营与服务管理，在稳定传统业务时，延伸天然气上、下游产业链，实现上扩气源、下拓终端，积极开拓新能源业务，构建城市燃气智慧化应用。重点布局城市能源产业，其中苏州城投子公司中涉及燃气相关业务子公司分别为：苏州燃气集团有限责任公司、苏州市苏燃燃气贸易有限公司、苏州市燃气发展有限公司、苏州市相城区燃气有限责任公司、苏州市吴中区燃气有限公司、苏州交投燃气有限公司、苏州苏燃汽车服务有限公司、苏州市吴中区甪直天然气有限公司、苏州太湖国家度假区国太天然气有限公司、苏州洁源天然气利用有限公司、苏州甪直天然气管网有限公司、苏州天然气管网股份有限公司。

苏州燃气为二级供应商，是姑苏城区唯一的向企业和居民供气的企业，具有绝对的垄断地位，为公司提供了稳定的自营收入来源，有利于公司的长期发展。此外，作为苏州市最主要的城市基础设施建设投融资主体，苏州城投在苏州市公路、港口、火车站建设和城市改造等大型基础设施建设领域处于主导地位，整合上下游资源，将业务公司打造成燃气产业行业巨头。提升产业链价值，增强综合盈利能力。围绕天然气主业布局城区能源利用。

燃气作为城投公司主营业务多年来为公司带来稳定收益，是保证城投公司健康稳定发展的最重要一环。其中，2015～2017年燃气板块的主营业务收入占比分别为49%、45%、71%，业务毛利率分别为15%、17%、16%，盈利能力较强。

未来有望燃气板块通过整合燃气集团和天然气管网城市燃气的上、下游业务，适时组建能源集团，可独立或整体包装上市，资本投向包括建设能源码头、储气站、城市燃气管网完善、天然气综合利用项目等，实现城市能源产业链全方位发展。

二、主动剥离商品贸易板块

苏州城投的发展战略为：产城结合、科创立基、文化固本、生态乐居。主动立足于主业：城市建设、运营服务、类金融等。

商品贸易板块分出城投公司，其中2015～2016年燃气板块的主营业务收入占比分别为34%、40%，业务毛利率分别为3.2%、-2.5%，盈利能力较弱。2018年随着中美贸易战升级，对商品贸易影响的不确定因素增多，同时港口物流商品贸易业务与公司的主营业务方向相关性较低，无法形成协同效应，将其剔除出公司主营业务结构符合公司的主要发展战略。城投平台公司在主业的取舍中要做到立足于本身的业务特点、行业模式、上下游联合企业的合作关系及政府部门的资源配置等因素相机抉择。基于此苏州城投立足于主业城市建设、运营服务、类金融等，将与主营业务不相关、盈利能力较弱、需要专业的管理团队且占用大量资源的城市港口贸易板块剥离是十分明智的。

三、多产业板块多元化发展

在大力发展城市清洁能源板块的同时，苏州城投业务也涉及房产公司、物业公司、市政项目建设管理公司、保理业务、融资租赁业务、城市养老、大健康项目等。

（一）房地产项目

苏州城投旗下子公司——苏州城投地产发展有限公司（原名苏州市土地储备

开发有限公司），成立于1998年10月，是经江苏省住建厅批准按二级资质从事房地产开发经营业务的国有企业。最初由苏州市财政局、苏州市建设局、苏州市国土局及苏州国际发展集团有限公司共同出资设立，目前注册资本金约14.1993亿元，2013年更名为苏州城投地产发展有限公司，现公司法人代表及董事长为洪师亮。

公司早期开发项目主要以政府基础设施为主，为了积极配合苏州城市发展和西出口建设，2003~2007年，先后开发建设了春馨园和东汇路187号小区等定销商品房项目，总建筑面积达21万平方米，开发定销房近2300套，总投资额约4亿元。

2011年，在苏州市委、市政府的大力关心支持下，苏州城投公司置业板块——苏州城投地产发展有限公司进入了快速发展阶段，开发项目呈现爆发式增长。2011年下半年，成功受让5宗地块，总建筑面积达100万平方米，总投资约60亿元。其中，苏州城市生活广场项目位于平江新城，是一个城市综合体项目，主要业态有行政办公、写字楼、商业、酒店式公寓，总建筑面积约35万平方米，规划建筑高度180米，为平江新城地标性建筑。苏州城市广场建成后，苏州市政务服务中心、公积金中心、社保中心、公共资源交易中心等入驻，大大提高了行政服务效率，为市民集中办理审批事宜提供了极大的方便。经过多年发展，公司持续做大做强、稳定盈利，市场地位稳固。

（二）市政建设项目

苏州城投旗下子公司苏州运河文化发展有限公司是苏州城市建设投资发展有限公司下属的一级子公司。根据苏州市委、市政府《关于推进"两河一江"环境综合整治工程的实施意见》以及市政府《关于苏州市"两河一江"环境综合整治工程指挥部第一次会议纪要》，2012年7月由城投公司、沧浪区政府、金阊区政府共同投资成立了"苏州运河文化发展有限公司"。

项目内容包括：基础设施配套建设、水环境整治、文化旅游设施建设、地块综合开发利用。"两河一江"环境综合整治工程是市委、市政府为加快推进"一核四城"建设，做优做亮苏州古城，为尽快把苏州运河、环古城河和胥江建设成为苏州亮丽的绿色项链、文化走廊和旅游胜景而提出的综合性整治工程计划，旨在通过挖掘文化、整治环境、提升"两河一江"的品质，推动苏州成为真正的东方水城。工程计划用两年左右时间全面完成"两河一江"环境综合整治，用五年左右时间全面完成区域内基础性开发建设任务，力争把"两河一江"建设成为"生态、文化、繁荣、美丽"的景观带。

（三）工程保理、融资租赁项目

工程保理是工程施工企业（债权人）将其对项目业主方（债务人）的应收

账款转让给保理公司，在支付融资费用的前提下，保理公司为施工企业提前支付工程建设资金，是基于应收账款转让、针对建筑企业的一种融资方式。

建筑行业普遍存在进度款比例较低，审计款期限较长的现象，对建筑企业来说资金压力较大，通过转让应收账款获得融资，既不用占用其银行授信资源，也不用额外提供抵押担保，期限随施工合同而定，融资成本在合理范围内，能够有效解决施工过程中资金紧张的问题。

工程保理目前已成为城投商业保理公司主打产品，工程保理的投放量已超过总投放量的70%，近几年的经营经验表明，建筑行业目前在苏州地区仍保持较高的活跃度，潜力较大，优质的政府项目整体风险可控，推进工程保理及能结合城投自身的资源，符合"产城融合"的发展理念。

苏州城投旗下子公司吴都租赁公司的发展将"立足苏州、面向全国"，依靠"服务区域化、产品专业化"的策略，建立稳定的客户群，完善公司内部治理制度，不断优化资本结构，促使公司业务整体稳健增长。与此同时，加快公司股权多元化的步伐，做大做强公司品牌，在全国融资租赁行业占据重要地位。利用城投系统各大板块的业务资源与其他企业错位竞争，主要市场定位于基础设施、新能源、社会民生方向的融资租赁业务，同时利用城投系统内兄弟单位的行业专业性和丰富的客户资源，实现对融资租赁客户的资产管理，提升公司的综合服务能力。

（四）大健康项目

苏州城投的子公司——苏州城建投资发展有限公司、苏州大学附属第一医院、湖北同济堂投资控股有限公司共同签署了三方战略合作框架协议，共同打造"大健康"产业。根据协议，三方将合作建立苏州大健康投资基金。第一阶段将达到10亿元人民币，这将引领医疗、制药和健康行业的投资。

战略合作采用国有资本与社会资本多领域合作的模式，通过多个项目的落地，努力营造苏州医疗、药房和康复的双重平台。根据协议，该项目计划引进中医药知识资源，介绍中国科学院和欧洲一流的癌症治疗技术、人才和设备，介绍母婴专家和生殖医学的顶尖专家和技术在哈佛医学院，并整合德国标准、专家、培训等优质资源，以增强现有的医疗环境和医疗资源。相关项目完成后，将有利于苏州人民。它还将填补苏州高端和外宾的医疗空白，为多层次医疗保障体系的完善做出贡献。

建立国际医疗保健中心也是该协议的内容之一。一方面，苏州城投将在苏州市周边地区建立一个中高端的养老康复中心。另一方面，将利用城市现有的老年资源和社区闲置资源，探索建立一个集专业养老、社区养老、家庭养老为一体的三级养老服务体系。

第三节 政府对苏州城投转型的支持

一、区域地位

苏州位于江苏省东南部,东临上海,南接浙江,西抱太湖,北依长江,是长江三角洲重要的中心城市之一。近年来,苏州市社会经济高速发展,经济结构不断优化,财政收入持续增长。2017 年,苏州市 GDP 达到 1.7 万亿元,位列全国城市第七,从经济结构看,精密机械、生物医药、精细化工、新材料等六大支柱产业的产值已占到全市总额的 60% 以上;2017 年,苏州市全年实现一般公共预算收入 1908.1 亿元,同比增长 10.3%。苏州市地方社会经济快速展,为苏州城投业务拓展奠定了坚实基础。

苏州城投是苏州市最主要的城市基础设施及公用事业投资建设和运营主体,负责城市基础设施建设项目的资金筹措和相关债务清偿,同时也是苏州市政府授权的城市供气等国有资产运营管理企业,在苏州城市与经济发展的过程中发挥着不可替代的作用。作为苏州市唯一的特许经营燃气管道建设和燃气供应商,公司在此业务领域具有专营权利,在苏州市处于垄断地位。苏州政府也出台了有利的政策支持城投公司的发展。

二、政府补助

作为苏州市内重要基础设施建设主体,公司持续获得苏州市政府给予的多项支持,包括资产注入、项目资本金配置及城建资金安排等多项支持,政府的强有力支持为公司创造出良好的经营环境。2015 年,收到苏州市财政局用于城建交通维护建设资金 15 亿元。2016 年收到财政拨款 36.76 亿元,主要系公司收到财政建设拨款 36.52 亿元。2017 年子公司苏州虎丘投资建设开发有限公司收到了财政拨款 10.26 亿元。收到财政拨付城建资金 58.49 亿元。受益于苏州市政府专项拨款、财政补贴等增加资本公积以及公司自身经营性业务利润的积累,公司所有者权益逐年增长。

第四节 苏州城投转型分析

一、剥离政府性功能，逐步市场化管理

在苏州城投平台转型发展的过程中，苏州城投平台的政策性融资功能要逐渐被剥离，苏州城投不仅参与建设了部分市政工程，更大力地发展了具有长期稳定收益的燃气工程项目。苏州城投平台从单纯的融资平台向综合性实体企业进行转型，把苏州政府投融资平台打造成"产权清晰、权责明确、政企分开、管理科学"的现代企业。

二、打破地域限制，发挥全局观念

苏州城投创立之初，秉持"为了这座城市"的发展理念，服务于整个苏州地区的城市建设。随着城投平台的转型深入，燃气业务、城市燃气管廊的铺设、房地产业务、部分资产管理业务都有了较为明显的发展。在整个苏州地区，乃至整个苏杭地区，都有苏州城投建设的身影。苏州城投不仅将业务做精，还将业务做大，在服务地方的同时放眼全局。

三、业务板块联动，多方位发展

苏州城投平台为了实现转型发展，必须对各个业务板块进行统筹，收益较低的市政工程类业务与配套的物业管理实现了模式互补。燃气服务和燃气服务基础设施建设相得益彰，在苏州城投主营业务中占比最大的就是燃气服务业务，在项目初期承建的燃气输送管线交由苏州城投公司进行运营与维护。公司同时还经营了苏州市大部分的燃气业务，大大降低了公司运营成本，为未来的其他城投公司的转型提供了模板。除此以外，苏州城投还积极布局资产经营和资本经营，开拓多元化经营模式，寻求资产增值空间，通过探索经营性和公益性物业资源双重经营模式，打造城投物业品牌。以支持实体产业发展、打造利润增长中心为动力，通过建立健全多样化的产业布局，提升资本运营板块聚合力、创新力和贡献度，助推产业转型升级，实现城投公司"产业"+"资本"双轮驱动。

第二十二章 天津泰达投资控股有限公司

第一节 发展历史

一、基本情况

天津泰达投资控股有限公司（以下简称"泰达控股"）前身是天津经济技术开发区总公司，经天津市政府 1984 年 12 月批准成立，职责定位为经营开发区公共设施及各项公共服务事业，经营开发区的进出口贸易，办理国外投资所需的咨询业务等。2001 年 12 月 30 日，经天津市政府批准，以天津经济技术开发区总公司的转制为基础框架，并统筹组合天津泰达集团有限公司、天津经济技术开发区建设集团有限公司（后更名为"天津泰达建设集团有限公司"），注册成立天津泰达投资控股有限公司，对区属国有资产行使所有者职能，承担保值增值的责任。2011 年 11 月，泰达控股增加注册资本至 74.70 亿元，2012 年 12 月增加注册资本至 100 亿元人民币，2017 年 5 月增加注册资本至 100.7695 亿元人民币。2001 年泰达控股成立至今，通过合资、收购等方式，成立/入资北方国际信托、长城医药保健品公司、恒安人寿、天津钢管集团、渤海财产保险股份公司、渤海银行等机构，在园区建设、市政公用事业运营的基础上，全面进入生产制造、金融产业。泰达控股基本情况如表 22-1 所示。

表 22-1 泰达控股基本情况

公司全称	天津泰达投资控股有限公司	企业性质	地方国有企业
最新信用评级	AAA 稳定	评级机构	中诚信国际信用评级有限责任公司

续表

证监会行业（大类）	其他金融业	证监会行业（明细）	金融业—其他金融业—其他金融业—其他金融业
Wind 行业分类（二级）	多元金融	Wind 行业分类（明细）	金融—多元金融—多元金融服务—多领域控股
第一大股东	天津市人民政府国有资产监督管理委员会	实际控制人	天津市人民政府国有资产监督管理委员会
设立日期	1985 年 5 月 28 日	注册资本	1007695.00 万元
是否上市公司	否	注册地址	天津市经济技术开发区盛达街 9 号 1201
法人代表	张秉军	总经理	卢志永
公司网址	http://www.teda.com.cn	电话	86 - 22 - 66286107，传真：86 - 22 - 66286001，86 - 22 - 66286219
经营范围	以自有资金对区域内基础设施开发建设，金融，保险，证券业，房地产业，交通运输业，电力、燃气、蒸汽及水的生产和供应业，建筑业，仓储业，旅游业，餐饮业，旅馆业，娱乐服务业，广告、租赁服务业的投资；高新技术开发、咨询、服务、转让；房屋租赁；基础设施建设；土地开发整理；汽车租赁、设备租赁（不含融资租赁）（依法须经批准的项目，经相关部门批准后方可开展经营活动）		

二、业务构成

泰达控股的主营业务集中在五个板块（见表 22 - 2）：①商品销售板块，主要包括钢管、铜材、机械设备、天然气、物资矿石及其他商品销售，该板块主要产品为石油套管和高中压锅炉管、高压气瓶管、液压支架管和管线管等各类专业管材；②房地产板块，目前公司房地产板块经营模式主要包括小城镇开发和商品房开发业务；③公共事业板块，业务范围涵盖轨道交通、热气、燃气等公共事业的建设和运营；④物流业务板块，主要经营电子零部件物流、汽车整车及供应链物流、冷链物流及保税仓储物流、大宗商品交易物流和采购物流等；⑤其他板块，公司的其他板块涉及服务业、金融业和循环经济等，其中服务业包括饭店、酒店、旅游景点等配套服务业，金融业包括银行、保险、证券、信托、担保、典当、资金管理等。

表22-2 泰达控股的主营业务构成

序号	产品	占比（%）
1	商品销售	69.75
2	房地产业务	12.63
3	物流业务	5.75
4	服务业	4.26
5	公共事业	4.24
6	金融服务业	0.73
7	循环经济	0.2

三、财务信息

泰达控股作为投资控股型集团企业，不再参与具体的生产经营活动。公司参股企业较多，下属企业涉及公用事业、房地产建设、区域开发、物流和金融等。公司以经营性业务收入为主，商品销售和房地产业务占比达69.75%和12.63%。公司公益性业务主要分两块：一是与政府合作开发的小城镇项目，包括安置房建设、水电气暖等配套基础设施建设以及土地整理、复垦等；二是公司承担滨海新区公共服务职能，涵盖轨交、热电、燃气等。总体来说，公司以经营性业务为主，城投属性较弱。截至2017年末，公司有息债务1916亿元，其中短期债务高达919亿元，EBITDA对债务保障能力较弱。截至2018年3月末，公司资产总额为3197.98亿元，所有者权益743.41亿元。

第二节 泰达控股转型及重组过程

一、泰达控股重组过程

天津泰达投资控股有限公司拥有众多子公司，包括28家全资公司、19家控股公司和24家参股公司，其中有6家上市公司。泰达控股将旗下多家企业重组为6大主业。其产业布局包括以渤海银行为旗舰的金融，以能源供应为核心的公用事业，以小城开发为主导的城市资源经营，以循环经济为主的专营领域，以环保为主的生物、生态环保领域，以及休闲、度假、娱乐会展领域。从泰达控股的产业布局可以看出，泰达控股进入了一个门槛很高的领域，充分发挥了自身的优势。

天津泰达投资控股有限公司资产重组过程见表 22 – 3。

表 22 – 3 天津泰达投资控股有限公司资产重组过程

时间	资产重组	重组结果
2004 年	收购天津钢管集团股份有限公司 57% 的股份	成为天津钢管集团股份有限公司的第一大股东,标志着泰达控股在实业投资发展与资源性行业相结合发展之路上迈出重要一步
2011 年 10 月	经天津市国资委批准,天津经济技术开发区将 14.7 亿元资金通过债转股增资泰达控股	泰达控股注册资金达到 74.7 亿元
2012 年 12 月	经天津市政府批准,将公司的股东由天津经济技术开发区变更为天津市人民政府国有资产监督管理委员会,并通过土地股权划转方式增资 25.3 亿元	泰达控股注册资金达到 100 亿元
2013 年 1 月	通过无偿划转的方式接受天津泰达津联燃气有限公司全部股权	
2014 年 5 月	接手天津市海滨公共交通有限公司	
2016 年 1 月	收购天津泰丰工业园投资(集团)有限公司	
2017 年 11 月	收购天津天潇房地产开发有限公司	

二、资产重组过程中的优势与困境

2016 年以来,滨海新区经济及财政实力不断提升,政府对公司支持力度较大,公司旗下质量优良的金融资产贡献稳定投资收益,上述优势对公司发展起到积极作用。同时,公司债务负担较重、短期偿债压力较大,净利润大幅下降,对子公司控制力较弱,天津钢管集团股份有限公司存在一定的代偿风险等因素对公司未来经营和整体信用情况会产生一定影响。

(一)优势

1. 良好的区域环境

2017 年,滨海新区实现地区生产总值 10692.46 亿元,同比增长 6.89%;实现公共财政预算收入 995.4 亿元。不断增长的区域经济及财政实力为公司的发展提供了良好的外部环境。

2. 有力的政府支持

作为天津市资产规模雄厚、涉足产业广泛的重要国有企业,公司也承担了滨海新区部分社会服务职能,获得了有力的政府支持,近年来,公司获得稳定的政府补助，2017年公司获得的政府补助金额为25.9亿元。

3. 质量优良的金融资产

泰达控股子公司天津市泰达国际控股（集团）有限公司是承担市属国有金融资产出租人职责的金融控股集团公司，目前已形成包括银行、证券、保险、信托、资产、管理、投资等在内的较为全面的金融业务布局。质量优良的金融资产为公司带来较好的投资收益，具有较强的变现能力，保证了公司资产的流动性。

（二）困境

1. 债务负担较重，短期偿债压力较大

近几年，滨海新区开发建设速度加快，公司参与滨海新区多项建设任务使得债务规模增长较快，截至2018年3月末，公司合并口径总债务为2454.56亿元，其中，合并口径短期债务为1468.18亿元，母公司口径短期债务为430.71亿元。公司合并口径和母公司口径短期偿债压力均较大。

2. 净利润大幅下降

公司主营业务包括商品销售、房地产、公共事业、物流等多个领域。2016年受下游企业需求下降及无缝钢管产能过剩等因素综合影响，天津钢管销售收入和毛利率有所下降，此外，天津钢管在建工程及存货减值损失的大幅上升使得公司净利润大幅下降。

3. 产业集中度较低

公司参股企业较多，下属企业涉及公共事业、房地产建设、区域开发、物流和金融等产业，公司对子公司管控能力有待提高。

第三节 政府对泰达控股转型的支持

一、区域地位

近年来，滨海新区发展势头强劲，已经成为天津市经济发展的重点区域。2017年，滨海新区实现地区生产总值10692.46亿元，同比增长6.89%。其中，第一产业增加值11.77亿元，较2016年下降0.3%；第二产业增加值6044.80亿元，较2016年增长1.7%；第三产业增加值4512.11亿元，较2016年增长11.5%。三次产业结构由上年的0.1∶59.4∶40.5调整为0.2∶51.2∶48.6，第三产业增加值提高明显，经济结构得到进一步优化。

在经济实力不断提升的同时，滨海新区财政实力也不断提升。2017年，滨海新区实现公共财政预算收入528.97亿元,其中,税收收入398.90亿元,增长14.4%。从主要税种看,增值税126.37亿元,增长23.5%;个人所得税26.28亿元,增长31.6%;企业所得税97.70亿元,增长8.9%。

财政支出方面,2017年,滨海新区公共财政预算支出为746.69亿元。其中,节能保护支出19.37亿元,增长35.0%;社会保障和就业支出22.28亿元,增长24.2%;一般公共服务支出49.71亿元,增长10.9%;科学技术支出51.76亿元,增长4.4%;教育支出67.39亿元。2016年,财政平衡率超过100%,财政自给能力较强。

总体来看,滨海新区经济和财政实力不断提升,为区域内企业的良好发展提供了有力支撑。

二、供给侧改革的推进

钢铁行业是典型的周期性行业,其发展与宏观经济发展的相关性非常显著。随着中国经济步入新常态,经济增速成功换挡至中高速增长,2016年开始,在下游需求回暖以及钢铁行业供给侧改革的深入推进下,钢铁行业运行稳中趋好。随着"十三五"规划逐步落实,PPP项目加速落地等举措的实施,建筑、汽车、机械工业等主要钢铁下游行业的用钢需求有所回暖。2016年是化解钢铁过剩产能工作的开局之年,全国共化解粗钢产能超过6500万吨,超额完成当年化解4500万吨粗钢产能的任务,根据钢铁行业"十三五"规划《钢铁工业调整升级规划(2016~2020年)》,到2020年我国钢铁行业粗钢产能减压1亿~1.5亿吨至10亿吨以下,随着去产能的进一步推进,钢铁行业产能过程的压力有望逐步缓解。尽管产能下降,但却出现了"产量同比增长"的现象。由于2015年产量较低,2016年下游需求的回暖带动钢材产量的增加;另外,下半年山东、四川、唐山等地相继采取了严厉的整治"地条钢"行动,统计范围内的建筑钢材需求亦带动产量的增加。在宏观经济增速放缓的环境下,短期内钢材需求端的变化对钢材价格波动影响较大,但长期看,供给侧改革的效果体现有望带动钢材价格稳中趋涨。

第四节 泰达控股转型分析

区域经济的发展对平台公司不断提出更高的要求,也带来更多的发展机遇。从最初的开发区资金运营管理、公用事业运营,到实业经营,再发展为金融性的投资和经营并重的以投资为主的集团企业，泰达控股从单一的政府投融资平台成功转型为具备强大盈利能力的多产业集团公司。

在天津经济开发区快速发展的背景下，泰达控股抓住机遇，争取政府支持，快速抢占资源；在传统事业继续做大做实的基础上，积极介入有前景、有特色的新领域，实现收入多元化，稳定利润来源；同时，以金融产业为杠杆，以"泰达"品牌为支点，进行资本运作。

一、主动布局金融，提升盈利能力

泰达控股以转型为契机，业务布局在传统的园区建设、市政公用事业运营的基础上积极布局金融领域。泰达控股通过合资、收购等方式，成立或入资北方国际信托、长城医药保健品公司、恒安人寿、天津钢管集团、渤海财产保险股份公司、渤海银行等机构，全面进入生产制造、金融产业，形成了"金融是核心，公用事业是基础，新资源开发是方向"的产业格局。在布局金融领域的过程中，可以通过控股或者参股的方式进行。通过主动布局金融领域促进了泰达控股的资本运作，降低了公司整体融资成本和财务风险。

二、延伸产业链，多元化产业板块

泰达控股是地方政府融资平台，具备城市公用事业和基础设施建设的基因，一个契合企业优势又稳健的路线是沿着资源整合—园区运营—产业投资—金融服务的大致方向往前发展。

泰达控股在转型的过程中，整合了以泰达集团、泰达建设、泰丰公司、津滨发展等多家房地产开发企业为代表的房地产开发企业，整合了以泰达水利、泰达热电、泰达电力、泰达水业、滨海公交等为代表的公共事业服务单位，整合了以梅江会展中心为代表的现代服务企业，整合了以渤海银行、渤海证券、泰达宏利、渤海保险为代表的金融行业企业。泰达控股充分发挥政府和社会资本之间的桥梁作用，在公益性项目融资、项目建设和资产运营中扮演了重要的角色。公益性项目的收益虽然微乎其微，但是可以配合整合资源能力的优势，积极发展相关多元化产业。泰达控股实现了整体上的稳健经营，为城投转型提供了宝贵经验。

第二十三章　芜湖市建设投资有限公司

第一节　发展历史

一、基本情况

芜湖市建设投资有限公司（以下简称"芜湖建投"）于1998年2月经芜湖市人民政府批准设立，是由芜湖市政府出资的国有独资公司，由芜湖市国有资产监督管理委员会（以下简称"芜湖市国资委"）代表市政府履行出资人职责。芜湖建投主要从事基础设施建设、土地开发整理和国有资产运营等业务，成立时注册资本为10000万元人民币。根据芜湖会计师事务所芜会验字第98005号验资报告审验确认，由芜湖市人民政府以货币资金6000万元和实物资产4000万元投入组建，其中，4000万元实物资产为位于芜湖市人民路257号的商业写字楼，作价4000万元。2017年7月、9月、10月，芜湖市国有资产监督管理委员会分三次对芜湖建投进行增资，增资后注册资本为555000万元人民币。

芜湖建投是芜湖市最重要的城市开发建设主体，在芜湖市城市建设及国有资产经营管理方面具有重要作用，同时芜湖建投逐步在汽车、航空、金融及其他中介服务领域实施资本渗透，向产业多元化发展。芜湖建投的经营范围包括土地整理、棚户区改造、基础设施建设和产业投资等。

为符合国家相关政策以及适应市场经济发展的需要，"十二五"期间，芜湖建投实施战略转型，转变了过去以土地平整业务为核心的经营模式，转型后的芜湖建投定位为集融资、投资、运营功能于一体的市场化、实体化、多元化国有独资企业。按照现代企业制度，发挥市场主导作用，通过整合现有资源，以法人治理为基础，以资产权属为纽带，以整体效益最大化为目标，以城市基础建设投资、国有资本投资运营和国有资产经营管理为载体,确定符合市场行为的经营模式,增强盈利能力,将芜湖建投打造成区域性城市基础建设服务商、产业国有资本投资者、国有资产授权经营者,实现多元化经营、可持续发展。芜湖建投公司基本情况见表 23-1。

表 23-1 芜湖建投基本情况

法定中文名称	芜湖市建设投资有限公司
法定代表人	夏峰
注册资本	555000 万元人民币
设立日期	1998 年 2 月 16 日
注册地址	安徽省芜湖市鸠江区皖江财富广场 A1#楼 1002 室
办公地址	安徽省芜湖市鸠江区皖江财富广场 A1#楼 1002 室
邮政编码	241000
企业统一社会信用代码	91340200711036253N
联系电话	86-553-5992151
传真号码	86-553-5992111
经营范围	承担城市基础设施、市政公用事业项目投资、融资、建设、运营和管理任务;产业投资及管理;房屋租赁;授权经营国有资产、资本运作和资产重组;对全资及参控股企业履行国有出资人职权;参与土地的储备、整理和熟化工作(依法须经批准的项目,经相关部门批准后方可开展经营活动)

二、业务构成

芜湖建投具体的经营范围为:承担城市基础设施、市政公用事业项目投资、融资、建设、运营和管理任务;产业投资及管理;房屋租赁;授权经营国有资产、资本运作和资产重组;对全资及参控股企业履行国有出资人职权;参与土地的储备、整理和熟化工作(依法须经批准的项目,经相关部门批准后方可开展经营活动)。

芜湖建投是芜湖市经营规模最大的国有独资公司,是芜湖市政府重点扶持的资产运营主体,经过十余年的规范运营,芜湖建投已发展成为集"融资、投资、建设、运营、管理"于一体的集团型公司。芜湖建投作为芜湖市基础设施建设和国有资产运营的主载体,之前在业务模式上以城市土地资源整合与运作为核心业务,以市政工程代建、资产运营为支撑业务,具有稳定的收益来源。

"十二五"期间,为适应社会经济发展的要求,适应规范的融资平台的政策要求，同时考虑到未来可持续发展的内在要求，芜湖建投进行战略转型，按照"集团化管理、专业化经营、一体化运作"的总体思路，着力打造城市基础建设投资、国有资本投资运营和国有资产经营管理三大载体，改变公司原有的以土地开发整理业务为主、利润来源单一的经营模式，构筑以政府购买服务收入、汽车、装备制造、股权投资收益、资产运营收入为核心的业务收入来源（见表23-2）。

表23-2 芜湖建投近三年及最近一期营业收入构成情况　　单位：万元、%

项目	2018年1~3月		2017年		2016年		2015年	
	金额	占比	金额	占比	金额	占比	金额	占比
营业总收入	100674.38	100	309561.20	100	326797.16	100	298658.10	100
产品			298920.62	97	312794.22	96	294323.66	98
车辆销售			142553.01	48	196582.46	63		
智能设备销售			80331.18	27	52799.55	17		
木材贸易			45031.82	15	30810.16	1		
汽车零部件			26944.36	9				
政府购买服务			4060.26	1	32602.05	1		
土地平整			26944.36	9			266783.09	9
房产销售收入								
公共交通								

数据来源：Wind资讯终端。

1. 财务状况

截至2018年第一季度，芜湖建投合并口径资产总额为916.57亿元，所有者权益为412.86亿元，其资产负债率为54.96%，同证监会行业—发债企业相比较，排名处于前50%。2017年，芜湖建投全年实现营业收入30.96亿元，净利润6.38亿元，现金及现金等价物余额为40.71亿元。具体的财务状况将从以下四个方面进行分析，其中数据来源于Wind资讯终端，评分标准依据Wind标准，将发行时财务状况与证监会行业—发债企业相比较，前25%评分为1，前50%评分为2，前75%评分为3；报告期权重为最新35%，一年前35%，两年前20%，三年前10%。具体数据如下：

从表23-3中可以看出，芜湖建投的盈利能力从净资产收益率来看，近几年在降低，评分为3，处于证监会行业—发债企业中的前75%，从销售利润率来看，2018年第一季度达到6.64%，评分较高，并且大于行业均值，在某种程度上说明芜湖建投转型后，业务、盈利来源增多，销售盈利能力较强。

表23-3 盈利指标明细 单位:%

	评分	2018年3月31日 芜湖建投	2018年3月31日 均值	2017年12月31日 芜湖建投	2017年12月31日 均值	2016年12月31日 芜湖建投	2016年12月31日 均值
净资产收益率	3.00	0.20	0.79	1.86	3.92	2.75	3.53
销售（营业）利润率	2.00	6.64	-335.75	18.13	18.31	-15.09	-22.44

数据来源：Wind资讯终端。

从表23-4中可以看出，芜湖建投应收账款周转率、流动资产周转率、存货周转率都与均值差距较大，说明其营运能力较同行弱，应注意适当提升资产的周转性，增加盈利空间。

表23-4 营运指标明细

	评分	2018年3月31日 芜湖建投	2018年3月31日 均值	2017年12月31日 芜湖建投	2017年12月31日 均值	2016年12月31日 芜湖建投	2016年12月31日 均值
应收账款周转率（次）	3.00	0.96	18.55	1.97	232.18	2.17	66.84
流动资产周转率（次）	4.00	0.02	0.13	0.07	0.47	0.07	0.47
存货周转率（次）	3.00	0.13	2.10	0.44	4.04	0.38	4.96

数据来源：Wind资讯终端。

作为一个公司，偿债能力非常重要，从表23-5中可以看出，不论是从流动比率、速动比率还是经营活动产生净现金流与带息债务的比值来看，其偿债能力排名均较靠前，与行业均值差距不大，说明其偿债能力有保证，有利于提高企业信用，也印证了芜湖建投业务拓宽后盈利能力的改变。

第二十三章 芜湖市建设投资有限公司

表23-5 偿债指标明细

	评分	2018年3月31日 芜湖建投	2018年3月31日 均值	2017年12月31日 芜湖建投	2017年12月31日 均值	2016年12月31日 芜湖建投	2016年12月31日 均值
流动比率（%）	2.00	2.28	3.52	2.23	2.94	2.09	2.90
速动比率（%）	1.00	1.96	1.97	1.90	1.66	1.79	1.56
经营活动产生净现金流/带息债务	2.00	0.07	-0.16	0.01	0.04	0.02	0.78

数据来源：Wind资讯终端。

芜湖建投的销售收入增长率2018年第一季度为41.72%，高于证监会同行业一发债企业的21.25%，说明芜湖建投销售状况较好，业务处于快速发展阶段，在转型计划的规范实施下，企业不断成长、业务不断多样成熟。

2. 企业发债情况

2007～2018年芜湖建投一共发行了15只债券，包括一般企业债、超短期融资债券、定向工具、一般中期票据等多种类型，发行规模也较大，债券具体情况如表23-6所示。

表23-6 芜湖建投发债明细

证券名称	发行日期	到期日期	余额（亿元）	利率（%）	证券类型	规模（亿元）
18芜湖建设PPN001	2018年7月9日	2019年4月6日	12	4.69	超短期融资债券	12
18芜湖建设MTN001	2018年5月3日	2023年5月7日	20	5.69	一般中期票据	20
18芜湖建设PPN002	2018年5月2日	2021年5月4日	10	6.26	定向工具	10
18芜湖建投PPN001	2018年3月22日	2021年3月22日	10	6.4	定向工具	10
17芜湖建设MTN001	2017年10月25日	2022年10月27日	20	5.3	一般中期票据	20

续表

证券名称	发行日期	到期日期	余额（亿元）	利率（%）	证券类型	规模（亿元）
17芜湖建设SCP001	2017年9月28日	2018年6月26日	0	4.6	超短期融资债券	12
16芜湖建设PPN002	2016年11月2日	2019年11月3日	20	3.63	定向工具	20
16芜湖建设PPN001	2016年5月16日	2019年5月17日	10	4.25	定向工具	10
15芜湖建投MTN001	2015年10月22日	2018年10月23日	20	4.2	一般中期票据	20
12芜湖建投债01	2012年3月26日	2022年3月26日	0	7.3	一般企业债	19
12芜湖建投债02	2012年3月26日	2019年3月26日	0	7.22	一般企业债	9
10芜湖建投债01	2010年7月22日	2017年7月22日	0	5.18	一般企业债	14
10芜湖建投债02	2010年7月22日	2017年7月22	0	6.17	一般企业债	6
09芜湖建投债	2009年3月23日	2015年3月23日	0	5.25	一般企业债	10
07芜湖建投债	2007年8月27日	2017年8月27日	0	5.25	一般企业债	10

数据来源：Wind资讯终端。

第二节 芜湖建投转型及资产重组过程

一、资产重组过程

芜湖建投坚持以"经营城市，服务崛起"为使命，以转型发展为主线，以强化融资功能为目标，以整合公共资源为手段，以改革体制机制为动力，为加快推进芜湖市全面转型、率先崛起、富民强市做出更大的贡献。

2014年12月31日，经埃夫特智能装备股份有限公司全体股东同意，芜湖奇瑞科技有限公司将持有的6553万元股份转让给芜湖建投子公司芜湖远大创业投资有限公司，另外，新引入芜湖睿博投资管理中心（有限合伙）资金5647万元，股权变更后的芜湖建投注册资本为20000万元，埃夫特智能装备股份有限公司股东和所持股权变更为：芜湖奇瑞科技有限公司300万元（占比1.5%）、芜湖远大创业投资有限公司14053万元（占比70.27%）、芜湖睿博投资管理中心（有限合伙）5647万元（占比28.23%）。从而埃夫特智能装备股份有限公司成为芜湖建投控股子公司。截至2017年3月31日，芜湖建投通过子公司芜湖远大创业投资有限公司以及芜湖远宏工业机器人投资有限公司共持有埃夫特智能装备股份有限公司52.46%的股权，为第一大股东。

2016年1月1日，奇瑞商用车（安徽）有限公司出具"关于作为芜湖市建设投资有限公司一致行动人的承诺书"，该承诺书规定"奇瑞商用车（安徽）有限公司承诺作为芜湖市建投的一致行动人，就有关凯翼汽车经营发展的重大事项在股东会、董事会上行使表决权时与芜湖市建设投资有限公司保持一致"。芜湖建投与奇瑞商用车（安徽）有限公司形成一致行动人关系。同日，凯翼汽车召开2016年度第二次临时股东会并形成决议，根据决议，芜湖建投在凯翼汽车董事会成员提升至四人（共七人），同时董事会重要事项需要1/2以上董事会成员通过，进而芜湖建投拥有凯翼汽车实际控制权，从而成为凯翼汽车的实际控制人，并将凯翼汽车纳入合并报表范围。由于并表后凯翼汽车的主营业务收入占芜湖建投合并后营业收入的50%以上，构成重大资产重组，上述重组符合国家法规政策。重组后芜湖建投的股权结构没有变更，芜湖市国有资产监督管理委员会仍为芜湖建投唯一股东，芜湖建投决策机构没有变化。2017年10月29日，芜湖建投与奇瑞汽车股份有限公司（下文简称"奇瑞汽车"）签订了《股权转让协议》，拟将芜湖建投现持有的凯翼汽车35%股权转让给奇瑞汽车，根据评估机构确认的评估价，本次股权转让价款为70748.363万元。芜湖建投收到现金股权转让款、完成股权转让后，不再持有凯翼汽车股权。

2017年11月，为促进公司市场化转型，适应现代经济发展要求，同时为有效提升资产质量，提升公司盈利能力，芜湖建投从芜湖奇瑞科技有限公司收购芜湖莫森泰克汽车科技股份有限公司45%的股权、芜湖永达科技有限公司51%的股权、安徽泓毅汽车技术股份有限公司60%的股权。2017年11月9日，芜湖建投通过全国中小企业股份转让系统以现金19305万元收购了奇瑞科技持有的莫森泰克45%股权，并完成股权交割，11月10日在全国中小企业股份转让系统予以公告，11月底左右完成工商变更登记手续。2017年11月9日，芜湖建投收购永达科技交易对价为 67014 万元,其中交易对价款的 51% 以现金支付,为 34200 万元,11 月中旬完成股权转让的工商变更登记手续,变更后再支付剩余交易对价款。2017 年 11 月 13 日,芜湖建投通过全国中小企业股份转让系统以现金 56705 万元收购了奇瑞科技持有的泓毅股份 60% 股权,并完成股权交割,11 月 15 日前在全国中小企业股份转让系统予以公告,11 月底左右完成工商变更登记手续。

二、盈利状况的变化

芜湖远大创业投资有限公司主要对高新技术企业、自主创新企业、中小科技型企业等进行股权投资,企业对外投资行业前五名的有制造业、租赁和商务服务业、金融业、科学研究和技术服务业、软件和信息技术服务业,企业涉及的投资范围较广泛,并且企业销售净利率大于 50%,有利于提高芜湖建投的整体盈利能力,使股权投资收益也大幅增加。

莫森泰克的企业客户涵盖上汽通用五菱、一汽大众、奇瑞、观致、吉利等众多主机厂,产品远销俄罗斯、伊朗等多个国家,公司经营范围包括开发、制造和销售汽车天窗、玻璃升降器、活动硬顶、电动门等汽车零部件及其控制系统,并提供售后服务、相关技术转让等,截至 2017 年 9 月末,莫森泰克总资产 44267 万元,所有者权益 12882 万元。永达科技主营汽车有色、黑色铸锻件的制造与销售,目前主要为美国康明斯、西安康明斯、德国 GPM(苏州工厂)、伯特利、奇瑞汽车、众泰汽车等顾客提供铸锻件,截至 2017 年 9 月末,公司总资产 113941 万元,所有者权益 63327 万元。泓毅股份经营范围包括汽车零部件的设计、研发、生产、加工、销售及管理咨询服务等,公司主要客户涵盖上汽通用五菱、江铃福特、奇瑞汽车、吉利集团、北汽集团等主机厂,截至 2017 年 9 月末,泓毅股份总资产 97706 万元,所有者权益 57227 万元。芜湖建投以现金方式支付相应股权收购款、完成股权收购后,将对莫森泰克汽车科技股份有限公司、芜湖永达科技有限公司、安徽泓毅汽车技术股份有限公司三家企业实施实际控制及合并报表,2017 年 1~9 月,三家企业合计总资产 255914.50 万元,净资产 133435.88 万元,营业收入 129032.84 万元,净利润 10466.01 万元。上述三家企业经营情况稳定,盈利能力较强,本次交易完成后将有效提升芜湖建投资产质量及盈利能力,并将进一步促进芜湖建投市场化转型,构筑以政府购买服务收入、汽车零部件、装备制造、股权投资收益、资产运营收入为核心的业务收入来源。

凯翼汽车成立时间较短,目前尚处于非盈利阶段,2014~2016 年及 2017 年 1~9 月,利润总额分别为 -1.01 亿元、-1.77 亿元、-2.81 亿元和 -2.08 亿元;净利润分别为 -0.73 亿元、-1.32 亿元、-2.25 亿元和 -2.08 亿元,虽然出售股权导致芜湖建投营业收入降幅超过 50%,但随着对上述三家企业的收购并表，芜湖建投整体营业收入不会有大幅波动，本次交易总体有助于芜湖建投提升自身盈利能力。

第三节　政府对芜湖建投转型的支持

一、区域地位

根据安徽省政府披露的数据，2017年安徽省生产总值增长8.5%，财政收入增长11.1%，固定资产投资增长11%。新兴产业重大基地、重大工程、重大专项建设全面展开，创新型现代化产业体系加快构建，战略性新兴产业产值、高新技术产业增加值年均增长20.2%和14.5%。数据显示，近两年安徽化解煤炭、生铁粗钢产能1672万吨、631万吨，商品房去化周期从19个月减少到12.7个月，降低企业成本1700亿元以上。

芜湖市位于长江三角洲的中心地带，地处安徽省东南部，长江下游南岸。芜湖市是合（肥）蚌（埠）芜（湖）自主创新综合配套改革试验区的中心城市和皖江城市带承接产业转移示范区的核心城市，也是华中沿海城市通往内地的要道，区位优势突出，水陆交通发达。安徽芜湖拥有国内最大的汽车民族自主品牌企业奇瑞、目前中国最大的建材企业集团、国务院120家大型试点企业集团之一——海螺集团、全国最大的余热发电装备生产基地、全国最大的超白光伏玻璃生产基地、中国第二大家用空调器生产基地、全国排名第三的铜基材料基地。

近年来，芜湖市以其得天独厚的生态环境、地理位置和交通优势，成为长三角制造产业逐步向内陆转移的重要基地。2016年6月1日，国家发改委、住房和城乡建设部发布了《长江三角洲城市群发展规划》，该规划显示，长三角城市群在上海市、江苏省、浙江省、安徽省范围内，由以上海为核心、联系紧密的多个城市组成，主要分布于国家"两横三纵"城市化格局的优先开发和重点开发区域。规划范围包括三省一市的26个城市，安徽省有合肥、芜湖等8个城市被列入其中，其中合肥市被明确定义为Ⅰ型大城市，芜湖市被定义为Ⅱ型大城市。规划对于包括合肥、芜湖、马鞍山三市的合肥都市圈，明确提出要发挥其在推进长江经济带建设中承东启西的区位优势和创新资源富集优势，加快建设承接产业转移示范区，推动创新链和产业链融合发展，提升合肥辐射带动功能，打造区域增长新引擎。

2016年6月8日，国务院常务会议决定建设合芜蚌国家自主创新示范区，打造科技体制改革和创新政策先行区、高端人才与"双创"结合的重要平台、新产业新业态集聚带。合芜蚌国家自主创新示范区包括了合肥国家高新区、芜湖国家高新区以及蚌埠国家高新区。芜湖国家高新区在新升级国家高新区综合排名中居第六位,形成了新能源汽车、节能和高端装备制造、软件和信息服务业等主导产业,基本建成涵盖整车、电池、电机、电控等新能源汽车产业创新体系,建有国家节能与新能源汽车创新型产业集群基地、国家新型工业化产业示范基地。

为加快推进生态文明建设,贯彻落实中共十八大、十九大精神,2017年芜湖市城乡规划局特意牵头组织编制了《芜湖市空间规划(2016～2030年)》,详细介绍了芜湖市以及四县的主要城市职能。其中,芜湖市城市职能为全国重要的先进制造业基地、综合交通枢纽、现代物流中心、文化旅游和科技教育卫生中心、国家创新型城市和长江流域具有重要影响的现代化滨江大城市。无为县城市职能为皖江北岸区域次中心城市、沿江产业基地、交通物流中心、宜居宜业的生态滨江新城。

总体来说,芜湖市良好的区位优势、便利的交通、发达的产业经济和雄厚的工业基础等自身因素,以及合芜蚌自主创新示范区、长江三角洲城市群、承接产业转移示范区等政策红利为芜湖市经济的较快发展提供了有力的支撑,同时,芜湖市在调整经济结构和促进产业升级等方面已取得初步成效。受外围经济不确定性、国内经济增速趋缓和经济转型影响,芜湖市经济未来将面临一定的挑战,能否在新一轮技术创新和产业发展中实现新兴产业发展和工业转型升级是芜湖市进一步发展的关键。

二、政府支持情况

(一)业务运营

芜湖建投作为芜湖市政府最大的投资、融资和建设运营主体,其主要从事市内土地开发整理、市政基础设施建设、对授权范围内的国有资产进行经营和管理等业务,均为具备自然垄断性的特殊行业。历史上芜湖建投作为芜湖市唯一的土地收储机构,承担了芜湖市市区范围内所有的土地平整业务,并通过土地出让收入返还获取了较高的营业收入及利润总额。

(二)国有资产注入与委托运营

芜湖市政府对芜湖建投历史上承担的公益性业务通过注入资本金、政府采购等方式依法支持芜湖建投市场化转型。政府支持芜湖建投转型为控股集团公司,包含产业投资、国有资产运营管理、基金管理等板块,构筑以政府购买服务收入、股权投资收益、资产运营收入为核心的业务收入来源。

(三)财政拨款方面

芜湖建投历史上履行了一定的公益性基础设施建设职能,芜湖市政府每年均安排适度规模的财政贴息、财政补贴、税费返还和各项财政专项资金给芜湖建投,保障了芜湖建投的运营和职能的正常行使。2017年末,芜湖建投计入当期损益的几十项财政拨款补贴,包括创新发明补贴、项目成长补贴、企业奖励金等,金额为16084.48万元人民币。

(四)政府的政策支持

为加快培育芜湖市战略性新兴产业、助推主导产业发展,促进产业结构升级,芜湖市对于芜湖建投的股权投资基金板块予以政策支持,由芜湖建投代表政府出资的产业基金,芜湖市市级财政预算安排专项资金予以支持,建立投资容错机制,对天使投资基金给予50%的投资损失允许度,对风险投资基金给予30%的投资损失允许度,对在投资损失允许度范围内的投资亏损,市级财政预算安排专项资金予以弥补。

第四节 芜湖建投转型分析

芜湖建投实施战略转型,转变了过去以土地平整业务为核心的经营模式,转型后的芜湖建投定位为集融资、投资、运营功能于一体的市场化、实体化、多元化国有独资企业。按照现代企业制度,发挥市场主导作用,通过整合现有资源,以法人治理为基础,以资产权属为纽带,以整体效益最大化为目标,以城市基础建设投资、国有资本投资运营和国有资产经营管理为载体,确定符合市场行为的经营模式,增强盈利能力,将公司打造成区域性城市基础建设服务商、产业国有资本投资者、国有资产授权经营者,实现多元化经营、可持续发展。

这样的转型重组既迎合了国家推动国企改革的政策背景,又为芜湖建投自身的可持续发展注入了新的活力,是一举两得的好举措。

一、创新融资,构建匹配的融资模式

芜湖建投围绕做大流动性规模和优化流动性组合主线,通过体制改革和机制创新,做好与城市规划、公共政策、资源性资产以及城市发展带来的预期收益的有效嫁接,把政府性资源转换为公司的现实流动性,不断提高一般经营性收入占比,从而使芜湖建投融资能力与城市建设和发展需求相匹配。拓展资金统管范围,加强市属国有企业资金管理。在基础设施投融资中强化项目开发理念,促进关联性资产增值,反哺基础设施再投入,实现投资闭环回流。发挥国有资本的引领撬动作用,促进形成城市建设多元化投融资机制。积极开展债务融资工具发行

前期准备工作。

二、优化土地运作，提升资源效应

芜湖建投围绕供应保障、价格稳定和持续发展的土地经营目标，不断完善市场发现、运作提升和招商助推三大价值增值机制，着力提高土地资源运作的前瞻性、预见性和科学性，健全城市规划与土地储备相结合的联动机制，不断创新土地收储和开发体系，完善"一个口子进水、一个池子蓄水、一个龙头放水"的土地收储模式，做到收储有度、投放灵活、运转自如。

三、完善资产运营，发挥资产价值

芜湖建投按照资产证券化的理念，变"死资产"为"活资本"，提高资产运行整体效益，努力提供可持续流动性支撑。根据"整合资产、分17类经营、有序收缩、重点扩张"的运营方针，以国有资本逐步向对区域经济发展具有重大影响的关键产业和重点企业集中为导向，不断提高资本运作和产业投资的融合能力，提高引导效应和经济效益的统一能力。

四、优化经营管理，市场化运作

芜湖建投坚持"制度第一"的理念，不断完善制度体系，加强过程管理，严格制度执行，提高芜湖建投管理科学化、精细化水平。坚持人力资源是第一资源的理念，建立健全公正合理的选人用人机制、务实灵活的人才培养机制、科学有效的激励约束机制、正常有序的工资收入增长机制，形成了人才引得来、留得住、用得好的良性循环。

第二十四章 镇江新区经济开发总公司

第一节 发展历史

一、基本情况

镇江新区经济开发总公司（以下简称"镇江新开"）现名江苏瀚瑞投资控股有限公司（以下简称"瀚瑞控股"），是由镇江市人民政府出资设立的国有独资公司，为镇江新区（镇江经济技术开发区）融资、开发、建设和国有资产经营主体。该公司为镇江市重要的基础设施建设及投融资主体，主要负担着镇江新区内基础设施和安置房建设职能，并承担新区内生态环境修复、改善投资环境、提升新区社会公共服务功能等责任。得益于镇江新区的发展繁荣，瀚瑞控股逐步成长为综合实力雄厚的企业集团，注册资本50亿元，总资产1475亿元，主体信用等级AA+，下辖7家一级子公司和17家二级子公司，控股一家上市公司（大港股份，股票代码002077）。2017年9月，在上海陆家嘴设立瀚瑞控股上海运营中心，作为集团开放发展的窗口。

以下将详细分析江苏瀚瑞投资控股有限公司（原名镇江新区经济开发总公司）的发展概况及业务类型等基本情况。

镇江新区经济开发总公司的前身为镇江市大港开发建设总公司，根据镇江市计划委员会《关于同意成立镇江市大港开发建设总公司的批复》（镇计综〔1993〕356号）于1993年5月由镇江市大港经济技术开发区管理委员会以现金形式出资成立，初始注册资本为300.00万元。

依据1998年5月镇江市人民政府《关于镇江新区建立三个开发总公司和国有资产经营管理公司的通知》（镇政发〔1998〕126号）文件，1999年8月镇江市大港开发建设总公司更名为镇江新区国有资产经营管理公司,同时注册资本变更为1000.00万元,由镇江新区管委会以现金形式增资,公司隶属于镇江新区管理委员会。

依据2002年6月镇江市人民政府《关于同意设立镇江新区经济开发总公司的批复》文件（镇政复〔2002〕25号），2003年8月镇江新区国有资产经营管理公司吸收合并镇江新区丁卯经济开发总公司和镇江新区化工开发总公司,并更名为镇江新区经济开发总公司,同时公司注册资本以股权增资形式增加到7000.00万元,吸收合并的公司按照净资产入账。

2015年4月,公司根据镇江市人民政府国有资产监督管理委员会《关于镇江新区经济开发总公司实施公司制改制的立项批复》（镇国资产〔2014〕38号）完成公司制改制,更名为江苏瀚瑞投资控股有限公司,并于2015年4月16日完成工商变更登记,公司出资人及出资比例均未发生变化。

二、业务构成

江苏瀚瑞投资控股有限公司通过参股、控股投资形成了基础设施建设、制造业、商贸和安置房等行业多元化发展的业务格局。

1. 工程施工业务

工程施工业务是该公司的主导产业,业务主要由全资子公司新区城投、新区交投以及公司本部工程处负责运营。作为镇江新区的开发建设主体,公司接受镇江新区管委会的委托,根据镇江新区政府固定资产投资项目计划,对新区范围内的市政、道路、园区标准厂房等基础设施及公共配套设施开展建设,项目竣工后由镇江新区管委会在审计项目建设成本的基础上以支付一定费用的方式进行回购,项目回购资金由镇江新区财政列入资金预算。具体运作模式为:公司负责筹集建设资金并组织对外发包,项目完工后由新区管委会进行回购,回购金额为项目成本加成20.33%,在审定后分期安排偿付,回款期最长不超过3年,同时,新区管委会根据历年分期付款协议每年制定资金回购计划,列入镇江新区年度财政预算,计入建设支出类项目,属于预算内支出。公司按施工进度确认工程收入,其中管委会未支付部分计入应收账款。

随着镇江新区基础设施建设基本成形,该公司承接的工程施工业务不断减少,并进入前期项目结算回购期。2015~2017年,公司工程施工业务分别确认收入30.81亿元、33.97亿元和14.15亿元,投入成本分别为25.44亿元、27.71亿元、11.63亿元。预计2018年公司实施包括20个市重点项目在内的55个城建工程。

2. 房地产业务

该公司房地产业务主要以安置房、保障房建设为核心,商业房地产开发为辅。其中，安置、保障房建设主要由子公司新区城投及镇江瑞城房地产开发有限公司（以下简称"瑞城房产"）开展，商业房地产开发的经营主体则由大港股份负责。2015~2017年，公司分别实现房地产业务收入31.33亿元、17.72亿元和16.26亿元，其中大部分来源于安置房业务。该公司安置房、保障房建设任务每年由新区管委会下达，并与新区管委会签订协议。销售模式方面，项目竣工后，一般由拆迁项目的主体镇江新区拆迁事务所直接用于安置拆迁户，由镇江新区保障住房建设发展有限公司代镇江新区管理委员会支付房款及安置居民支付房款差额，房屋验收合格具备产权登记条件后为安置居民办理产权过户手续，公司形成安置房业务板块销售收入。

公司承接安置房项目的资本金比例为20%，其余资金通过融资满足，安置房建设用地通过招拍挂流程获得。2015~2017年，公司安置房投入41.02亿元，竣工面积为176.87万平方米。总体而言，公司未来的投资压力仍较大。

大港股份自2013年起设置专门子公司负责商业房地产项目的开发，后者具备二级房地产开发资质。2015~2017年，大港股份分别实现房地产销售收入3.73亿元、4.11亿元和3.29亿元。

3. 制造业

该公司以往制造业产品包括硅片和混凝土。其中，硅片制造由镇江大成新能源有限公司（以下简称"大成新能源"）负责，混凝土生产经营主体为镇江港和新型建材有限公司（以下简称"港和新材"）。受全球经济、太阳能光伏行业市场低迷的影响，单晶硅市场减弱，该公司相关产品的产销量持续下滑。2015年9月，公司剥离了大成新能源，不再涉足硅片业务。此外，公司混凝土业务规模不断减小且效益趋弱，主要原因在于镇江整体施工建设延缓，加之建材市场竞争加剧。

2016年5月，取得江苏艾科半导体有限公司的控制权后，公司开始涉足集成电路制造。2016年6月起，艾科半导体股权纳入公司合并范围，当年下半年，公司集成电路收入为2.36亿元，集成电路（测试—芯片）产销量均为2.42亿颗，集成电路（测试—晶圆）产销量均为22万片，集成电路（设备销售）产销量均为32台。2017年艾科半导体营业总收入较上年同期增长49.09%，净利润较上年同期增长24.62%。

2015~2017年，该公司制造业收入确认为1.65亿元、3.03亿元和5.73亿元。

4. 物流业务

公司物流业务主要由下属子公司江苏港汇化工有限公司、镇江市港龙石化港务有限责任公司负责经营。江苏港汇化工有限公司是江苏省镇江新区内第一家公共液体化工仓储平台，主要从事各种液体化工原料的储存及贸易业务；镇江市港龙石化港务有限责任公司主要从事液体化工产品的储运业务。2015~2017年物流业务收入确认为1954.96万元、1478.15万元和1698.20万元。

5. 商贸业务及其他

公司的商贸业务主要由下属子公司江苏港汇化工有限公司、镇江市港龙石化港务有限责任公司、镇江出口加工区港诚国际贸易有限责任公司负责经营，主要从事化工、机电及纸浆等商品的国内国际贸易业务。此外，公司还涉及软件开发、信息技术、咨询服务、文化传媒等众多行业，力图通过多元化的资本运营和产业经营，实现资源的有效整合和业务的快速拓展。2015~2017年商贸业务收入确认为4.37亿元、7.78亿元和11.39亿元。

该公司其他业务主要有旅游、金控（包括小贷、融资租赁、担保）等。

第二节 镇江新开转型及资产重组过程

一、资产重组过程

为了进一步实现公司产业转型发展，优化公司产业布局，突出主营业务，提升公司资产质量，实现资源的有效配置，公司拟清理亏损的建材业务等，置入可供出租或出售且收益相对稳定的园区资产。镇江新区经济开发总公司资产重组过程见表24-1。

表24-1 镇江新区经济开发总公司资产重组过程

时间	转型及重组	公司变化
2009年7月	由于镇江新区国有经济产业布局和结构战略性调整的需要，将原镇江市人民政府国有资产监督管理委员会控股的镇江新区大港开发总公司股权无偿划转给镇江新区经济开发总公司	镇江新区经济开发总公司直接持有镇江新区大港开发总公司100%的股权，镇江新区大港开发总公司成为镇江新区经济开发总公司的全资子公司
2013年4月	大港股份与镇江新区经济开发总公司（以下简称"经发总公司"）协商一致，拟以1942万元收购经发总公司持有的镇江东尼置业有限公司（以下简称"东尼置业"）100%股权	经发总公司是大港股份的控股股东，此次交易构成关联交易，不构成重大资产重组
2014年5月	江苏大港股份有限公司拟将镇江新区管委会魏家墩安置小区项目形成的部分应收账款4亿元转让给中国长城资产管理公司南京办事处，转让价款为4亿元	本次债权转让有利于公司盘活资产，迅速回笼资金4亿元，归还银行贷款及补充公司流动资金，有利于公司生产经营，增强抗风险能力

续表

时间	转型及重组	公司变化
2015年5月	根据镇江市人民政府国有资产监督管理委员会《关于吸收合并镇江新区大港开发有限公司的批复》（镇国资〔2015〕1号）规定，瀚瑞控股通过整体吸收合并的方式合并大港开发全部资产、负债和业务，合并完成后，大港开发法人资格注销	大港开发持有的公司全部股份（126186313股，占本公司总股本的30.78%）变更为瀚瑞控股持有。瀚瑞控股持股比例由38.54%上升至69.31%；大港开发持股比例由30.78%下降至0
2015年6月	镇江大成新能源有限公司为江苏大港股份有限公司的控股子公司，大港股份持有84.21%的股权。鉴于大成新能源连续亏损，产品市场持续低迷难以复苏，严重影响大港股份整体经营业绩，为了优化资源配置，大港股份拟将所持大成新能源84.21%的股权转让给江苏瀚瑞投资控股有限公司，瀚瑞控股拟以单独设立全资子公司的方式现金受让上述标的股权，单独设立的全资子公司暂定名为镇江瀚瑞能源投资有限公司（最终以工商注册为准，该公司尚未正式成立）	本次股权转让价格为17747.56万元，系交易双方以2015年4月30日为基准日审计评估的净资产为依据确定
2015年10月	大成新能源已在镇江新区市场监督管理局完成变更登记手续。该公司的控股股东由公司变更为镇江瀚瑞能源投资有限公司。本次股权转让交易完成后，大港股份合并报表范围将发生变化，大成新能源将不再列入大港股份合并报表范围	通过剥离长期亏损的子公司，有利于大港股份优化资源配置，加快现有业务的结构调整，改善大港股份财务、资产状况，进一步提升大港股份后期经营业绩，提高对股东的回报。本次股权转让预计产生出售股权投资利得736.9万元，如本次股权转让的工商变更登记在2015年底前完成，将影响大港股份2015年净利润增加约736.9万元
2017年6月	江苏大港股份有限公司以持有的子公司镇江港和新型建材有限公司83.11%的股权、江苏中技新型建材有限公司60%的股权、镇江市港发工程有限公司100%的股权、镇江港润物业有限责任公司98%的股权等全部股权与控股股东江苏瀚瑞投资控股有限公司持有的中小企业创新园资产及其控股子公司镇江新区城市建设投资有限公司持有的智能装备园1期资产进行置换	置出资产最终确定的交易价格共计11833.69万元，置入资产最终确定的交易价格共计41509.74万元，置出资产和置入资产的价格差额为29676.05万元，该部分款项先用于偿还港和新材、中技新材、港发工程、港润物业与公司之间的债权净额

二、重组过程中面临的主要问题

在城投平台转型和资产重组过程中，面临的一个重要问题就是股权的相互划拨，这一过程是为了实现股权和经营业务的集中。如大港股份将所持大成新能源 84.21% 的股权转让给江苏瀚瑞投资控股有限公司，江苏大港股份有限公司以持有的子公司镇江港和新型建材有限公司、江苏中技新型建材有限公司、镇江市港发工程有限公司、镇江港润物业有限责任公司等全部股权与江苏瀚瑞投资控股有限公司持有的中小企业创新园资产及其控股子公司镇江新区城市建设投资有限公司持有的智能装备园 1 期资产进行置换，江苏瀚瑞投资控股有限公司集中了主营业务，壮大了现有的建材、工程、物业和能源等板块。

第三节 政府对镇江新开转型的支持

一、区域地位

江苏瀚瑞投资控股有限公司坐落于镇江新区，镇江新区（即镇江经济开发区）位于镇江市东郊，镇江地处长江下游南岸，是长江三角洲重要的港口、工贸和旅游城市，在中国 2007 年城市综合竞争力排名中列第 44 位，2008 年被《福布斯》杂志评为中国最佳商业城市之一。镇江新区作为镇江对外开放的主阵地，是在 1992 年设立的镇江经济技术开发区和 1993 年设立的镇江大港经济开发区的基础上，于 1998 年 6 月正式成立。

（一）区位优势

作为苏南地区唯一临江的国家级开发区，镇江新区地处中国沿海沿江"T"型产业布局的结合点，位于万里长江与京杭大运河十字黄金水道的交汇处，处于上海经济圈和南京都市圈的交叉辐射范围内，具有依托城市和港口的双重优势，拥有对外开放的深水良港——镇江港大港港区和丰富的长江岸线资源。港区已有 2.5 万吨级深水泊位 15 个，其中集装箱码头 1 个，港口年吞吐量达 2600 万吨以上，临江近海的地理区位以及完善的配套基础设施，使得镇江新区化工物流业的发展具有得天独厚的发展优势。同时，新区南接沪宁高速公路、沪宁铁路，具有江、海、铁、公、空联运优势，形成了多层次、全方位、立体化运输格局，毗邻国家级出口加工区，是江苏沿江开发的重要组成部分和镇江沿江开发的主战场。依托镇江市活跃的地区经济优势和便利的交通条件优势，镇江新区正不断吸引众多企业入驻，镇江新区的快速发展必将带动这一地区的土地开发和城市基础设施建设的迅速发展。

（二）产业优势

镇江新区是镇江市乃至江苏省的制造业基地，已发展为长江三角洲重要的制造业基地、镇江市投资密集度最高的区域，呈现出蓬勃发展的良好势头。已累计引进近500家外资企业，其中包括30余家世界500强和国际知名企业，实际利用外资47亿美元，已成为亚洲最大的造纸基地，全国最大的工程塑料粒子、汽车发动机缸体和有机硅单体生产基地。新区范围内各产业集群的日益形成和发展为公司提供了更广阔的业务发展空间，现已初步形成了化工、造纸、电子信息、生物医药、汽车零部件、船舶配套、航空配套等产业集群，同时物流、商贸、金融、软件及服务外包等服务业也快速发展。工业产品有显著特色，已形成造纸、工程塑料、光电子、汽车零配件四大支柱产业，其中，造纸和工程塑料两大产业的生产规模居全国首位。目前，镇江新区汽车零部件产业和航天航空产业形成了聚集优势，其中恩坦华、泛美、阿雷蒙等汽车零部件企业可形成60.00亿元的产品销售额。航天航空产业园引进的航天海鹰（镇江）特种材料有限公司、德扬航空、中陆航星、飞瑞航空、卓达航空工业（江苏）有限公司等一批入园企业，2014年开始也逐步进入了正式投产销售阶段。这使得镇江新区的投资优势十分显著。

（三）区域性行业垄断优势

瀚瑞控股从事镇江新区内工程施工、产业园区建设、房地产开发和工程制造业物质销售等业务，处于区域性行业垄断地位，业务相对稳定，持续盈利能力较强。随着镇江市经济社会的不断发展以及开发区建设的加速推进，公司的业务量和效益将进一步增加。此外，瀚瑞控股擅长运用和整合开发区的资源，以市场化和专业化的模式进行管理和运营，对保障公司的持续盈利能力，保证公司健康发展发挥了突出作用。

作为镇江新区城市开发和基础设施建设主体，瀚瑞控股坚决贯彻落实镇江新区党工委、管委会的重大决策和战略部署，坚持战略引领，突出改革创新，促进管理提升，推动转型升级，在经历了艰苦的创业阶段和"十二五"期间的快速发展以后，已经站在了一个新的起点上，迈上了更为广阔的发展道路。

二、政府补助

镇江新开作为镇江市人民政府批准成立的国有独资公司，控股股东及实际控制人都是镇江市国资委，作为镇江新区最重要的城市基础设施建设的主体和投融资平台，在当地基础设施建设领域被赋予举足轻重的地位。镇江市政府和新区管委会通过资产注入、税收优惠、财政补贴等方式,支持公司的运营和发展。2014~2016年,新区管委会为公司资金拆借给予利息补偿,三年共计153.02亿元,使得公司财务费用绝对金额较小。公司的营业外收入主要由从新区管委会处获得的建设补贴款构成,2014~2016年分别为5.89亿元、5.46亿元和6.21亿元,共计17.56亿元。2017年上半年,由于融资规模的扩大,公司财务费用增加了5.42亿元,但得益于政府补助的2.7亿元营业外收入,公司当期实现净利润2.14亿元。

同时,市政府还不断推进新区招商引资工作,支持新区内相关产业发展,随着入驻企业的增加及发展环境的优化,公司的业务水平不断提高,可持续发展能力也得到不断加强。

第四节 镇江新开转型分析

一、镇江新开转型过程中涉及的政策

《中共江苏省委江苏省人民政府关于全面深化国有企业和国有资产管理体制改革的意见》(苏发〔2014〕9号)明确提出到2020年构建完成具有江苏特色的国有经济布局和结构,企业国有资本在基础设施、能源资源、公共服务、战略性新兴产业、金融投资等重要领域的集聚度达到80%以上。此外,应加快发展混合所有制经济,着力优化国有企业股权结构,全面推进股权多元化,积极探索混合所有制企业员工持股的多种形式。

在这一原则下结合对镇江新区经济开发总公司的基本分析,形成了镇江新区经济开发总公司的基本改制框架。即在公司制改革的基础上,通过增资、收购等方式,集中发展主营业务,形成以城市开发建设为核心主业、金融投资为战略重点、产业投资为发展支撑的经营格局。

在规范公司法人治理结构方面,镇江新区经济开发总公司全面贯彻落实《中华人民共和国公司法》(以下简称《公司法》),建立健全现代企业制度,完善权责对等、运转协调、有效制衡的公司法人治理机制。通过公司制改制,镇江新区经济开发总公司建立了较完整的治理结构,能够满足日常管理需要。2014年,公司实行镇江市国资委领导下的总经理办公会制度和总经理负责制。总经理办公会是公司的决策机构,总经理是公司的法定代表人,由市政府任免。公司日常经营决策由总经理办公会负责,重大决策上报镇江市国资委批准。公司自2015年

起实施机构改革,已按照《公司法》等有关法律法规的要求,制定了《公司章程》,建立了较为完善的公司治理结构。公司不设股东会,由市国资委行使股东职权。公司董事会由7名董事组成,其中董事长一名,由市国资委委派;职工董事一名,由职工代表大会选举产生。公司监事会由5名监事组成,其中监事会主席一名,由市国资委指定;职工监事2名,由职工代表大会选举产生。公司设总经理一名,经市国资委同意后可由董事长兼任。

在主营业务发展方面,随着镇江新区基础设施建设的逐步完善,公司计划将"基础设施建设、园区经营开发、现代农业"三大核心板块整合重组,与综合服务呼应,合理调整业务结构。未来公司计划在融资创新方面取得新的突破,基本实现融资、投资、建设、运营、收益、再融资的良性循环,在政策性业务偿债机制基本健全的前提下,初步形成市场化业务造血机能,使得经营性业务成为公司的收入增长点,逐步构建园区建设和企业成长双赢的可持续发展局面。

从财务业绩方面看,从表24-2中可以看出,镇江新区经济开发总公司在转型后资产负债率下降了4%,债务水平得到了有效控制。同时,营业收入稳步增长,净利润也有了提升,财务状况和盈利能力有所改善,证明了这次转型的成功。

表24-2 转型前后的资产负债对比

指标	转型前	转型后			
时间	2014年	2015年	2016年	2017年	2018年第一季度
资产总计(亿元)	757.13	1009.75	1364.61	1523.84	1500.91
负债合计(亿元)	503.11	634.10	857.71	965.87	943.66
资产负债率(%)	66.45	62.80	62.85	63.38	62.87
营业收入(亿元)	70.95	70.87	73.75	76.64	30.49
净利润(亿元)	3.54	4.55	3.97	4.14	1.14

二、案例总结

镇江新区经济开发总公司的成功转型是典型的通过公司制改革和资产重组方式实现的强强联合,达到了"1+1>2"的转型效果。

转型的基础条件在于:

(1)进一步明确主业定位,积极剥离非主业业务,利用区位优势集中发展主营业务。按照资产证券化的理念,变"死资产"为"活资本",将非主业业务从公司剥离,明确主业定位,提高资产运行整体效益,努力提供可持续流动性支撑。以国有资本逐步向对区域经济发展具有重大影响的关键产业和重点企业集中为导向，不断提高资本运作和产业投资的融合能力，提高引导效应和经济效益的统一能力。

（2）选择合适的治理结构，为公司市场化转型提供内部条件。瀚瑞控股要以制度建设为抓手，重点以优化和制定薪酬与绩效管理制度为突破，针对不同子公司情况，科学设计差异化的薪酬和绩效考评体系，并逐步建立健全符合现代企业规范的制度体系，实现管理转型。随着业务的扩展、企业股权的变更、投资主体的增加，瀚瑞控股已经逐渐向民营企业管理模式转换，通过现代企业法人治理结构和运行管理机制运营公司。

（3）符合当地国企改革和债务管理的方案，在转型过程中得到当地政府的有力支持。瀚瑞控股是镇江市最主要的城市基础设施及公用事业投资建设和运营主体，负责城市基础设施建设项目的资金筹措和相关债务清偿，同时也是镇江市政府授权的城市供水供电等国有资产运营管理企业，在镇江城市与经济发展的过程中发挥着不可替代的作用。瀚瑞控股在国企改革和债务发行偿还一系列事务中始终保持与当地政策规范相一致，在转型过程中得到了镇江市政府的大力支持。

第二十五章　湖南省高速公路建设开发总公司

第一节　发展历史

一、基本情况

湖南省高速公路建设开发总公司（以下简称"公司"）系经湖南省人民政府办公厅湘政办函〔1993〕62号文批复同意设立的国有独资公司，注册资本为1亿元人民币。公司隶属于湖南省交通运输厅（以下简称"湖南省交通厅"或"省交通厅"），并由其作为出资部门。2004年，根据湖南省交通厅湘交财会字〔2004〕358号文批复，公司增加注册资本89597万元人民币，其中包括莲易路和长潭路国家投入的89087万元项目建设资本金，以及省交通厅拨付的510万元资金。截至2017年3月底，公司注册资本99597万元，湖南省交通厅持股100%，为公司实际控制人。公司经营范围：全省高速公路建设、养护、管理和沿线开发；高速公路服务区加油站、汽车维修服务站的管理；交通、能源、城市基础设施、高科技项目的开发、投资与管理；高速公路沿线房地产开发；经营筑路工程机械及配件。

公司是湖南省主要的高速公路建设、运营和管理企业，对省内所有收费还贷性高速公路行使收费权。截至2017年3月底，公司管辖的高速公路里程已达4049.27公里（合并口径），约占湖南省省内高速公路通车里程的66.60%。截至2017年3月底，公司下辖湖南省高速公路投资集团有限公司（以下简称"投资集团"）、湖南省高速公路机电建设开发有限公司、湖南高速集团财务有限公司（以下简称"财务公司"）3家全资子公司，4家控股及参股子公司，15家项目建设公司，以及13个高速公路运营单位。

截至2018年6月底，公司资产总额44879192.97万元；所有者权益合计14895638.54万元；2017年公司实现营业收入1377122.65万元，利润总额85092.30万元。

公司基本情况见表25-1。

表25-1 公司基本情况

法定中文名称	湖南省高速公路建设开发总公司
法定代表人	谢立新
注册资本	99597.00万元人民币
设立日期	1993年4月9日
注册地址	湖南省长沙市远大一路649号
办公地址	湖南省长沙市远大一路649号
邮政编码	410016
企业统一社会信用代码	914300001837763617
经营范围	全省高速公路建设、养护、管理和沿线开发；高速公路服务区加油站、汽车维修服务站的管理；交通、能源、城市基础设施、高科技项目的开发、投资与管理；高速公路沿线房地产开发；经营筑路工程机械及配件

二、业务构成

公司主业明确，负责全省高速公路的建设、养护、管理和沿线开发，负责全省高速公路建设资金的筹措，包括收取机动车辆通行费、发行股票、债券和利用外资及偿还贷款等。

公司下属的政府还贷公路和经营性公路的建设运营严格分离。公司母公司履行政府还贷高速公路建设、管理等方面的职能，符合《收费公路管理条例》《湖南省高速公路建设管理试行办法》《〈湖南省高速公路建设管理试行办法〉实施细则》等政策法规的相关规定；《湖南省高速公路建设管理试行办法》（湘政发〔2006〕20号）第十条规定："省级政府投资的高速公路项目由省高速公路建设开发总公司实施建设管理。"公司下属全资子公司湖南省高速公路投资集团有限公司履行经营性高速公路投资、建设和经营等方面的职能。

截至2018年3月底，公司运营管理的高速公路里程为4579.94公里，共51条，占湖南省省内高速公路通车里程的70.68%。截至2017年底，高速投资集团已取得湖南省政府授予的3条具有良好收益预期的高速公路特许经营权，已经全部建成通车。

尽管高速公路产业投资大、建设周期长，但营运期盈利来源单一清晰，并且通行费收入以现金收入为主，很少产生不能收回的应收账款。公司主营项目的建成为国家实施中部崛起发展战略，完善国家高速公路主骨架，改善湖南省交通运输条件以及投资环境、改善人民生活质量等做出了巨大贡献。公司主营业务在取得了较好的经济效益的同时，也体现了良好的社会效益。

第二节 湖南高开转型及资产重组过程

一、资产重组过程

2017年12月改制之前，湖南省高速公路管理局和省高速公路总公司"一门两牌、合署办公"的模式在湖南省交通建设大发展初期对加快高速公路建设、提高交通服务水平发挥了重要作用。但是随着湖南省交通运输事业的飞速发展，这种体制存在的问题和弊端也日益凸显，高速公路运营管理回归公共管理、公共服务本质，实现政企分开已十分紧迫。实现湖南省高速公路建设开发总公司整体转为企业，利用市场化方式经营管理高速公路、盘活存量资产资源，既是湖南省委、省政府贯彻落实党的十九大精神和中央推进政企分开、政资分开决策部署的具体举措，也是落实中央巡视组"回头看"提出的整改要求、有效解决高速公路融资问题、推进高速公路事业持续健康发展的迫切需要。高速公路建设开发总公司隶属关系的转变只是改革的第一步，要将高速公路建设开发总公司打造成为科学规范、运行高效的现代企业。湖南省高速公路建设开发总公司注册资本重组过程和股权变化过程如表25-2所示。

表25-2 湖南省高速公路建设开发总公司注册资本重组过程和股权变化过程

时间	注册资本	股权变化
1993年4月	经湖南省人民政府办公厅湘政办函〔1993〕62号文批复同意设立的国有独资公司，注册资本为1亿元人民币。公司隶属于湖南省交通运输厅（以下简称"湖南省交通厅"或"省交通厅"），由湖南省交通厅作为出资部门	湖南省交通厅持有公司100%股权
1997年12月	湖南省交通厅将已完工交付使用的两条路——莲易路和长潭路的国家投入的项目建设资本金48436万元和40651万元用于增加公司注册资本	增加注册资金，股权结构未改变

续表

时间	注册资本	股权变化
2003年12月	收到湖南省交通厅拨入资金1000万元,其中510万元作为湖南省高速公路建设开发总公司的注册资金	增加注册资金,股权结构未改变
2005年4月	湖南省高速公路建设开发总公司完成企业国有资产变动产权登记,湖南省交通厅同意增加注册资本89597万元	增加注册资金,股权结构未改变
2017年12月	撤销与公司合署办公的省高速公路管理局,管理局承担的社会公共事务管理职责收归省交通厅及所属事业单位,保留高速总公司,并受省政府委托,负责政府还贷高速公司资产和债务管理,依法承接特许经营期满高速公路运营、维护和管理,承担全省高速公路路产保护、治超、服务区、清障施救的业务指导与管理以及路网运行监测、统计数据收集报送的具体工作,由湖南省国资委代表省政府履行出资人职责	公司股东由湖南省交通厅变更为湖南省人民政府国有资产监督管理委员会,公司正式整体转制为企业

二、重组过程中的问题

在湖南省高速公路建设开发总公司转型之后,公司的实际控制人仍然是湖南省政府机构。基于国家层面上对于国有企业的定位和战略布局,国有企业会被赋予具有社会效益的公益性职能,与现代企业追求高效益的目标之间的平衡点可能难以形成。此外,公司作为国有独资企业参与市场竞争,也可能会导致垄断现象,不利于市场竞争。

第三节 政府对湖南高开转型的支持

这一部分主要从转型主体的区域地位及政府财政补贴收入等方面分析政府对公司转型的支持力度大小。

湖南省高速公路建设开发总公司是湖南省内唯一一家国有独资高速公路投资运营主体,公司主营业务覆盖高速公路建设运营、建材销售业务、房地产板块业务等,在资产规模、区域垄断经营及政府支持等方面具有显著优势。公司由湖南省交通厅出资设立并领导管理,与政府关系密切,在政策、税收、财政和融资各方面均获得政府的大力支持。税费方面,根据财政部、国家税务总局财税〔2000〕139号文件的相关规定,公司所辖政府还贷性高速公路收取的车辆通行费收入及开发性收入免缴一切税费。

由于公司投资项目以还贷性高速公路为主，在融资方面，其项目资本金由交通部、省财政厅承诺安排，项目建设资金通过收费权质押等方式向金融机构筹集，对公司还贷性项目的借款实行统借统还。为使规划项目能按期开工建设，湖南省财政厅发布了湘财建〔2008〕50号文，专门制定了高速公路资本金筹措方案，由湖南省财政从交通规费收入（税费改革后为财政划拨给湖南省的返还资金）、公路建安营业税及经营性公路所得税返还、交通对外投资收益、转让收费权、外债贷款、财政预算资金等收入中安排足额资金，确保项目的资本金投入，该方案已经湖南省人民政府审批通过。

2014年至2017年3月，公司实际收到政府拨付的政府还贷性高速公路资本金等政府补助资金投入合计305.82亿元，其中127.95亿元计入"资本公积"，177.87亿元计入"营业外收入"；其中2016年和2017年1~3月公司分别实际收到政府拨付的政府还贷性高速公路资本金等政府补助资金投入198.93亿元和20.00亿元。由于在建高速公路项目后续投资仍在继续，投入的资本金也随之增加。截至2017年3月底，公司已建成和在建政府还贷性高速公路共57条，资本金合计956.77亿元，实际收到政府拨付的政府还贷性高速公路资本金投入778.69亿元，其中527.78亿元计入"资本公积"，250.91亿元计入"营业外收入"。

根据湖南省财政厅湘财建函〔2016〕38号文件，2016年公司收到政府债券置换债务110.00亿元，专项用于偿还公司清理甄别锁定的存量债务，计入"营业外收入——政府补贴"。另外，2013年，对于政府未到位资金（体现应收账款和其他应收款科目），湖南省交通厅制定了未到位资本金计划到位表，在2014~2028年间每年将安排一定的资金，合计约155.79亿元，对公司债务偿还形成又一支撑。2016年，公司收到交通厅拨付的资金冲减"其他应收款"30.66亿元。

总体看，政府对公司的建设资金拨付、债务置换和财政补贴力度大，有力支持了公司的快速发展。

第四节　湖南高开转型分析

湖南省高速公路建设开发总公司是通过不断地增加注册资金，改变企业性质的范例。在转型后，公司依托现代化的企业制度重新制定了公司发展战略，优化了运营管理和经营开发。在企业通过不断增资转型过程中，公司在"十二五"期间取得以下成就：项目建设投资创新高；高速公路通车里程创纪录；运营管理实现质的跨越；发展后劲持续增强。得益于公司的转型成功，企业改革的成效开始逐步显现。过去几年中，联合资信、中债资信等评级公司均上调企业的主体评级到 AAA，说明了转型后企业内生动力和活力不断增强。公司转型发展中具有如下经验：

一、现代化企业管理，提升资本运营效率

公司在改制的过程中，公司股东由湖南省交通厅变更为湖南省人民政府国有资产监督管理委员会，公司正式整体转制为企业，建立健全了现代企业制度。公司在改制后，理顺了和政府的关系，有利于转制后提升债务管理能力，盘活存量资产，提高国有资本运营效率。

二、明晰政企关系，市场化运作

公司在改制过程中，省交通厅负责政府还贷高速公司资产和债务管理，公司依法承接特许经营期满高速公路运营、维护和管理，承担全省高速公路路产保护、治超、服务区、清障施救的业务指导与管理以及路网运行监测、统计数据收集报送的具体工作，由湖南省国资委代表省政府履行出资人职责。公司与政府权责明确，界限清晰，有效保障了转型之后公司的健康稳定发展。

三、多元产业布局，提升营运能力

公司主营业务覆盖高速公路建设运营、建材销售业务、房地产板块业务等，在资产规模、区域垄断经营及政府支持等方面具有显著优势。公司多元化经营发展的策略有效支撑了公司进一步稳健发展，为公司经营活力添加了新的动力。

第二十六章　滁州市城市建设投资有限公司

第一节　发展历史

一、基本情况

滁州市城市建设投资有限公司（以下简称"滁州城投"）是经滁州市人民政府批准，由滁州市土地储备中心（以下简称"市储备中心"）、滁州市城市基础设施开发建设有限公司（以下简称"城基公司"）和滁州市交通基础设施开发建设有限公司（以下简称"交基公司"）共同出资组建的有限责任公司。

滁州城投成立于2008年5月，是滁州市人民政府直属的国有大型投融资企业，注册资本20亿元。内设机构有项目融资部、资本市场部、计划财务部、资产运营部、工程技术部、审计部、财务核算部、综合法规部和办公室。滁州城投基本情况如表26-1所示。

表26-1　滁州城投基本情况

法定中文名称	滁州市城市建设投资有限公司
法定代表人	贡植平
注册资本	200000万元人民币
设立日期	2008年5月23日
注册地址	安徽省滁州市龙蟠大道99号政务中心东五楼
办公地址	安徽省滁州市龙蟠大道99号政务中心东五楼
邮政编码	239001

续表

企业统一社会信用代码	91341100675855357N
联系电话	86-550-3515068
传真号码	86-550-3518310
经营范围	筹措城市建设资金；承担城市基础设施、基础产业、能源、交通、房产开发及市政公用事业项目投资、建设、运营、管理任务；从事授权范围内国有资产经营管理和资本运作，实施项目投资管理、资产收益管理、产权监督管理、资产重组和运营；参与土地整理（涉及审批的凭许可证经营）

二、业务构成

滁州城投是滁州市城市基础设施投融资及建设主体，经营范围为：筹措城市建设资金；承担城市基础设施、基础产业、能源、交通、房产开发及市政公用事业项目投资、建设、运营、管理任务；从事授权范围内国有资产经营管理和资本运作，实施项目投资管理、资产收益管理、产权监督管理、资产重组和运营；参与土地整理。

滁州城投承担了滁州市的国有资产运营、城市基础设施建设项目投资、融资及管理，主营业务目前以城市基础设施建设、保障房开发建设、土地开发、金融板块投资运营和矿产资源销售为核心。此外，滁州城投的全资子公司滁州市自来水公司和滁州市公共汽车公司、安徽琅琊山矿业总公司，还分别负责滁州市水务、客运交通资产和矿产资源销售的经营和管理，均实行自主经营、自负盈亏，随着城市的不断发展，主营业务收入均稳步提升。滁州城投已经成为多元化的城市建设投融资主体。滁州城投近三年及最近一期营业收入构成情况如表26-2所示。

表26-2　滁州城投近三年及最近一期营业收入构成情况　　单位：万元、%

项目	2018年1~3月 金额	2018年1~3月 占比	2017年 金额	2017年 占比	2016年 金额	2016年 占比	2015年 金额	2015年 占比
土地开发	—	—	298265.78	52.38	259233.32	47.21	230639.59	48.31
资产回购	—	—	208351.49	36.59	43009.55	7.83	11281.85	2.36
矿产资源			33377.38	5.86	30737.34	5.60	26075.23	5.46
供水			9149.08	1.61	7791.95	1.42	6790.77	1.42
运输			3830.72	0.67	4086.06	0.74	5168.31	1.08

续表

项目	2018年1~3月		2017年		2016年		2015年	
	金额	占比	金额	占比	金额	占比	金额	占比
爆破工程	—	—	2354.07	0.41	1773.52	0.32	1663.30	0.35
房产销售	—	—	1675.75	0.29	30878.84	5.62	105.31	0.02
租车	—	—	808.38	0.14	288.47	0.05	276.55	0.06
培训费收入	—	—	187.68	0.03	197.34	0.04	271.87	0.06
BT回购	—	—	—	—	160763.21	29.28	165544.66	34.67
土地整理	—	—	—	—	—	—	14207.55	2.98
供热	—	—	—	—	—	—	3454.53	0.72
其他主营业务收入	—	—	522.05	0.09	1635.71	0.30	2406.39	0.50
主营业务收入小计	—	—	558522.37	98.08	540395.31	98.41	467885.90	98
营业收入合计	65167.34	100.00	569430.28	100.00	549139.80	100.00	477418.50	100.00

三、财务情况

截至2018年3月末，滁州城投总资产为7695820.57万元，其中流动资产4325421.46万元，固定资产575203.21万元。

近三年及最近一期，滁州城投的所有者权益分别为4478504.35万元、4668114.44万元、5128636.51万元和5174044.58万元，呈现逐年增长态势，滁州城投资本实力逐年增强，为滁州城投规模扩张奠定了坚实基础。滁州城投的净利润分别为161780.29万元、216179.54万元、245270.84万元和43949.69万元，呈逐年上升趋势，资产负债率保持稳定，变化不大（见表26-3）。

表26-3 滁州城投近三年及最近一期财务情况　　　单位：万元

	2018年3月31日	2017年12月31日	2016年12月31日	2015年12月31日
利润表摘要				
营业总收入	65167.34	569430.28	549139.80	477418.50
营业总成本	50848.89	413937.25	413879.34	358811.87
营业利润	18967.11	205032.84	161235.39	140896.61
净利润	43949.69	245270.84	216179.54	161780.29
资产负债表摘要				
流动资产	4325421.46	4498210.94	4105408.38	3958582.53

续表

	2018年3月31日	2017年12月31日	2016年12月31日	2015年12月31日
固定资产	575203.21	574453.53	629480.01	648878.14
资产总计	7695820.57	7575953.51	7022334.52	6723580.78
流动负债	782213.81	761735.94	942671.64	855069.68
非流动负债	1739562.18	1685581.07	1411548.44	1390006.74
负债合计	2521775.99	2447317.01	2354220.08	2245076.43
股东权益	5174044.58	5128636.51	4668114.44	4478504.35
现金流量表摘要				
销售商品提供劳务收到的现金	64245.13	541402.55	462043.31	376937.29
经营活动现金净流量	20441.72	210467.40	102627.37	165636.87
投资活动现金净流量	-164991.80	-365522.45	-405591.77	-206923.72
筹资活动现金净流量	83840.22	361670.43	83802.32	232835.04
关键比率				
销售毛利率（%）	58.28	37.21	33.79	34.35
资产负债率（%）	32.77	32.30	33.52	33.39
资产周转率（%）	0.01	0.08	0.08	0.07

第二节 滁州城投转型及资产重组过程

2008年5月21日，公司设立时，收到各股东第一期缴纳的注册资本18.2亿元，占注册资本的91%，其中滁州土储中心以经评估的354430平方米国有土地使用权作价8.2亿元进行出资，出资的两宗土地用途为商业、居住，土地使用权类型为出让；交基公司以道路等国有资产1.5亿元进行出资；城基公司以货币资金1亿元、土地使用权及道路等国有资产7.5亿元进行出资。交基公司和城基公司出资的国有资产中含有部分道路公益性资产，符合当时《公司法》出资有关规定。

2008年8月26日，公司收到城基公司和交基公司缴纳的第二期出资合计1.8亿元。其中，城基公司以货币资金1.3亿元进行出资，交基公司以货币资金0.5亿元进行出资。公司注册资本20亿元已经足额到位。

2008年11月20日，公司股东会同意对公司股东结构进行调整，由滁州市土储中心以经评估的土地使用权置换城基公司、交基公司的出资，城基公司、交基公司退出。滁州市土储中心以评估值为11.82亿元的国有土地使用权作为出资投入公司，其中11.8亿元置换城基公司及交基公司的出资，0.02亿元作为资本公积。截至2008年12月8日，滁州城投已收到滁州市土储中心的出资共计11.8亿元。置换出资的土地使用权由安徽中安房地产评估咨询有限公司评估，并出具了皖中安〔2008〕估字第3411000696号评估报告。此次股权变更后，滁州城投注册资本中公益性资产已全部置换，滁州城投变更为滁州市土储中心的全资子公司。

2009年3月，根据《关于市城基公司股权划转的通知》（滁政〔2009〕60号）和《关于变更市自来水公司、市公共汽车公司出资人的通知》（滁政〔2009〕61号），城基公司、自来水公司和公共汽车公司股权整体划转给滁州城投。

2010年5月，根据《关于市国有资产运营公司股权划转的通知》（滁政秘〔2010〕97号），滁州市国有资产运营有限公司股权整体划转给滁州城投。

2012年6月，根据《关于市热电厂股权划转的通知》（滁政秘〔2012〕141号），滁州市热电厂股权整体划转给滁州城投。

2012年12月31日，根据《关于市交基公司股权划转有关问题的通知》（滁政秘〔2012〕283号），交基公司100%股权划归滁州城投所有。

2013年2月，根据《关于滁州信和典当有限公司整体划转给市城投公司经营管理的批复》（滁政秘〔2013〕15号），滁州信和典当有限公司100%股权划转至滁州城投所有。

2014年9月，滁州市国资委下发《关于变更出资人的通知》，将滁州市国资委持有的安徽省琅琊山矿业总公司出资人变更为滁州城投的全资子公司——滁州市新型工业科技投资发展有限公司。

截至目前，滁州城投的注册资本为20亿元，实收资本为20亿元，其中货币出资6亿元；土地使用权出资14亿元，其中土地使用权全部为出让的商住土地。公司的实收资本全部由滁州市土地储备中心出资。公司拥有滁州市城市基础设施开发建设有限公司、滁州市交通基础设施开发建设有限公司、滁州市公共交通有限公司、滁州市兴滁矿业投资有限公司、滁州市城镇发展有限公司、滁州市担保资产管理有限公司等56家控股子公司。

第三节 政府对滁州城投转型的支持

一、区域地位

滁州城投作为滁州市最大、最主要的城市基础设施建设投融资及建设主体和国有资产运营主体，其经营领域主要是城市基础设施建设、自来水、城市公共交通业务等公用事业行业，以及土地整理开发业务。滁州城投所涉行业在区域内处于区域专营地位，基本没有外来竞争，市场相对稳定，持续经营能力较强，经营的资产均具有长期稳定的投资收益。

滁州市位于江淮之间，区位条件良好，与南京市山水相连，素有"金陵锁钥"之称。滁州市是长三角合作核心区，是南京"一小时都市圈"主要成员和皖江城市带承接转移示范区重要一翼。滁宁快速通道、南京长江隧道的建成通车使滁州与南京两市中心距离仅50公里，不仅实现了滁州与南京的无缝对接，也加快了滁州全面融入长三角地区的步伐。

近年来，面对国际环境错综复杂、国内经济下行压力加大等诸多不利影响，滁州依托区位、资源、环境优势，积极抢抓国家促进中部崛起和皖江城市带承接产业转移示范区建设的重大机遇，大力发展家电信息、硅玻璃、盐化工三大千亿元产业，农副产品精深加工、装备制造、新能源三个五百亿元产业，集聚效应加快形成，产业发展后劲不断增强，经济社会保持了强劲的发展势头。

二、政府补助

作为滁州市政府建设城市、经营城市资产的主要项目法人，滁州市委市政府在滁州城投的建设和发展方面给予了大力的支持。出于项目建设和滁州城投日常经营的需要，滁州市政府向公司出资注入了大量的土地、国有股权等优质资产，并在土地开发收益分成等方面给予了公司大量的政策支持。随着滁州市城市发展战略的实施，滁州市委市政府将从政策、资金、体制等方面继续支持滁州城投的业务发展，进一步巩固滁州城投在滁州市城市基础设施建设中的核心地位。

滁州城投作为滁州市城市基础设施建设的主体，滁州市政府每年均给予滁州城投一定数量的财政补贴。补贴收入是滁州城投利润的重要补充，主要包括城市基础设施建设补贴、燃油补贴、供水补贴和财政贴息。城市基础设施建设补贴主要是滁州市财政局拨付给滁州城投用于城区道路维护及保养支出；燃油补贴主要是国家拨付给滁州市公共交通公司的公共汽车燃油补助;财政贴息主要是补贴国家开发银行借款利息支出。

滁州城投为滁州市直唯一政府投融资平台,得到滁州市政府的大力支持。2014~2016年三年及2017年第一季度,滁州城投获得的政府补贴收入分别为48370.70万元、28248.48万元、57240.17万元和17066.13万元。随着滁州"工业强市、城市带动、承接合作、转型升级、科教兴滁五大战略和产城融合"发展战略的深入推进,必将有力地促进地方城市基础设施建设、自来水、公交和土地整理的快速发展,也将直接促进滁州城投的资产规模及主营业务不断做大做强。

第四节 滁州城投转型分析

一、依托区域背景,积极利用自身优势

滁州城投的发展与转型,离不开滁州市经济发展的大背景;而滁州城投的业务开展,也助推了滁州市的基础设施建设与城市化进程,相辅相成,实现共赢。第一,滁州城投充分利用自身的区域优势。其身处重要经济发展地区,投融资环境相对活跃,与其他地区相比机会更大,滁州城投利用此优势,为其进一步发展转型夯实了基础。第二,资源优势。滁州市矿产资源丰富,滁州城投紧抓这一地方性特点,将滁州市兴滁矿业投资有限公司设为子公司,拓展公司业务版图。第三,充分利用人员优势。规范化的运营和专业化的人员是企业进行市场化管理的必备条件,也是城投公司转型发展过程中需重视的关键要素。滁州城投在运营过程中,积累了一定的管理经验,形成了相对专业化的人员队伍。公司进行专业化的部门管理,设置了资产运营部、项目融资部、工程技术部、资本市场部、综合法规部、计划财务部、审计部、办公室等部门,并制定了包括投资管理、项目管理、资产管理、资金管理等在内的多项制度,为滁州城投发展转型奠定了基础。

二、充分利用政府支持,发挥政府作用

近年在资本支持、整合重组、业务补贴等方面,滁州城投受到了滁州市政府的大力支持。滁州城投充分利用政府补助资金,不断进行资产整合,发展优势产业,紧抓盈利点,拓展新型业务,补齐短板,将政府补助资金盘活,为自身的转型打下坚实的基础。

三、不断资产重组,推动公司市场化

滁州城投不断进行资产重组,在此过程中,既兼顾了自身的专业化业务,又涉及其他的领域,形成规模经济,提升盈利能力,增强自身竞争力,各个业务之间相互协调配合,范围经济逐渐成形,资产重组成为滁州城投转型的一大推力。

综上所述,滁州城投紧抓滁州市经济发展的有利契机,在市政府的支持下,以传统城投业务为基石,壮大自身实力;同时,通过资产整合等方式拓展公用事业和经营性业务,形成了包括城市基础设施建设、土地开发整理、城市公用事业运营、矿产资源销售和金融服务等综合性业务模式,探索出了一条城投公司转型发展的可行路径。

第二十七章　广西投资集团有限公司

第一节　发展历史

广西投资集团有限公司（以下简称"广投集团"）是由广西壮族自治区人民政府国有资产监督管理委员会独资控股。下面将详细分析广西投资集团有限公司的发展概况及业务类型等。

一、基本情况

广西投资集团有限公司是直属广西壮族自治区人民政府的国有独资企业，为广西壮族自治区政府授权经营国有资产的法人实体以及投融资主体，广投集团基本情况见表27-1。1988年4月6日，广西壮族自治区人民政府《关于成立广西建设投资开发公司有关事宜的批复》（桂政函〔1988〕25号），同意成立广西建设投资开发公司。注册资本1500万元人民币，出资方式为货币出资，由广西壮族自治区政府全额出资。

表27-1　基本情况

法定中文名称	广西投资集团有限公司
法定代表人	周炼
注册资本	690092.93万元人民币
设立日期	1996年3月8日
注册地址	广西壮族自治区南宁市青秀区民族大道109号广西投资大厦
办公地址	广西壮族自治区南宁市青秀区民族大道109号广西投资大厦
邮政编码	530028
企业统一社会信用代码	91450000198229061H

续表

联系电话	86-771-5715163
传真号码	86-771-5533252
经营范围	对能源、矿业、金融业、文化旅游、房地产业、肥料行业、医疗机构及医药制造业的投资及管理；股权投资、管理及相关咨询服务；国内贸易；进出口贸易；房地产开发、经营；高新技术开发、技术转让、技术咨询；经济信息咨询服务

二、业务构成

公司的主营业务集中在以下板块：对能源、矿业、金融业、文化旅游、房地产业、肥料行业、医疗机构及医药制造业的投资及管理；股权投资、管理及相关咨询服务；国内贸易；进出口贸易；房地产开发、经营；高新技术开发、技术转让、技术咨询；经济信息咨询服务（依法须经批准的项目，经相关部门批准后方可开展经营活动）。广投集团近三年及最近一期营业收入构成情况见表27-2。

表27-2　广投集团近三年及最近一期营业收入构成情况　　单位：万元、%

项目	2018年1~3月 金额	2018年1~3月 占比	2017年 金额	2017年 占比	2016年 金额	2016年 占比	2015年 金额	2015年 占比
铝业	—	—	8081619.69	61.15	7612119.67	65.07	5775617.95	67.82
煤贸易	—	—	1679055.94	12.70	320851.03	2.74	176444.26	2.07
白糖	—	—	921925.44	6.98	—	—	—	—
焦化产品销售	—	—	358232.14	2.71	224122.11	1.92	238161.94	2.80
电力	—	—	305138.69	2.31	406187.30	3.47	412598.87	4.84
制药业	—	—	189580.27	1.43	146002.67	1.25	—	—
碳产品	—	—	116545.49	0.88	73558.02	0.63	115694.61	1.36
食品贸易	—	—	95539.06	0.72	315357.74	2.70	105012.02	1.23
化工	—	—	86578.44	0.66	—	—	—	—
天然气	—	—	74079.93	0.56	54972.14	0.47	35793.59	0.42
原油贸易	—	—	58704.41	0.44	1383543.25	11.83	—	—
燃油	—	—	52934.89	0.40	—	—	—	—
水泥产品销售	—	—	50509.05	0.38	97284.95	0.83	96313.07	1.13
房地产	—	—	26759.84	0.20	14992.85	0.13	24367.06	0.29
化肥销售	—	—	23003.36	0.17	63107.20	0.54	146701.47	1.72

续表

项目	2018年1~3月 金额	占比	2017年 金额	占比	2016年 金额	占比	2015年 金额	占比
租赁	—	—	21706.09	0.16	—	—	—	—
仓储	—	—	13592.43	0.10	—	—	—	—
管输费	—	—	12148.99	0.09	9817.31	0.08	5303.47	0.06
加工费	—	—	6933.35	0.05	—	—	—	—
商品砼	—	—	6673.52	0.05	15618.58	0.13	20661.00	0.24
系统集成设备	—	—	5502.85	0.04	—	—	—	—
担保业务	—	—	4759.00	0.04	—	—	—	—
蒸汽	—	—	4748.15	0.04	—	—	—	—
脱硫电价	—	—	2647.40	0.02	5667.12	0.05	5622.57	0.07
委托资产管理	—	—	700.51	0.01	—	—	—	—
理财产品收益	—	—	626.45	0.00	—	—	—	—
石膏产品	—	—	601.81	0.00	—	—	—	—
粉煤灰	—	—	356.99	0.00	—	—	—	—
工程施工	—	—	29.15	0.00	4208.13	0.04	15921.00	0.19
金属产品贸易	—	—	—	—	911.56	0.01	173897.49	2.04
销售酮糖等食品	—	—	—	—	—	—	—	—
钛白粉	—	—	—	—	—	—	—	—
其他主营业务收入	—	—	77712.33	0.59	33043.45	0.28	25900.57	0.30
营业收入合计	3036650.13	100.00	13217081.88	100.00	11698600.12	100.00	8516052.93	100.00

三、财务信息

截至2018年3月末，公司资产总额为32675506.05万元，负债总额为27264221.35万元，股东权益5411284.71万元；2018年1~3月实现营业总收入3036650.13万元，利润总额60150.67万元（见表27-3）。

表27-3　广投集团近三年及最近一期财务情况　　　　单位：万元

	2018年3月31日	2017年12月31日	2016年12月31日	2015年12月31日
利润表摘要				
营业总收入	3036650.13	13217081.88	11698600.12	8516052.93
营业利润	59202.90	264187.79	210150.26	437670.52
利润总额	60150.67	273137.45	244100.78	506317.78
净利润	48987.10	200750.75	171838.56	448684.67

续表

	2018年3月31日	2017年12月31日	2016年12月31日	2015年12月31日
资产负债表摘要				
流动资产	10436303.85	11898550.91	13144616.28	10331873.25
固定资产	2544703.36	2571875.04	2692086.05	2774551.82
长期股权投资	1769061.40	1740505.50	1491229.72	1391576.57
资产总计	32675506.05	32872597.75	31116169.65	24228212.62
流动负债	18766205.19	20775557.65	20222960.47	15398381.49
非流动负债	8498016.16	6721091.63	5780477.48	4216575.64
负债合计	27264221.35	27496649.28	26003437.94	19614957.13
股东权益	5411284.71	5375948.47	5112731.71	4613255.49
归属母公司股东的权益	2223497.34	2223540.08	1914132.53	1895342.84
现金流量表摘要				
销售商品提供劳务收到的现金	3266843.11	14195605.20	10890440.48	8107569.26
经营活动现金净流量	-1663196.68	-101931.86	162709.54	125229.86
投资活动现金净流量	-672257.61	-2653468.79	-987252.21	1100480.39
筹资活动现金净流量	803598.82	1577692.05	1226900.37	2083426.01

第二节 广投集团转型过程

1990年11月，广西政府将原广西电力投资公司并入广西建设投资开发公司，并授权该公司管理广西电力建设基金，对电力项目进行投资。1995年7月11日，广西壮族自治区人民政府《关于组建广西开发投资有限责任公司的通知》（桂政发〔1995〕55号）决定，广西建设投资开发公司改组为广西开发投资有限责任公司。1996年3月8日，广西开发投资有限责任公司成立，注册资本变更为18.46亿元人民币，增资方式为资本公积转增，由广西壮族自治区政府全额出资。2002年3月1日，经广西壮族自治区财政厅《关于同意广西开发投资有限公司转增资本的批复》（桂财企函〔2002〕23号）批准，广西开发投资有限责任公司注册资本增加至41.97亿元（桂祥会事验字〔2002〕第27号），增资方式为资本公积转增，由广西壮族自治区政府全额出资。2002年4月22日，广西开发投资有限责任公司更名为广西投资（集团）有限公司，注册资本金41.97亿元人民币。2004年3月15日，广西投资（集团）有限公司工商注册名称变更为广西投资集团有限公司。

2014年1月3日，经广西壮族自治区国有资产监督管理委员会《关于广西投资集团有限公司用资本公积转增实收资本有关问题的批复》（桂国资复〔2014〕2号）批准，广西投资集团有限公司注册资本增加至4754144706.80元，增资方式为资本公积转增，由广西壮族自治区国有资产监督管理委员会全额出资。相关增资手续于2014年12月18日办理完毕。2014年2月，经北部湾银行股东大会和银监会广西监管局批准，启动实施5亿股普通股（每股价格3元）增资扩股方案，面向境内法人企业定向募集，北部湾银行现有法人股东享有优先认购权，完成增资扩股后总股本由27.5亿股增加至32.5亿股。公司原持有北部湾银行股权0.55亿股，占比1.69%，2014年6月30日，公司以旗下子公司银海铝业公司和建设实业公司认购北部湾银行此次增发的5亿股，银海铝业公司和建设实业公司分别经董事会临时会议和临时股东会审议通过，并取得广西壮族自治区国资委和中国银监会批准，分别与北部湾银行签订《股份认购协议》，参与北部湾银行本次的增资扩股。其中，银海铝业公司认购3.185亿股股权，建设实业公司认购1.815亿股股权，并在广西工商局和广西联合股权托管中心办理完成相关股权变更和托管手续。完成本次增资扩股后，公司持有北部湾银行5.55亿股，持股比例为17.08%，后又增持至19.99%，成为北部湾银行第一大股东。因一般企业入股银行比例不得超过20%，且北部湾银行股权比较分散，公司持股比例已远高于其他股东，对北部湾银行已形成实际控制力，经广西国资委批准将北部湾银行纳入公司并表管理。

2016年8月23日，经广西壮族自治区国有资产监督管理委员会《关于广西投资集团有限公司修改公司章程的批复》（桂国资复〔2016〕97号）批准，广西投资集团有限公司注册资本增加至6678739306.80元，增资方式为资本公积转增，由广西壮族自治区国有资产监督管理委员会全额出资。本次注册资本增加，符合法律各项规定，具有合规性。相关增资手续于2016年9月2日办理完毕。截至募集说明书签署之日，公司注册资本为6678739306.80元，由广西壮族自治区国有资产监督管理委员会履行出资人职责，持有其100%的股份。在城投平台转型和资产重组过程中，面临的一个重要问题就是股权的相互划拨，这一过程是为了实现股权和经营业务的集中。如将上海同盛持有的同盛物流、同盛置业、港正置业以及盛港能源四家公司的股份转让给广西投资集团有限公司，则在广西投资集团有限公司现有的经营结构基础上又加入了物流园区建设、置业和能源等板块，上海同盛的经营板块减少，主营业务更为集中。

第三节 政府对广投集团转型的支持

一、区域地位

2018年第二季度GDP增速比第一季度回升。上半年，按可比价格计算，南宁市GDP同比增长5.0%，增速较上年同期回落3.8个百分点，较第一季度提高0.5个百分点。分产业看，第一产业增加值同比增长3.5%，增速较上年同期回落0.9个百分点；第二产业增加值同比下降0.4%，增速较上年同期回落10.3个百分点；第三产业增加值同比增长9.1%，增速较上年同期提高0.6个百分点。

财政收支保持快速增长。上半年，南宁市财政收入421.49亿元，同比增长18.8%，增速较上年同期提高8.2个百分点；其中，一般公共预算收入196.52亿元，同比增长7.8%，增速较上年同期回落4.5个百分点。一般公共预算支出346.11亿元，同比增长16.7%，增速较上年同期提高1个百分点；其中，八项支出合计279.22亿元，同比增长15.1%，增速较上年同期回落3.2个百分点。

工业生产情况相比第一季度有所好转。上半年，南宁市965家规模以上工业企业共完成产值同比增长6.3%，比第一季度提高21.6个百分点；南宁市规模以上工业增加值同比下降1.8%，比第一季度提高2.3个百分点。

固定资产投资保持两位数增长。上半年，南宁市固定资产投资同比增长10.4%；房地产开发投资快速增长，房地产开发投资同比增长23.1%，增速较上年同期提高了9.5个百分点；民间投资略有回落，民间投资同比增长10.9%，增速较上年同期回落2.9个百分点。

消费品市场持续平稳增长。上半年，南宁市社会消费品零售总额同比增长9.3%。住宿业发展良好，餐饮业保持两位数增长。上半年，住宿业营业额同比增长12.9%，增速较上年同期提高0.1个百分点；餐饮业营业额同比增长11.8%，增速较上年同期回落4.9个百分点。石油及制品类零售额增长较快，汽车类零售额增速放缓。上半年，南宁市限上企业石油及制品类零售额同比增长11.2%；汽车类零售额同比增长4.2%。

广西投资集团有限公司是广西壮族自治区政府重要的产业投资控股主体和国有资产经营主体，集中管理电力、金融等优质资产，得到了自治区政府的大力支持。它是广西壮族自治区最大的地方电力投资企业和铝生产企业，自治区政府在购煤、用电等方面给予公司补贴。未来业务发展前景良好。防城港核电一期并网发电,将提升公司能源板块的收入和利润水平;广西北部湾银行股份有限公司和广西投资集团金融控股有限公司的迅速发展以及天然气管网项目建成后,也将为公司提供新的利润增长点。公司业务进一步多元化。公司是自治区内规模最大的铝制品生产集团,目前已形成较完整的铝工业产业链。金融业务板块涵盖银行、证券、小贷公司、融资租赁等业务。此外,2016年以来公司新增医疗板块,且国际业务发展迅速,业务更加多元,增加公司抗风险能力。

二、政府补助

从表27-4中可以看出,政府补助均属于与收益相关的补助,并且金额都较大,例如对项目扶持基金2017年为270464.00万元,财政奖励为1753.03万元等;涉及的方面也比较多,包括项目扶持基金、税收返还、奖励金、补贴收入等。总体来看,政府对广西投资集团有限公司的支持力度较大,预计未来政府将对公司继续提供有力支持,助力广西投资集团有限公司的发展。

表27-4 2017年广西投资集团有限公司政府补助明细一览表

	本期发生额(万元)	与资产相关/与收益相关
项目扶持基金	270464.00	与收益相关
技术改造资金补助	1210.39	与收益相关
税收返还	1824.89	与收益相关
研发技改项目补助	283.00	与收益相关
基础设施建设资金	500.00	与收益相关
设立分公司、建立采购或分销机构扶持资金	1400.00	与收益相关
财政奖励	1753.03	与收益相关
节能环保项目资金	376.25	与收益相关
创新项目补助奖励	675.00	与收益相关
国家能源节约循环利用重点工程财政奖励金	1000.00	与收益相关
"三供一业"补贴收入	3210.60	与收益相关

第四节 广投集团转型分析

广投集团勇担广西"两个建成"重任,肩负起战略发展重任,树起广西的"四个标杆",在国企改革、创新发展、服务经济社会发展等方面成为中流砥柱。

一、优化权属关系，重塑企业组织架构

调整优化公司组织结构，优化集团公司与各级权属公司产权关系，强化投资管理、资本运作、股权管理、风险管理等职能部门，构建以资本运营为核心的决策中心、产业培育中心、成本控制中心、利润创造中心。

二、多措并举，架构现代企业管理模式

广投集团相继出台了一系列标志性、关键性、引领性的重点改革举措：率先在全区国企建立要素管理体系，打造广投特色管控模式、形成"总部—平台—企业"现代大型企业集团三级管控模式；率先在全区国企出台职业经理人制度；率先取得广西国有资本投资运营公司试点。

改革在广投集团的各个产业板块结下了累累硕果。仅以铝业板块为例，铝产业链的构建已趋完善，高端铝材产品和铝材品牌实现了从无到有。2017年上半年，百铝全面恢复产能，结束了长达3年多的减产期，为广西壮族自治区稳增长做出了积极贡献；来铝二期正加快建设，为自治区铝二次创业奠定坚实基础；铝业已位居全国铝工业百强第4位，形成了广西本土铝产业的中国竞争力。

有了前期的改革作铺垫，广投集团未来的转型升级步伐更稳健。2017年2月，广西壮族自治区正式批复《广西投资集团改组为国有资本投资公司试点方案》，"资产"与"资本"一字之差，将使集团的管理职能发生重大转变。而集团在金融产业方面的先期改革成果，无疑将使这一转变水到渠成。

三、产融投协同，增强企业创收能力

广投集团实施"产、融、投"协同发展战略。广投集团的金融资产已占到总资产的七成，有了这个金融资产规模，加上握有涵盖证券、银行、保险、基金、租赁、小贷、担保、资产管理公司等的"全牌照"，产业结构调整、企业融资等都将极其便利。

从"管资产"向"管资本"转变后，广投集团更充分地发挥出金融、产业、投资三者的协同优势，用"全牌照"金融杠杆撬动更多社会资本进入重点领域和项目，激发广投集团创新发展的无穷活力。

第二十八章　盐城市国有资产投资集团有限公司

第一节　发展历史

一、基本情况

盐城市国有资产投资集团有限公司（以下简称"盐投集团"）成立于2006年12月30日，注册资本200000.00万元，是由盐城市人民政府出资组建的国有独资企业。作为盐城市政府的国有资产经营管理公司，公司职能涉及实业投资、新能源汽车、商业物业、旅游酒店管理、物资贸易、房地产开发经营等领域；依法从事风险投资、企业财务顾问、政府授权的其他资产管理业务等。

截至2018年6月末，公司总资产3275940.15万元，总负债2327946.33万元，所有者权益合计947993.82万元；2017年，公司实现主营业务收入812548.64万元，利润总额14547.11万元，净利润11123.37万元。盐投集团基本情况见表28-1。

表28-1　盐投集团基本情况

法定中文名称	盐城市国有资产投资集团有限公司
法定代表人	戴同彬
注册资本	200000万元人民币
设立日期	2006年12月30日
注册地址	江苏省盐城市世纪大道669号一楼（B）
办公地址	江苏省盐城市世纪大道669号一楼（B）
邮政编码	224055

续表

企业统一社会信用代码	91320913796120998P
联系电话	86-515-80552016
传真号码	86-515-80552034
经营范围	实业投资，风险投资，旅游酒店管理，政府授权的其他资产管理业务，房屋租赁，物业管理，市场营销策划，信息咨询服务，会展服务，建材销售，房地产开发经营

二、业务构成

盐投集团近三年及最近一期营业收入分别为336710.84万元、394026.90万元、812548.64万元和307560.01万元，近三年建材销售、日用百货、工程施工（代建及回购）三大业务占绝大部分比例。2017年，公司营业收入较2016年大幅增长106.22%，主要是因为公司2017年煤炭、钢材和有色金属销量大幅上升使2017年物资销售收入较2016年大幅提升。2018年1~3月工程施工业务收入为零，主要是因为公司的工程施工收入（代建及回购）于每年底根据代建项目进度与盐城财政确定收入金额（见表28-2）。

表28-2 盐投集团近三年及最近一期营业收入构成情况　　　　单位：万元、%

项目	2018年1~3月		2017年		2016年		2015年	
	金额	占比	金额	占比	金额	占比	金额	占比
建材销售	289482.89	94.12	642615.59	79.09	259941.68	65.97	166970.58	49.59
房地产开发	6207.20	2.02	66038.83	8.12	8426.97	2.14	25587.09	7.60
工程施工	—	—	17533.47	2.15	56968.46	14.46	43229.65	12.84
新能源汽车销售	840.24	0.27	9946.33	1.22	1981.85	0.50	30671.58	9.11
日用百货	—	—	43359.42	5.33	46834.24	11.89	52600.59	15.62
其他	11029.68	3.59	33055.00	4.06	19873.71	5.04	17651.35	5.24
合计	307560.01	100	812548.64	100	394026.90	100	336710.84	100

1. 建材销售板块

建材销售业务主要通过控股子公司盐城市物资集团有限公司进行，主要经营建材、煤炭、有色金属等的贸易业务。近三年及最近一期，公司建材销售业务收入分别为166970.58万元、259941.68万元、642615.59万元和289482.89万元，占营业收入的比重分别为49.59%、65.97%、79.09%和94.12%。建材销售板块的收入及占比均大幅提升。一方面，公司充分发挥盐城市物资集团有限公司在盐城地区的物资贸易业务品牌优势，与当地多家企业合作，加大建材销售力度；另一方面，2012 年 11 月盐投集团的下属公司盐城市中物贸易发展有限公司取得了煤炭经营许可，公司积极寻求与煤炭生产企业的合作，与天津地博煤业有限公司等煤炭经营企业达成了合作意向，2014 年已正式开始销售。2017 年，公司建材销售收入为 642615.59 万元，较上年增加 382673.91 万元，增幅为 147.22%，主要是因为公司积极转向实体经济发展，加大建材物资板块投入，2017 年以来，煤炭等大宗商品价格上涨，市场需求进一步回暖，公司为进一步提高盈利能力，适时抓住机遇，拓宽市场份额，物资销售收入同比大幅增加。

2. 房地产开发经营

房地产业务主要由下属一级子公司盐城市国投置业有限公司和二级子公司盐城市国园辂业有限公司负责实施，两家公司均具有暂定二级开发资质，包括安辂房和普通商品房建设，目前正在开发或在售待售的项目为自主开发项目。作为政府背景的房地产开发企业，公司在土地资源获取、建设规划等方面具有较强的先天优势，公司根据区域经济环境变化稳健把控房地产开发进度。

近三年及最近一期公司房地产板块业务收入分别为 25587.09 万元、8426.97 万元、66038.83 万元和 6207.20 万元，占比分别为 7.60%、2.14%、8.12% 和 2.02%。2016 年收入下降主要因国园壹城一二期项目处于预售状态，未确认收入，且为棚改小区，价格控制较严，与商品房相比较低。2017 年，公司房地产业务收入大幅提升主要系国投幸福嘉园小区实现销售所致。未来随着国园壹城三期的销售，以及先锋岛三期住宅项目的完工，房地产开发收入将成为公司营业收入的有益补充。

3. 日用百货板块

日用百货经营主体盐城商业大厦作为盐城市商业第一品牌位于盐城市中心最繁华地段——建军中路，是延续半个多世纪的老字号大型百货零售企业。近三年及最近一期公司日用百货零售业务主营业务收入分别为 52600.59 万元、46834.24 万元、43359.42 万元和 0，占主营业务收入的比重分别为 15.62%、11.89%、5.33% 和 0。2017 年 12 月，公司失去对盐城市商业大厦股份有限公司控制权，不再将盐城市商业大厦纳入合并范围内。因此，2018 年开始，日用百货业务不再成为公司的重要营业板块之一。

4. 工程施工板块

盐投集团承担盐城市部分基础设施建设任务，项目建设收入分为代建收入和拆迁收入，主要由公司本部负责。公司的代建和拆迁项目，由公司融资建设，根据项目进度，盐城市财政按照建设成本加成 30.00% 确定回购金额并分年度支付回购款，回购款未拨付期间按照年利率10%计提应收财政利息。

近三年及最近一期公司工程施工（代建及回购）收入分别为43229.65万元、56968.46万元、17533.47万元和0，占营业收入比例分别为12.84%、14.46%、2.15%和0。2017年公司工程施工业务收入较2016年大幅减少69.22%，主要是因为公司的业务发展战略转变，逐步减少政府基础设施项目建设任务，致使该板块业务收入大幅减少。2018年1~3月工程施工业务收入为0，主要是因为公司的施工收入（代建及回购）于每年底根据代建项目进度与盐城财政确定收入金额。

5. 新能源汽车销售板块

新能源汽车销售收入来源于子公司江苏奥新新能源汽车有限公司和盐城市物资集团有限公司。物资集团作为经销商，主要负责环卫车的销售，从江苏奥新新能源汽车有限公司采购车辆后，销往盐城市各区（市）县的城市管理局、环卫处等。

近三年及最近一期新能源汽车板块业务收入分别为30671.58万元、1981.85万元、9946.33万元和840.24万元，占主营业务收入的比重分别为9.11%、0.50%、1.22%和0.27%。2016年，国家及地方对新能源汽车的补贴政策一直未下发，导致2016年新能源汽车销量大幅下降。2017年新能源汽车业务收入较2016年增长7964.48万元，增幅为401.87%，主要是公司加大新能源汽车的投入力度，投资设立多家新能源汽车配套企业，加上新能源汽车产业逐步成熟，市场规模不断扩大，致使该板块业务收入大幅增长。2018年第一季度收入相比全年较少，主要是由于新能源汽车业务收入一般在下半年入账，因此上半年确认收入较少，此外，来源于政府补贴的收入也会在下半年入账。

6. 其他业务板块

其他业务板块收入主要是先锋国际广场及陆公祠商业物业形成的租赁租金业务收入、盐城迎宾馆等酒店经营收入以及投资公司的委托贷款利息收入等。公司近三年及最近一期其他业务板块收入分别为17651.35万元、19873.71万元、33055.00万元和11029.68万元，占主营业务收入的比重分别为5.24%、5.04%、4.06%和3.59%。随着先锋国际广场商圈的逐步成熟，商户入住率大幅提升，租金收入也有所提高。虽然近几年的其他业务收入占比不大，但未来随着公司经营物业市场运营的逐步成熟，其他业务板块收入将为公司创造稳定的收入来源和利润增长点。

第二节 盐投集团转型及资产重组过程

盐投集团前身为盐城市国有资产投资（集团）有限公司，成立于2006年12月30日，系根据2006年12月8日盐城市人民政府《关于成立盐城市国有资产投资（集团）有限公司和盐城市城市建设投资（集团）有限公司的通知》（盐政发〔2006〕265号）文件批准，经江苏省盐城市工商行政管理局名称预核登记〔2006〕12060018号名称预先核准，由盐城市人民政府独资组建，注册资本20000.00万元，分三期出资。

2006年12月29日盐城市人民政府第一期出资6000.00万元；2007年1月10日，盐城市人民政府第二期出资7000.00万元；2007年4月30日，盐城市人民政府第三期出资时，公司申请登记的注册资本已变更为33805.55万元。第三期缴纳的出资额20805.55万元，系根据盐城市人民政府国有资产监督管理委员会盐国资〔2007〕14号文件，以盐城市国有资产投资经营公司、盐城市人民政府第一招待所、盐阜宾馆、盐城市财会干部培训中心四个国有企事业单位截至2006年9月30日清产核资的净资产投入，分别于2007年2月2日和2007年4月24日办理上述四单位净资产交接手续。

2008年1月1日，依据《盐城市国有资产投资集团有限公司章程修正案》（公司章程第4次修正案），并经盐城市人民政府国有资产监督管理委员会备案批复同意，盐城市国有资产投资（集团）有限公司更名为盐城市国有资产投资集团有限公司。

2009年4月28日，根据盐城市人民政府国有资产监督管理委员会《关于同意市国有资产投资集团有限公司增加注册资本金的批复》文件（盐国资复〔2009〕4号），以盐城市财政返还的土地出让金32086.74万元作为新增资本的资金来源，公司的注册资本变更为65892.29万元人民币，实收资本为65892.29万元人民币。

2015年7月31日，根据盐城市人民政府国有资产监督管理委员会《关于同意市国有资产投资集团有限公司增加注册资本金的批复》文件（盐国资复〔2015〕55号），公司以资本公积134107.71万元转增注册资本，变更后的注册资本达到200000.00万元，并于2015年9月14日换发了新的营业执照。

截至2017年12月底，公司注册资本为200000.00万元。

盐投集团转型重大事件统计见表 28 -3。

表 28 -3　盐投集团转型重大事件统计

时间	改革历程	股权结构
2008 年	12 月 5 日集团全资子公司先锋岛创业投资公司正式成立 3 月 25 日集团全资子公司盐城市国投置业有限公司正式成立	集团全资持股先锋岛创业投资公司和盐城市国投置业有限公司股份
2009 年	5 月 18 日集团承建的精品工程盐城迎宾馆建成投用；盐城市科技馆正式开馆	集团全资持股盐城迎宾馆股份
2010 年	12 月 15 日集团全资子公司盐城市国园置业有限公司正式成立 11 月 1 日集团全资子公司盐城国万新实业投资有限公司正式成立	集团全资持股盐城市国园置业有限公司和盐城国万新实业投资有限公司股份
2011 年	11 月 15 日集团全资子公司江苏国毓置业有限公司正式成立 7 月 4 日集团全资子公司盐城茂业置业有限公司正式成立	集团全资持股江苏国毓置业有限公司和盐城茂业置业有限公司股份
2012 年	11 月 15 日盐城市国投集团中期票据二期正式发行 9 月 20 日盐城市国投集团与民生银行合作的中期票据一期正式发行 8 月 29 日盐城市国投集团成立江苏先锋国际商业有限公司 5 月 9 日盐城市国投集团成立江苏地维实业有限公司 3 月 19 日集团全资子公司盐城市国投物业管理有限公司正式成立	集团全资持有国投物业管理有限公司和江苏先锋国际商业有限公司股份

第三节　政府对盐投集团转型的支持

盐投集团是盐城市政府国有资产管理与运营的重要平台，在近几年的经营发展过程中，与盐城市地方政府形成了良好关系。地方政府每年给予公司大额专项财政补贴或拨入资产，用于支持其业务开展。公司 2014 年获得政府拨入固定资产 14.11 亿元；2015 年获得政府拨入固定资产 10.51 亿元，获得政府各项补助 1.24 亿元。盐城市政府盐政发〔2016〕14 号文有关意见明确：推进资源整合，做强融资平台，按功能定位整合融资平台。盐城市国有资产投资集团有限公司继续做好现有城市重点工程建设项目，逐步向产业集团转型发展。盐城市政府重点整合三大政府平台，平台公司作为其中之一，逐步转型为产业集团，另外两大平台分别为城市建设、服务商和城市重点交通工程建设承担者。公司作为产业类集团，具有独特的优势。公司应收财政的回购款项盐城市财政局承诺将于未来十年按年均逐年回购。回购资金由财政按年提请人大纳入当年财政预算。

截至2017年3月末，公司资产规模已达280.65亿元，净资产达80.16亿元，具有较强的综合实力。同时，公司与江苏省及盐城市地区多家国内大型金融机构建立了长期稳定的合作关系，具备很强的融资能力。截至2017年3月末，各商业银行给予公司的授信额度达到114.83亿元。未来，平台公司将综合利用结构化融资、专项产业投资基金等创新融资模式，进一步盘活存量资产，整合经营性基础资源，逐步实现由"间接融资为主"向"间接融资、直接融资并举"的转变。

第四节 盐投集团转型分析

从盐投集团的发展历程和改革重组历程来看，盐城市国有资产投资集团有限公司作为盐城市重点整合的三大政府平台之一，政府对于公司的支持力度是非常巨大的。从公司的成立，到公司子公司的运作，盐城市政府在其中都起到了决定性的作用。从盐城市国有资产投资集团有限公司的改革历程来看，公司主要通过成立子公司将母公司业务分离，将母公司打造成为产业集团，而具体的子公司承担公司具体性的产业业务，实现资源的总体整合和具体产业的分离。从结果来看，盐城市国有资产投资集团有限公司的转型起到了一定作用，包括形成了自身的品牌和信誉优势、快速融资的优势、迅速进入新兴产业的优势。但从具体子公司的经营业绩来看，这种转型又有一定问题，如多家子公司年净利润为负，营业收入较低等。其主要原因包括管理及财务费用较高，业务毛利率较低，生产及销售成本较高等。这说明在公司转型过程中，公司转型的方向问题不大，但子公司在经营过程中缺少市场化竞争，在管理和控制成本方面存在一定问题。

盐投集团在转型的过程中做到了资源的整合和合理分离，盘活了国有企业大且乱的资源，改革起到了一定的作用。但在具体的产业经营方面不够市场化，应该进一步引入市场化的经营方式和良性竞争，才能实现公司市场化转型的彻底成功。

第二十九章　重庆市合川城市建设投资集团有限公司

第一节　发展历史

一、基本情况

重庆市合川城市建设投资（集团）有限公司（以下简称"合川城建"）是于2002年10月经重庆市合川区人民政府批准设立的国有独资公司。国家开发基金有限公司分别于2015年12月与2016年3月合计向该公司增资0.9亿元，增资完成后，公司由国有独资有限责任公司变更为国有控股内资有限公司。公司主要负责合川区城市基础设施及交通基础设施建设、能源资源开发、国有资产经营、土地整治开发，是合川区最大的区属国有控股内资有限公司。经营范围包括国有资产经营，土地整治开发，从事各类项目建设、投资，房地产开发，建材（不含化学危险品）销售。合川城建基本情况如表29-1所示。

表29-1　合川城建基本情况

法定中文名称	重庆市合川城市建设投资集团有限公司
法定代表人	罗中正
注册资本	500000万元人民币
设立日期	2002年10月24日
注册地址	重庆市合川区南园东路99号
办公地址	重庆市合川区南园东路99号
邮政编码	401520

企业统一社会信用代码	915001177742888133H
联系电话	023-42835699
传真号码	023-42827000
经营范围	国有资产经营；土地整治开发；从事各类项目建设、投资；房地产开发；建材（不含化学危险品）销售（法律、行政法规禁止的不得经营，法律、行政法规限制的取得许可后经营）

截至2017年底，公司注册资本50.00亿元，其中国开发展基金有限公司持有公司1.80%股权，合川区国资办持有公司98.20%股权，系公司实际控制人。公司合并范围下共有22家子公司，本部设有综合部、投融资部、财务部、资产部和项目部五个职能部门。公司资产总额935.07亿元，所有者权益390.82亿元；2017年，公司实现营业收入71.44亿元，利润总额6.26亿元。

二、业务构成

作为重庆市合川区人民政府重点构建的综合性投资、建设与经营主体，公司自成立以来，始终按照科学发展观的要求，通过市场化运作，统筹经营相关的政府性资源，在促进重庆市合川区经济和社会发展中发挥了良好的作用。公司经营范围涉及城市基础设施的建设投资、土地整治开发、园区建设开发、水业工程建设、砂石经营、商品销售，同时涵盖旅游和物业出租等领域。合川城建近三年及最近一期营业收入构成情况如表29-2所示。

表29-2　合川城建近三年及最近一期营业收入构成情况　　单位：万元、%

项目	2017年 金额	占比	2016年 金额	占比	2015年 金额	占比
项目收入	129875.82	18.18	150457.56	29.45	130824.63	10.10
代建业务收入	228593.64	32.00	96669.82	18.92	77242.91	7.00
土地出让业务收入	111970.78	15.67	233330.46	45.68	138336.13	10.98
水费业务收入	2386.79	0.33	2370.86	0.46	2135.79	21.80
采砂经营权业务收入	990.12	0.14	6870.31	1.34	7182.04	43.24
传媒收入	679.77	0.10	—	—	—	—
贸易收入	232706.88	32.57	187.87	0.04	—	—
其他收入	251.76	0.04	13292.44	2.60	8239.11	4.97

续表

项目	2017年 金额	占比	2016年 金额	占比	2015年 金额	占比
主营业务收入小计	707455.56	99.02	503179.32	98.50	363960.61	98.77
其他业务收入小计	6968.44	0.98	7638.24	1.50	4528.62	1.23
营业收入合计	714424.00	100.00	510817.56	100.00	368489.23	100.00

1. 土地整治及代建业务

并入子公司后，公司成为合川区城市基础设施建设的区级唯一投融资主体。根据区政府的规划，公司承担大量的基础设施建设业务、工业园区建设及水业工程等任务，进而形成土地整治收入和代建收入。

公司土地整治及代建业务的实施主体为2016年新并入的子公司工投公司、农投公司、华开投公司和物铁公司。各子公司分别负责不同区域的园区建设任务，项目建设模式基本一致。

华开投公司和物铁公司分别是天顶组团（合川区华蓥山区块）和渭沱组团（渭沱综合物流产业园）的园区建设实施主体。工投公司园区建设任务集中于合川区工业园区的南溪组团，建设任务包括园区内土地整治和基础设施建设任务。农投公司从事合川区除主城区外的污水处理厂升级改造项目、防洪堤岸和排水系统的改造扩容等水业工程建设任务。

2. 土地出让业务

公司土地出让业务的实施主体主要为公司本部、农投公司和工投公司，通过土地整理形成一定土地资产，后期通过招拍挂程序或转让实现土地出让业务收入。

3. 自来水销售和污水处理业务

公司自来水销售业务由农投公司下属全资子公司江城水务负责。自来水销售和污水处理业务覆盖范围含除合川区合阳城街道办事处、钓鱼城街道办事处、南津街街道办事处三个街道以外的所有镇街，在合川区除中心城区外乡镇供水业务具有区域专营优势。

4. 采砂经营权承包等其他业务

2014年，根据合川区国资办出具的合川国资〔2014〕127号文，将评估价值为10.87亿元的涪江、渠江、嘉陵江合川段50年的三江河道砂石资源开采权授予农投公司经营。2014年，公司新增非经常性业务——资产出让业务，为取得资产效益最大化，公司将建设的拆迁安置还房剩余部分资产、零星房产进行转让。

租金业务主要系商业房、车库等自有资产的对外出租，安装业务主要系农投公司子公司重庆江城水务有限公司的业务，分为集中供水上户安装和散户及不太集中上户安装，集中供水上户安装统一委托给指定安装队伍实施；散户及不太集中上户安装由对应水厂实施，收费方式及价格由区政府及区国资办统一定价。其他业务还包括书籍、服装销售收入、景区收入、文化表演收入等。

第二节 合川城建转型及资产重组过程

一、发展过程

（一）初始设立

该公司前身为合川市城市建设投资有限公司，系根据《合川市人民政府关于成立合川市城市建设投资有限公司的批复》（合川府〔2002〕46号），于2002年10月由合川市国有资产管理办公室出资成立的国有独资公司。公司设立时注册资本为20000.00万元，由合川市国有资产管理办公室以合川市东城片区1532.166亩国有土地使用权出资。本次出资经重庆中天会计师事务所审验，并出具了渝中天所验〔2002〕第188号验资报告。

（二）股东变更

2003年6月6日，经合川市人民政府批准，并经合川市工商行政管理局核准，公司股东由合川市国有资产管理办公室变更为合川市人民政府。

（三）公司名称变更

2007年3月，根据《国务院关于同意重庆市撤销江津市合川市永川市南川市设立重庆市江津区合川区永川区南川区的批复》（国函〔2006〕110号）和《中共重庆市委重庆市人民政府关于江津市合川市永川市南川市撤市设区有关工作的通知》（渝委发〔2006〕42号）的要求，并经重庆市合川区工商行政管理局核准，公司名称由合川市城市建设投资有限公司变更为重庆市合川区城市建设投资有限公司，股东由合川市人民政府变更为重庆市合川区人民政府。

（四）公司名称再次变更

2007年12月，根据《重庆市合川区人民政府办公室关于印发合川区融资平台整合方案的通知》（合川府办〔2007〕387号），重庆市合川区人民政府将重庆市合川城市建设工程有限公司、重庆市合川江城实业有限公司、重庆市合川旅游发展有限公司、重庆市合川交通建设发展有限公司、重庆市合川文化广电传播有限公司五家公司的国有股权划转给重庆市合川区城市建设投资有限公司。同时，根据《重庆市合川区城市建设投资有限公司出资人决议》，并经重庆市合川工商行政管理局核准，公司名称变更为重庆市合川城市建设投资（集团）有限公司。

（五）注册资本增加

2009年12月，根据《重庆市合川区人民政府关于合川城投（集团）公司增加注册资本的批复》（合川府〔2009〕204号），重庆市合川区人民政府将面积为166734平方米、评估价值为22605.79万元的钓鱼城街道鱼城村2、3社国有土地使用权作为增加投入的资本注入公司，该土地使用权经重庆中天会计师事务所评估，并出具了渝中天所评报字〔2009〕第33号资产评估报告。同时，将合川区人民政府历年划入公司的各项资产形成的资本公积中的107394.21万元转增注册资本。本次变更后，公司注册资本由2亿元变更为15亿元，本次增资经重庆中天会计师事务所审验，并出具了渝中天所验〔2009〕第143号验资报告。

（六）出资人变更

2015年6月18日，根据《重庆市合川区人民政府关于区属国有企业注销变更及无偿划转有关情况的通知》（合川府〔2015〕70号），将重庆市合川区人民政府持有的重庆市合川城市建设投资（集团）有限公司100%的股权（150000.00万元）无偿划转给重庆市合川区国有资产管理办公室，重庆市合川城市建设投资（集团）有限公司出资人由重庆市合川区人民政府变更为重庆市合川区国有资产管理办公室。

（七）公司性质变更

2015年12月30日，国家开发基金有限公司以0.3亿元人民币对重庆市合川城市建设投资（集团）有限公司增资，增资后公司注册资本变更为15.3亿元，并于2016年3月10日增资0.6亿元，合计向该公司增资0.9亿元，增资完成后，公司由国有独资有限责任公司变更为国有控股内资有限公司，公司于2016年3月31日完成上述工商变更，此次变更经重庆市合川区人民政府《关于合川城投（集团）公司增加注册资本的通知》（合川府〔2016〕35号）和重庆市合川区国有资产管理办公室《关于同意修改公司章程的批复》（合川国资〔2016〕45号）文件批准，且变更未改变公司控股股东与实际控制人。

二、转型过程

2016年合川区国资办将其持有的工投公司、农投公司、华开投公司、物铁公司全部股权无偿划转给公司，股权划入后，公司资产规模由289.84亿元增加至653.42亿元，所有者权益由122.39亿元增加至326.54亿元，营业收入由9.31亿元增长至36.85亿元。工投公司主营业务包括园区内土地整治和基础设施建设，华开投公司和物铁公司分别是天顶组团（合川区华蓥山区块）和渭沱组团（渭沱综合物流产业园）的园区建设实施主体，农投公司从事合川区除主城区外的污水处理厂升级改造项目、防洪堤岸和排水系统的改造扩容等水业工程建设任务。

第三节 政府对合川城建转型的支持

一、区域经济

合川区水陆交通四通八达，境内有渝武高速公路、110省道线、襄渝铁路、遂渝快速铁路和即将建设的兰渝铁路等，经渝武高速公路到重庆内环高速公路只需30多分钟，到重庆江北机场仅需50分钟；经遂渝快速铁路到重庆主城区仅需15分钟，到成都仅需2小时。嘉陵江、涪江、渠江三江汇流于合川城区，千吨级客货轮可直航上海。合川已形成以铁路、公路为主体，港口、机场为依托的综合、立体、快捷的交通运输网络。

合川区是重庆重要的能源建材基地。煤炭储量18.2亿吨，境内有三汇一矿、三矿和正在建设的年产180万吨沥鼻峡隐伏煤田。重庆市规划的新增1000万千瓦发电项目中，合川区就占了1/3以上，已建成的电站装机容量为74.5万千瓦，正在建设的电站装机容量为60万千瓦。合川砂石年均储藏量约110万吨，卵石资源储量达5亿吨以上。

此外，合川区旅游资源丰富。重庆十大名片之一的"双国保"钓鱼城是世界著名的古战场遗址，被誉为"上帝折鞭处"。合川还有拥有全国最大的禅宗石刻摩崖遗像群的古镇涞滩二佛寺、重庆市第二大人工湖泊双龙湖等，旅游开发潜力巨大。

二、区域地位

重庆市合川城市建设投资集团有限公司是重庆市合川区重要的城市基础设施投资建设和运营及土地整治开发主体，围绕重庆市合川区的开发建设与国有资产经营，基本形成了以城市基础设施建设和土地整治开发为主业、以旅游开发等现代服务业为重要支撑的产业体系。

该公司是重庆市合川区人民政府批准成立的国有独资公司，自成立以来，经营规模和实力不断壮大，在重庆市合川区城市基础设施开发建设、土地整治开发及旅游开发领域均处于重要地位，拥有较强的竞争优势和良好的发展前景。

在城市基础设施建设方面，该公司在过去几年先后建成了合阳嘉陵江大桥、南城南滨路内侧路网、滨江堤坊二期工程、涪江一桥、南屏大桥、小沔大桥、沙溪入城隧道、白鹿山片区市政基础设施建设、高校园片区基础设施建设、花滩国际新城片区市政基础设施建设、小安溪片区市政基础设施建设、城北大道等重点工程。2012~2014年，由该公司作为业主的在建项目超过100个，总投资超过70亿元。

在土地整治开发方面，该公司及其子公司是合川区土地整治开发业务的重要承接单位。随着合川区的不断发展，未来合川区政府将把大量土地整治开发业务交给公司完成，该公司业务量将逐渐增多，因此该公司在合川区土地整治开发领域的地位将会更加突出。

在旅游开发方面，该公司拥有目前重庆唯一的集"国家级风景名胜区""全国重点文物保护单位"于一身的钓鱼城风景区和入选首批"中国十大历史文化古镇"的涞滩古镇等稀缺景区资源，是重庆市合川区主要景区的重要运营主体。未来，该公司将继续加大对景区基础设施的投入力度，引进专业景区旅游开发公司，将重庆市合川区建设成为"中国知名旅游城市"。

三、政府支持

合川城建是顺应城市建设投资体制改革和国有资产管理体制改革的要求成立的。公司的运作已成为城市运营的重要环节，排他性的地位和专业化的职能决定了其城市资源经营的主体角色，城市可持续发展的内在需求和政府的大力支持为公司的可持续发展奠定了良好的基础。

该公司作为合川区土地整治与重大基础设施工程建设的重要实施主体，在资金、土地资源、项目资源、投融资管理、税收优惠等诸多方面得到政府的大力支持。

在税收减免方面，根据合川区国税局于2012年12月印发的《减、免税批准通知书》（合川国税减〔2012〕515号），该公司自2011年1月1日起继续享受西部大开发减免税政策，企业所得税按15%的税率进行征收。

在国有土地出让收益方面，根据合川市人民政府办公室《关于请示处理意见的复函》（合川府办〔2003〕392号）、重庆市合川区人民政府《关于印发合川区政府融资平台优化重组方案的通知》（合川府〔2009〕184号）等文件精神，该公司缴纳的土地出让金及各项税费，在扣除上缴重庆的耕地开垦费、新增建设用地有偿使用费和耕地占用费后，全额返还给该公司，用于支付征地成本和城市基础设施、重点建设项目。

2016年，根据重庆市合川区国资办出具的合川国资〔2016〕235号文、2016年12月出具的合川国资〔2016〕239号文，合川区国资办将其持有的工投公司、农投公司、华开投公司、物铁公司全部股权无偿划转给公司，股权划入后，公司资产规模由289.84亿元增加至653.42亿元，所有者权益由122.39亿元增加至326.54亿元，营业收入由9.31亿元增长至36.85亿元。

2016年，根据《重庆市合川区人民政府关于将地方政府债券资金转为资本性投入的通知》（合川府〔2016〕190号），公司获得地方政府债券资金27.10亿元；根据《重庆市合川区人民政府关于注入资本有关事宜的通知》（合川府〔2016〕189号），重庆市合川区财政局将2016年农创园土地出让收益3.01亿元作为资本性投入注入公司。

2016年，根据合川国资〔2016〕235号、合川国资〔2016〕239号、合川府〔2016〕180号、合川府〔2016〕177号文件精神，合川市政府同意公司注册资本由15.00亿元增至50.00亿元，并将公司34.10亿元资本公积转增实收资本。此外，公司还收到各类财政补贴合计2.75亿元。

第四节 合川城建转型分析

一、找准问题，分步解决

起初，合川城建面临着城建资金缺口的重大考验。为此，合川在短期内重点解决地方发展的融资问题，通过尽快整合、包装和策划，做大公司资产规模，提升公司的融资能力。随着公司的稳步发展和壮大，持续、稳定和市场化经营成为公司面临的新难题。为此，合川城建集团通过持续注入优质资产、成立和布局实体化企业、人员公职身份完全脱离、采取市场化经营管理方式和市场化激励机制等一系列举措，逐步将公司引入可持续经营的正轨，并朝着"百年城投"的方向迈进。

二、提前布局，超前谋划

从合川城建较早开展平台整合和重组工作即可看出当地在视野上的前瞻性、超前性。具体而言，合川提前进行资产布局、业务布局，待公司做大后，再逐步将债务过重的企业、劣质资产等进行清退或处置，进而做实做优公司。同时，在公司发展的过程中，合川城建根据公司及当地的发展的需要成立相应的实体化公司，进行实体化经营，既能加强对子公司的管控，又能保障一定的经营性现金流。

三、思想统一，领导支持

合川城建的高速发展离不开合川区政府的大力支持。自合川城建组建成立伊始，区委区政府思想高度统一，并对公司组建给予大力支持，尤其是在资产整合和注入上，积极协调各职能部门强力配合。此后，在公司发展过程中，无论是资产上、项目上、政策上、决策上，持续给公司大力支持。持之以恒的支持成为合川城建集团稳步、快速和健康发展的坚强后盾。

第三十章　株洲市城市建设发展集团有限公司

第一节　发展历史

一、基本情况

株洲市城市建设发展集团有限公司（以下简称"株洲城建"）是经株洲市人民政府批准成立的国有投资公司，是株洲市政府打造的唯一的市政建设投融资平台。自成立以来，公司先后承担了株洲市快速环道、沿江防洪景观道路工程、株洲湘江四桥（又名株洲天元大桥）、株洲湘江五桥（又名株洲红港大桥）等省、市重点工程建设任务。公司是株洲市重要的国有资产和公用事业运营主体，担负着株洲市城市基础设施建设和运营的重要任务，在城市基础设施建设领域处于绝对主导地位。公司根据政府授权，从事株洲市区基础设施建设和重大社会事业项目建设，城区土地整理、开发及配套设施的建设，交通类基础设施的建设和经营管理。子公司房地产公司承揽了株洲市区内与安置房和旧城改造相关的大部分项目。由于株洲市现阶段城市基础设施建设正快速发展，区域房地产业务的发展主要是靠拆迁安置和旧城改造实现，因此，公司在区内房地产开发领域不仅具有政策导向上的优势，在经营方面也具有一定垄断地位。株洲城建基本情况见表30-1。

表30-1　株洲城建基本情况

最新信用评级	AA+	企业性质	地方国有企业
证监会行业（大类）	综合	评级机构	联合资信评估有限公司
第一大股东	株洲市国资委	实际控制人	株洲市国有资产管理委员会

续表

设立日期	2003年6月3日	注册资本	400000.00万元
是否上市公司	否	注册地址	湖南省株洲市天元区联谊路86号金城大厦9-13楼
法人代表	谭跃飞	总经理	李柏坚

二、业务构成

株洲城建的业务众多，经营范围广泛，涉及城市基础设施建设的投资；项目开发与经营；土地整理；对外投资与资本运作（需专项审批的除外）；水务投资；房屋租赁；房地产开发（含保障房建设与棚户区改造）；公用服务运营；等等。株洲城建近三年及最近一期主营业务收入情况如表30-2所示。

表30-2 株洲城建近三年及最近一期主营业务收入结构情况

单位：万元、%

项目	2018年1~3月 金额	占比	2017年 金额	占比	2016年 金额	占比	2015年 金额	占比
商品销售	814.16	0.96	4476.02	1.06	3509.86	1.17	3671.85	1.64
房地产销售	6051.55	7.16	79932.85	18.92	38769.50	12.94	6933.23	3.1
建安工程	33478.36	39.6	181675.57	43.01	110762.52	36.96	43849.79	19.63
自来水	8517.90	10.08	32123.68	7.61	29224.48	9.75	29409.23	13.17
公汽运营	5344.72	6.32	18922.98	4.48	16623.65	5.55	16771.44	7.51
车辆通行费	—	—	—	—	—	—	7063.03	3.16
污水处理	3994.06	4.72	15150.86	3.59	21082.43	7.04	22195.12	9.94
物业管理	317.85	0.38	562.69	0.13	695.65	0.23	307.21	0.14
管线运营	614.33	0.73	5250.24	1.24	4748.50	1.58	3311.41	1.48
管道天然气运输	19010.88	22.49	58228.46	13.79	54260.40	18.11	64504.67	28.88
租赁	1238.23	1.46	10115.35	2.39	4378.50	1.46	17385.93	7.78
其他	4462.68	5.28	13180.27	3.12	12720.30	4.25	5172.85	2.32
广告服务	689.31	0.82	2755.79	0.65	2869.30	0.96	2755.32	1.23
合计	84534.03	100	422374.74	100	299645.30	100	223331.08	100

从业务收入看，2015~2017年及2018年1~3月，公司主营业务收入分别为223331.08万元、299645.35万元、422374.74万元和84534.03万元，呈快速增长态势。公司主营业务收入的增长主要受益于建安工程板块收入水平提高。

（一）公共交通业务

公共交通业务由株洲市公共交通有限责任公司（以下简称"公交公司"）经营管理。公交公司成立于1958年，以株洲市市内及城郊的公共汽车客运为主业，同时发展租赁、公交广告等其他增值业务。公交公司是湖南省内第一家实施无人售票运作模式的公交企业，实现低成本经营；改善经营机制，全面推行资产经营责任制，实现经营管理质的转变。实施资产重组，进行股份制改造，1997年与原上海巴士实业（集团）股份有限公司（现更名为华域汽车系统股份有限公司）联合投资，共同组建了全国第一家跨省联合公交企业巴士股份株洲公交有限责任公司（以下简称"巴士公司"），又于2001年与跨地区同行合作组建了按上市公司要求运作的株洲公交发展股份有限公司。截至2018年3月末，公交公司共有公交车辆1821辆，运营线路89条，线路总长为1426公里。公交公司历经多次创新改革，完成了主辅分离，形成由多元投资主体的股份制、股份合作制、有限责任公司构成的企业集团，为公交运营业务的持续稳定发展奠定了良好的基础。

（二）自来水业务

公司的自来水业务是由下属株洲市自来水有限责任公司（以下简称"自来水公司"）经营管理。自来水公司创建于1956年，目前供水能力125万立方米/日，产能仅次于长沙市，居湖南省第二位，是集制水、供水、售水、工程设计、建筑工程安装、纯净水和净水剂生产于一体的国有大型供水企业。自来水公司拥有较先进的管理水平和技术水平，2005年率先在国内自来水行业通过ISO9001、ISO14001、OHSAS18001管理体系认证，现拥有国家级档案信息中心和国家级水质监测站。总投资1.18亿元的第四水厂建成于1999年，采用国际先进工艺技术和设备，是湖南省目前最为先进的水厂之一，其自动化程度达到了国内同行业先进水平，20世纪90年代国际同类水厂的自动化水平。

（三）建安工程

建安工程业务由株洲市自来水有限责任公司下属的全资子公司湖南省丰源水务投资建设有限责任公司及湖南国信建设集团股份有限公司负责。2015~2017年，公司建安工程业务板块分别实现收入43849.79万元、110762.52万元及181675.57万元；成本分别为40223.87万元、93495.15万元及157356.86万元；毛利润分别为3625.91万元、17267.37万元及24318.71万元。公司建安工程业务是收入和利润的重要来源。公司建安工程主要分为两部分：一部分是自来水户表新建及改造工程业务，由丰源水务负责；另一部分是水利水电工程和园林绿化的工程施工,主要由国信建设负责。

(四) 污水排放与处理

公司的污水排放业务是由下属株洲市城市排水有限公司(以下简称"排水公司")经营管理。排水公司成立于2001年,主要负责株洲市水环境综合整治、城市污水处理、排水设施建设及营运等业务,是湖南省同行业内第一个获得"环境污染治理设施营运优秀企业"的单位。2009年龙泉二期项目完工后,排水公司污水处理量和污水处理率得到大幅提升,其中污水处理量由2008年的13.00万吨/日提升至2015年的42.20万吨/日,污水处理率提升至95.36%。现已成功建成并投入运行的有霞湾、龙泉和董家塅3个污水处理厂,年实际污水处理能力为11222.00万吨,污水处理率为95.36%。公司污水处理费收入采用收支两条线的方式,由自来水公司按用水量与自来水基本水费统一征收并返还。

(五) 房地产销售

2017年,株洲城建营业收入中房屋销售收入占比18.92%;2018年1~3月,株洲城建营业收入中房屋销售收入占比7.16%。

株洲城建标准项目开发流程包括四个阶段,首先是土地储备阶段,该阶段的主要内容包括株洲城建公司在市场上寻找获得土地出让相关信息,经过市场调查及项目的评估后出具可行性报告,在项目立项及筹措资金后最终通过公开拍卖等方式取得土地,获得国土出让合同及建设用地批准书等。其次是规划设计阶段,该阶段主要内容包括取得土地后经过勘探和规划设计等流程出具具体的规划设计方案,获得用地规划许可证,并为后续的施工启动招标流程等。再次是施工管理阶段,该阶段的内容包括施工图纸的设计和会审,获得土地规划许可证,工程施工方案的制定,获得施工许可证后正式启动施工并进行施工过程管理,施工完成后进行成品房竣工验收等。最后是成品房销售阶段,该阶段的主要内容包括成品房竣工验收后获得综合验收合格证及商品房预售许可证,进而进行销售方案的策划推广,完成销售后的物业管理及其他售后服务的内容。

(六) 管道天然气运输

公司的燃气业务是由实际控股子公司株洲新奥燃气发展有限公司(以下简称"新奥燃气")经营管理。新奥燃气创建于2006年,系新奥(中国)燃气投资有限公司与公司共同设立的中外合资有限责任公司,企业法人营业执照号430200400001559,公司注册地址位于湖南省株洲市天元泰山路13号,法定代表人欧阳肃,公司注册资本100.00万美元,实收资本100.00万美元。其中:株洲城建公司占实收资本总额的45%,新奥(中国)燃气投资有限公司占55.00%,实际控制人为株洲城建。

株洲新奥燃气发展有限公司主要经营范围是燃气设施与燃气器具的生产、销售和维修，燃气的生产、输配和销售，管道燃气业务的培训与咨询，汽车加气业务，并且在 2006 年获得了株洲市政府和株洲县政府授予的城区燃气特许经营权，该特许经营权期限为 30 年。

(七) 路桥建设

株洲城建的路桥建设业务是由下属株洲市城发集团建设开发有限公司经营管理。该公司成立于 2003 年，作为专业化的项目管理公司，主要负责城市道路、桥梁等重点工程的建设，受株洲城建本部委托担任项目业主职能。路桥项目建设资金由株洲城建本部负责筹措，株洲城建建设开发有限公司主要代表业主方负责项目招投标和现场管理等工作。集团本部项目建设资金来源于政府计划建设项目贷款。近几年来，公司尝试利用社会资金引进融资建设，再由株洲市政府用政府采购、分批付款的方式回购，更好地保证了项目投入资金的回流。公司先后承担了市中环大道、天元大桥、体育中心、泰山西路湘江大桥、建宁大道、湘江五桥、沿江防洪景观道路工程、武广客运联络线、田心立交桥、迎宾大道等 56 个省、市重点工程建设项目。

(八) 土地整理业务

株洲市人民政府授权株洲城建开展一级土地开发业务（株政函〔2009〕146 号），株洲城建委托下属子公司株洲市凤溪建设开发有限公司和株洲市武广新城开发建设有限公司具体负责实施，上述子公司均具有一级土地开发业务资质。

公司负责上述土地的报批、征地拆迁和整理，土地整理完毕后移交株洲市土地储备中心进行招拍挂，未来土地将按成本总价款的一定比例返还给公司。出让金返还的核算方式为：

(1) 对于株洲市武广新城开发建设有限公司负责一级开发部分的土地，在出让土地后获得的收益为市财政按出售土地总金额的 67% 作为土地开发成本来返还公司，剩下的 33% 在扣除政策性计提后返还 61%，也就是返还总额是出售土地总金额的 87.1%。

(2) 对于株洲城建原来负责的一级开发土地，市财政按出售土地总金额的 50% 作为土地开发成本返还公司，剩下的 50% 扣除政策性计提后按 49% 返还作为开发收益，扣除教育基金附加及相关手续费后返还总额约为出售土地出让总金额的 71%。

(九) 其他业务

公司车辆通行费、物业管理、租赁等，占主营业务收入和主营业务利润的比重较小。子公司株洲市湘江大桥维护管理有限公司受市政府委托，负责城区贷款修建路桥通行费的征收和管理，2015 年公司实现车辆通行费收入 0.71 亿元。根据株洲市政府文件要求，城市路桥通行费已于 2016 年 1 月 1 日起停止收费。随着公司控股子公司的增多，公司的租赁业务收入也逐年上升。其他业务板块涉及的行业也随着公司新增子公司的增加而逐步扩增。

第二节 株洲城建转型及资产重组过程

一、株洲城建增资过程

株洲城建转型的目标在于将公司从过去依赖政府资源作为信用支撑的企业转变为依靠自身信用能力为支撑的企业，量化标准是公司的经营性收益在3~5年内能够完全覆盖公司的财务费用，主要方法是风险防控和经营能力提升。株洲城建增资情况如表30-3所示。

表30-3 株洲城建增资过程

时间	注册资本	股权变化
2003年6月3日	注册资本6.68亿元	株洲市国有资产管理委员会100%控股
2008年12月	经株国资〔2008〕12号文件同意，株洲市国资委对株洲市公共交通总公司、株洲市自来水公司实施改制，并将改制后的新公司重新评估作为对城投公司的出资，同时将株洲市土地储备中心位于天元区东湖管理处的一宗国有土地评估价值置换城投公司注册资本内原株洲市煤气公司的净资产（该地的评估价值为144798792.00元，系财预〔2012〕463号文之前由政府以实物资产注资行为注入给公司的，注入时由国土部门办理在株洲城建名下的土地使用权证并入账处理，该宗土地原土地使用权人株洲市土地储备中心，已由株洲市土地储备中心缴纳土地出让金）。经株国资〔2008〕15号以及株国资〔2008〕16号文件同意，株洲市国资委将株洲市行政资产经营有限责任公司和株洲市教育资产投资管理有限公司两公司整体划入公司	株洲市国有资产管理委员会100%控股
2009年9月	新增33.32亿元注册资本。根据株洲市国资委签发的株国资产权〔2009〕37号文件，公司新增33.32亿元注册资本分5年到位	株洲市国有资产管理委员会100%控股
2010年1月13日	公司名称由原"株洲市城市建设投资经营有限公司"，正式变更为"株洲市城市建设发展集团有限公司"	株洲市国有资产管理委员会100%控股

续表

时间	注册资本	股权变化
2010年12月31日	公司实收资本14.85亿元，2010年实收资本增加1.50亿元，系由市财政投入货币资金1.5亿元	株洲市国有资产管理委员会100%控股
2011年12月31日	公司实收资本17.64亿元，2011年实收资本增加2.79亿元，系由株洲市财政投入货币资金2.79亿元	株洲市国有资产管理委员会100%控股
2012年12月31日	公司实收资本31.12亿元，2012年增加实收资本13.48亿元，其中株洲市财政局货币出资1.81亿元，2012年7月31日根据株政函〔2009〕146号文件，资本公积转增实收资本11.67亿元	株洲市国有资产管理委员会100%控股
2013年12月31日	实收资本余额40亿元，2013年增加了8.88亿元，其中市财政投入货币资金2.4亿元，资本公积转增实收资本6.48亿元	株洲市国有资产管理委员会100%控股

风险防范主要是指金融风险的防范，目标是在3~5年内，能够有效控制风险、主动调控风险，杜绝金融风险的发生。一是存量负债封闭运行；二是增量建设平衡运行，如基础设施项目基金建设（PPP模式）、招商引资等，根本在于将过去负债搞建设的方式转变为通过股权投资进行建设；三是通过存量资产（主要是存量土地的开发经营）解决存量负债问题；四是通过融资手段创新解决存量资产不足问题。

经营能力提升的目的是解决公司信用能力不足问题。主要有两个方面的工作：一是通过经营机制调整和改革，进一步激发公司经营活力；二是通过经营性资产增长夯实公司发展基础。

二、重组过程中面临的主要问题

无论是在转型中还是在转型之后，由于株洲国资委对于株洲城建有着绝对的股权，因而契合国家层面对于国有企业定位和功能的战略布局，株洲城建的定位都应力争在"社会效率"与"经济效益"两方面寻找到平衡点和承接点。然而，准确界定国有企业的社会公益责任和企业经济责任往往是非常难的，过程中乃至转型之后，很有可能出现"委托—代理"问题。株洲国资委作为唯一股东会追求社会公益价值最大化，而企业会追求企业经济价值最大化，故而难以避免产生利益冲突。此外，国有独资公司在市场上竞争，也往往会导致垄断，对市场产生较大的冲击。

第三节 政府对株洲城建转型的支持

一、区域地位

株洲城建是经株洲市人民政府批准成立的国有投资公司,是株洲市政府打造的唯一的市政建设投融资平台。自成立以来,公司先后承担了株洲市快速环道、沿江防洪景观道路工程、株洲湘江四桥(又名株洲天元大桥)、株洲湘江五桥(又名株洲红港大桥)等省、市重点工程建设任务。公司在株洲市是重要的国有资产及重要的公用事业运营主体,承担了株洲市整个城市布局,以及城市基础设施建设和运营的重要任务,在城市基础设施建设的领域,处于绝对主导地位。根据政府的授权,公司主要从事株洲市区交通类基础设施的建设和经营管理,以及基础设施的建设和重大社会事业项目建设,城区土地的整理和开发,以及相关的配套设施建设。公司子公司——房地产公司承揽了株洲市区内与安置房和旧城改造相关的大部分项目。由于株洲市现阶段城市基础设施建设正快速发展,区域房地产业务的发展主要是靠拆迁安置和旧城改造实现,因此,公司在区内房地产开发领域不仅具有政策导向上的优势,还在经营方面具有一定垄断地位。

二、政府补助

每年会获得来自株洲市财政给予的一定供热能源如油料和煤补贴、公交票价补贴、排水、电等价格方面的补贴;申请补贴收入是由各公用事业企业通过业务量测算出的年度销售与成本倒挂以及应予以补贴数额,最后再经株洲市财政局的审核并且确认无误之后,将其纳入株洲市的本级财政支出预算。若有所变动,则是由企业重新申领,再经过株洲市的财政审核后,进行相关追加预算支出。除此之外,公司将业务板块进行积极的整合,并且利用资源的区域性优势,使经营性业务的收入比例逐步升高。株洲城建近三年及最近一期的补贴情况如表30-4所示。

表30-4 株洲城建近三年及最近一期的补贴情况　　　　单位:万元

项目	2018年1~3月	2017年	2016年	2015年
土地出让收益返还	9097.06	4847.63	14277.77	8488.37
公交燃油补贴	20.79	15230.05	15686.33	14491.99

续表

项目	2018年1~3月	2017年	2016年	2015年
污水处理补贴	—	—	—	5431.00
其他财政补贴	264.81	20414.59	7466.35	6414.24
合计	**9382.66**	**40492.27**	**37430.45**	**34825.60**

（1）土地出让收益返还。公司财政补贴中土地收益返还依据《株洲市人民政府办公室关于明确市城发集团枫溪片区国有土地使用权出让相关问题的通知》（株政办〔2012〕4号）、《关于武广新城开发建设银团贷款有关问题协调会备忘录》等有关文件执行。

根据《株洲市人民政府办公室关于明确市城发集团枫溪片区国有土地使用权出让相关问题的通知》（株政办〔2012〕4号），株洲城建将负责枫溪片区的基础设施建设和土地开发经营工作，该片区国有土地使用权出让后，土地出让收入扣除需上缴的基金及应缴税费后的收益将返还给株洲城建。

根据《关于武广新城开发建设银团贷款有关问题协调会备忘录》，株洲城建下属子公司武广公司出让武广片区的土地后，株洲市财政局按出售土地总金额的87.10%返还武广公司。

（2）公交燃油补贴。公交燃油补贴依据《城乡道路客运成品油价格补助专项资金管理办法》、《国务院关于实施成品油价格和税费改革的通知》（国发〔2008〕37号）、《关于成品油价格和税费改革后进一步完善种粮农民部分困难群体和公益性行业补贴机制的通知》（财建〔2009〕1号）、《城乡道路客运成品油价格补助专项资金管理暂行办法》（财建〔2009〕1008号）等有关文件执行。

（3）其他财政补贴。其他财政补贴主要为政府每年给予株洲城建的运营补贴、财政利息补贴。株洲城建财政补贴由株洲市政府依据相关法律、法规、文件按时发放，对公司的盈利能力形成一定补充，具有稳定性和可持续性。

第四节 株洲城建转型分析

政府投资公司改革一直是地方国有企业改革的重点、难点。株洲市根据市本级企业国有资产主要集中在投资公司这一实际情况，在推进政府投资公司重组转型上精准发力，闯出了一条新路，探索出投资公司重组转型的可借鉴、可复制的株洲模式。具体总结如下：

一、重组公司业务，提升经营效率

株洲市大多数国有投资公司存在多个主业，且主业之间关联度很小。企业之间结构趋同，重复建设，相互竞争，致使彼此争夺资源，经营业务的同质化严重，且经济效益明显低于行业平均水平。为了解决这个问题，株洲市的做法就是先收紧拳头，针对每个投资公司的实际情况明确它的特色功能定位，在此基础上缩小主营业务范围，进行资产重组、业务重组、管理架构重组。按照"清理退出一批、重组整合一批、创新发展一批"的工作思路，依功能定位对部分业务板块进行调整，对市属其他经营性资源资产进行整合，对同业同质子公司进行归并。目前已重新组建了株洲市城发集团、国投集团等十大集团公司，每个公司的主营业务原则上不超过三个。在整合的基础上，株洲市进一步改革国有资本授权经营制度，对现代企业制度较为规范，外派董事、监事到位的企业，进一步扩大授权，按国有资本投资、运营公司的模式运作。

二、建立现代企业制度，市场化运作

过去，公司董事会成员主要由企业部分高管和财政、国资、审计等机关干部组成，机关干部由于时间、精力不够，专业水平有限，加上信息不对称，决策往往流于形式。企业内设监事会也难以履行监督职能。为了从根本上解决这一问题，株洲市率先探索了专职国有产权代表制度，出台了《株洲市企业专职国有产权代表管理办法》。专职国有产权代表从市属企业现任高管、党政机关优秀干部中和面向社会公开选拔，由市委任命，市国资委委派到相关企业。要求市属国有独资公司董事会、监事会成员中，外部专职国有产权代表所占比例必须超过半数。同时，设立外派监事会，每个监事会负责监督2~3家企业。株洲市国资委主任吴佳辉介绍："实行专职国有产权代表，既解决了党政领导干部在企业兼职问题，又真正发挥了董事会的决策作用、监事会的监督作用，使国有企业的决策和监督更加科学和规范。"

作为现代企业治理结构中负责执行的经理层，选拔途径单一，经营型人才比较缺乏，是另一个令株洲市委市政府头痛的问题。为此，最近株洲市委市政府下决心拿出21个国企高级经营管理岗位进行市场化选聘，最高年薪达200万元。据悉，这是整个湖南省历史上第一次如此大规模地进行市场化选聘国有企业的经营管理人才。这种做法将打破身份、地域及所有制的限制，并且为国企吸纳打破教条的高层次人才，使得国企发展动能得到进一步激发，同时也会让"鲶鱼效应"得到发挥，让公司自身进行市场化转型，倒逼政府部门改革。

三、完善制度保障，发挥领导作用

中共株洲市委组织部副部长吴晓光介绍："株洲市国企改革始终坚持落实党的建设与国有企业改革'四同步''四对接'，把党的领导内嵌到国有企业治理结构中。"株洲市2015年就出台了《关于在市管企业中坚持党的领导加强党的建设的实施办法》，为国有企业领导班子和党组织建设指明了方向。在《株洲市政府投资公司改革重组方案》及各公司重组方案中对党委和纪委的设置做出了具体安排。在公司章程中首次明确了党组织在公司法人治理结构中的法定地位，从党委的设置、总体要求、基本职责、参与决策事项、主要程序分别做了详细的规定。按照"好干部"标准，选强配优"三会一层"的领导班子，构建完整的企业法人治理结构，实行党政领导"双向进入、交叉任职"。明确市管国有企业党委书记、董事长由一人担任，配备一名专门负责党的建设的副书记。公司党委领导班子成员在符合条件后，在符合法定程序之后进入董事会；与之相对应，符合条件的党员在董事会、监事会、经理层成员中，依照有关规定和程序可以进入党委会。

得益于城投公司的成功转型，株洲市深化国企改革的成效开始逐步显现。2016年，株洲城建主体信用等级从 AA 提升到 AA+，成为湖南省除长沙市以外城市政府投资公司中唯一的 AA+ 企业，其他公司主体信用等级均为 AA。株洲城建在湖南省内率先发行了首只3亿美元海外债券。通过改革转型，企业发展活力和内生动力明显增强。

第三十一章 淄博市城市资产运营有限公司

第一节 发展历史

一、基本情况

淄博市城市资产运营有限公司（以下简称"淄博城运"）于2003年由淄博市人民政府批准成立，市国资办代表政府履行出资人职责，截至2017年底，注册资本30.3亿元，资产总额723.28亿元，资产负债率39.23%。作为淄博市唯一的市级政府投融资平台，淄博城运负责淄博城市的基础设施、旧城的改造、新城的建设、交通设施的建设等的投融资任务，并受市政府委托管理运营部分国有资产。淄博城运投资企业（包括全资、控股、参股）30余家，投资领域涉及地产物业、金融服务、能源、城市功能设施开发、文化创意、节能环保等，目前已成为支撑淄博市经济社会发展的重要平台和载体。淄博城运基本情况如表31-1所示。

表31-1 淄博城运基本情况

最新信用评级	AA+	企业性质	地方国有企业
证监会行业（大类）	土木工程建筑业	评级机构	上海新世纪资信评估投资服务有限公司
第一大股东	淄博市国有资产管理委员会办公室	实际控制人	淄博市国有资产管理委员会办公室
设立日期	2003年7月16日	注册资本	303000.00万元
是否上市公司	否	注册地址	山东省淄博市张店区联通路190号世纪花园Ⅰ区2#写字楼
法人代表	荆国	总经理	王连忠

二、业务构成

淄博城运主要从事淄博市城市基础设施建设，建设资金主要来源于土地、房产等资产运营收入、BT项目回款以及政府补贴，目前整体回款进度较滞后，且公司后续仍有较大规模的项目投资计划，面临投融资压力。2017年，公司营业收入受资产运营业务收入大幅下降影响而明显下滑，当年该项业务仍系公司营业收入主要来源。此外，国有资产经营、燃气及房地产等业务仍为公司营业收入提供一定补充。

该公司主要负责淄博市城市基础设施建设和市级国有资产运营管理。2017年，公司实现营业收入17.21亿元，受当期资产销售收入同比大幅下降78.10%至6.68亿元影响，当年公司营业收入同比下降54.71%。目前，公司营业收入主要来源于资产运营业务，该项业务收入主要来源于土地出让、土地开发整理及房产转让等资产销售和经营收入。此外，2017年公司其他收入为6.27亿元，较上年大幅增长130.39%，主要系房产销售收入大幅增长以及新增公交车租赁业务收入所致。2018年1~3月，公司实现营业收入3.25亿元，同比下降36.32%，主要系当期资产销售收入较上年同期较少所致。2016年以来淄博城运营业收入构成及毛利率情况如表31-2所示。

表31-2 2016年以来淄博城运营业收入构成及毛利率情况

单位：亿元、%

项目	2018年1-3月 金额	2018年1-3月 占比	2017年 金额	2017年 占比	2016年 金额	2016年 占比
营业收入	3.25	100	17.21	100	38.00	100
资产销售	1.24	38.1	6.68	38.85	30.52	80.32
资产经营	1.05	32.4	4.25	24.7	4.76	12.52
其他	0.96	29.51	6.27	36.45	2.72	7.17
综合毛利率	73.25		60.29		59.41	
资产销售	100		79.51		58.48	
资产经营	97.21		99.56		94.32	
其他	12.41		13.2		8.83	

（一）城市基础设施建设

根据淄博市政府安排，该公司承担着淄博市城市基础设施和新城建设、旧城改造等任务。

(1) BT 项目。该公司与淄博市政府签订有五个 BT 项目，分别是淄博市东潴龙河流域治污减排工程、淄博市孝妇河流域及北支新河流域治污减排工程、淄博市中心城区东部区域污染综合治理项目、淄博市城区棚户区改造项目和淄博市中心城区城建设施综合整治项目，上述项目目前均已完工。按照《BT 协议》约定，淄博市政府将逐年支付项目建设回购资金。根据相关政策规定及公司发展战略需要，未来公司预计将不再签订新的 BT 项目。上述五个 BT 项目回购款已全部于 2015 年及之前确认收入，2016 年起公司不再确认 BT 业务收入，但实际 BT 回购款仍将按《BT 协议》约定向公司支付。

(2) 非 BT 项目。除上述 BT 项目外，该公司承担大量的其他城市基础设施建设任务。截至 2018 年 3 月末，公司主要已完成淄博市体育中心项目、张周地区一体化综合整治建设项目、中心城区道路升级改造及绿化提升项目、运动员公寓及南水北调东线一期淄博市续建配套工程等 64 个城市基础设施建设项目，累计完成投资共计 70.52 亿元；同期末，公司主要在建项目 20 个，计划总投资为318.19 亿元，已完成投资 167.71 亿元；暂无拟建项目。截至 2018 年 3 月末，公司主要在建项目及拟建项目尚需投资约 150.12 亿元，其中 2018 年 4～12 月公司计划投资 48.01 亿元。

(二) 资产运营业务

淄博市政府授予该公司国有资产、资源运营职能，公司可供处置的资产主要包括土地和房产。跟踪期内，公司土地开发整理业务模式仍为：淄博市政府根据相关规划，委托公司对指定土地进行开发整理，达到可出让条件后交由淄博市政府进行土地出让，政府依据土地开发成本和一定比例的土地整理收益向公司支付土地开发整理款项。截至 2017 年末，公司累计完成开发整理土地面积 4779.46 亩，累计投入土地开发成本 16.13 亿元；2017 年及 2018 年 1～3 月，公司分别实现资产销售收入 6.68 亿元和 1.24 亿元，主要来自公司参与开发整理的 454.32 亩土地实现出让。

此外，根据淄博市政府要求，该公司统一运营部分国有资产，经营收益主要包括淄博市市直机关房管所每年上缴的市级行政事业单位国有房产运营收益、淄博新世纪规划事务所每年上缴的技术服务费等。2017 年，公司实现国有资产经营收入 4.25 亿元，公司国有资产经营收入总体较为稳定，主要由于淄博市财政局与公司签订了租赁期为 10 年的《房产租赁协议》，将公司 62 处房产出租给市直机关事业单位用作办公。2017 年公司确认租赁收入 4.24 亿元，较上年增长 0.58 亿元，主要系公司日租金价格由 2.00 元/平方米提高至 2.50 元/平方米所致。2018 年 1～3 月，公司实现国有资产经营收入 1.05 亿元，全部为租赁收入。

(三) 其他业务

该公司其他业务收入主要来源于下属子公司淄博市房屋建设综合开发有限公

司（以下简称"房屋开发公司"）的房屋销售、租赁，淄博城市燃气有限公司的燃气公共事业和公交车租赁等业务收入，2017年及2018年1~3月公司分别实现其他业务收入6.27亿元和0.96亿元。2017年，公司其他业务收入主要来自于燃气收入和房产销售收入。

房屋销售业务主要由房屋开发公司、淄博市基础设施和保障房投资建设有限公司负责运营，截至2018年3月末，该公司房地产项目主要包括学府雅居项目、齐润花园、幸福城、幸福家园和太平洋保险在线服务中心项目等，项目概算总投资67.19亿元，已投资35.96亿元。其中学府雅居项目已于2014年开始预售，2017年完工，截至2018年3月末已全部销售完毕；幸福城、幸福家园及太平洋保险在线服务中心建成后计划对外出租。未来，随着公司在建房地产项目的陆续完工，房屋租售收入或将对公司营业收入形成一定补充。

第二节 淄博城运转型及资产重组过程

一、淄博城运的转型背景

（一）行业政策演变带来转型契机

在2015年发布的《中共中央、国务院关于深化国有企业改革的指导意见》（中发〔2015〕22号）中，规定并提出了国有资产管理体制的完善，国有资产监管机构要依法履行出资人职责，以管资本为主改革国有资本授权经营体制，改组组建国有资本投资、运营公司，将具备条件的党政机关、事业单位所属企业的国有资本纳入，进行统一监管。《中共淄博市委、淄博市人民政府关于深化市属国有企业改革完善国有资产管理体制的意见》的发布，明确了要建立与国有资本投资运营公司相适应的新型国资监管架构，调整规范国资监管机构、国有资本投资运营公司、改组或组建国有资本投资、运营公司国有出资企业的关系。此外，自〔2010〕19号文明确提出对地方政府融资平台公司分类清理和规范管理后，国务院和财政部、发改委、国土资源部、银监会等部委陆续出台文件，要求对政府融资平台公司进行规范化管理，尤其是"162号文""463号文"分别从土地收储、违规融资等方面对平台公司的行为进行了约束，"43号文"则非常明确地确定要将融资平台政府的融资职能进行剥离，并且融资平台公司不能新增政府债务。因此，作为淄博唯一市级融资平台公司，淄博城运一方面面临融资平台规范管理的压力，另一方面在转型改组为国有资本投资运营公司方面具有得天独厚的优势。

（二）城市建设发展急需支持载体

一方面，淄博市是传统的工业强市，2015年三次产业比例为3.5∶54.0∶42.5，第二产业占比仍然较大。当前，国家正推进供给侧结构性改革，重点开展"三去一降一补"工作，淄博传统产业去产能任务艰巨，如何推进全市产业结构调整升级，开辟新的经济增长点成为现阶段的重点工作，淄博市政府急需有力抓手带动并实现地方产业转型升级。另一方面，统计数据显示，2013年以来，淄博市公共财政预算收入增速放缓，而民生保障支出逐年攀升，2015年淄博市城镇化率为67.3%，按照淄博城市总体规划，2020年全市城镇化率将达到70%~75%，财政资金无法满足日益增长的新型城镇化建设资金需求，淄博的城市建设需要强有力的抓手提供支持。综合来看，作为淄博市唯一的市级政府投融资平台，淄博城运有必要也有条件通过转型发展，打造国有资本投资运营主体，引领淄博市产业结构升级，支撑淄博城市建设，促进淄博城市发展。

（三）自身发展瓶颈推动内部变革

淄博城运在十几年的发展历程中取得了巨大成就，创造了诸多辉煌，同时也积累了不少问题，制约公司的持续健康发展。公司法人治理结构尚不完善，董事会和经营层成员高度重合，导致董事会的决策作用以及经营层的管理作用无法得到充分发挥，监督和制约也无法有效形成。公司经营性资产缺乏，经营收入主要来源于基础设施代建收入，过度依赖财政资金，市场化程度不足，成本节约和风险防范等市场化经营意识淡薄。市场化的薪酬体系和绩效考核制度尚未建立，还存在"吃大锅饭"的现象，严重制约员工的工作积极性，限制了工作效率。母公司本部承担了大量工程建设等任务，运作模式比较落后，没有起到战略管控中心和投资决策中心的作用。诸如此类问题严重限制了淄博城运的可持续健康发展，因此，淄博城运力图打破限制，实现转型：将投资主体与决策主体相分离，保证权力边界清晰，政府作为股东以控股、参股等方式从事投资活动，并通过审阅财务报告等手段把握企业发展方向，对企业进行考核。治理结构上，公司以董事会将股东与管理层隔开，通过管理层向董事会负责、董事会向股东负责来避免政府对公司经营活动的直接干预。子公司管控上，集团总部通过控制财务报告行使对子公司的监督考核，不直接参与子公司的投资、商业和运营决策，赋予子公司董事会和经营管理团队充分的经营决策自主权。在风险管控方面，公司设立专门的风险管理部门，由行政委员会、资本资源委员会和审计委员会分别针对企业所面对的不同风险（战略风险、金融风险以及公司运营风险）进行监控。此外，公司应当对员工实行多方位的绩效考核与激励机制，促使公司员工与股东追求的利益相一致，保证公司高效运营。

二、淄博城运的转型过程

淄博市城市资产运营有限公司是依据 2003 年发布的《淄博市人民政府关于成立淄博市城市资产运营有限公司的批复》（淄政字〔2003〕79 号）成立的，成立时间是 2003 年 7 月 16 日，资金来源为淄博市财政有偿资金管理处、淄博市财政局企业财务管理处，金额是各出资 5000 万元设立，注册资本共计 1 亿元，也取得了淄博市工商行政管理局颁发的 370300018514123 号企业法人营业执照。

2006 年 4 月，经股东会议研究决定，淄博市财政有偿资金管理处、淄博市财政局企业财务管理处各增资 4.5 亿元，注册资本增至 10 亿元。2011 年 2 月，依据淄博市人民政府淄政字〔2011〕13 号《关于将淄博市城市资产运营有限公司变更为国有独资公司的批复》、淄博市人民政府淄政字〔2011〕14 号《关于划转国有股权的通知》，公司股东变更为淄博市国有资产管理委员会办公室，原股东淄博市财政有偿资金管理处、淄博市财政局企业财务管理处退出。

2011 年 4 月，依据淄博市国有资产管理委员会办公室淄国资办〔2011〕第 26 号《关于对淄博市城市资产运营有限公司进行增资的决定》，公司股东中的淄博市国有资产管理委员会办公室追加资本 3.8 亿元，增资后本公司注册资本 13.8 亿元，实收资本 13.8 亿元。

2015 年 12 月，依据淄博市国有资产管理委员会办公室淄国资办〔2015〕111 号文件，淄博市国有资产管理委员会办公室增资 4.5 亿元，增资后本公司注册资本 18.3 亿元，实收资本 18.3 亿元。

2017 年 8 月，淄博市国有资产管理委员会办公室出具淄国资办〔2017〕57 号文《关于对淄博市城市资产运营有限公司增资和出具新章程的批复》，同意对淄博市城市资产运营有限公司增资 12 亿元，增资后本公司注册资本 30.3 亿元，实收资本 21.3 亿元。

三、淄博城运的转型战略定位

（一）致力于打造成"国有资本投资运营主体"

按照市委市政府的决策部署，淄博城运结合自身发展现状和政策经济环境，充分发挥作为淄博市唯一市级政府投融资平台的优势，整合盘活市属国有资产资源，以"政府引导、市场运作"为原则，从顶层设计、业务布局、组织管理、人力资源管理等方面进行优化调整，致力于将淄博城运打造成"国有资本投资运营主体"，以新思路、新体制、新机制推动淄博城运提高城市服务能力和市场竞争实力，进一步推进淄博市城市建设和产业结构升级，为全市区县平台及外地平台公司转型发展提供一套成功经验。

（二）构建三级监管运营架构

目前，淄博城运在转型的道路上形成了"国资办—淄博城运—子公司"的三级监管运营架构，即国资办作为淄博城运的上级监管机构，对淄博城运经营业绩各项指标进行考核而不直接参与公司运营管理；淄博城运作为投资运营主体，通过股权投资涉足多种业务领域，以出资人名义通过财务管控对各子公司进行考核管理，具体业务发展由子公司负责实施；子公司作为业务的实施者，具有一定的经营决策自主权，由公司董事会对淄博城运负责，接受淄博城运考核。现阶段，该监管运营架构运行情况良好，真正实现了经营权和所有权的分离，有效提升了经营运作效率。淄博城运三级监管运营架构如图 31-1 所示。

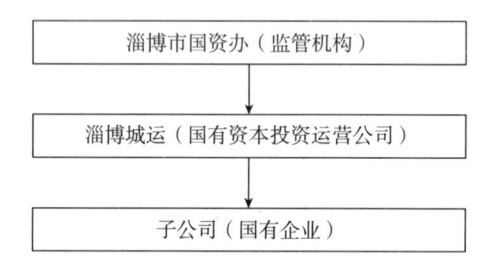

```
┌─────────────────────────┐
│  淄博市国资办（监管机构）  │
└─────────────────────────┘
            │
            ▼
┌───────────────────────────────┐
│ 淄博城运（国有资本投资运营公司） │
└───────────────────────────────┘
            │
            ▼
┌─────────────────────┐
│   子公司（国有企业）  │
└─────────────────────┘
```

图 31-1　淄博城运三级监管运营架构

（三）积极发挥四大关键职能

（1）城市建设职能。以加快淄博城市基础设施建设和新型城镇化进程为基本使命，围绕淄博城市发展总体部署，发挥城市建设主力军作用，为改善城市面貌、提升城市品位、完善城市功能、保障服务民生做出积极贡献。主要实现路径为：将淄博市保障房投资建设管理有限公司改组为淄博市基础设施和保障房投资建设有限公司，主要功能定位于偏公益性项目的建设，重点承担淄博市市级基础设施和保障性住房建设任务，充分利用公司作为政府城市建设投资开发主体的优势，采用政府购买服务、PPP 等市场化运作方式多渠道筹集城市建设资金，发挥好城市运营商的主体作用；同时基础设施和保障房建设投资实现"决策政府化，结算市场化，运作专业化"的运作机制。

（2）资产运营职能。整合市属各部门掌握的经营性资产、公益性资产、国有企业资产与股权等，进行统一运营管理，以提高资产运营效率并增加公司现金流。主要实现路径为：盘活存量、谋划增量，即加大资产运营力度，提高存量资产的运营效益，对具备处置条件的资产进行公开处置，对不具备处置条件的采取委托运营等方式进行运营，盘活公司资产，提高运营收益；继续合规购置资产，按照"合法、合规、合理"的要求，有序购置资产；分类监管、有序运营，即对公司名下资产按照"委托管理、委托运营、委托经营、委托租赁、租赁经营、自主经营"六种方式进行分类管理、核算和运营，不断提高资产运营监管的水平和质量。

（3）产业引导职能。发挥"产业引领者"作用，以设立或参与产业投资基金等方式，通过产业培育、引导、选择，把企业的生存空间和城市发展空间有效统一，引领淄博产业发展，服务淄博产业升级。主要实现路径为在保持对文化创意和节能环保产业投资的基础上，根据淄博市产业规划相关政策，有选择地投资新材料、精细化工、新医药、汽车及机电装备、电子信息等新兴产业。

（4）资本运作职能。通过发展投资融资，进行产业培育和资本的整合，来推动产业聚集和转型升级，并且优化国有资本的布局与结构；通过股权的运作、价值的管理，实现有序进退，促进我国的国有资本合理流动，从而达到保值增值目的。主要实现路径为建立以资本市场融资为主、政策性融资为辅、商业化融资为补充的新型融资机制，满足投资需求；同时，通过投资管理部门之间形成信息共享机制，在完善客户信用管理的同时，提供投资领域的数据支持，在投资业务开展的过程中，创造融资服务的市场机会。

第三节 政府对淄博城运转型的支持

一、淄博城运的发展优势

（一）区域经济优势

淄博市是国务院批准的山东半岛沿海开放城市，1992年淄博市被国务院批准为拥有地方立法权，为"较大的市"，除此之外，还是全国著名的"石化之城"和"陶瓷之都"。现辖五区三县及高新技术产业开发区，总面积5965平方千米，2015年全市常住人口464.2万人。在中国社会科学院于2015年5月15日发布的2015年城市竞争力蓝皮书《中国城市竞争力报告No.13——巨手：托起城市中国新版图》中，淄博市的城市综合竞争力全国排名第34位，淄博市的城市综合竞争力在山东省排名第4位。另外，淄博市先后荣膺"中国投资环境百佳城市""中国优秀创新型城市"等称号。

（二）行业垄断优势

淄博城运是在市政府授权范围，对国有资产实行统一管理和运营的主体，而且公司的投资范围与经营的区域包含了城市基础设施建设、环境治理和生态恢复建设、对国有资产的经营管理，以及对相关的淄博市经济和社会发展的资源能源和公用事业等重点行业进行投资，可以说是处于行业的龙头甚至是垄断地位，基本没有其他外来的竞争者，在市场方面相对稳定，经营的资产能获得的投资收益相对长期。淄博市人民政府为了进一步强化淄博城运的定位优势，在公司资产和股权购置、政府垄断业务的运营及城市空间广告资源等方面给予较大的政策支持，同时把淄博城运定位为淄博市与外来资本合作的主要载体。随着淄博市经济的不断发展以及人民生活水平的不断提高，社会公共服务水平将持续稳定地提高，在业务量方面与效益方面，淄博城运将同步增长。

（三）广阔的发展空间

城市现代化是经济社会发展的重要驱动力。淄博市人民政府在《淄博市经济和社会发展"十三五"规划》中明确提出：到2020年，产城融合迈出更大步伐，城乡一体化进程不断加快，区县域融合互动发展，城市组团特色更加凸显，新型城镇化建设水平走在全省前列，常住人口和户籍人口城镇化率分别达到73%和63%以上。此外，根据《淄博市"十三五"环境保护规划》，到2020年，超额完成国家和省下达的节能减排目标任务，二氧化硫、二氧化氮两种主要气体有害物和PM2.5、PM10两种固体颗粒共计四项主要的污染物浓度，均累计下降30%以上，力争在环境空气质量优良天数方面保持到80%，全市70%以上的流域水系达到Ⅲ类水体标准，森林覆盖率和建成区绿化覆盖率分别达到38%和48%以上。淄博市力争建设成为国家环境保护模范城市，成为中国老工业城市及重化工业城市中环境保护的样板城市和生态文明品牌城市。上述规划的实现将更加彰显生态和谐和舒适宜居的城市特色，并为淄博城运的发展带来广阔的空间。

二、政府支持

（一）政府支持的原因

城市基础设施建设具有两个显著的特征——公益性和垄断性，因此它的社会效益要高于经济效益，所以长久以来，一般都由政府授权的国有经营主体去负责城市基础设施的建设和完成。而淄博城运是淄博市国资办监督领导下的国有资产的管理及运营主体和城乡基础设施建设主体，得到了淄博市政府的大力支持，尤其是城市基础设施建设方面。除此之外，淄博市人民政府建立了资源补偿机制来优化淄博城运资产负债结构，淄博城运依照政府在土地利用方面的总体规划以及年度土地供应计划，有意向购买一部分淄博市的新城区土地，由淄博城运垫付前期的征收成本，通过出让方式取得相应土地的使用权。同时，淄博城运被淄博市人民政府赋予了国有资产运营的职能，通过以下这些途径，如资产的置换收购、经营拍卖、出租租赁、出让转让、融资贷款和投资参股等方式，能获得相对稳定的现金收入。在之后几年中，淄博市人民政府需要在地区基础设施建设方面增大投入，并且会持续地对淄博城运提供有力的支持，为淄博城运的经营与发展提供可持续保障。

（二）政府支持的具体操作

淄博城运作为淄博市城市基础设施建设和国有资产运营的重要载体，在资产注入、项目投资运营等方面都得到了淄博市政府的大力支持（见表31-3），并获得土地开发整理、国有资产运营等多项优惠政策。未来随着淄博市经济的快速发展和财政实力的显著提升，淄博市政府给予公司基础设施建设等方面的资金支持力度将进一步加大，为偿还债券本息提供重要保障。具体包括以下措施：

表31-3 2016年、2017年政府补助明细　　　　　　　　单位：万元

补助项目	2017年	2016年
财政补贴	4938.70	4221.40
市级基础设施建设	16392.00	20645.00
工程款补助	141.97	138.79
税费补贴	150.00	—
新能源车补助款	333.33	138.89
担保扶持资金	51.16	139.00
合计	**22007.16**	**25283.08**

（1）授予淄博城运资产处置权。淄博城运具备市政府授权的国有资产、国有资源运营职能，具有企业自主处置权。截至2017年6月底，淄博城运拥有土地面积共计3.43万亩，土地入账价值合计120.77亿元；拥有投资性房地产47.14万平方米，入账价值78.62亿元。这些资产位置较好，增值潜力较大。随着淄博市经济社会事业的发展，淄博城运可对名下资产进行有序处置，以实现收益最大化。

（2）持续的基础设施建设资金支持。淄博市作为全国重要的重工业城市，近年来经济社会持续健康发展，2016年淄博市全年地区生产总值达4412亿元，按可比价格计算，比上年增长7.7%。另外，2016年，淄博市地方财政一般预算收入完成345亿元，同比增长8.49%，其中，税收收入实现239亿元，比上年增长6.7%，表明淄博市财政收入来源稳定且经济实力不断提升。未来随着淄博市经济的快速发展和财政实力的显著提升，淄博城运承担的重大基础设施建设项目将增多，淄博市政府拨付工程款的力度将进一步加大，为偿还本期中期票据本息

提供重要保障。

(3) 采取有效措施，督促区县资产运营公司及相关单位及时偿还淄博城运转贷资金。2008年以来，淄博城运承担着淄博市城市基础设施和新城建设、旧城改造等投融资任务，投资了"两区两村"改造、治污减排工程、省调控资金项目等一大批重点建设项目，根据市政府安排，这些项目由淄博城运作为主体向金融机构和省级平台融资，由区县资产运营公司及相关单位负责具体实施，淄博城运与区县资产运营公司及相关单位签订借款协议。市政府承诺督促区县资产运营公司及相关单位制定还款计划，按期履行借款协议，及时偿还淄博城运转贷资金。若出现未能按约定或者未能按期偿付资金本息的情况，市政府将授权市级财政部门通过财政专项结算等方式予以扣款，确保淄博城运转贷资金按期收回。

第四节 淄博城运的转型分析

一、充实资产规模，盘活国有资产

截至2017年12月，淄博城运资产总额723.28亿元，投资企业（包括全资、控股、参股）30余家，并拥有大量市属国有资源资产，公司始终以"资源资产化、资产资本化、资本证券化"为宗旨，采用市场化手段开展资产运营，最大化发挥国有资产效用，有效盘活国有资源资产。为打造淄博市国有资本投资运营主体，淄博城运将继续争取市属优质国有资产和股权，充实资产规划，实现实体化经营运作，通过整合国有资产和股权，进行分类管理与经营，发挥国有资产的规模效应，一方面通过盘活国有资产，进行市场化融资，支持淄博市城市建设，另一方面充分起到国有资本的示范作用，从而使淄博市产业得到转型和升级。

二、调整业务布局，打造市场主体

为实现公司发展愿景，根据发展战略定位，淄博城运对业务布局进行了优化调整，确立三大类、六大业务板块。①城建类：城市建设，包括淄博市基础设施和交通设施等项目建设投资，以提升城市承载能力，服务于民生。②产业类：地产物业，包括受土储中心委托进行土地前期开发，自主或合作进行房地产开发，开展物业管理服务等，是公司重要收入来源之一；国有资产运营，整合市属国有资产资源，以市场化手段进行运营管理，提升国有资产使用效率，适时培育优良资产打包上市，实现国有资产保值增值；能源产业，主要包括天然气管网铺设及运行、气源控制、气量转供等，服务于"生态淄博"战略；产业投资，通过股权投资等方式扶持淄博市重点产业、重点行业、重点企业发展，加强对战略性新兴产业的投资力度，促进淄博市产业结构调整升级。③金融类：金融服务，以担保、小贷业务为突破口，逐步拓展金融租赁、保险、投行等金融业务，优化淄博市金融环境，为淄博经济高效快速发展提供金融服务。

淄博城运致力于打破单一的城市建设投融资职能，进行多元化的产业布局，未来尤其重点发展资产运营和金融服务业务，加大产业投资力度，着力将公司打造成真正的市场主体。

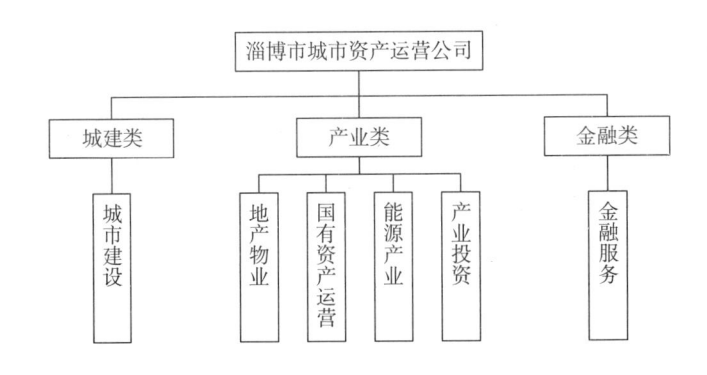

图 31-2 淄博城运业务布局

三、改善管控模式，实现分级运作

当前，淄博城运正在谋划母子公司管控模式优化，现已明确母公司作为战略决策中心和运营监控中心，不负责具体业务实施，子公司作为业务中心和利润中心，通过开展具体业务，支撑集团健康发展，从而打造"战略总部"和"执行机构"的两级运营架构。淄博城运对全资及控股子公司实行"战略管控"，主要通过战略协调、控制和服务对此类子公司实施管控，不干预子公司的具体日常经营活动，结合"三重一大"决策机制确定母子公司管控界面；对参股公司实行"财务管控"，作为股东享受投资收益，即主要通过股东会和董事会参与参股公司经营决策，通过委派董事、监事、管理层和财务人员，及时掌握参股公司经营状况。

四、重视考核激励，提升工作效率

为确保转型发展取得成功，淄博城运拟对薪酬绩效考核制度进行改革，以提升员工积极性，提高工作效率。组织任命和提名的公司负责人年度薪酬以员工平均收入为基数实行限高。市场化聘用的公司负责人以市场化薪酬为基础，根据业绩、风险和责任确定与市场接轨的合理薪酬。其他人员参照当地劳动力市场工资水平和行业指导价，根据不同岗位的价值贡献度，结合任职者工作能力等相关付薪因素确定其薪酬收入水平。通过建立多方位的薪酬考核体系，将员工个人追求凝聚到公司发展目标上来，保证公司高效运营。

在"十三五"经济社会转型发展重要关口，淄博城运未雨绸缪，在市委市政府的领导下，主动思考转型的相关事项，并且依据内外部环境，将打造国有资本投资运营主体作为战略目标，并从资产整合盘活、业务布局调整、治理结构优化、管控模式改善、考核体系重构等方面着力推进改革。目前，公司在各领域改革稳步推进，已取得初步成效，未来将全力以赴推行改革转型。

通过转型，能够实现资产的整合盘活，改变资产分散、利用率低下的现状，最大限度地发挥国有资产的使用效率；通过投资和运营国有资本，实现了资产到资本、资本到资金的良性循环；通过开展金融类、城建类和产业类三大类业务，实现城市建设、产业转型升级和金融服务的良性互动，以金融服务放大淄博城运城市建设和推动产业发展的功能。

后 记

地方政府投融资平台作为我国投融资体制改革时期的特殊产物，推动了地方经济的快速发展，同时也导致了地方政府债务规模的急剧上升，产生了一些不利于经济稳定发展的因素。自国发〔2014〕43号文提出剥离融资平台政府性融资功能以来，党中央、国务院和各部委发布了系列监管文件，要求规范地方政府融资，推动平台市场化转型发展。

本书立足于中央防范重大风险、力促平台转型市场化运作的时代大背景，通过构建评价指标体系，从省级、地市级、区县级三个层面基于地方政府投融资平台的历史数据进行量化分析，力争全面分析我国地方政府投融资平台的现状，为地方政府投融资平台未来成功转型提供数据和理论支撑。对于地方政府投融资平台转型发展的评价，目的不仅仅是做出转型效果的判断，更主要的是如何解决市场化转型面临的问题。因此，为了使评价结果更具科学性和指导性，本年度所使用的评价指标体系，在上年评价指标体系的基础上，去除了误差较大、影响极弱的因素，并强化其他关键因素，以保障评价体系更为科学合理。

本书具体的写作分工如下：理论篇，第一章（胡恒松）、第二章（王宪明）、第三章（付海洋）；评价篇，第四章（韩瑞姣）、第五章（卢山川）、第六章（王楠）、第七章（胡朝凤）、第八章（胡朝凤）、第九章（李静）、第十章（李静）、第十一章（韩瑞姣）、第十二章（魏洪福）、第十三章（胡继成）、第十四章（秦鹏）、第十五章（荣帅）、第十六章（李响）、第十七章（陈茜）、第十八章（刘启东）；转型篇，第十九章（卢山川）、第二十章（韩瑞姣）、第二十一章（程鑫）、第二十二章（屈培展）、第二十三章（张超）、第二十四章（王晴晴）、第二十五章（王一多）、第二十六章（王宇恒）、第二十七章（曹烁）、第二十八章（鲍静海）、第二十九章（苏跃辉、刘再再）、第三十章（费超、吴敬晗）、第三十一章（赵晓明）。

我国地方政府投融资平台数量较多，为了增加本书所采用数据的严谨性、完整性，我们专门建立了地方政府投融资平台数据库，对每一家平台公司的主营业务、财务报表、融资渠道等方面逐一进行分析并收集。本书所建立的地方政府投融资平台数据库均采用最新的 2017 年报数据，如此庞大的数据库的建立要感谢河北金融学院、渤海证券股份有限公司固定收益事业总部和研究所及北京交通大学、中央财经大学、中国人民大学等在校研究生的辛苦付出，是他们夜以继日的勤奋工作才得以让本书有充分的数据支撑，也使这次完整的地方政府投融资平台评价体系的建立成为可能。

本书的完成，历时六月之久，期间离不开很多人的指点和支持。感谢甘肃省产权交易所的鼎力支持；感谢中国人民大学区域与城市经济研究所所长孙久文教授、中央财经大学中国公共财政与政策研究院院长乔宝云教授等专家学者的指点；感谢河北金融学院陈尊厚、杨兆廷、韩景旺、王宪明等校领导及财达证券股份有限公司董事长翟建强、总经理张明等领导的支持，以及财达证券固定收益融资总部肖一飞、郝晓姝等同仁的相助；感谢各位执笔者的辛苦付出；最后尤其要感谢经济管理出版社的大力支持，因为有她们的辛勤付出才使本书顺利出版。

作为系列书作，虽然本年度的著作较上年有进一步的改进，但由于笔者精力和能力有限，其中必然存在诸多不严谨、不科学、不完整的地方，恳请您批评指正，欢迎通过邮箱沟通交流。今后我们将再接再厉，不断完善。

胡恒松
2018 年 11 月